신약성서의 구조와 내러티브

이 책을 평생 신실한 자매의 우애로 살아온
아내 최은애(사랑)와
처제 최은신 권사(믿음),
최은영 권사(소망)에게 헌정합니다.

목 차

머리말

필자의 지인이 수년 전 목연(木硯)이라고 호를 지어 보내주었습니다. 목연은 '나무벼루'를 뜻하는 말입니다. '나무벼루'는 실제로 사용하는 물건이 아닌데, 그렇게 호를 지어준 마음이 궁금했습니다. 지인은 호를 그렇게 지은 사유를 이렇게 적어 함께 보내왔습니다. "나무벼루는 세상에는 없는 마음의 벼루를 상징합니다. 글을 쓰고 가르치는 이 목사님의 사역에 부드러운 카리스마로, 은혜로운 '나무벼루'의 고운 결따라 붓을 들고 말씀하시기 바랍니다. 나무와 돌(硯)은 상생의 관계인데, 이 목사님과 닮은 것 같습니다." 쓸모없는 것 같지만 쓸모 있는 오네시모와 같은 사람이 되라는 뜻으로 받아들였습니다. 서로 달라도 소통하고 이해하면 새로운 생명이 탄생할 수 있다는 의미로 마음에 새겼습니다.

필자는 그동안 하나님의 말씀의 봉사자로서 살아왔습니다. 많은 시간을 한남대학교 기독교학과에서 신약성서를 연구하고 가르치는 삶을 살아오면서, 신약성서에 대한 개론서를 써보고 싶은 마음을 가졌었습니다. 이제 시간이 많이 흘렀지만, 그 동안의 가르침을 정리한다는 차원에서 신약성서를 쉽게 이해할 수 있고, 성서 이야기의 요점을 내러티브 전개에 따라 간단하게 파악할 수 있는 책을 써 출판하게 되어 기쁘게 생각합니다.

신약성서는 오래된 책일 뿐만 아니라 내용이 복잡하여, 제대로 이해하려면 많은 노력을 기울여야 하는 책입니다. 그러나 신앙생활을 하는 사람들은 늘 교회에서 익숙하게 대해 왔기 때문에 쉽다고 생각하는 것뿐입니다. 특히 번역을 통해 우리말로 이해하기 쉽도록 해놓았기 때문에 별 문제의식 없이 받아들이고 있습니다. 문화, 역사, 언어, 환경이 다른 가운데서 기록된 신약성서를 오늘 우리의 문화, 역사, 언어, 환경에 자리 잡도록 하는 작업은 겸손하면서도 근면한 태도를 필요로 합니다.

신약성서가 난해한 부분을 많이 포함하고 있지만, 아무리 복잡한 것이라도 전체적인 구조를 파악하면 이해하는데 도움이 됩니다. 신약성서에 대한 접근도 큰 그림을 먼저 그리는 것이 우선이 되어야 하고, 작고 복잡한 것들은 그 다음에 차례대로 이해해 나가는 방식이 바람직합니다. 그래서 이 책에서는 내용에 대한 파악에 앞서, 신약성서 각 책의 구조, 장르, 문학형식 등을 다루었습니다. 특히 내러티브 형식으로 된 복음서와 사도행전, 그리고 요한계시록은 구조와 내러티브에 초점을 맞추어 정리하였습니다. 많은 수를 차지하고 있는 서신들은 수신자의 정황이나 특징적인 문학 양식에 주의를 기울였습니다.

이 책을 읽고 사용하는 독자들은 신약성서 각 책의 내용을 직접 자세하게 읽고 이해해 나가는 데 도움을 받을 수 있을 것입니다. 또한 그런 가운데 신학적이나 역사적으로 문제가 되어 온 부분들에 대한 필요한 설명들을 접할 수 있을 것입니다. 하나님의 말씀인 성서는 단지 연구의 대상만이 아닙니다. 인격적으로 접촉되고, 신앙적으로 묵상되고, 실제의 삶에 적용되어야 합니다. 이 책이 성서를 사랑하고 소중히 여기는 사람들에게 조금이나마 해석의 길잡이가 될 수 있기를 바랍니다.

이 책을 아내 최은애와 처제 최은신 권사와 최은영 권사에게 헌정하고자 합니다. 오랫동안 곁에서 세 사람을 지켜보면서 신앙 가운데서 서로 사랑하고 우애하는 모습에 늘 잔잔한 감동을 받았습니다. 세 사람은 하나님의 말씀을 사랑하고, 늘 곁에 두고 읽고 묵상하며, 생명의 양식으로 삼아 살아가고 있습니다. 세 자매의 끝이름은 한자로 愛, 信, 榮으로서 각각 사랑, 믿음, 소망을 뜻합니다. 이 이름들은 신앙의 유산을 남겨주신 장인 고 최석홍 목사님과 고 김기선 장모님께서 친히 의미를 부여하여 지어주신 것입니다. 사도 바울의 말대로, 믿음과 소망과 사랑은 항상 있을 것이며(고전13:13), 또 있어야 하기 때문입니다. 끝으로, 강의실에서 함께 했던 기독교학과 제자들과 동료 교수님들에게도 감사를 표합니다. 이 책의 출판을 위해 더운 여름을 힘들게 보낸 대학출판부 선생님들에게도 심심한 감사를 드립니다.

2017년 7월 오정동 연구실에서

목연 (木硯) 이 달

서 론

모든 글은 구조를 가지고 있고, 신약성서도 예외가 아니다. 구조는 의미와 관계되기 때문에 중요하다. 아리스토텔레스 이래, 글의 의미를 파악하려는 많은 이론들이 제안되어 왔다. 글이란 현실을 모방한 것에 불과하다고 보기도 하고(모방이론), 저자의 감정과 기질이 표현된 것으로 보기도 하고(표현이론), 저자와 독자의 소통의 방식으로 보기도 하고(독자반응비평), 객관적인 공공의 의미가 있는 것으로 보기도 하였다(신비평). 최근에 와서는 역사비평과 문학비평으로 대별되는 방식으로 대결하는 양상도 보인다. 역사비평이 역사를 재구성하여 저자의 의도를 찾아내는 것을 목표로 하는데 비해, 문학비평은 글 자체의 형식과 구조를 통해 의미를 파악하려는 특징을 가지고 있다. 그래서 두 가지 대별되는 방법론이 서로 양립할 수 없는 것처럼 보이기도 한다. 그러나 이러한 방법론적 특징들은 모두 의미를 파악하려는 다양한 노력의 일환일 뿐이다.

'구조'는 '형식'과 혼동되는 개념이다. '형식'은 제한된 의미로 사용될 때에는 문학적인 장르나 유형을 가리킨다. 그러나 '형식'이 중심적인 비평 개념으로 사용되기도 한다. 이럴 때 하나의 글이 가지는 '형식'은 본질적인 구성 원리를 말한다. 신비평가들은 '형식'보다 '구조'라는 용어를 더 선호한다. 그러나 '구조'라는 용어는 구조주의자들에 의해서 널리 사용되기 시작하였다. '구조'는 다양하게 파악될 수 있다. 구조주의자들이 주장하는 대로 "심층적인 구조"(deep structure)와 표층적인 구조(surface structure)로 파악할 수도 있고, 형식주의자들이 주장하는 대로 일정한 형식과 표현의 특징을 가지고 파악할 수도 있다. 구조주의자들은 심층적인 구조가 의미를 결정한다고 주장하겠지만, 표층적인 구조가 보여주는 다양한 담화의 맥락이나 부수적 상황들이 만들어 내는 의미도 간과할 수 없다. 의미는 논리적이고 객관적인 차원에서만 파악되는 것이 아니라, 저자와 독자 간의 인격적 관계와 주관적 요소에 의해서도 파악될 수 있기 때문이다.

이 책에서 목표로 삼는 구조 이해는 형식주의자들의 그것에 가깝다. 겉으로 드러난 구성의 특징과 형식을 밝히고, 그것이 글의 의미와 관련되는 점을 찾으려고 하는 것이 목표이다. 성서의 저자는 어떤 목적과 관점을 가지고 글을 쓰고 있기 때문에, 그것이 그가 쓴 글에 나타나기 마련이다. 그것이 분명하게 드러나는 경우도 있고, 자세히 살펴보아야만 파악될 수 있는 경우도 있다. 이 글에서는 내러티브 비평이나 독자반응의 비평에서 말하는 '자세히 읽기'(close reading)를 통해서 문맥과 글의 형식과 패턴을 파악하게 될 것이다.

신약성서는 일종의 문선집(anthology)과 같기 때문에, 전체를 하나의 구조로 파악할 수 없다. 각 책의 구조는 모두 개별적이고 독립적으로 취급되어야 한다. 물론 장르별(특히 다수가 존재하는 복음서와 서신에 있어서) 특징이 있기는 하지만 말이다. 복음서는 비교적 내용이 방대하기 때문에, 구조를 파악하는 것이 쉽지 않다. 거꾸로 말해서, 복음서는 내용이 복잡하고 다양하기 때문에, 구조를 파악하는 묘미가 있다. 역사서(사도행전)나 서신의 구조 또한 흥미롭다. 묵시서(요한계시록)의 구조는 매우 복잡하여 신약성서 중 가장 많은 논의를 필요로 한다.

저자만이 구조를 염두에 두고 글을 쓰는 것은 아니다. 독자도 구조를 파악하려고 노력하는 가운데 의미를 찾아나간다. 독자는 다양한 관심과 관점을 가지고 어떤 글을 읽는다. 저자가 일방적으로 자신이 의도한 의미를 독자에게 강제할 수는 없다. 그런 의미에서 본다면, 구조는 한 가지만 존재할 수 없다. 독자가 보는 관점에 따라 다양한 구조로 이해될 수 있기 때문이다. 우리가 복음서 구조를 말할 때, 한 가지 이상으로 구조를 파악하게 된 것도 이 때문이다.

구조는 한 작품의 건축학적 골격을 말하며, 글의 전체 모양을 결정하게 하는 형식적인 패턴을 가리킨다. 어떤 글은 논리적이고 체계적이어서 구조를 파악하기에 용이하다. 어떤 글은 느슨한 짜임새를 보여준다. 그래서 통일된 체계로 파악하는데 어려움을 준다. 그렇다고 하더라도 독자는 계속하여 큰 그림을 그리게 되고, 부분들이 전체와 연결되는 방식을 발견하려고 노력한다. 이렇게 하는 이유는 의미를 찾기에 용이하기 때문이다. 글을 읽는 것은 의미를 발견하려는 목적을 가지고 있다. 글의 구조와 형식을 파악하게 되면, 읽는 경험의 즐거움과 흥미는 배가된다.

이 글에서는 신약성서에 관한 내러티브 읽기를 시도한다. 신약성서는 서신을 제외한다면 내러티브의 특성을 지니고 있다. 서신은 일인칭적 관점을 가지고 교회가 처한 상황에 대한 논리적인 설명이나 윤리적인 권면을 보여준다. 이에 비해 복음서와 사도행전은 주로 삼인칭적 관점에서 등장인물의 말과 행동을 서술한다. 이때에 등장인물 간의 갈등이 다양한 사건들을 통해 드러나게 된다. 요한계시록은 반쪽 내러티브(semi-narrative)로서 사건을 다루기보다 환상을 통해 본 것을 일인칭적으로 서술하는 방식을 취하고 있다. 일인칭적 서술은 직접적인 정보 전달을 목표로 삼고 있다면, 삼인칭적 서술은 간접적인 정보 전달을 목표로 삼는다. 일인칭적 서술이 규범적(prescriptive)이라면, 삼인칭적 서술은 기술적(descriptive)이다.

내러티브적 읽기는 어떤 글의 있는 그대로의 상태를 자연스럽게 통전적인 것으로 받아들이면서 읽는 방식을 보여준다. 내러티브적 읽기는 문맥을 중시하면서 순차적으로 읽는 방식을 중시한다. 또한 실제 세계와 관련된 역사적인 질문(저자, 저작 시기와 장소 등)보다는 글의 세계 안에서 등장인물들이 활동하는 것에 관심을 가진다. 내러티브적 읽기가 최종적인 글의 형태에 관심을 가지는 것은 이 때문이다. 복음서나 사도행전이 역사적인 내러티브로서 역사적 지식을 제공해 주기 때문에, 우리는 흔히 우리가 필요로 하는 것들을 이것들 안에서 모두 발견할 수 있을 것이라고 착각하기 쉽다. 내러티브 안에서 우리가 발견하는 역사적 지식은 실제로 저자가 글의 필요에 따라 창조적으로 활용하고 있는 것들이다. 그것은 모든 역사적 지식도 아니고 정확하고 객관적인 역사적 지식도 아니다. 그것이 아무리 정확하고 객관적인 정보를 담으려고 했다 하더라도, 그것은 저자가 과거의 역사적 상황과 사건과 인물들을 활용하여 일정한 의미를 부여한 서사적 이야기인 것이다. 그렇기 때문에 복음서 기자들은 같은 역사적 정보를 가지고도 서로 다른 복음서를 기록하는 결과를 보여주고 있다.

내러티브적 읽기는 구성(plot)에 관심을 기울인다. 저자는 자신의 글 전체를 일정한 구성에 따라 사건을 전개시킨다. 인과 관계를 통해서 사건은 연결되며 서로 다른 행동이 설명될 수 있다. 사건은 핵심 사건(kernels)과 주변 사건(satellites)으로 나눌 수 있다. 핵심 사건이 직접적으로 플롯에 관계되며 미래의 행동 방향을 예시해 주는 사건이라면, 주변 사건은 핵심 사건 주변에서

뉘앙스와 복잡성을 만들어내는 역할을 한다. 어떤 독자는 핵심 사건을 중심으로 플롯을 이해하고 의미를 파악하겠지만, 다른 독자는 주변 사건에서도 중요한 의미를 추출할 수 있다. 플롯은 내러티브 해석에 있어서 중요한 요소이긴 하지만, 플롯과 다른 요소도 무시되어서는 안 되기 때문이다. 어떤 독자에게 핵심 사건으로 비쳐지는 것이 다른 독자에게는 주변 사건이 될 수 있다.

우리가 신약성서에 대한 내러티브적 읽기를 시도한다는 것은 기본적으로 그 이야기가 표현된 방식에 유의하면서 읽는 것을 의미한다. 성서의 이야기는 단순한 이야기(story)가 아니라, 적절하게 표현된(discoursed) 내러티브(narrative)이다. 즉, 하나의 narrative는 discoursed story이다. 이러한 narrative(서사적 이야기)는 전지적 관점을 가진 narrator(화자/해설자)에 의해 서술된다. 그는 저자의 agent로서 일정한 관점을 가지고 실재적으로 이야기를 서술해 나가는 주체가 된다. 그는 그럴 듯한 무대에 등장인물들을 등장시키고, 사건들과 함께 엮어내며, 다양한 수사법을 통해 설득력 있는 이야기를 만들어낸다. 그는 사건들을 어떻게 나열할 것인지(order), 얼마나 자주 언급할 것인지(frequency), 얼마나 오랫동안 지속시킬 것인지 결정한다(duration). 그가 등장인물들의 생각과 말과 행동을 어떻게 소개하고 묘사하는지에 따라 그들의 성격은 형상화된다.

내러티브적 읽기는 독자의 역할을 강조한다. 독자가 의미 창조에 기여하는 중요한 역할을 한다는 것을 받아들인다. 독자는 narrative 안에 드러난 미결정성(indeterminacy)과 간극(gap)을 메워나가는 역할을 부여받는다. 독자는 저자가 제공하는 의미를 수동적으로 받아들이는 존재가 아니라, 적극적으로 의미의 창조자로 참여한다. 독자는 읽는 과정이라는 시간적 경험을 통해 의미를 발견해 나간다. 저자가 전제를 가지고 글을 쓰듯이, 독자도 그의 경험과 가치관과 전제를 가지고 읽기 때문에 주관성을 가질 수밖에 없다. 이러한 주관성은 존중되며, 이로써 올바른 해석학의 기초가 형성된다.

I. 복음서

1. 서론적 이해

(1) 복음서의 장르

"복음"(ευαγγελιον)이라는 단어는 원래 '복음서'라는 책을 의미한 것이 아니라 '선포된 메시지'(kerygma)를 의미하였다. 이 단어는 세속 헬라 세계에서 왕의 출생이나 행차, 전쟁에서의 승리에 관한 기쁜 소식을 나타낼 때 사용되었다. 칠십인역(LXX)에서는 이스라엘을 위해서 하나님께서 행하신 구원의 소식을 선포할 때 사용되고 있다. 이 단어는 신약성서에서 하나님이 예수 그리스도의 죽음과 부활을 통하여 온 민족에게 선포된 구원의 소식이라는 의미로 사용되고 있다(롬1:1; 막1:1 등).

'ευαγγελιον'이 복음서라는 책의 명칭으로 사용되기 시작한 것은 주후 2세기 말부터였다(예: The Gospel according to Mark). 그 당시는 많은 이단적 복음서가 나오기 시작한 때이기도 하다. '복음서'라는 이름이 붙은 책이 모두 17개 정도 알려져 있는데, 그 중 대부분은 예수의 어린 시절 단편집, 수난 자료, 말씀 자료, 기적 자료, 계시 강화 자료 등과 같은 단편 자료집에 해당되었다. 오직 4개의 정경적 복음서만이 예수의 전 사역과 생애를 포괄하는 '복음서'로서의 성격을 지니고 있다.

복음서는 어떻게 기록되게 되었을까? 구약에 비슷한 종류가 있었을까? 그리스와 로마 시대의 글을 모방한 것일까? 아니면 최초로 복음서를 기록한 마가의 창조적인 아이디어였는가? 복음서의 기원에 관해서는 세 가지로 설명될 수 있을 것 같다. 첫째, aretalogy와의 관련성이다. aretalogy는 신적 인간의 초자연적인 능력을 드러내기 위해 기록한 전기이다. 헬레니즘 시대에 왕이나 군주들을 신격화하기 위해 기록되었다. 둘째, 위인들을 찬양하는 전기와의 관련성이다. 특별히 철학자들의 교훈과 생애의 훌륭한 점을 찬양하기 위한 목적으로 기록되었다. 셋째, 신화적 전기와의 관련성이다. 이것은 불멸하는 존재가 된 인간이나 인간이 되어 땅으로 내려왔다가 다시 하늘로 올라간 영원한 신적 존재를 묘사하는 기록물이다. 이 세 가지 설명은 모두 복음서가 위인이나 신적 존재의 생애(lives)를 기록한 고대 전기와 매우 흡사하다는 것을 가리키고 있다. 그렇지만 신약성서의 복음서 장르는 고대의 그것과 다른 점도 많다. 무엇보다 복음서는 익명으로 되어 있고, 특히 마가복음의 경우는 영웅적 출생이나 승리로 귀결되는 삶을 직접적으로 보여주지 않는다. 그럼에도 불구하고, 고대 세계에서 복음서를 접한 사람들은 예수의 '생애'(life)로서 인식하면서 고대의 전기와 연관시키며 이해했을 것이다(특히 마태복음과 누가복음의 경우).

복음서를 현대인에게 설명한다면, 전기 이외에 역사서나 소설과 같은 장르와 연결시켜 볼 수 있을 것 같다. 왜냐하면 복음서는 역사적인 이야기(historical narrative)의 성격을 가지고 있으며, 또한 소설과 같이 삼인칭적 관점으로 narrator에 의해 서술되고 있는 방식이 유사하기 때문이다. 그러나 복음서는 객관적인 역사를 기록하고 있는 역사서와 다르며, 가공적인 이야기를 서술하고 있는 소설과 분명히 다르다. 복음서는 주관적일 수 있는 신앙적 관점에서, 그리고 실제 발생한 역사에 바탕을 두고 서술하고 있다. 복음서를 역사서와 소설과 비교하는 것은 다만 장르적 연관성이 있음을 보여주려는 것뿐이다.

복음서는 처음부터 문자로 기록된 것이 아니었다. 첫째, 먼저 대체로 주후 1세기 첫 30년 동안에 나사렛 예수께서 공적 사역을 통해 하나님의 나라를 선포한 단계가 있었다. 둘째, 대체로 주후 30-65년 사이에 사도들과 목격자들이 예수의 이야기를 구전(oral tradition/oral transmission)으로 선포하던 단계가 있었다. 이 구전은 예배, 선교, 새신자 교육(세례와 성만찬 등), 논쟁이라는 삶의 자리를 거치면서 보전되었다. 또한 구전 단계에서는 새로운 청중과 새로운 상황을 만나게 되면서 초기 전승이 발전하고 적응하는 과정을 겪었다. 셋째, 대체로 주후 65-100년 사이에 복음서들이 기록되는 단계가 있었다. 마가복음이 가장 먼저 기록되었으며, 마태복음과 누가복음이 마가복음을 토대로 기록되었으며, 요한복음이 독자성을 가지고 가장 늦게 기록되었다.

(2) 복음서의 양식

복음서는 글 전체의 성격을 규정하는 장르와 달리, 다양한 문학적인 양식(소장르)을 포함하고 있다. 앞에서 복음서는 구전 단계를 거치면서 형성되었다고 언급한 바 있다. 고대 사회는 구전 문화가 지배하던 시대였다. 듣기 쉽게 전하고, 기억하기 쉽게 말하였다. 양식비평(form criticism)의 연구 결과에 의하면, 같은 상황(occasion)과 목적(purpose)을 가진 이야기는 다양한 삶의 자리를 거치면서 일정한 양식(form)으로 발전하게 되었다고 본다. 예언자들의 말과 행위를 구분하여 기록했던 예언 전통이나 법적/종교적 교훈인 Halacha와 이야기 자료인 Haggada를 구분하였던 랍비 전통에 익숙했던 복음서 기자들 역시 예수의 말씀과 행위에 관한 자료들을 구별하여 기록하였다. 20세기 초에 K. L. Schmidt, M. Dibelius, R. Bultmann이 양식비평을 선도하였다. 그들의 연구를 토대로 하여 발전된 양식비평의 결과, 다음과 같은 양식들을 식별해 내게 되었다.

① 말씀 자료

말씀 자료에는 이야기 틀을 가지지 않은 독립된 말씀으로 구성되어 있는 예수의 말씀이 속한다. 이 중에는 로기아(또는 지혜의 말씀), 예언적이고 묵시적인 말씀, 법적인 말씀, '나-말씀'(I-sayings), 비유(은유, 직유, 알레고리, 비사 포함) 등이 있다. 로기아는 잠언, 전도서와 같은 유대 지혜 문학, 솔로몬의 지혜와 같이 중간시기 문학에서 수집된 고대 근동의 지혜 전통과 비슷한 지혜에 관한 짧은 말씀이다(예: 막7:15; 9:50; 11:24-25; 마6:23; 눅6:27-31). 예언적이고 묵시적인 말씀은 구약의 예언자들과 묵시가들의 언어로 표현된 말씀의 형태다(예: 막13:1-2,5-37; 마23:13-39; 25:1-13; 눅6:24-25; 12:35-58; 21:34-36). 법적인 말씀은 교회 생활에 관한 의무와 지침에 해당되는 말씀이다(예: 막3:28-29; 10:11-12; 11:25; 마5:17-48; 18:15-17,19-20; 눅10:2-16). '나-말씀'은 예수가 자신에 관한 주장이나 요구를 하는 기독론적 성격의 말씀이다(예: 막8:38; 9:41; 마 5:17; 12:40; 눅9:23; 12:49-51; 19:10). 비유는 이야기 틀을 가지고 있으나 예수의 행동이나 사건을 말하는 것이 아니라 예수의 교훈을 담고 있기 때문에 말씀 자료에 포함된다. 은유(metaphor)는 추상적 개념을 평범한 일상의 구체적 사례로 표현한 것이다(예: 막2:21). 직유(similie)는 추상적 개념과 동일시하는 방식으로(like 사용) 연결시킨다(예: 눅11:44). 알레고리는 모든 세부사항에 숨겨진 특수 의미를 부여한다(예: 마13:18-23). 비사(similitude)는 직유가 확대된 것이다(예: 눅17:7-10). 비유(parable)는 평범한 인간 경험을 극화시키고 있는 간단한 이야기로서 주로 하나님의 나라에 관해서 가르치는 내용이다(예: 마18:23-35). 이밖에 말씀자료에는 심포지엄, 고별담화(유언) 등을 추가할 수 있다.

② 행위 자료

행위 자료에는 이야기 틀을 가지고 예수의 행위를 보존해 주고 있는 내용이 속해 있다. 이 중에는 선언이야기, 기적이야기, 수난이야기, 전설적 이야기 등이 있다. 선언이야기(pronouncement story)는 이야기 틀을 가지고 예수의 중요한 말씀(significant saying)을 보존하고 있어서 말씀 자료와 행위 자료의 특징을 다 같이 가지고 있다. Dibelius은 paradigm으로, Bultmann은

apothegm으로 명명하였는데, 주로 논쟁 및 교훈 이야기에 해당된다. 이야기의 배경, 행동(또는 대화), 그리고 중요한 말씀으로 구성된다(예: 막2:15-17). 기적이야기는 예수의 기적 행위를 보존하는 양식이다. 기적이 필요한 상황(need), 기적적인 행위, 그리고 기적의 결과나 반응으로 구성된다(예: 막1:29-31). Dibelius는 tale로, Bultmann은 miracle story로 명명하였다. 기적은 크게 자연기적과 치유기적으로 나눈다. 자연기적은 자연 질서를 초월하는 기적이고(급식이적, 물로 포도주를 만드신 기적, 풍랑을 잔잔케 한 기적, 물 위를 걸으신 기적, 징벌이적 등), 치유기적은 온전한 상태로 회복시키는 기적이다(병의 치유, 축귀기적, 소생기적 등). 공관복음서에서 기적은 하나님의 나라가 도래한 징표이고, 사탄의 지배가 종식되었음을 나타내며, 메시아의 구원 시대가 도래하였음을 선포하며, 종말론적 회복에 대한 하나님의 뜻을 반영하고 있다. 수난이야기는 의인이 수난과 죽임을 당하는 이야기를 통해서 메시아의 의미를 드러내 준다. 수난 이야기는 뛰어난 성품을 가진 인물이 사악한 음모에 의해 위험에 처하게 되며, 잘못이 없음에도 불구하고 박해와 수난을 당하며, 결국 결백이 입증되는 방식을 보여준다(예: 창37-42장의 요셉 이야기). 전설적 이야기는 예수의 출생, 어린 시절 이야기, 세례, 시험, 변화산 이야기, 부활 등 예수의 신적 정체성을 드러내 주는 생애 이야기다. 이밖에 행위 자료에는 족보(역사적인 정확성보다는 신학적 의미를 중요시), 전형적인 장면(type-scene), 소명 이야기(calling narrative) 등을 추가할 수 있다.

(3) 공관복음서의 문제

공관복음서(Synoptic Gospels)는 마태복음, 마가복음, 누가복음을 함께 일컫는 용어이다. 이렇게 부르게 된 데는 이들 세 복음서가 '공통된 관점'에서 기록되었기 때문이다. 보다 구체적으로 말한다면, 이들 세 복음서는 '공통된 자료'를 바탕으로 기록되었기 때문에, 공관복음서라고 부를 만하다. 이들 세 복음서는 유사한 내용을 유사한 방식으로 기록하고 있다. 또한 동시에 서로 다른 내용을 포함하고 있다. 공관복음서 사이에 존재하는 이러한 유사성과 상이성에 대한 문제를 '공관복음서의 문제'(the Synoptic problem)라고 한다.

공관복음서 사이에 존재하는 유사성은 먼저 세 복음서가 비슷한 연대기적 구조를 가지고 있다는 것으로 설명될 수 있다. 또한 유사한 어휘, 어순, 문체를 보여준다. 원래 복음서가 기록되기 전에는 예수에 관한 이야기들이 개별적(individual)이고 독립적인(independent) 구전 형태로 존재했다. 이러한 구전을 바탕으로 기록하면서 일정한 순서와 배열을 가지게 되었다. 이러한 문학적인 단위를 pericope라고 부른다. 그런데, 복음서에 등장하는 많은 pericope들의 순서가 비슷하고, 그 안에 비슷한 어휘와 문체로 기록된 내용이 있다는 것은 공관복음서 사이에 서로 문학적인 연관성이 깊다는 것을 전제하지 않고는 설명이 어렵다.

이러한 공관복음서의 문제를 설명하는 가장 설득력이 있는 가설을 두자료가설(two-source hypothesis)이라고 부른다. 두자료가설은 마가복음이 가장 먼저 기록되었으며(the priority of Mark), 마태와 누가가 마가 자료와 더불어 서로 독자적으로 말씀 자료(Q)를 사용하였다고 주장한다. 마가 자료는 기적이야기와 수난이야기로 대별되는 행위 자료의 특징이 있고, Q는 예수의 말씀으로 구성된 말씀 자료이기 때문에 상호보완적인 측면이 존재한다.

마가복음이 가장 먼저 기록되었다는 것은 마태와 누가가 마가의 줄거리에 그들의 개별적인 pericopes를 첨가하고 있는 데서 드러난다. 또한 마태가 마가의 순서를 이탈할 때 누가는 마가와 일치하고, 누가가 이탈할 때 마태는 마가와 일치한다. 그러나 마태와 누가가 동시에 마가를 이탈하는 경우는 없는 것으로 볼 때, 마가가 가장 오래된 자료임을 알 수 있다. 마가의 거의 모든 자료가 마태에서 사용되고 있다(666절 중 600절 이상). 누가는 마가를 350절 정도 사용한다. 마태와 누가가 마가복음에서 사용되지 않은 구절은 30절 이하이며, 이는 95% 이상이 마태와 누가에 의해 사용되고 있음을 보여준다. 마태복음과 누가복음의 내용을 비교해 보았더니, 마가복음에서 온 것과 마가복음에서 오지 않은 내용(non-Mark)으로 대별되었는데, 바로 non-Mark는 말씀 자료만으로 구성된 것을 발견하게 되었다. 그래서 이것을 Q(Logion Quelle)라고 명명하게 된 것이다.

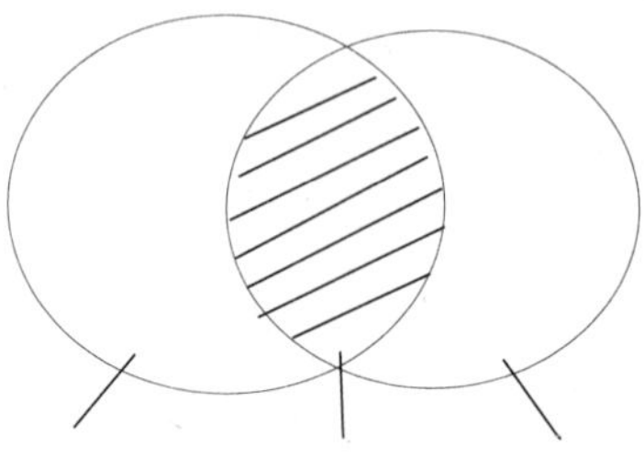

마태복음, Mk + Q, 누가복음

마태와 누가는 마가 자료 이외에 200절에 해당되는 Q자료를 사용하고 있다. 마태복음에는 5-7장, 10장, 13장, 18장, 23-25장에서, 누가복음에는 3:7-4:13, 6:20-7:35, 9:51-13:35에서 주로 Q가 사용된다. 이는 마가에 없는 자료로서, 세례 요한의 설교, 예수의 시험, 산상수훈/평지수훈, 가버나움의 백부장 이야기, 세례 요한에 대한 말씀, 선교 강화, 주기도, 제자도에 관한 말씀들, 겨자씨와 누룩의 비유, 큰 잔치 비유, 종말 강화, 달란트 비유 등이 해당된다. Q에는 수난이야기가 없으며, order는 누가복음에, wording은 마태복음에 잘 보존되고 있는 것으로 보인다. Q자료는 현존하지 않는 자료이다. 그럼에도 불구하고, 마태와 누가가 공유하고 있는 말씀 자료의 사용 방식(예: doublets에 대한 설명)은 자료로서 존재했을 가능성을 매우 높여주고 있다. 두자료 가설에 기초한 공관복음서의 문학적인 의존도는 다음과 같다.

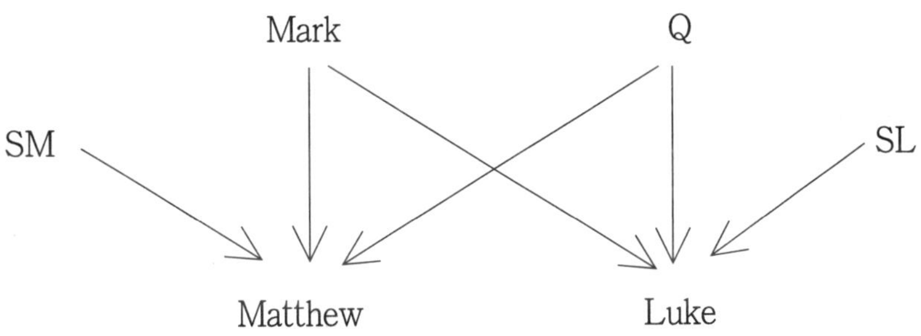

마가자료는 마태와 누가에 의하여 사용되었다. Q자료 역시 마태와 누가에 의하여 사용되었다. SM(마태의 특수자료)은 마태에 의해, SL(누가의 특수자료)은 누가에 의해 각각 사용되었는데, SM과 SL은 문서(document)가 아니라 구전자료에 의한 것이라고 본다. 그러므로 공관복음서 사이에서는 네 자료(마가, Q, SM, SL)가 아니라 마가와 Q의 두 자료가 사용된 것이다.

2. 마가복음

(1) 구조

마가복음의 구조는 겉으로 보기에 비교적 단순해 보인다. 두 가지 측면에서 구조를 살펴보려고 한다. 첫째, 이중구조이다. 마가복음의 이중구조는 베드로의 신앙고백(8:27-30)을 중심으로 전반부(1:1-8:26)의 갈릴리 사역과 후반부(8:30-16:20)의 예루살렘 사역을 그 내용으로 하고 있다. 갈릴리는 예수의 사역에 수용적인 곳이었다면, 예루살렘은 예수의 사역에 적대적인 곳이었다(예수는 부활하신 후 갈릴리로 돌아간다). 역사적으로 예수님이 갈릴리와 주변 지역을 중심으로 공생애 사역을 하다가 예루살렘에 올라가 최후를 맞이한 것은 사실이다. 그렇다면 '갈릴리-예루살렘' 구조는 당연한 귀결인가? 문제는 갈릴리 사역은 예수의 공생애 대부분을 차지했고 예루살렘 사역은 일주일 정도에 불과했는데 대등한 분량으로 복음서를 기록했다는 것이다. 이것은 무엇을 가리키는가? 마가는 처음부터 예루살렘 사역에 초점을 맞추고 있었다고 보아야 할 것이다.

마가복음이 보여주는 '갈릴리-예루살렘' 구조는 단순히 지리적인 양분법인가? 앞에서 말한 대로 예루살렘 사역이 대등한 분량으로 기록된 것만으로도 예루살렘을 강조하려는 신학적 의도가 반영된 것으로 보아야 한다. 마가복음의 전반부는 기적 이야기를 중심으로 하고 있다. 마가복음의 후반부는 예수의 수난 이야기가 주를 이루고 있다. 이러한 특징은 마태복음이 말씀이 강조된 복음서인데 비해 마가복음이 행위가 강조된 복음서임을 알 수 있게 해 준다. 공관복음서의 문제를 설명하면서 거론되는 두자료가설(마가복음과 Q자료)에서 보는 것처럼, 마가복음은 예수의 행위 자료의 핵심으로서 공관복음서에 영향을 주었다.

마가복음이 전반부는 기적 이야기로서 예수의 메시아적 능력을 보여주고 있는데 비해, 후반부는 수난이라는 수동적 입장을 보여주는 것 같기 때문에 혼란된 이미지를 드러내고 있다. 마가는 의도적으로 이러한 구성(플롯)을 보여주고 있다. 서로 다른 예수의 이미지는 독자에게 궁금증을 일으키고 이에 대한 해석을 요구한다. 마가복음은 모두 18개의 기적 이야기를 기록하고 있는데, 그 중에서 전반부에 15개의 기적이 기록되고 있다. 이것은 전반부에 기적을 행하시는 능력을 가진 예수의 메시아적 이미지를 강조하고 있다고 볼 수 있다.

마가는 1:15에서 "때가 찼다. 하나님의 나라가 가까이 왔다. 회개하여라. 복음을 믿어라."라는 공생애 제일성을 보여준다. (복음서마다 나오는 공생애 제일성은 예수께서 말씀하신 첫 번째 내용이라는 의미보다는 그의 공생애 전체의 핵심 메시지를 요약하고 있다고 보아야 한다.) 때가 찼다는 것은 기다리던 때가 되었다는 것인데, 메시아가 하나님의 나라를 실현할 때가 되었다는 것을 가리킨다. 이것은 묵시적인 의미가 있다. 예언자적 종말론(prophetic eschatology)과 다르게 묵시적인 종말론(apocalyptic eschatology)의 관점을 보여준다. 이제 하나님은 예언자들이 말하던 것과 달리 역사에 개입하여 세상 나라를 종식시키고 하나님이 직접 통치하시는 온전한 나라를 이루시겠다고 말씀하신다. 이것은 동시에 묵시가들(apocalyptic seers)이 본 환상이요 희망이었다.

그렇다면 마가가 제시한 하나님 나라가 임한 증거는 무엇이었는가? 마가는 전반부의 기적 이야기를 통해서 예수가 사탄(이 세상의 실질적 지배자)의 지배를 종식시킨 분임을 드러내고자 하였다. 예수를 "힘센 자"인 사탄을 결박한 분으로 묘사한다(막3:27).

예수는 귀신을 내쫓고, 갈릴리 바다를 걸으시며, 수천 명을 먹이고, 장님과 절름발이를 고치신다. 예수가 혼돈과 악을 상징하는 '바다'를 향해 "잠잠하라"고 말할 때(4:39) 사용한 'φιμωθητι'라는 단어는 귀신을 꾸짖고 잠잠하게 했을 때(1:25; 3:11-12) 사용한 단어와 같다. 혼돈스러운 자연세계조차도 사탄의 지배로 인식하고 있었던 당시의 세계관을 엿볼 수 있는 장면이다.

마가가 전반부에서 기적 이야기들을 통해 예수를 능력 있는 메시아의 이미지로 묘사했다면, 후반부는 이와는 매우 대조적으로 예수를 수난 받는 메시아로 그리고 있다. 후반부는 베드로의 신앙고백(8:27-30) 이후 곧바로 수난예고(8:31)로 이어지며, 그 뒤로도 두 번(9:31; 10:33-34)이나 더 기록하고 있다. 10장의 상경기에 이어 11-12장은 예루살렘에 올라간 예수가 종교지도자들과 대립하며 논쟁하는 이야기로서 예수가 수난의 길을 걷고 있는 모습을 보여준다. 13장의 소묵시록에 이어 14-15장의 수난 이야기와 16장의 부활 이야기는 수난의 절정을 보여준다. 어떻게 전반부의 능력 있는 메시아의 이미지가 후반부의 고난과 죽음의 메시아 이미지로 갑작스럽게 변화하게 된 것인지 혼란스럽기만 하다. 이 두 가지 이미지는 서로 상충되고 있다. 이것을 어떻게 조화하고 이해해야 할 것인가 하는 것이 바로 마가가 고심했던 문제였다.

마가는 중심 부분을 이루는 베드로의 신앙고백 이야기를 통해 서로 다른 메시아 개념이 서로 상충되고 있음을 보여준다. 가이사랴 빌립보에서 예수는 제자들이 어떻게 그에 대하여 생각하는지 의견을 묻는다. 베드로가 "주는 그리스도이십니다."(8:29)라고 대답한다. 예수를 그리스도, 즉 메시아라고 대답한 것은 당연하게 보인다. 그런데 그 후로 계속되는 예수와 베드로의 대화를 보면 메시아의 개념에 대해 판이하게 다른 생각을 하고 있음을 알 수 있다. 베드로의 신앙고백 이후 예수가 드러내 놓고 수난을 받을 것에 관하여 예고하자, 베드로가 예수에게 항의하는 장면이 나온다. 이런 베드로에게 예수는 곧바로 베드로를 꾸짖는다. 헬라어 원어를 보면, "항의하다"와 "꾸짖다"라는 동사가 다같이 'επιτιμαω'를 사용한 것을 볼 수 있다. 이것은 무엇을 말하는가? 메시아 개념을 두고 두 사람이 서로 다르게 이해하고 있었음을 보여주는 것이다. 베드로는 정치적인 메시아의 개념을, 예수는 종교적인 메시아의 개념을 갖고 있었다고 볼 수 있다. 왜냐하면 당시 유대인들은 메시아가 오면 정치적 압제에서 해방시켜줄 것이라고 기대하고 있었기 때문이다.

마가복음의 메시아 이해와 관련하여 우리가 생각해 보아야 할 문제가 하나 더 있다. 마가는 예수가 메시아 됨을 비밀에 붙이려는 의도를 보여준다. 마가복음에는 예수가 메시아임을 밝히지 못하게 하는 소위 "침묵 명령"이 많이 나온다. 먼저 예수가 메시아인 것을 아는 귀신과 악령들에게 침묵을 명령한다(1:25,34; 3:12). 병을 낫게 해 준 사람들이 예수가 메시아인 것을 말하지 말라고 명령한다(1:44; 5:43; 7:36; 8:26). 그리고 가이사랴 빌립보에서 신앙고백을 하고 변화산상에서 메시아를 본 제자들에게도 침묵할 것을 명령한다(8:30; 9:9). 이러한 침묵 명령은 변화산상의 경우를 제외하면 모두 전반부에 나온다. 이것은 전반부에 나타난 능력의 메시아상이 오해될 수 있는 소지가 있기 때문일 것이다.

이러한 메시아 비밀의 주제(the motif of messianic secret)에 관해서는 여러 가지 설명을 해 볼 수 있다. 먼저 역사적 사실에 가깝다는 설명이다. 예수가 초기부터 메시아임을 밝히 드러냈다면 로마제국을 자극하여 정치범으로 일찍이 처형되어 그의 메시아 사역을 수행하기 어려웠을 것이기 때문에, 나중에 그의 정체성을 드러냈다는 것이다. 종교적으로 설명하기도 한다. 참 메시아는 스스로 메시아라고 밝히지 않기 때문에, 만약 그렇게 했다면 거짓 메시아임을 드러내는 것일 뿐이었다는 것이다. 보다 의미 있는 설명은 문학적이고 신학적인 것이다. 예수가 메시아인 것을 역사적으로 드러냈다고 하더라도, 메시아 개념에 대한 이해가 어려움을 주었기 때문에 (특히 마가복음이 이방인 독자를 위해 기록되었다고 할 때) 예수의 메시아 되심을 전반부와 후반부의 대조적인 이미지를 통해 효과적으로 드러내려 했다는 것이다. 이것은 마가가 단순하게 구전 전승을 수집한 사람이 아니라 신학적 통찰력을 가지고 마가복음을 기록한 신학자라는 사실을 말해준다. 이처럼 마가는 마가복음의 구조를 통해서 참된 메시아에 관하여 올바른 이해를 가질 수 있도록 인도하고 있다.

둘째, 삼중구조이다. 앞에서도 언급했지만 마가는 예수의 정체성, 즉 그리스도로서의 신분과 사역을 중심으로 복음서를 엮어나갔다. 그런데 마가복음은 예수와 함께 했던 제자들조차 예수의 정체성을 올바로 깨닫지 못하고 있는 것으로 묘사하고 있다. 제자들은 예수께서 말씀하신 비유를 깨닫지 못한다(4:13). 제자들은 예수가 행한 기적의 의미를 깨닫지 못한다(6:52). 제자들은 예수의 가르침을 깨닫지 못한다(7:18; 8:17-18)). 제자들은 예수의 고난예고를 이해하지 못한다(8:32-33; 9:32). 제자들은 예수가 예루살렘에 입성하는 의미를 오해한다(10:37-38). 제자들은 예수께서 받으실 고난의 의미를 깨닫지 못한다(14:7, 29, 50).

마가복음은 예수의 이야기임과 동시에 제자들의 이야기라는 관점에서도 읽을 수 있다. 제자들은 예수의 정체성에 대해 몰이해적 태도로 일관한다. 마가는 복음서 전체를 통하여 제자들이 예수를 바로 알고 따르는 사람들이 되어야 한다는 주제를 제시해주고자 한다. 이러한 의미에서 마가복음은 제자도(discipleship)를 강조한다. 이러한 점에 착안할 때, 마가복음은 구조상 특징적인 내용을 보여준다. 마가복음에는 두 개의 맹인 치유 기적이 기록되어 있다. 하나는 벳새다의 맹인 치유(8:22-26)이며, 다른 하나는 맹인 바디매오의 치유(10:46-52)이다. 이 중 벳새다 맹인 치유 이야기는 마가복음에만 기록되어 있어서 주목하게 된다. 왜 마가는 두 개의 맹인 치유 기적을 기록하고 있을까? 그것이 구조에 미치는 영향은 무엇인가? 흥미로운 것은 맹인 치유 이야기는 예수의 정체성을 제대로 이해하지 못하고 있는 제자들을 가리키며 그들을 교훈하기 위한 기능을 하고 있다는 점이다.

그렇다면 마가복음은 제자들의 깨달음을 교훈하는 두 개의 맹인 치유 기적 이야기를 중심으로 셋으로 구분될 수 있다: 1부-갈릴리와 갈릴리 주변 사역(1:14-8:26; 벳새다 맹인 치유 이야기로 끝남); 2부-수난예고와 예루살렘 상경기(8:27-10:52; 맹인 바디매오 치유 이야기로 끝남); 3부-예루살렘 사역(11:1-16:20). 1부에서는 제자들이 예수의 가르침을 잘 깨닫지 못하고(4:13; 6:37, 52; 7:18; 8:4, 17, 18, 21), 마음이 둔하며(6:52; 8:17), 두려워하며(4:40; 5:50, 51), 믿음이 없는(4:40) 모습을 노정한다. 2부에서는 제자들이 가이사랴 빌립보에서 신앙고백을 하며 출발하지만 고난예고를 깨닫지 못하는 가운데, 예루살렘으로 올라가는 길에서 예수로부터 제자도를 끊임없이 배우고 있는 모습을 보여준다. 세 번의 수난예고(8:31; 9:31; 10:33-34)를 오해한 제자들에게 예수님이 각각 생명 얻음과 잃음(8:34-37), 첫째와 꼴찌(9:33-37), 큰 자와 종(10:42-45)의 교훈을 통해 그들의 오해를 교정해 주려고 한 것은 특이할 만하다. 3부에서는 제자들이 예수의 수난을 이해하고 성숙한 제자도를 보여줄 만한 기대를 저버리고 여전히 기도하지 못하고(14:32-41), 나약함에 빠지며(14:37-38, 40), 배반하고(14:43-45), 도망가고(14:50-52), 부인한다(14:66-72). 마가는 제자들이 끝까지 실패하는 모습을 적나라하게 보여줌으로써 마가복음을 읽는 독자들이 올바른 제자의 길을 걸어가야 함을 깨우치려고 하였다.

마가복음의 이러한 구조와 흐름 속에는 다양한 자료가 녹아들어가 있다는 점 역시 기억해 둘 필요가 있다. 마가는 구전 전승을 수집하여 최초로 문서화한 복음서 기자였다. 그는 주제나 내용면에서 함께 묶여진 구전 전승의 단편들을 알았을 가능성도 있다. 이러한 전제 하에서 우리는 마가가 사용했다고 보이는 자료들을 구별해 낼 수 있다. 일반적으로 인정되고 있는 단편 자료들을 다음과 같다: 초기 논쟁설화집(2:1-3:6); 비유모음집(4:1-32); 기적모음집(4:35-5:43); 제자 교훈집(9-10장); 후기 논쟁자료집(12장); 소묵시록(13장); 수난사전승(14-15장). 마가는 이러한 단편들을 바탕으로 연속적인 이야기로 구성해 나간 것으로 보인다.

(2) 내러티브

a. 공생애의 준비(1:1-13)

마가복음은 이사야의 글을 인용함으로써 시작한다. "하나님의 아들 예수 그리스도의 복음의 시작(은 이러하다.)"라는 1장 1절(괄호 안의 문장은 'be' 동사 없이 번역될 수 있다)은 사실 마가복음의 제목처럼 보이지만 독립된 문장이 아니다. 1:1은 1:1-3절 안에 포함되어 번역되는 것이 마땅하다. 그렇게 되면 '복음의 시작은 이사야에서 인용한 내용과 같다'라는 뜻이 된다. 복음은 이미 이사야 예언자의 글에 나타났고 또한 시작되었다는 것이다.

모든 복음서의 시작이 그러하듯이 마가복음도 예수의 공생애의 시작에 앞서 세례자 요한의 활동이 먼저 언급된다. 예수는 세례자 요한에게 세례를 받는 것을 기점으로 공생애를 시작한다. 하늘이 "갈라지고"(15:38 참조; 예수가 십자가상에서 운명할 때 성전 휘장이 위에서 아래로 "찢어졌다"고 기록된 곳에서와 같이 'σχιζω' 동사가 동일하게 사용된다.), 성령이 비둘기 같이 내려오며, 하늘에서 "너는 내 사랑하는 아들이다. 내가 너를 기뻐한다."는 음성이 들린다. 바로 이어서 사십 일 금식 후에, 이스라엘 백성이 광야에서 시험을 받은 것과 같이, 광야에서 사탄에게 시험을 받았다는 내용이 간단하게 소개되고 있다.

마가복음은 서두에 "하나님의 아들 예수 그리스도의 복음"이라고 그 성격을 분명히 하고 있다. 예수의 정체성을 "하나님의 아들"과 "그리스도"로 규정한다. 마가는 복음서 서두와 말미에 예수가 하나님의 아들이라는 점을 분명히 하고 있다. 처음에는 예수가 세례 받을 때 하늘의 음성을 통해서, 마지막에는 이방인 백부장의 입을 통해서(15:39) "하나님의 아들"임을 천명한다. 또한 마가는 베드로의 신앙고백을 통해서 예수가 그리스도(메시아)임을 드러낸다(8:29). 마가는 귀신들과 치유 받은 사람들과 제자들에게 메시아임을 알리지 말라고 침묵 명령을 내리지만, 대제사장의 심문 때에 "찬양을 받으실 분의 아들 그리스도"라고 밝히 드러내고 있다(14:61).

b. 공생애 제일성과 첫 번째 제자 선택(1:14-20)

마가는 공생애 준비(세례와 시험)를 마친 예수가 제일성으로 "때가 찼다. 하나님의 나라가 가까이 왔다. 회개하여라. 복음을 믿어라."(1:15)라고 선포하면서 공생애를 시작하고 있음을 기록하고 있다. 이것은 마태복음의 단순화된 공생애 제일성(마4:17)보다 구체성을 띠고 있다. 구약과 유대교에서 기다렸던 메시아의 도래가 성취되었고, (묵시적인) 하나님의 나라가 현재적으로 임하고 있다는 것을 강조하고 있다. 그러므로 회개하고 복음을 믿어야 하는 것이다. 회개는 단순하게 뉘우침을 지적으로 인정하는 것이 아니라, 삶의 방향과 목적을 바꾸는 결단을 요구하는 것이다.

예수께서 제자들을 선택하는 이야기는 세 곳(1:16-20; 2:13-14; 3:13-19)에서 언급되고 있다. 시몬 베드로와 그의 동생 안드레, 그리고 세베대의 아들들인 야고보와 요한은 처음으로 부름 받은 제자들이었다. 두 번째로 레위(마태복음에서는 '마태'로 나옴)를 부르는 장면이 따로 언급되며, 나머지 제자들을 선택하여 열두 제자단을 완성하고 있는 장면은 마지막에 나온다. 그들은 삶의 현장에서 부름을 받았고, 예수와 함께 있게 하시고 말씀을 전파하며 귀신을 쫓아내는 권능을 행사하도록 선택을 받았다. 그들은 둘씩 짝지어 나가 전도의 길로 나서게 된다(6:6-13).

예수가 제자를 선택하는 방식은 독특하다. 제자들이 찾아와서 제자로 받아달라고 요청하는 것이 아니라, 예수가 직접 부른다. 그의 주도적인 권위를 엿볼 수 있다. 예수가 삶의 현장에서 제자들을 부른 것은 열심히 일할 수 있는 자질을 본 것은 아닐까? 그들은 부름을 받자마자 "버리고, 따랐다." 시몬과 안드레는 그물을 버리고 예수를 따라갔고, 야고보와 요한은 아버지와 일꾼들을 배에 남겨두고 예수를 따라갔다. 그들은 사람을 낚는 어부로 부름을 받았다. 하나님의 나라에 초대할 대상은 사람들이었다.

c. 가버나움 첫 사역(1:21-45)

예수의 갈릴리 사역은 가버나움을 중심으로 전개되었다. 이 단락은 이틀 정도에 걸쳐 일어난 일을 다루고 있다. 예수는 안식일에 가버나움 회당에서 가르친다. 그는 율법학자들과는 다른 독자적인 권위를 갖고 있었다. 그러나 마가는 가르침의 내용을 전해주지 않는다. 그 대신에 악한 귀신 사람을 고쳐준 기적 이야기가 자세하게 소개되어 있다. 이것은 마가가 말씀보다 행위(기적)에 더 초점을 맞추어 예수의 이야기를 끌어가고자 한 것을 보여준다. 악한 귀신은 예수가 '하나님이 보내신 거룩한 분,' 즉 메시아인 것을 알아차린다. 예수는 귀신을 내쫓으면서 침묵을 명령한다(여기에서 예수는 귀신들과 처음으로 대화하고 있다). 그러나 예수의 소문은 갈릴리 각처에 퍼진다.

회당에서 나온 예수는 시몬과 안드레의 집으로 가서 시몬의 장모가 열병에 누운 것을 보고 고쳐준다. 이 치유 기적은 전형적인 기적 이야기의 양식을 보여주는데, 기적의 필요성을 설명하고(1:30), 능력으로 기적을 행한 후에(1:31상), 기적의 결과/반응을 기록한다(1:31하). 이 기적 후에도 온 동네 사람들의 온갖 병을 고치고 온갖 귀신을 내쫓는다. 다시 한 번 침묵 명령이 주어진다.

1:35-39의 단락은 예수가 행한 사역을 요약하여 보여준다. 예수는 이른 새벽에 외딴 곳에서 기도하면서 하루 일정을 시작하는 습관을 가졌다. 그의 사역은 될 수 있으면 많은 장소에서 많은 사람들을 만나 말씀을 선포하고(preaching), 귀신을 쫓아내는(exorcising/healing) 일을 하려고 하였다.

이러한 일정 가운데 한 나병환자가 다가왔다. 당시 나병은 하나님만이 고칠 수 있다고 생각한 천형이었다. 예수는 그를 보고 불쌍히 여기는 마음을 억제하지 못하고 손을 내밀어 그에게 대면서 고쳐주었다. 이것은 율법의 정결법(레14:46-47)을 범하는 것이었지만 예수는 개의치 않았다. 대신 대가를 치르게 된다. 율법에 명한 대로 하루 동안 동네에 들어가지 못하게 된 것이다.

그러나 마을 사람들이 대신 예수에게 나아옴으로써 예수의 전도 사역은 더 큰 효과를 거두게 된다.

d. 가버나움 사역의 계속: 초기 논쟁설화(2:1-3:6)

예수는 다시 가버나움으로 돌아와서 사역을 계속한다. 집 안에서 말씀을 전하고 있는데, 한 중풍병 환자를 네 사람이 지붕을 뚫고 데려왔다. 그들의 믿음을 보고 예수는 중풍병 환자의 죄를 용서하여 준다는 선언을 하였다. 그 자리에 있던 율법학자들이 의문을 품는다. 단순하게 병을 고쳐주었다면 문제가 발생하지 않았을 텐데, 예수는 의도적으로 논쟁을 야기한 셈이다. 예수는 병을 고쳐주기 전에 죄를 용서받고 진정한 구원에 이르는 것이 중요하다는 것을 교훈하고자 하였던 것으로 보인다.

세관에서 일하던 레위를 부르고 난 후(2:13-14), 예수는 세리와 죄인들과 함께 식사하는 자리에 참여하였다. 이것은 다시 한 번 바리새파 사람들과 율법학자들의 비난을 자초하는 계기를 제공한다. 그들이 예수를 비난한 것은 예수가 율법을 어기고 정결법을 어겼다는 것 때문이었다. 예수는 병들고 의롭지 않다고 생각한 죄인들을 부르러 왔다고 말씀하심으로써, 스스로 건강하고 의롭다고 생각한 바리새인들과 율법학자들과의 논쟁을 종식시킨다.

세리와 죄인들과 식사한 사건은 곧바로 금식 논쟁을 불러일으키게 되었다. 바리새파 제자들은 금식하는데(바리새인들은 일주일에 이틀, 즉 월요일과 목요일에 금식하였다), 왜 예수의 제자들은 금식하지 않느냐는 것이었다. 예수는 스스로를 신랑에 비유하며 결혼 잔치에서 금식할 수 없지 않느냐고 반문하였다. 계속하여 예수의 교훈을 낡은 옷에 대지 않는 생베 조각과 낡은 가죽 부대에 담지 않는 새 포도주로 비유함으로써, 율법의 낡은 해석에 매인 것을 비판한다. 초기 논쟁은 금식 논쟁에 이어 안식일 논쟁으로 비화한다. 안식일에 제자들이 배가 고파 밀 이삭을 잘라먹었기 때문이다. 그것은 바리새파의 율법 해석에 따르면 안식일에 해서는 안 되는 39가지 일 중의 한 가지(추수)에 해당되는 것이었다. 그러나 예수는 다윗이 성전에 들어가 제사장들 밖에는 먹을 수 없는 제단 빵을 먹었다는 성경 이야기를 예로 들어서(다윗이 안식일에 먹은 것은 아니었지만) 제자들의 행위를 정당화하였다. 예수는 "안식일이 사람을 위하여 생긴 것이지, 사람이 안식일을 위하여 생긴 것이 아니다. 인자는 안식일의 주인이다." 라고 함으로써, 율법의 형식보다는 본질을 보아야 하며, 인자(예수)가 안식일보다 더 큰 권위를 갖고 있음을 선언하였다(그렇기 때문에 '선언이야기'라고 한다).

안식일 논쟁은 3장에서도 계속된다. 왜냐하면 예수가 안식일에 회당에 들어가 사람들이 책잡기 위해 지켜보고 있는 가운데 한 쪽 손이 오그라든 사람을 고쳐주었기 때문이었다. 예수는 "안식일에 선한 일을 하는 것이 옳으냐? 악한 일을 하는 것이 옳으냐?"고 질문함으로써 논쟁을 유발한다. 사람들은 침묵하였지만, 이것이 계기가 되어 원래는 서로 사이가 좋지 않은 바리새파 사람들과 헤롯 당원들이 합심하여 예수를 없앨 모의를 하게 된다.

e. 갈릴리 바닷가 첫 사역(3:7-35)

앞의 내용(1:21-3:6)이 가버나움 회당을 중심으로 이루어진 갈릴리 초기 사역이라면, 이제부터는(3:7-8:26) 갈릴리 바다를 중심으로 이루어진 갈릴리와 주변 지역의 사역을 보여준다. 여기에서 갈릴리 바다는 배경을 형성하며, 본격적인 항해 기사(4:35-41; 6:45-56; 8:10-21)와는 구별된다.

본 단락(3:7-35)은 갈릴리 바닷가와 그 주변에서 이루어진 첫 번째 사역이다. 예수는 3:7에서 가버나움 도시와 농촌 지역의 사역지로부터 갈릴리 바다를 중심으로 한 사역에 들어간다. 고통받는 많은 사람들이 갈릴리와 유대 전역에서 고침을 받기 위해 예수에게 몰려오므로 사람들과 거리를 두기 위해 따로 배를 마련해야 할 정도였다.

예수는 열두 제자를 선택한 후 어느 집으로 들어간다. 그가 많은 병과 귀신 들린 것을 고쳐주었기 때문에 여기서도 여전히 많은 사람들로 북적대고 있다. 예수의 인기가 하늘을 찌른다. 그러나 반응이 모두 좋은 것은 아니었다. 가족들은 예수가 미쳤다는 소문을 듣고 예수를 찾아온다. 예루살렘에서 내려온 율법학자들은 예수가 바알세불(귀신의 왕)에 들렸다고 비방한다. 예수는 힘센 자를 묶어놓아야만 그의 집에 들어갈 수 없다는 비유를 하면서 자신을 방어한다. 이러한 비방은 성령을 모독하는 죄로서 용서받을 수 없다고 경고하기도 한다. 자신을 찾아온 가족들을 향해서 "하나님의 뜻을 행하는 사람이 곧 내 형제요 자매요 어머니다."라고 말한다.

f. 비유들(4:1-34)

예수는 바닷가에서 많은 사람들 때문에 배에 올라 비유를 말씀하신다. 예수는 씨와 관련된 세 가지 비유를 가르치고 있다. 씨 뿌리는 자의 비유와 스스로 자라나는 비유(마가복음에만 나옴), 그리고 겨자씨 비유이다. 비유로 말씀한 목적은 하나님 나라의 비밀을 깨닫지 못하도록 하기 위함이었다. 그래서 씨 뿌리는 자의 비유에 대한 알레고리적인 해석이 덧붙여져 있다. 세 비유는 모두 성장의 비유이다. 좋은 땅에 떨어진 씨는 백배까지 열매를 맺게 되고, 땅에 뿌려진 씨는 자고 일어나면 그 사이에 자라며, 겨자씨는 큰 가지를 낼 정도로 자란다. 하나님 나라의 확장을 말하고 있다. 예수의 사역에 대한 많은 비난과 적대감에도 불구하고 하나님의 나라는 성장해 갈 것이다.

g. 기적들(4:35-5:43)

여기 기적 모음집에는 네 개의 기적이 들어 있다: 풍랑을 잔잔하게 한 자연 기적; 거라사 귀신들린 사람 축귀 기적; 야이로의 딸 소생 기적; 혈루증 여인 치유 기적. 먼저 첫 번째 항해 기사 가운데 풍랑을 잔잔하게 한 기적이 나온다. 저녁이 되어 바다 건너편으로 배를 타고 건너가게 된다. 거센 바람으로 인하여 배가 물에 잠기게 되자 제자들은 주무시는 예수를 깨우며 도움을 요청한다. 예수는 바람을 꾸짖고 바다를 향해 "고요하고 잠잠하여라."라고 명령한다. 이는 귀신들에게 명령할 때처럼 같은 용어(φιμωΘητι)를 사용한 것이다(1:25 참조). 여기에는 제자들의 믿음 없음과 예수의 권능이 잘 대조되어 있다.

5장은 거라사 지방에서 귀신 들린 사람을 고쳐주신 이야기로 시작한다. 여기에서도 귀신들과 대화하는 두 번째 장면이 기록되고 있다. 군대 귀신 들린 이 사람은 고침을 받고 데가볼리에 자기에게 일어난 기적을 전파하였으나, 마을 사람들은 군대 귀신이 들어간 이천 마리나 되는 돼지 떼가 몰사하는 것을 보고 예수에게 떠나달라고 요청한다. 그들은 영적인 회복보다 경제적인 손실에 더 관심을 기울인다.

거라사 맞은편으로 갔을 때, 회당장 야이로가 와서 자기 딸을 고쳐달라고 간청한다. 고치러 가는 도중에 혈루증 앓는 여인을 고치는 기적 이야기가 삽입되어 있다. 두 기적은 열둘이라는 숫자로 서로 연결된다. 열둘이라는 숫자는 이스라엘의 열두 지파를 암시하며, 뒤에 나오는 열두 제자의 파송 이야기(6:6-13)를 지시해 준다. 정결법에 저촉이 되는 조건을 가진 두 사람 모두 여자이지만, 한 사람은 지체 높은 회당장의 딸이고, 다른 한 사람은 그녀의 은밀한 접근으로 미루어 보건대 소외계층이었을 가능성이 높다.

h. 오병이어 기적과 칠병이어 기적(6:1-8:26)

예수는 고향으로 돌아갔지만 환영을 받지 못한다. 그 후 열두 제자들을 둘씩 나누어 전도대로 파송한다. 예수의 이름이 널리 알려지자 헤롯은 자기가 죽인 세례자 요한이 되살아난 것으로 생각한다. 6:17-29은 회고적 진술을 통해 세례자 요한의 죽음을 흥미롭게 그려준다. 헤롯의 죽음에 대한 회고는 예수의 죽음을 예시하는 기능을 하고 있다.

오병이어 기적 이야기(6:30-44)와 칠병이어 기적 이야기(8:1-9)는 서로 병렬 배치되어 있다. 오병이어 기적이 항해 기사(6:45-52)와 바리새인과의 논쟁(7:1-23)으로 이어지듯이, 칠병이어 기적은 똑같은 구조를 가지고 항해 기사(8:10)와 바리새인과의 논쟁(8:11-13)으로 이어진다. 두 기적 이야기를 중심한 이러한 구조는 누룩에 관한 오해(8:14-21)와 벳새다 맹인의 치유(8:22-26)를 통해 제자들의 무지를 깨우치는 것을 통해 참된 제자가 되어야 할 필요성을 일깨우고 있다.

이 단락의 중간에 시로페니키아 여자의 믿음에 관한 이야기가 나온다(7:24-30). 이 이야기는 예수가 하나님의 나라 비유와 오병이어의 기적을 비롯한 많은 기적 행함에도 불구하고 그를 적대한 고향사람들과 이스라엘 종교지도자들에게 실망한 나머지

낙담된 채 잠시 동안 사람들을 피하여 두로 지역으로 갔을 때 일어난 사건을 기록하고 있다. 여기에서 예수는 믿음의 "말"(λογος)을 통해 그를 놀라게 한 여자를 만나게 된다. 이 사건은 예수로 하여금 십자가에 죽으실 결심을 새롭게 하고 이방인에게 나아가 복음을 전하게 되는 계기를 마련해 준 것으로 보인다.

i. 세 번의 수난예고와 예루살렘 상경기(8:27-52)

수난예고와 관련된 전후문맥을 보면, 먼저 그리스도에 대한 계시가 나오고, 그 다음에 바르게 그 계시를 깨닫지 못한 제자들에게 수난예고를 하고, 마지막으로 제자도에 관한 말씀으로 마무리된다. 이를 통해 기독론과 제자도의 두 주제가 잘 결합되고 있다. 첫 번째 수난예고와 관련된 문맥을 보자. 먼저 예수께서 가이사랴 빌립보에서 그를 어떻게 생각하는지에 관해 묻고 있는 장면이 나온다. 베드로가 제자들을 대표하여 "당신은 그리스도(메시아)이십니다."라고 고백한다. 그러나 이러한 고백은 이스라엘 백성들이 고대하던 정치적 메시아에 대한 기대를 드러낸 것으로서 제대로 예수를 이해한 신앙고백이 아니었다. 베드로와 예수는 서로 같은 말(항의하다/꾸짖다; επιτιμαω)로 날카롭게 대결하며, 베드로를 사탄이라고 부르며 질책한다. 그 후에 예수는 제자들에게 "자기 십자가를 지고 나를 따라오너라."라고 말씀하시며, 그와 복음을 위하여 목숨을 잃는 사람이 목숨을 얻을 것이라고 제자도에 관한 교훈을 주고 있다.

두 번째 수난예고에 앞서 예수가 변화산에서 영광스럽게 변모하면서 하나님의 아들이심을 다시 한 번 계시하는 사건이 등장한다. 그리고 뒤이어 귀신들린 아이를 고치는 기적을 통하여 하나님의 아들로서의 능력을 보여주신다. 이러한 배경을 두고 예수께서 두 번째 수난예고를 말씀하시지만, 제자들은 그 말씀을 깨닫지 못한다. 제자들은 영광스럽고 능력을 가진 메시아가 죽음을 당하게 될 것을 이해하지도 받아들이지도 못하였다. 예수는 수난예고를 말씀하고 가버나움으로 가는 길에서 제자들이 누가 큰 가의 문제로 다툰 것을 두고 교훈한다. 첫째가 되고자 하는 오히려 꼴찌가 되어 모든 사람을 섬겨야 한다는 제자도를 가르치신다.

세 번째 수난예고는 공관복음서 모두 몇 가지 이야기를 공통 배경으로 하여 나타난다. 어린이들을 축복한 이야기(10:13-16), 부자 청년의 이야기(10:17-31)가 앞 문맥에 나오고, 바디매오의 눈을 고쳐준 이야기(10:46-52)가 뒤 문맥에 나온다. 여기에 마태는 앞 문맥에 포도원 품꾼의 비유(마20:1-16)를 첨가하고 있고, 마태와 마가는 뒤 문맥에 야고보와 요한이 높은 자리를 요구하는 이야기가 공통으로 포함시키고 있다. 첫 번째와 두 번째 수난예고가 예수 그리스도에 관한 계시가 선행적으로 나오는데 비해, 세 번째 수난예고는 어린이들과 부자 청년 이야기가 선행적으로 나온다. 마가복음을 위주로 고찰해 보면, 수난예고의 전후문맥은 모두 제자도의 주제와 연결되고 있음을 알 수 있다. 사람들이 업신여기는 어린이들이야말로 하나님의 나라에 합당한 자들이며, 계명을 알기만 할 것이 아니라 바르게 실천하는 사람만이 제자가 될 수 있으며, 으뜸이 되고자 하는 자들은 모든 사람의 종이 되어야 참된 제자가 될 수 있다는 것을 교훈하고 있다. 제자들은 세 번에 걸친 수난예고의 과정 속에서 여전히 예수 그리스도의 정체성과 그의 사역에 대해 올바로 이해하지 못하고 있다. 이러한 제자들에게 예수는 바디매오의 눈을 보게 하는 기적을 통해 참된 제자가 되어 그를 따라야(10:52; ακολουθεω) 할 것임을 상징적으로 교훈하고 있는 것이다.

j. 종교지도자들과의 논쟁(11:1-12:44)

예수는 제자들과 함께 벳바게와 베다니를 거쳐 예루살렘에 도착한다. "아무도 탄 적이 없는"(왕을 위해 구별된) 나귀 새끼를 타고 예루살렘에 들어오는 초라한 왕의 행차에 백성들은 "호산나!"를 외치며 환영한다. 그러나 이 소리는 며칠이 못되어 "십자가에 못 박아라!"는 외침으로 바뀌게 된다.

예수의 예루살렘 사역은 성전을 깨끗하게 하는 사건으로 시작되고 있다. 이 사건은 열매 없는 무화과나무를 저주한 이야기(11:12-14; 11:20-25)를 전후문맥으로 하고 있다. 이것은 열매 없는 예루살렘 성전과 유대교에 대한 심판을 상징하는 의미가 있다. 무화과나무의 저주에 대한 교훈으로서 믿음과 기도를 언급한 것은(11:22-25) "기도하는 집"이 되어야 할 예루살렘 성전이 더럽혀진 것을 가리키고 있다.

예루살렘의 지도자들인 대제사장들과 율법학자들과 장로들이 성전을 청결하게 한 사건을 두고 예수의 권한에 대해 따져 묻는다. 예수는 궁지에 몰릴 수 있는 상황에서 새로운 문제를 제기하면서 이 위기를 빠져나간다. 요한의 세례가 하늘에서 온 것인지 사람에게서 온 것인지에 관한 질문은 종교지도자들을 곤란에 빠뜨린다. 어떤 방식으로 대답해도 문제가 될 것이 분명하기 때문에 그들은 모른다고 대답한다. 예수는 잠시 동안 시간을 번다.

12장에서는 본격적인 논쟁이 벌어진다. 이에 앞서 예수는 포도원 소작인의 비유를 통해 종교지도자들을 자극한다. 그들은 급기야 아들을 죽임으로써 하나님의 구원 계획을 가로막으려고 하겠지만 결국 실패로 돌아갈 것이다. 이 비유가 그들을 향한 비유인 줄로 알고 예수를 체포하려고 하였지만 백성들을 두려워하여 다른 기회를 엿보게 된다.

종교지도자들은 세 가지 논쟁거리를 들고 나와 예수를 책잡으려고 한다. 먼저 바리새파 사람들과 헤롯 당원 몇 사람이 황제(가이사)에게 세금을 바치는 것이 옳은가라는 질문을 던진다. 세금 문제는 당시 뜨거운 감자였다. 열심당원들을 비롯한 민족주의자들은 세금을 바치지 말아야 한다고 주장했다. 예수가 세금을 바치라고 말하면 민족의 배신자가 될 것이고, 세금을 바치지 말라고 말하면 로마제국을 자극하는 정치범이 될 찰나였다. 예수는 "황제의 것은 황제에게, 하나님의 것은 하나님께 드려라."라고 지혜롭게 응답함으로써 위기를 모면하였다. 이것은 모든 것이 하나님의 것이라는 신앙에 바탕을 두고 있지만 세상 질서에 대해서도 일정한 역할을 인정하고 있는 듯하다.

첫 번째 논쟁이 실패하자 이번에는 부활을 믿지 않는 사두개인들이 나선다. 당시 율법에서 정한 형수취수제(levirate)를 예로 들어 한 여자가 생전에 일곱 형제와 계속하여 아내 노릇을 하였다면 부활한 후에 누구의 아내가 될 것인가라고 질문하였다. 이러한 난감한 질문에 대해 예수는 그들이 성경도 하나님의 능력도 모르기 때문이라고 대답하신다. 율법에 하나님은 살아 있는 자들의 하나님이라고 말하고 있으며(12:26-27), 부활을 통한 하나님의 능력은 현세적인 삶과 다른 상태를 나타내 보여줄 것이라는 점이다(12:25). 모든 관계를 새롭게 하실 하나님의 능력에 맡기면 될 일을 사두개인들이 쓸데없는 논쟁으로 삼고 있는 것이다.

세 번째 논쟁은 한 율법학자에 의해 제기된 가장 큰 계명에 관한 것이다. 이것은 논쟁이라기보다는 율법 문답에 가깝다. 율법학자가 가장 으뜸 되는 계명에 대해서 묻자, 예수께서 신6:4,5와 레19:18을 들어 하나님을 사랑하고 이웃을 사랑하는 것이라고 대답한다. 그러자 율법학자가 맞장구를 치면서 다시 한 번 예수의 대답을 반복한다(마태복음에는 이 부분이 없으며, 누가복음에는 계명 논쟁 자체가 빠져 있다). 예수는 슬기롭게 대답하는 율법학자를 칭찬함으로써 논쟁을 종식시킨다.

종교지도자들이 제기한 세 가지 논쟁거리(세금, 부활, 계명)에 대해 대답하신 후, 예수는 세 가지 교훈을 주고 있다. 첫째, 다윗이 그리스도를 주라고 불렀는데 어찌하여 그리스도가 다윗의 자손이라고 하느냐고 질문한다. 이를 통해 그리스도 되심에 대해 확실하게 교훈하고자 하였다. 둘째, 율법학자들의 위선과 교만과 죄악에 대해 책망한다. 이 주제는 마23장에서 일곱 가지 화의 선언을 통해 잘 설명되고 있다. 셋째, 가난한 과부의 헌금에 대해 칭찬한다(마태는 이를 생략하고 있다). 이는 인색한 부자들을 교훈하기 위한 목적을 암시한다.

k. 소묵시록(13:1-37)

제자 중 하나가 예루살렘 성전의 위용에 대해 놀라움을 표시하자, 예수는 성전이 철저하게 파괴될 것이라고 예언하신다. 그런데 제자들은 성전 파괴를 세상의 종말로 받아들인 듯하다. 제자들은 이러한 "끝"(마태는 "세상 끝날"; 누가는 "종말"로 표현)이 언제 임하며 어떤 징조를 동반할 것인지에 관해 질문한다. 묵시록이라고 하는 까닭은 종말에 일어날 일을 차례대로 열거해 주기 때문이다. 마가복음 13장은 소묵시록(a little apocalypse)이라고 부른다.

마가복음의 종말 징조로는 전쟁, 국제 분쟁, 지진, 기근, 박해, 일월성신의 변화가 열거되어 있다. 이 외에도 거짓 그리스도의 출현을 들 수 있다. 이러한 종말의 시나리오는 요한계시록 6:2-8:5에 나오는 순서와 비슷하다: 전쟁(흰 말), 국제 분쟁(붉은 말), 기근(검은 말), 온역(청황색 말), 박해, 지진 및 하늘 징조, 침묵에 이은 신원의 기도. 마가복음의 이러한 징조들은 세상의 종말 또는 성전 파괴의 전조 현상으로 이해된다. 주후 70년 일어난 예루살렘 성전 파괴는 이스라엘 백성들에게 세상의 종말을 의미하는 것만큼이나 큰 충격을 주었다. 당시에 일어났던 성전 파괴 사건을 통해 세상의 종말을 유추해 보는 것은 자연스러운 일이다. 소묵시록이 예수의 재림을 가리키는 것이 아니라 성전 파괴 사건을 직접적으로 가리키는 것이라는 주장은 13:24-27이 성전 파괴를 가리키는 것이라는 해석을 전제로 한다. 이것만 해결된다면 "이 세대가 끝나기 전에 이 모든 일이 다 일어날 것"(13:30)이라는 말씀을 성전 파괴에 연결시키는 것은 별 문제가 없다.

1. 수난 이야기(14:1-15:47)

예수에게 적대적이었던 대제사장들과 율법학자들은 유월절을 이틀 앞두고 예수를 없앨 구체적인 계획에 돌입했다. 명절이 오기 전에 속전속결로 해치울 작정을 하였다. 가룟 유다는 이들의 계획대로 스승인 예수를 배반하기로 마음을 먹는다. 이것은 베다니에서 한 여자가 값비싼 향유를 예수의 머리에 부어 그의 죽으심을 예비하는 상징적 사건이 일어났을 때 그러한 낭비를 책망한 제자들(요12:4-5에는 가룟 유다가 말한 것으로 기록됨)에게서 예견된 일이다. 가룟 유다는 대제사장들에게 예수를 넘겨줄 마음을 품고 (누가와 요한은 사탄이 가룟 유다에게 들어갔다고 언급한다) 적당한 기회를 엿본다. 예수는 제자들과 유월절 식사를 하면서 제자 중 하나가 그를 배반할 것이라고 예고한다. 제자들은 하나같이 부인한다. 예수는 빵과 포도주가 그의 죽을 몸과

흘릴 피임을 가르쳐 준다.

가룟 유다 이외의 제자들도 예수의 수난 현장에서 신뢰를 보여주지 못한다. 예수가 자신이 목자로서 수난을 당할 때 양 떼(제자들)가 흩어질 것이라고 말하지만, 베드로는 제자들을 대표하여 예수를 저버리지 않을 것이라고 장담한다. 그러나 예수는 그가 새벽닭이 두 번 울기 전에 세 번 부인하게 될 것이라고 냉정하게 말씀하신다.

예수는 체포되기 전에 기도하기 위해 겟세마네 동산에 제자들과 함께 올라간다. 변화산상에 함께 올라갔던 베드로와 야고보와 요한만을 데리고 올라간 것은 예수의 영광과 수난을 극명하게 대조시키는 효과를 보여준다. 이들 모두는 죽음의 잔을 마시겠다고 장담했던 제자들이었다. 예수는 죽음을 앞두고 "매우 놀라며 괴로워하기 시작하셨다"(14:33)고 기록한 것은 의외다. 예수는 마음이 근심에 싸여 죽을 지경이라고 토로한다. 죽음에 대한 공포 때문인가? 아니면 온 인류의 죄를 안고 정의로운 하나님 앞에 서는 것이 두려워서인가? 예수는 "땅에 엎드려" 간절하게 기도한다. 될 수만 있으면 죽음을 피할 수 있기를 바라며 죽음의 잔을 마시지 않게 해달라고 기도한다. 얼마나 처절한 인간적 고뇌가 담겨 있는가! 그러나 예수는 결국 하나님의 뜻을 따르기로 결심한다. 한 시간을 기도한 후 제자들에게 가보니 그들은 자고 있질 않은가! 예수는 제자들에게 기도로 지원해 줄 것을 세 번에 걸쳐 부탁하였지만, 그들은 연약한 육신을 이기지 못하고 잠에 빠져 있었다. 밤을 새워 기도하며 죽음의 때를 준비한 예수는 수난의 길에 당당히 나선다.

이때 유다를 앞세우고 종교지도자들이 보낸 무리가 칼과 몽둥이로 무장하고 예수를 체포하기 위해 들이닥쳤다. 유다는 그들과 입을 맞추는 것으로 신호를 교환하고 예수를 "선생님"이라고 부른다. 친근한 사람에게 하는 입맞춤과 선생님이라는 호칭은 배반을 역설적으로 나타내주고 있다. 위급한 상황 가운데서 한 제자가 칼로 내리쳐 대제사장의 종의 귀를 잘라버렸다 (요한복음은 베드로가 말고의 귀를 잘랐다고 기록하고 있다). 예수는 무장하고 잡으러 온 자들을 책망하였지만, 다른 복음서들과 달리 귀를 자른 제자의 행동을 나무라지 않는다. 예수가 체포되자 제자들은 모두 도망을 가고, 어떤 젊은이도 맨몸에 둘렀던 홑이불을 버리고 황급하게 달아난다(이 사람을 마가복음서의 저자인 마가로 생각하는 의견도 있다).

예수는 먼저 대제사장(마태에 의하면 가야바)에게 끌려가 심문을 받았다. 대제사장이 주재하는 산헤드린 의회가 소집되었다. 비록 이 공의회가 사형 집행을 의결할 권한(총독에게 사형집행권이 있었음)과 절차(밤에는 그러한 의결을 할 수 없는 전통이 있었음)를 갖춘 것은 아니었지만, 예수를 사형에 처할 죄목을 찾고 위협을 가하는 데는 아무 문제가 없었다. 예수에 대한 증언은 엇갈렸다. 저항하지 않는 예수의 입을 여는 것은 여의치 않았다. 그러자 대제사장이 "그대는 찬양을 받으실 분의 아들 그리스도요?"(14:61)라고 직접 도발적인 질문을 하였다. 예수는 이에 대해 긍정적인 답을 하면서 그가 인자로서 하늘 구름을 타고 오는 것을 보게 될 것이라고 덧붙인다. 그러자 대제사장은 이를 신성모독으로 간주하고 옷을 찢어 확증한다. 이에 격분한 자들이 예수에게 침을 뱉고 얼굴을 가리고 주먹으로 치며 조롱한다. 하인들까지 손바닥으로 쳤다.

대제사장의 집 "안"에서 심문이 계속되는 동안 집 "밖" 안뜰에서는 베드로가 세 번 예수를 부인하는 일이 벌어지고 있었다. 대제사장의 하녀가 베드로를 향해 예수와 함께 다니던 자라고 지목하자 부인하였고, 계속하여 한패라고 다그치자 두 번째로 부인하였고, 곁에 서 있던 자들이 갈릴리 사람이라고 하면서 예수와 한패라고 몰아세우자 "저주하고 맹세하여" 부인하였다. 그러자 닭이 울었고, 베드로는 예수의 말씀이 생각나 엎드려 울음을 터뜨리고 말았다! 이 얼마나 안타까운 상황의 전개인가! 예수는 인간적 결심이 얼마나 부서지기 쉬운 것인지 이미 알고 세 번이나 부인할 것이라고 예고한 것이었다.

새벽이 되고 날이 밝자 공의회가 다시 모여 빌라도 총독에게 예수를 넘기기로 결정하였다. 15장은 빌라도의 심문 이야기로 시작한다. 대제사장 일당은 빌라도에게 예수를 넘겨주면서 불리한 정보를 제공했을 것이다. 빌라도가 "당신이 유대인의 왕이요?"라고 질문한 것을 보아 이를 알 수 있다. 예수는 유보적인 대답을 하긴 했지만("당신이 그렇게 말하였소") 이를 부인하지는 않았다. 정치범으로 오해될 수 있는 소지가 충분하였지만 예수는 이를 피하지 않았다. 빌라도가 예수의 대답에 직접적인 반응을 보이지 않은 것은 그가 조롱의 의미를 담아 "유대인의 왕"이란 칭호를 사용했기 때문일 것이다. 계속되는 고발 내용에도 예수가 침묵하자, 빌라도는 이를 이상하게 여겼다.

당시에는 명절 때마다 백성들의 요구를 받아들여 죄수 하나를 놓아주는 관례가 있었다. 백성들의 환심을 사기 위한 정치적인 행위였을 것이다. 폭동 때 살인을 한 바라바라는 사람이 있었는데, 사람들은 빌라도에게 예수 대신에 그를 석방시켜 줄 것을 요구하였다. 폭도요 살인자였지만 민족주의자였기 때문에 그렇게 요구했는지도 모른다. 십자가에 처형되어야 마땅한 범죄자 바라바는 석방되었고, 예수는 백성들의 끈질긴 요구 때문에 십자가에 못 박히게 되었다. 빌라도는 정의로운 지도자가 아니라 백성들을 만족시키는 일에 굴복하였던 불의한 인기 영합주의자였을 뿐이다.

이제 심문은 끝났다. 이제 남은 것은 십자가 형의 집행뿐이었다. 병사들이 예수를 총독 공관(공관은 원래 가이사랴에 있었지만 명절 때는 헤롯 궁전을 공관으로 사용했을 것으로 본다)으로 끌고 가서 자색 옷을 입히고 가시관을 씌웠다. 이러한 차림을 하게 한 것은 "유대인의 왕"을 조롱하기 위한 목적이 있었던 것으로 보인다. "유대인이 왕 만세!"라고 외치며 인사를 한 것도 조롱한 것이다. 갈대로 머리를 치고 침을 뱉으며 조롱하였다. 무릎을 꿇고 경배하며 조롱하였다. 조롱의 의식을 마친 후 병사들은 예수의 자색 옷을 벗기고 그의 원래 옷을 입힌다. 이제 십자가 형장으로 예수를 끌고 간다.

예수가 십자가 형장으로 가는 길은 홀로 가는 외로운 길이었다. 제자들은 모두 떠나갔다. 그러나 어둠만이 있었던 것은 아니었다. 구레네 시몬의 도움, 백부장의 고백, 여인들의 동행, 아리마대 요셉의 무덤 준비 등은 외로운 십자가 길에 함께한 한 줄기 희망의 빛이었다. 예수는 '골고다/갈보리'("해골"이라는 의미)로 끌려가 처형을 당한다. 예수는 마취제 역할을 하는 몰약을 탄 포도주를 거절한다. 병사들은 예수를 십자가에 못 박은 뒤, 예수의 옷을 제비뽑아 나누어 가졌다(시22:18의 성취로 볼 수 있음. 당시 값어치가 있었던 물건 중의 하나였던 옷은 형 집행자들의 몫이었음). 예수는 아침 9시에 십자가에 못 박혔고, 6시간이 지난 오후 3시에 운명하였다. 이스라엘 종교 제도를 대신할 새로운 시대를 상징하듯 성전 휘장이 "찢어졌다"(1:10의 하늘이 "갈라지다" 참고). "유대인의 왕"이라는 죄패를 달고 예수는 강도 둘과 함께 십자가에 못 박혔는데, 누가복음과 달리(눅23:40-43) 두 강도는 모두 예수를 조롱하고 비방하였다.

예수가 십자가에 달려 있던 열두 시부터 세 시까지 어둠이 온 땅을 덮었다. 이는 예수의 수난의 고통과 하나님의 심판을 다같이 가리키는 것 같다. 예수는 세 시에 "엘로이 엘로이 레마 사박

다니?"(나의 하나님, 나의 하나님, 어찌하여 나를 버리셨습니까?)라고 큰 소리로 부르짖고 운명하였다. 이것은 시22:1의 인용이지만 시22편 전체를 포괄한다. 그렇다면 이것은 절망과 불신의 외침이 아니라 하나님에 대한 신뢰를 의미한다(시22:19-31 참조).

이때 예수의 죽음을 지켜보고 서 있던 백부장이 놀라운 고백을 한다. "참으로 이 분은 하나님의 아들이셨다." 마가는 복음서 서두에서 일찍이 예수가 세례를 받을 때 하나님께서 "너는 내 사랑하는 아들이다"(1:11)라고 선언한 내용을 기록하고 있다. 이제 복음서 말미에서 이방인의 입을 통하여 하나님의 아들로 선언되는 방식을 통하여 마가는 예수가 온 세상의 구주가 되었다는 것을 나타내고자 한 것이다.

예수가 처형당하는 현장에 남자 제자들은 없었지만 여자들은 그 모습을 드러내고 있었다. 막달라 마리아, 야고보의 어머니 마리아, 그리고 살로메가 거명되고 있다. 이들 외에 다른 여자들도 있었다고 기록한다. 예수의 수난과 부활의 중심 증인들은 여자들이었다. 날이 저물자(안식일 전날인 금요일 저녁) 산헤드린의 회원이었던 아리마대 요셉이 빌라도 총독에게 예수의 시신을 달라고 하여 그가 마련해 두었던 바위 무덤에 안치하였다. 그리고 돌로 무덤 문을 막았다.

m. 부활 이야기(16:1-20)

마가복음의 부활 이야기는 매우 짧게 기록되어 있다. 초기 사본들에 의하면 마가복음은 16:8에서 끝난다고 보는데, 그렇다면 더욱 짧아진다. 마가복음의 부활 증인들은 먼저 여자들이었다. 부활 장면은 묘사되지 않으며, 부활의 목격자들의 증언만이 나온다. 십자가 처형 장소에 있었던 막달라 마리아, 야고보의 어머니

마리아, 살로메가 안식일이 지난 다음 날 이른 새벽에 예수의 시체에 향료를 바르려고 무덤으로 갔다. 그들은 무덤 문을 막은 돌을 치울 걱정만 하였지만 도착해 보니 돌은 이미 치워져 있었고, 한 젊은 남자(천사)가 여자들을 안심시키며 예수가 부활하여 갈릴리로 가셨다는 말을 하였다. 그들은 무덤을 뛰쳐나와 벌벌 떨며 넋을 잃고 말을 하지 못하였다. "왜냐하면 그들은 무서워하였기 때문이다"(εφοβουντο γαρ).

마가복음의 소위 짧은 끝맺음(16:1-8)은 'γαρ'라는 접속사로 끝난다. 그래서 복음서의 기록이 너무 돌발적이고 비문법적인 형태로 끝난다고 생각하여 이러한 문장이 가능한가에 대하여 의문을 품기도 하였다. 그러나 이러한 문장 형태가 가능하다는 것이 연구 결과 밝혀졌고, 부활을 목격한 여자들의 놀라고 두려워하는 마음을 잘 표현해 주고 있다. 천사는 여자들에게 무서워하지 말고 제자들에게 부활 소식을 알리라고 함으로써 부활의 증인으로서의 역할과 사명이 있음을 확인시킨다.

마가복음의 긴 끝맺음(16:9-20)은 부활 현현 기사와 승천 기사를 보충하고 있다. 먼저 막달라 마리아에게 다시 한 번 나타났다. 막달라 마리아는 예수의 부활 소식을 슬픔에 젖어 있던 사람들에게 전하였지만 믿지 못했다. 그 후에 걸어서 시골로 내려가는 두 사람에게 나타나셨다(눅24:13-35와 유사함). 두 사람이 돌아와 다른 제자들에게 예수의 부활을 증언하였지만 믿지 못했다. 그 후에 열한 제자가 식사하는 중에 부활하신 예수가 직접 나타났다. 그들이 여러 번 부활 소식을 듣고도 믿지 않았기 때문이었다. 예수는 그들에게 부활을 증언하며 복음을 전파하라고 선교의 사명을 부여한다. 그들이 복음을 전파할 때 부활의 주님이 함께 하여 축귀와 치유, 방언과 이적이 뒤따를 것이라고 약속한 후, 승천하여 하나님 오른편에 앉으셨다.

3. 마태복음

(1) 구조

마태복음은 다양한 내용을 포함하고 있어서 통일된 구조를 파악하는 것이 쉽지 않다. 마태복음의 구조는 보통 세 가지 형태로 이해되어 왔다. 첫째, 마태복음의 구조는 기본적으로 마태복음 자료의 일부로 사용하고 있는 마가복음을 기본으로 삼고 있다. 즉, 마태복음도 마가복음의 이중구조인 갈릴리 사역(전반부)과 예루살렘 사역(후반부)을 따르고 있다. 그래서 전반부와 후반부를 나누는 중심점을 마가복음과 마찬가지로 가이사랴 빌립보에서 행해진 베드로의 신앙고백(마16:13-20)에서 찾게 된다. 이러한 이중구조는 예수의 사역을 역사적이고 지리적인 배경에서 바라보는 것이면서 동시에 예루살렘 사역의 중요성을 부각시키는 신학적인 초점도 보여준다. 그러나 이러한 마태복음의 구조 이해는 마태복음의 특징을 파악하는데 있어서 제한적일 수밖에 없다. 왜냐하면 마태복음은 마가복음과는 다른 자료의 사용과 신학적 특징을 드러내고 있기 때문이다.

둘째, 마태복음의 자료 사용에서 오는 특징으로서 오중구조를 들 수 있다. 마태는 주제와 글의 종류에 따라 자료를 정리하고 배열하고 있다. 우선 마태복음에는 5대 강화라고 불리는 말씀 자료가 모여 있는 형태를 보여준다. 그 내용이 예수가 하신 말씀을 주제별로 상대적으로 길게 언급하고 있어서 그것을 강화 자료(discourse)라고도 한다. 일찍이 B. W. Bacon은 다섯 개의 강화가 동일한 문구(마7:28; 11:1; 13:53; 19:1; 26:1)로 끝나는 것에 주목하였다(1930). 그것은 각각 "예수께서 이 말씀을 마치시니"(7:28), "예수께서 열두 제자에게 지시하기를 마치고"(11:1),

"예수께서 이 비유들을 말씀하신 뒤에"(13:53), "예수께서 이 말씀을 마치시고"(19:1), "예수께서 이 모든 말씀을 마치셨을 때에"(26:1)라는 특징적인 문구를 갖고 있다. 다섯 강화의 끝부분에 모두 예수께서 "말씀/지시/비유"를 "마치셨을 때에"라는 점을 공통적으로 보여준다. "마치셨을 때에"는 헬라어로 'ὁτε ετελ εσεν'인데, 이는 어떤 행위가 완성되었던 시점을 표현해 주고 있다. 강화가 끝나고 나면, 예수의 기적이나 갈등 또는 수난에 관한 서사 이야기(narrative)가 전개된다. 5개의 강화는 5-7장(산상보훈), 10장(선교 강화), 13장(비유 강화), 18장(공동체 강화), 23-25장(종말 강화)로 구분할 수 있다. 산상보훈은 하늘나라의 시민이 어떻게 살아야 하는가에 관해서 선포하고 있는 내용이며, 선교 강화는 전도를 위해 제자들을 파송하는 내용이다. 비유 강화는 하늘나라의 비밀을 알려주는 비유들을 모아놓은 것이며, 공동체 강화는 교회 생활에 필요한 규율을 가르치고 있다. 종말 강화는 마지막 때에 있을 징조와 사건들에 대하여 선포해 준다. 그런데 종말 강화는 내용의 성격상 두 부분으로 나눌 수 있다. 그 중 23장은 율법학자들과 바리새인들에게 화를 선언하는 내용이고, 24-25장은 본격적인 종말에 관한 교훈을 담고 있다. 그래서 이 둘을 따로 구분해야 한다는 주장(그렇다면 6대 강화가 된다)도 있지만, 두 부분의 강화를 구분해 주는 표지(새로운 내용을 소개해 주는 도입부)가 없고, 내용적으로도 심판의 주제를 다루고 있어서 두 부분 모두 종말 강화의 성격에 부합한다고 보아 하나의 강화로 보고 있다.

그런데 흥미로운 것은 오중구조는 5대 강화라는 말씀 자료(discouse)가 모아져 있기 때문에 그것을 제외한 부분은 내러티브(narrative)를 형성하고 있음을 보게 되는 것이다. 여기에서 내러티브는 화자/해설자인 내레이터(narrator)에 의해 서술되고 있는 이야기를 가리키는 용어이다. 따라서 마태복음은 전체적으로 내러티브와 디스코스가 교차적으로 반복되는 형태를 보여주게 된다. 이것을 전체적으로 살펴보면 다음과 같은 교차반복구조를 보여준다 : N(1-4장)-D(5-7장)-N(8-9장)-D(10장)-N(11-12장)-D(13장)-N(14-17장)-D(18장)-N(19-22장)-D(23-25장)-N(26-28장). 거기에다가 이러한 교차반복구조는 내용적으로 동심원적으로 서로 연결되고 있음을 알 수 있다. 즉, 1-4장(하나님의 아들 메시아 예수)은 26-28장(고난 받고 부활하신 메시아 예수)과, 5-7장(종말의 하나님 나라에서 참된 제자직의 요구)은 23-25장(거짓된 제자직에 대한 종말 심판)과, 8-9장(예수의 기적적이고 초자연적인 권위)은 19-22장(예수의 권위와 초대)과, 10장(제자들의 의무와 권위)은 18장(교회의 의무와 권위)과, 11-12장(유대인의 예수 배척)은 14-17장(제자들의 예수 영접)과 내용적으로 서로 상응하며, 가운데 부분인 13장(하늘나라의 비유)이 강조되는 교차대칭구조(chiastic structure; chiasmus)의 특징을 보여준다. 예수의 사역이 13장까지는 예수를 영접하지 않는 불신앙적 유대인에게 향하고 있다면, 13장 이후에는 예수를 영접한 제자들(교회)에게 집중하고 있다. 이러한 구조 속에서 예수의 핵심적인 메시지는 바로 하늘나라(13장)였다.

N (1–4장: 하나님의 아들 메시아 예수)
 D (5–7장: 종말의 하나님 나라에서 참된 제자직의 요구)
  N (8–9장: 예수의 기적적이고 초자연적인 권위)
   D (10장: 제자들의 의무와 권위)
    N (11–12장: 유대인의 예수 배척)
     D (13장: 하늘나라의 비유)
    N (14–17장: 제자들의 예수 영접)
   D (18장: 교회의 의무와 권위)
  N (19–22장: 예수의 권위와 초대)
 D (23–25장: 거짓된 제자직에 대한 종말 심판)
N (26–28장: 고난 받고 부활하신 메시아 예수)

셋째, 삼중구조를 들 수 있다. 이중구조는 예수 사역의 역사적이고 신학적인 면을 보여주지만 역동성이 부족하다는 단점이 있고, 오중구조는 예수 사역의 역사적인 발전이 약화되고 말씀이 강조되는 특징이 있다. 이에 비해서 삼중구조는 예수 사역의 역사적인 역동성을 보여주면서 기독론적 토대를 갖고 있다.

삼중구조는 마태복음에 나오는 특징 문구("이때부터 예수께서 비로소 ...하기를 시작하셨다."(4:17과 16:21)를 중심으로 구분된다. 4:17에서 예수는 비로소 하늘나라를 선포하기 시작하셨고, 16:21에서 예수는 비로소 그의 죽음과 부활을 계시하기 시작하셨다. 4:17은 공생애의 시작을 알리고 있고(공생애 제일성), 16:21은 공생애의 결말을 예고하고 있다. 이에 근거하여 마태복음은 세 부분으로 나뉘게 된다. 1:1-4:16은 메시아 예수의 인격에 관하여, 4:17-16:20은 메시아 예수의 하늘나라 선포에 관하여, 16:21-28:20은 메시아 예수의 운명(고난, 죽음, 부활)에 관하여 서술하여 준다. 이를 통해 마태복음은 메시아 예수의 기독론적 발전을 생애 사건들 가운데서 보여준다. 이러한 구조 이해는 예수의 역사적인 사역과 신학적인 중요성을 다같이 포괄하여 주는 장점이 있다.

(2) 내러티브

a. 먼저 첫 번째 내러티브인 1-4장의 내용을 살펴보자. 전체적으로 1장은 예수의 계보와 탄생 예고를, 2장은 예수의 탄생과 어린 시절을, 3장은 세례자 요한의 사역과 예수의 세례를, 4장은 예수의 시험을 다루고 있다. 이를 통해 예수가 메시아 사역을 공적으로 수행할 준비를 갖추게 된다. 1-2장이 계보와 탄생 이야기(황금과 유향과 몰약을 드림)를 통해 다윗의 이미지(왕)를 보여

주고 있다면, 3-4장은 세례와 시험 이야기를 통해 하나님의 아들의 모습을 보여주고 있다.

아브라함과 다윗의 자손으로서의 예수의 계보는 아브라함으로부터 다윗까지 14대, 다윗으로부터 바빌론 포로기 전까지 14대, 바빌론 포로기 이후부터 예수 그리스도까지 14대로 구분하여 제시된다. 이것은 아마도 다윗의 이름이 가지는 숫자의 값(Gematria)이 14인 것으로부터 왕(메시아)으로 오신 예수 그리스도를 나타내려 한 것으로 볼 수 있을 것이다. 히브리어 알파벳을 기준으로 David에서 자음 ד(d)는 4를, ו(v)은 6을 가리키기 때문이다.

탄생 예고는 마리아에게 집중되고 있는데, 동정녀 탄생과 임마누엘이라는 이름을 강조한다. 동정녀 탄생은 죄에서 세상을 구원할 메시아의 자격을 드러내 준다. 임마누엘은 "하나님이 우리와 함께 하신다."는 뜻으로서 마28:20에서도 "내가 너희와 세상 끝날까지 항상 함께 있을 것이다."라고 나타나고 있어서 마태복음의 처음과 나중을 포괄하여 주는 inclusio(수미쌍관구조)를 보여준다.

세례자 요한과 예수 그리스도는 서로 대조되면서 소개되지만 예수의 우월성을 증언한다. 요한은 광야의 외치는 이의 "소리"로서 예수의 길을 예비하는 자이며, 요한이 물로 세례를 주는데 비해 예수는 성령과 불로 세례를 줄 것이다. 예수는 요한에게 세례를 받음으로써 공적으로 등장한다. 세례를 받을 때 하늘이 열리고 하나님의 영이 비둘기 같이 내려왔다. 그리고 하늘에서 예수를 "하나님의 아들"로 확인시키고 있다.

예수의 시험 이야기는 사십 일 금식 후에 일어난다. 시험하는 자(마귀)가 하나님의 아들인 예수에게 세 가지 시험을 한다. 그것은 돌로 빵을 만들어보라는 경제적인 시험(물질)과, 예루살렘 성전 꼭대기에서 뛰어내리라는 정치적인 시험(명예)과, 마귀에게 경배하면 온 세상을 주겠다는 종교적인 시험(권력)이었다. 이러한 시험은 이스라엘 백성이 애굽을 탈출할 때 광야에서 실패한 이야기(각각 출16장의 만나 사건, 출17장의 맛사의 물 사건, 출32장의 금송아지 사건 참조)와 연결된다. 예수는 공생애 기간에 맞닥뜨리게 될 당하게 될 시험들을 이김으로써 공생애 준비를 마치게 된다.

b. 첫 번째 강화인 5-7장의 산상보훈을 살펴보자. 예수는 모세처럼 산에 올라가서, 랍비처럼 앉아서 설교를 시작하고 있다. 서두는 팔복으로서 이 세상과 다른 기준에서의 복을 선포한다. 마음이 가난하고, 슬퍼하고, 온유하고, 의에 주리고 목마르며, 자비하고, 마음이 깨끗하고, 평화를 이루며, 의를 위하여 박해를 받은 사람이 복이 있다고 말한다. 첫째 복과 여덟째 복은 현재 시제로, 나머지 복은 미래 시제로 표현되어 있어서 복이 현재와 미래(종말론적 실재)에 임할 것이라고 기록한다. 팔복에 이어 천국의 시민으로서의 참된 제자는 세상의 소금과 빛이라고 신분을 정의한다. 그리고 제자들은 율법학자들과 바리새인들의 의보다 나은 의를 가져야 한다고 가르친다.

산상보훈에는 소위 여섯 개의 반제(antithesis)가 나온다(5:21-48). 모두 "옛 사람들에게 말하기를 '살인하지 말아라. 누구든지 살인하는 사람은 재판을 받아야 할 것이다.' (율법 인용) 한 것을 너희는 들었다. 그러나 나는 너희에게 말한다. '자기 형제나 자매에게 성내는 사람은 누구나 심판을 받는다.'(예수의 토라 선포)"의 형식으로 되어 있다. 이는 마태복음에 10번 등장하는 구약성취 인용문(1:22-23; 2:15; 2:17-18; 2:23; 4:14-16; 8:17; 12:17-21; 13:35; 21:4-5; 27:9-10)과 더불어 유대 독자들을 염두에 두고 있는 증거들이다. 여섯 반제는 모두 구약의 율법을 심층적으로 재해석하고 있는 내용으로서 살인, 간음, 이혼, 맹세, 보복, 원수 사랑에 관한 것이다. 이를 통해 예수가 모세보다 뛰어난 율법 해석자임을 보여준다.

6장 서두에는 세 가지 경건 행위인 구제, 기도(주기도문), 금식이 강조되어 있다. 겉으로 드러내는 것보다는 내면적인 태도가 중요함을 가르친다. 그리고 물질에 대한 태도를 가르치고 있는데, 먹을 것, 마실 것, 입을 것을 위해 근심하고 걱정하지 말고 먼저 하나님의 나라와 의를 구하라고 말한다. 7장은 다른 사람들을 비판하지 말 것, 기도에 힘쓸 것, 좁은 문으로 들어갈 것을 말하고 난 뒤에 말씀대로 실천하는 것(반석 위에 지은 집)이 중요함을 강조하며 산상보훈을 마치고 있다.

c. 산상보훈 다음에는 두 번째 내러티브인 8-9장이 이어진다. 8-9장은 모두 예수의 기적이 기록되어 있는 기적장이다. 모두 아홉 번의 기적이 기록되어 있는데, 그것은 나병환자 치유, 백부장의 종 치유, 베드로의 장모 치유, 풍랑을 잔잔하게 한 기적, 가다라에서 귀신 들린 두 사람 축귀, 중풍병 환자 치유, 혈루증 여인 치유, (회당장 야이로의) 딸 치유, 두 소경 치유, 농아 축귀 사건들이다. 이 기적들은 치유 기적, 자연기적, 축귀 기적, 소생 기적으로 분류할 수 있다. 치유는 보통 세 단계의 회복(육체적, 사회적, 영적)을 포함하였다.

마태는 마가와 달리 예수의 말씀(산상보훈) 다음에 기적 이야기를 배치시킴으로써 말씀의 권위를 우선시한다. 즉, 하나님의 나라에 관한 말씀을 선포하고, 그를 뒷받침하는 하나님 나라의 능력을 보여줌으로써 선포자로서의 예수의 권위를 자연스럽게 드러낸다. 또한 마태는 기적 이야기 가운데 따름(8:18-22)과 제자 선택 이야기(9:9-13)를 삽입함으로써 10장의 선교의 주제와 연결시킨다. 9:35에는 예수 사역에 관한 요약문이 나온다. 이는 4:23의 내용을 반복하고 있는 것이기도 하다. 요약문은 예수의 삼중사역(가르치며, 하늘나라의 복음을 선포하며, 질병과 아픔을 고쳐주는 사역; teaching, preaching, healing)을 강조한다.

d. 10장은 선교강화로서 열두 제자를 전도대로 파송하는 내용이다. 그들의 사명은 더러운 귀신을 쫓아내며 온갖 질병과 약함을 치유하는 것이었다(9:35의 요약문 참조). 이것은 제자들이 예수의 사역을 동일하게 수행할 것임을 알려준다. 그런데 이 선교강화에서 주목을 끄는 것은 여기에서 제자들이 실제로 전도 활동을 행한 것은 보고되지 않는다는 점이다. 여기에서는 전도자의 자세와 전도자들에게 닥칠 상황과 전도자들에게 줄 보상에 관한 말씀만이 주어지고 있다. 전도의 대상이 이스라엘 백성에게만 국한된 것은(10:5-6,23) 이후에 나오는 선교 지평의 확장(28:18-20 참조)과 대조된다. 이는 이스라엘 밖으로 나아가야 하는 선교의 과제를 안고 있는 마태공동체 내의 갈등을 시사한다.

e. 11-12장은 예수의 가르침과 기적을 보고도 믿지 않고 적대감을 표출하는 사람들의 반응에 대해 기록하고 있다. 세례자 요한은 예수가 메시아임을 증언하지만, 사람들은 예수를 비방하였다. 예수는 회개하지 않는 사람들을 꾸짖으며 하늘나라가 어린아이들에게 계시되었다고 선언한다. 바리새파 사람들은 안식일에 밀 이삭을 잘라먹은 제자들을 비판하며, 손이 오그라든 사람을 고쳐준 예수를 죽이려고 모의한다. 귀신들린 사람을 고쳐준 예수에게 바알세불의 힘을 빌린다고 중상한다. 이러한 율법학자들과 바리새파 사람들은 표징을 요구하지만, 예수는 요나의 표징으로

응답한다. 이들은 깨끗이 치운 집에 다시 들어온 귀신이 들린 것과 같다. 심지어 예수의 가족들조차 예수의 말씀을 이해하지 못하고 있다.

f. 사람들이 예수의 선포와 기적을 믿지 못하고 냉대한 것은 하늘나라의 성격을 이해하지 못한 때문이다. 13장에서 마태는 하늘나라에 관한 예수의 비유를 통해 이 문제에 대해 응답하고 있다. 13장에는 모두 7개의 비유가 모여 있다. 무리와 제자들은 다 같이 비유를 들었으나 제자들만이 깨닫게 된다. 7개의 비유는 두 부분으로 나뉜다. 첫 부분은 씨 뿌리는 자의 비유, 밀과 가라지의 비유, 겨자씨 비유, 누룩의 비유이고, 둘째 부분은 다 짧은 비유들로서 보물 비유, 진주 비유, 그물 비유이다. 씨 뿌리는 자의 비유와 가라지 비유는 알레고리적인 해설이 덧붙여져 있다. 이 비유들은 하늘나라가 비밀리에 성장한다는 것과, 하늘나라가 소중한 가치를 지닌다는 것과, 궁극적으로 하늘나라의 복음을 받아들이지 않은 사람들에게 심판이 있을 것이라는 의미를 담고 있다. 복음을 받아들이는 사람들에게는 높은 제자도가 요구된다.

g. 14-17장은 대체적으로 제자들이 예수를 영접하는 내용을 담고 있다. 베드로의 유명한 신앙고백(16:16)이 나오는 곳도 이 부분이다. 제자들이 예수를 주로 고백하고 영접하는 내용은 단순하게 발생한 것이 아니라 예수에 대한 반대가 격렬해지는 상황 가운데서 일어나고 있다. 14장은 세례자 요한의 죽음을 기록함으로써 시작하고 있는데, 이는 예수의 죽음을 암시하는 것이다(14:12 참조). 오천 명을 먹이시는 기적과 물 위를 걸으신 기적은 제자들이 예수를 하나님의 아들로 고백하는 계기가 된다. 예수가 사람들의 주목을 받게 되자, 당시 예수를 경쟁자로 간주하고 있던

바리새파 사람들과 율법학자들이 예수께 시비를 건다. 먼저 장로들의 전통에 따라 손을 씻지 않고 먹는 제자들을 정죄하는데, 예수는 "입으로 들어가는 것이 사람을 더럽히는 것이 아니라, 입에서 나오는 것, 그것이 사람을 더럽힌다."(15:11)고 되받아치고 있다. 그 다음에 바리새파 사람들과 율법학자들은 오병이어의 기적에 만족하지 않고 다른 표징을 요구한다. 예수는 12:39에서처럼 요나의 표징밖에는 줄 수 없다고 대답하신다. 이것은 곧 그의 죽음을 암시하는 것이다. 이렇게 실망한 가운데서 예수와 제자들은 이방인이 다수 거주하는 가이사랴 빌립보로 갔고, 거기에서 베드로가 신앙고백을 하게 되고, 이것이 계기가 되어 예수는 비로소 그의 죽음과 부활을 밝히 드러내셨다(16:21). 그리고 바로 수난예고가 뒤따른다. 수난예고는 예수가 산에서 변화된 모습을 보이신 후에 두 번째로 나오며(17:22-23), 20:17-19에 세 번째 등장한다. 수난의 그림자가 드리워진 가운데 예수는 제자들의 영접을 받으며 예루살렘으로 향하게 된다. 고난은 예수의 변화산상의 변모를 통해서 확인할 수 있는 바와 같이 하나님의 구원의 섭리 가운데서 이해되어야 한다. 수난예고는 제자들이 이것을 제대로 이해하지 못했다는 사실을 예시하여 준다.

h. 18장은 교회치리강화 또는 공동체강화라고 부른다. 교회 공동체의 일원으로서 제자들은 하늘나라의 성격과 신자의 바람직한 태도에 대한 도전을 받고 있다. 공동체의 일원으로서 그들은 어린아이와 같이 자신을 낮추는 자들이 되어야 하고, 한 사람이라도 실족하게 하는 것이 얼마나 큰 죄인지를 깨달아야 한다. 치리는 절차에 따라 신중하게 행해져야 한다(18:15-17). 하나님은 아흔 아홉 마리의 양 때문에 잃은 양 한 마리를 소홀히 하지 않는 분임을 알아야 한다. 교회가 건강성을 유지해 나가려면 형제

자매들에 대한 무한한 용서의 마음이 필수적이다. 하나님은 만 달란트(1달란트는 6,000데나리온에 해당)를 탕감해 주었지만 우리는 백 데나리온 때문에 형제자매를 용서해 주지 못하고 있다고 꼬집고 있다.

i. 19-22장은 두 부분으로 나눌 수 있다. 먼저 19-20장은 예루살렘 상경기로서 제자들에게 주로 하신 말씀들이다. 21-22장은 예루살렘에 올라가서 종교지도자들과 벌인 논쟁이 주를 이루고 있다. 상경기에 제자들에게 준 교훈만 나오는 것은 아니다. 19장은 바리새파 사람들이 예수를 시험한 이야기로 시작하고 있다(1-12절). 그들은 이혼 문제를 들어 예수를 곤경에 빠뜨리려고 하였다. 예수는 율법의 본뜻을 상기시킴으로써 이 논쟁을 효과적으로 다루신다. 예수의 이러한 교훈에 대해 10절에서 제자들이 반응을 보인다. 이혼으로 발생하는 문제가 심각하다면 결혼하지 않는 것이 좋지 않겠느냐고 반문하고 있는 것이다. 이 부분에서 제자들은 주된 등장인물은 아니지만, 19-20장이 제자들을 중심으로 말씀하신 상경기라는 특징을 보여주고 있는 셈이다.

19장의 나머지 부분은 제자들이 하늘나라의 성격을 제대로 이해하지 못하고 있음을 보여준다. 제자들은 그 당시에 무시되던 어린아이들은 하늘나라에 적합하지만, 부자들이 하늘나라에 들어가기가 낙타가 바늘귀로 지나가는 것보다 어렵다는 말씀을 이해하지 못한다. 제자들은 모든 것을 버리고 주를 따랐다는 것을 내세우며 하늘나라에 들어갈 수 있는 자격이 있음을 인정받고 싶어 한다. 그러나 예수는 첫째가 꼴찌가 되고 꼴찌가 첫째가 될 수 있다고 경고하고 있다.

상경기의 연속인 20장 역시 제자들에게 주는 교훈이 주를 이루고 있는 것처럼 보인다. 처음에 나오는 포도원 품꾼의 비유

(20:1-16)가 누구에게 주어진 비유인지 알 수 없는 모호한 측면이 있다. 줄곧 반대자의 위치에 섰던 바리새파 사람들일 수도 있고, 예루살렘으로 올라가는 길에 동행하고 있는 제자들일 수도 있다. 어떤 경우이든지 하나님의 구원이 은혜로 주어진 것이라는 점을 강조하는 점에 있어서는 동일하다. 하나님은 구원(=한 데나리온)을 우리의 공로와 노력과 관계없이 공평하게 허락하시는 분이시기 때문이다. 이것을 깨닫지 못한다면 첫째가 꼴찌가 되는 신세가 될 것이다(16절).

제자들조차 하나님의 구원의 은혜를 깨닫지 못하자 예수는 세 번째(20:17-19)로 수난예고를 말씀하신다. 제자들의 무지함은 세배대의 아들들이 하나님의 나라에서 좋은 자리를 차지하려고 부탁하는 장면에서 도드라진다. 고난을 받기 위해 예루살렘으로 향하는 상황에서 제자들은 오직 더 큰 권세를 탐하고 있기 때문이다. 예수는 이러한 제자들에게 위대하게 되고자 하는 자는 섬기는 자가 되고 으뜸이 되고자 하는 자는 종이 되어야 한다고 책망하신다(26-27절).

제자들의 눈은 멀어 있다. 예수와 그의 교훈을 깨닫지 못하고 있다. 그래서 상경기의 마지막 부분은 두 사람의 눈 먼 사람이 눈을 뜨게 되는 장면이 차지하고 있다. 두 사람의 치유 이야기는 제자들이 영적인 눈을 떠야 한다는 것을 가리키는 비유적 의미를 가진다. 두 소경이 눈을 뜨고 난 뒤 예수를 "따라갔던"(ακολουθεω) 것처럼, 제자들은 올바른 깨달음을 가지고 제자의 도를 수행해야 할 것이라고 교훈하고 있는 것이다.

두 번째 부분인 21-22장은 예수와 제자들이 예루살렘에 올라가 그곳에서 권세를 가지고 있었던 종교지도자들과의 논쟁을 기록하고 있다. 다시 말하자면 종교지도자들은 예수의 권위에 본격적으로 도전장을 내밀고 있다. 예수는 구약의 예언대로 나귀를 타고 무리의 환영을 받으며 예루살렘에 입성한다. 그 후 예수는 예루살렘 성전에 들어가 매우 도발적인 행동을 보여준다. 대제사장들과 율법학자들은 예수가 권위의 상징인 예루살렘 성전을 청결하게 하는 행동을 통해 성전을 모독한 것에 대해 분노한다. 그러한 행동은 예수의 죽음에 직접적인 원인을 제공하게 된다. 예수는 계속하여 이스라엘의 멸망을 의미하는 무화과나무를 저주하는 예언을 한다.

이러한 예수의 말씀과 행동은 종교지도자들의 본격적인 질문을 촉발시킨다. 대제사장들과 장로들이 "당신은 무슨 권한으로 이런 일을 하시오? 누가 당신에게 이런 권한을 주었소?"(21:23)라고 예수의 권위에 도전하고 있다. 이어진 두 아들의 비유(21:28-32)와 포도원과 소작인의 비유(21:33-46)와 혼인잔치의 비유(22:1-14)는 이스라엘의 불신앙으로 인해 이방인들에게로 하나님의 나라가 허락될 것이라고 하는 점을 강조한다(21:43; 22:8-9).

일련의 비유가 끝나고 난 뒤에, 종교지도자들이 예수의 권위에 도전하는 방식은 세 가지 논쟁 이야기를 통해 표출되고 있다. 그 중 첫째는 세금 논쟁(22:15-22)이다. 바리새파 사람들은 황제에게 세금을 바치는 것이 옳은 것인지에 관해 질문함으로써 그 당시 가장 예민했던 문제로 예수를 함정에 빠뜨리고자 하였다. 그러나 예수는 "황제의 것은 황제에게 돌려주고, 하나님의 것은 하나님께 돌려드려라."(22:21)라고 대답함으로써 양날의 검을 피하고 있다. 바리새파 사람들의 책략이 먹혀들어가지 않자 이번에는 사두개인들이 나선다. 그들은 예수를 부활 논쟁(22:23-33)으로 끌어들인다. 당시 율법에 의해 시행되던 형수취수제(형이 아들이 없어 죽으면 동생이 형수를 아내로 삼아 후손을 이어가는 제도)를 들어 부활 때에 누구의 아내가 되겠느냐고 질문한 것이다. 사두개인들은 부활을 믿지 않았기 때문에 형수취수제(levirate)를 가지고 그들의 주장을 한편으로 정당화하려고 한 것처럼 보인다. 예수는 하나님 나라의 성격을 오해한 사두개인들을 질책하며 "살아 있는 사람의 하나님"에 관해 가르친다. 마지막 논쟁은 계명 논쟁(22:34-40)이었다. 다시 바리새파 사람들이 등장한다. 그들은 관심사인 율법에 대한 지식을 가지고 예수의 권위에 도전한다. 바리새인들은 율법 중에 가장 큰 계명이 무엇이냐고 질문하였는데, 예수는 하나님 사랑과 이웃 사랑의 계명을 정확하게 언급함으로써 논쟁을 종식시킨다. 예수는 오히려 예수가 다윗의 자손이라고 생각하는 바리새파 사람들에게 어떻게 다윗이 그리스도를 주라고 말했는지에 관해 질문함으로써 그들을 곤경에 빠뜨리고 있다(22:41-46).

j. 마태복음의 마지막 강화인 23-25장의 내용을 살펴보자. 이 부분은 바리새파 사람들과 율법학자들에게 선언한 일곱 개의 화가 중심인 23장과 종말을 주제로 한 본격적인 종말강화인 24-25장으로 나눌 수 있다. 마23장은 크게 네 가지 내용으로 구성되어 있다. 1-12절은 심판의 원리에 대한 권면이고, 13-33절은 구체적인 집단(율법학자들과 바리새파 사람들)에 대한 화의 선언이며, 34-36절은 박해가 있을 것에 대한 예언이고, 37-39절은 예루살렘에 대한 탄식이다. 이 중에서 1-33절은 더욱 긴밀하게 연결된 주제를 다루고 있다. 위선적인 행동에 대한 화를 주제로 하고 있기 때문이다. 그러나 1-33절은 두 집단을 대상으로 하고 있다. 1-12절은 "무리와 제자들"을 대상으로 말씀하고 있으며, 13-33절은 "율법학자들과 바리새파 사람들"을 대상으로 말씀하고 있다. 비록 대상은 다르지만 주제적으로 서로 연결되고 있다. 전반부가 바람직한 리더십에 관한 원리적인 내용을 권면하고 있다면, 후반

부는 특정한 집단으로서 인식되는 지도자들에 대한 직접적인 질책을 다루고 있다.

1-12절은 13-33절에 나오는 부정적인 화의 선언과 달리 율법학자들과 바리새파 사람들에 대한 긍정적인 언급으로 시작하고 있다. 예수는 2-3a절에서 그들이 "모세의 자리"에 앉은 사람들이었고, 그들이 말하는 것은 무엇이든지 다 행하고 지킬 것을 가르치고 있다. "모세의 자리"는 비유적인 의미를 갖고 있지만, 실제로 유대교 회당에는 "모세의 자리"라는 높은 의자를 놓아두고, 랍비들이 그곳에 앉아 율법을 해석하고 가르쳤다. 그러므로 율법학자들과 바리새파 사람들이 "모세의 자리"에 앉았다고 하는 것은 그들이 율법의 수호자와 해석자로서의 권위와 존경을 받았다는 것을 보여준다. 그들은 본래부터 위선자가 아니었다. 그들은 특별한 대접을 받기에 적합한 역할과 지위를 가지고 있었다.

그러나 예수는 3b-7절에서 중립적인 평가와 상반되는 명령을 내리기 시작한다. 예수는 율법학자들과 바리새파 사람들의 가르침은 받되 그들의 행실은 따르지 말라고 권면한다. 그들은 말과 행위가 일치하지 않는 삶을 살았기 때문이다. 그들의 잘못된 삶의 구체적인 사례로서 제시된 내용(4-7절)은 둘로 구분할 수 있다. 먼저 4절은 그들이 스스로 행하기보다는 남에게 짐을 지우는 교훈을 하고 있음에 대해 비판한다. 그들은 행하기 어려운 율법을 백성들에게 지우면서도 자기들은 그 말대로 살기를 거부한다. 그것은 율법을 잘못 해석한 데서 온 경우가 많았다. 율법을 자기의 의(self-righteousness)를 통한 구원의 수단으로 제시하였기 때문이었다. 5-7절은 그들의 형식주의적인 신앙 행태를 꼬집는 내용이다. 그것은 다른 사람들에게 그들의 권위를 내세우기 위한 동기에서 비롯된 것이다. 그들은 성경 구절을 기록한 경문 곽을 만들어서 차고 다니며 경건한 체하였으며, 거룩하고 특별나게 보이려고 옷술을 길게 늘어뜨리고 다녔다. 사람들이 많이 모이는 잔칫집과 회당에서 높은 자리를 차지하려고 했다. 또한 사람들이 많이 왕래하는 시장에서 인사와 대접을 받고, 랍비라는 칭호를 들으며 젠 체하기를 좋아했다. 인격이나 삶을 통해 내면적인 권위가 드러나는 것보다는 외적으로 뽐내며 그럴 듯한 호칭을 들으며 자리가 주는 권위를 즐기려고 했다. 다른 사람들의 칭찬을 너무 드러내놓고 좋아했다.

마23:13-33에 나타나는 일곱 번에 걸친 화의 선언은 눅11:42-52에 나오는 여섯 번의 화의 내용과 비교해 볼 때, 정교하게 다듬어진 흔적을 찾아볼 수 있다. 말씀자료(Q)에 기초하고 있는 화의 선언은 두 복음서에서 순서나 내용에 있어서 일치를 보이지 않고 있다. 심지어 본격적인 화의 선언이 아닌 곳 (마23:1-12)에 있는 내용이 누가복음에서는 화의 선언에 포함되어 있고, 그 역도 마찬가지다. 마태복음의 화의 선언(13-33절)은 둘씩 짝을 지어 나타나고, 마지막 화의 선언에서 절정을 보여준다. 첫째와 둘째 화의 선언(13-15절)은 율법학자들과 바리새파 사람들이 다른 신자들에 대하여 잘못된 영향력을 보여주는 내용으로서 23:4의 내용과 연관을 맺고 있다. 셋째와 넷째 화의 선언(16-24절)은 그들의 잘못된 가르침에 대하여 말하고 있다. 다섯째와 여섯째 화의 선언(25-28절)은 그들의 형식주의적인 신앙행태에 대한 내용으로서 23:5-7의 내용을 반영하고 있다. 일곱째 화의 선언(29-33절)은 하나님이 보내신 자들을 거부하는 내용을 다루고 있다. 이처럼 마태복음의 화의 선언은 반복적인 논박(polemic)의 형식과 내용을 통해 율법학자들과 바리새파 사람들에 대한 화를 강조하고 있다.

23장을 더 잘 이해하기 위해서는 본문의 배후를 형성하고 있던 역사적 상황을 알아야 할 필요가 있다. 1세기 후반의 기독교

공동체는 유대교 공동체와 갈등을 벌이고 있었던 상황에 놓여 있었다. 유대교는 주후 70년의 유대 전쟁에서 패한 후 몰락의 길을 걸었고, 주후 90년경 얌니아(Jamnia)에서 바리새파를 중심으로 유대교 재건 운동을 일으키고 있었다. 기독교는 한 때 유대교와 같은 토양에서 성장하였으나 유대 전쟁을 계기로 서로 결별하게 되는 과정을 겪게 되었다. 기독교인들은 유대 전쟁(주후 66-70년)에 참여하지 않았기 때문이었다. 새롭게 유대교를 재건하려고 하는 바리새파 사람들에게 기독교는 최대의 걸림돌이었다. 그래서 유대인으로서 기독교에 개종하려는 사람들에게 저주를 내리는 기도문('쉬모네 에슈레'라는 '18기도문')을 만들어서 예배 시 사용하기도 할 정도였다. 마태공동체는 예수 당시보다 훨씬 더 바리새파와 대립각을 세울 수밖에 없었던 것이다.

마가복음에서 이 두 집단은 거의 따로 행동하고 있는데 비해, 마태복음에서는 함께 등장하는 곳이 여러 곳에서 눈에 띈다(5:20; 12:38; 15:1; 23:2, 13, 15, 23, 25, 27, 29). 여기에서 보는 바와 같이 23장에서 집중적으로 나타난다. 마가복음 후반부에서 대제사장들과 율법학자들이 함께 등장하고 있는 것과 대조적이다(10:33; 11:18; 14:1; 15:31). 마태복음에서 바리새파가 중요하게 취급되고 있는 것은 당시 마태공동체의 상황과 무관하지 않다. 바리새파는 마태공동체와 첨예하고 대립하고 있었던 당시의 유대 지도자 집단이었기 때문에, 마태복음이 기록될 당시에 유대교의 대표자들로서 역할을 하고 있었던 점이 반영된 결과로 보아야 한다.

마태복음에서 바리새파를 중시하는 경향을 여러 곳에서 찾을 수 있다. 마가복음의 "바리새파의 율법학자들"(2:16)이라는 표현은 마태복음에서 단순하게 "바리새파 사람들"로 바뀌고 있다. 그것은 식탁교제와 정결 규례가 바리새파의 주된 관심사였기 때문에 적절하게 수정되고 있다고 볼 수 있다. 마가복음에서 예수가 바알세불에 들렸다고 비난한 집단이 "예루살렘에서 내려온 율법학자들"(3:22)이라고 언급하고 있는데 비해, 마태복음에서는 단순하게 "바리새파 사람들"(9:34; 12:24)이라고 바뀌어 표현되고 있다. 성전에서 가르치는 예수를 체포하려고 한 집단이 마태복음에서는 "대제사장들과 바리새파 사람들"(21:4)로 바뀌고 있다. 가장 큰 계명에 대해서 질문한 사람도 마가복음에서는 예수께 반감이 없는 "율법학자"였는데 비해, 마태복음에서는 예수께 비판적인 "바리새파 사람들 중 한 율법학자"(22:34-35)로 표현되고 있다. 아무튼 마태복음에서는 바리새파가 전면에 등장하고 있다.

다음은 24-25장의 종말강화를 다루어 볼 차례다. 여기에서 예수는 제자들만을 대상으로 하여 교훈하고 있다. 24장은 성전이 철저하게 파괴될 것이라는 예수의 예언으로 시작한다. 이에 대하여 의아하게 생각한 제자들은 예수께 두 가지 요점을 가지고 질문하며, 예수의 교훈은 두 가지 요점을 중심으로 전개된다. 제자들이 예수께 한 질문의 요점은 종말의 징조와 그 시기에 대한 것이었다(24:3). 예수는 24:4-35에서 종말의 징조에 대하여, 24:36-25:46에서 종말의 때에 대하여 말씀하고 있다.

예수는 24:4-35에서 종말의 징조로서 열 가지를 들고 있다: 거짓 그리스도의 출현, 전쟁, 민족 분쟁, 기근, 지진, 박해, 거짓 예언자의 출현, 불법의 성행, 땅 끝까지 복음의 전파, 일월성신의 변화. 이러한 종말 징조들은 묵시적인 상징과 재앙들을 열거한 것으로 구체성 면에서는 미흡한 점이 있다. 예수는 이를 통해 종말을 대비해야 하는 자세에 대하여 교훈하고 있다. 한 가지 흥미로운 것은 세상의 종말과 복음이 온 세계에 전파되는 것을 연계시키고 있는 점이다. 이것은 재림의 지연이라는 새로운 상황에 대해 신학적, 교회적으로 설명해 주는 것이기도 하다.

종말의 때에 관한 예수의 교훈도 제자들의 궁금증을 해소해 주지 못하는 것 같다. 오직 하나님 아버지만이 종말의 때를 안다고 천명함으로써 구체적인 시간에 대한 질문이 더 이상 확대되는 것을 차단하고 있다. 예수는 제자들에게 신실한 종과 신실하지 못한 종의 이야기(24:45-51)를 통해, 열 처녀 비유(25:1-13)를 통해, 달란트 비유(25:14-30)를 통해, 그리고 최후의 심판 비유(25:31-46)를 통해 언제 있을지 모르는 종말의 때를 대비하는 삶을 살아야 함을 깨우치고자 한다. 특히 25장에 나오는 세 가지 비유를 통해 종말을 대비하는 삶의 결과에 근거해 삶이 평가되고 심판을 받게 될 것임을 강조한다(행위를 강조).

k. 마지막으로 마26-28장은 예수의 수난과 부활의 이야기를 다루고 있다. 26-27장은 수난 이야기를, 그리고 28장은 부활 이야기를 담고 있다. 예수는 종말강화를 마치고 나서, 이미 세 번(16:21; 17:22-23; 20:17-19)에 걸쳐 예고했던 수난이 곧 닥칠 것이라고 확인하여 준다(26:2). 때맞추어 대제사장들과 장로들이 예수를 잡아서 죽이려는 모의를 한다(26:3-4). 예수의 죽음은 한 여인이 예수의 머리에 값진 향유를 부음으로써 준비되고 있다(26:6-13). 가룟 유다는 대제사장들에게 예수를 넘겨주기로 약속한다(26:14-16). 이제 준비는 끝났다. 이러한 배경을 뒤로 하고, 예수는 제자들과 유월절 음식을 먹으며 가룟 유다의 배반에 대하여 예고하며(26:21), 최후의 만찬을 하면서 그의 죽음의 의미를 되새길 것을 부탁한다(성만찬 제도의 시작). 베드로를 비롯한 제자들은 예수를 끝까지 따르겠다고 다짐하지만, 예수는 베드로가 그날 밤이 지나기 전에 세 번이나 부인할 것이라고 예고한다(26:34). 제자들이 사태를 제대로 파악하지 못하고 있는 가운데, 예수는 겟세마네 동산에서 하나님 아버지의 뜻을 구하며 처절하

게 기도하고 있다. 이때에 가룟 유다는 무장한 무리를 대동하고 와서 예수를 "선생님"(랍비)이라고 부르며 그들에게 넘겨준다. 제자들은 무력으로 저항하다가 예수의 제지를 받게 되고 급기야 모두 도망친다.

예수는 대제사장 가야바에게 끌려가 공의회 앞에서 심문을 당한다. 그들은 예수를 고소할 명분을 찾기에 골몰하지만 실패한다. 대신에 성전을 사흘 만에 짓겠다고 말했다는 엉뚱한 죄목을 붙여 고소한다. 예수는 그 자리에서 비로소 그가 하나님의 아들 그리스도임을 밝힌다(26:63-64). 예수의 이러한 대답은 신성모독의 죄로 정죄되는 단초가 된다. 이렇게 예수가 대제사장의 집 "안마당"에서 심문을 받고 있는 상황에서, 베드로는 안뜰 "바깥쪽"에서 예수를 세 번이나 부인하고 만다. 두 번은 하녀들에게 부인하였고, 세 번째는 구경꾼에게 예수의 제자인 것 같다는 의혹을 제기 받고 저주하고 맹세하며 부인하였다. 그때에 새벽닭이 울었다.

27장은 계속하여 예수가 빌라도에게 보내져 심문을 받는 장면을 기록하고 있다. 빌라도에 의한 심문 장면 직전에 가룟 유다에 관한 이야기가 끼어 있다. 예수를 배반한 가룟 유다는 예수가 유죄 판결을 받게 되자 뉘우치는 마음을 갖게 되지만 이미 사태를 돌이킬 수는 없었다. 그는 목을 매어 자살하고 만다. 빌라도는 심문을 하면서 예수가 자신에게 불리한 증언을 하는 것에 대해 적극적으로 방어하지 않는 것을 보고 의아하게 여긴다. 예수는 백성들의 요구대로 바라바 대신에 예수를 십자가형에 처하도록 판결한다. 백성들의 마음을 사기 위해 부당한 판결을 내린 것이다. 군인들은 예수를 조롱하며, 옷을 벗기고, 침을 뱉고, 갈대로 머리를 내리쳤다.

십자가에 못 박힐 때 머리 위에 "유대인의 왕 예수"라는 패가 붙어 있었다. 종교지도자들은 예수를 모욕하였고, 예수와 함께 십자가에 달린 두 사람의 강도들조차 예수를 조롱하였다. 예수가 십자가에 달려 있는 동안 열두 시부터 세 시까지 어둠이 땅을 덮었고, 예수는 "엘리 엘리 라마 사박다니?"라고 외치며 운명하셨다. 성전 휘장이 두 폭으로 찢어지고, 지진과 함께 죽었던 사람들이 살아나는 기적이 일어났다. 백부장과 멀리서 예수를 따르던 여인들은 두려움 가운데서 예수가 하나님의 아들이었음을 고백하였다.

예수의 시체는 아리마대 요셉이 마련한 무덤에 안치되었고, 경비병들을 배치하여 무덤을 지키게 하였다. 시체를 훔쳐가서 예수가 살아났다고 말하지 못하도록 하기 위해서였다. 그러나 이것은 예수의 생전은 물론 사후에도 예수와 그를 따르던 사람들을 억누르고 통제하기 위한 것이었음을 보여주는 것이다.

그러나 예수는 안식일이 지난 첫 날 새벽에 부활하였다(28:1)! 큰 지진이 나고, 천사들이 내려와서 무덤 문을 막았던 돌을 굴려냈다. 막달라 마리아와 다른 마리아가 부활의 처음 증인으로 등장한다. 그들은 제자들에게 부활의 소식을 전하고, 경비병들도 대제사장들과 장로들에게 보고한다. 병사들을 돈으로 회유하여 예수가 부활한 것이 아니라 제자들이 훔쳐갔다고 말하라고 사주한다.

제자들은 예수가 죽기 전에 말한 대로 갈릴리로 가서 부활한 예수를 만난다. 부활한 예수는 제자들에게 "너희는 가서 모든 민족으로 제자로 삼아서, 아버지와 아들과 성령의 이름으로 세례를 주고, 내가 너희에게 명령한 모든 것을 그들에게 가르쳐 지키게 하여라."(28:19-20)라고 지상명령(the great commission)을 부여한다. 그리고 "세상 끝날까지 항상 너희와 함께 있을 것이다."(임마누엘)라는 약속을 덧붙이며 끝맺는다. 이는 유대인을 넘어 모든 이방 민족에게까지 복음이 전파되어야 한다는 선교의 임무를 맡긴 것이다(특수주의->보편주의).

예수의 수난과 부활 이야기에서 예수에게 적대적인 사람들이 다수 나온다. 대제사장들, 장로들, 율법학자들, 빌라도, 빌라도의 아내, 가룟 유다, 병사들, 강도들, 유대인 무리들이 그들이다. 그러나 이 가운데서 예수를 따르고 신앙을 고백한 사람들도 나온다. 향유를 부은 여인, 백부장, 막달라 마리아와 여인들, 아리마대 요셉이 그들이다. 베드로를 위시한 제자들은 예수를 부인하고 도망간 사람들로 나타난다. 그러나 그들은 부활 이후 예수의 부활을 증언하며 선교의 대열에 동참한다.

4. 누가복음

(1) 구조

누가복음은 마가복음(10장)이나 마태복음(19-20장)과 달리 예루살렘 상경기 부분(9:51-19:27)이 매우 길다는 특징 때문에 삼중구조를 보여준다. 지리적인 구분을 따라 개략적으로 말한다면, 삼중구조는 갈릴리 사역(1:1-9:50), 예루살렘 상경기(9:51-19:27), 예루살렘 사역(19:28-24:53)으로 나눌 수 있다. 그러나 이러한 구분은 갈릴리 사역에 해당되지 않는 서문(1:1-4)과 탄생 및 유년 이야기(1:5-2:52)가 포함되어 있어서 정확하지 않다. 이러한 점을 감안하고 삼중구조를 이해할 필요가 있다.

누가복음은 사도행전과 함께 다루어야 하는 측면이 있다. 왜냐하면 두 글은 한 저자의 공동 작품이기 때문이다. 구조적 특징으로 볼 때, 누가복음은 공동저자의 글인 사도행전과 더불어 예루살렘을 중요하게 취급하고 있다. 누가복음이 "예루살렘을 향하여"(toward Jerusalem)가는 내용이라면, 사도행전은 "예루살렘으로부터"(away from Jerusalem) 세상으로 퍼져나가는 내용이다. 누가복음에는 예루살렘을 "향하여" 간다는 언급이 상경기 부분에 계속하여 여러 번 나타난다(9:51,53; 13:22; 17:11; 18:31; 19:11).

누가의 자료는 마가복음과 말씀자료(Q), 그리고 누가의 특수자료(SL)인데, 자료 사용 방식이 독특하다. 한 자료에서 많이 사용하고 난 뒤에, 다른 자료를 번갈아서 많이 사용하고 있다. 구체적으로 보면, 마가 자료와 Q자료를 번갈아 사용하고 있음을 알 수 있다: 눅3:1-6:19(마가자료) - 눅6:20-8:3(Q) - 눅

8:4-9:50(마가자료) - 눅9:51-18:14(Q) - 눅18:15-24:12(마가자료). 한편 누가가 사용하지 않은 마가자료가 더러 있지만, 그 중에서도 막6:45-8:26까지의 일련의 내용은 한꺼번에 삭제되고 있다(바다 위를 걸으신 예수, 치유기적 요약, 정결법 논쟁, 시로페니키아 여인 이야기, 귀먹고 어눌한 자 치유, 칠병이어, 바리새인의 표적 요구 거부, 바리새인과 헤롯의 누룩, 벳세다 소경 치유). 아마 유대적 성격을 갖고 있거나(정결법), 중복적인 내용(칠병이어, 벳세다 맹인 치유) 등을 배제하려고 한 것으로 보인다. 누가의 특수자료는 마가 자료와 Q자료 사이에 들어가 있다. 누가는 가장 많은 특수자료를 사용하고 있으며, 특히 비유가 많다(예: 선한 사마리아인의 비유, 탕자의 비유, 불의한 청지기의 비유, 부자와 나사로 비유, 과부와 재판관 비유, 바리새인과 세리의 비유 등). 누가복음의 처음 시작(1-2장)과 끝(24:13-53)은 특수자료로 되어 있다. 그래서 누가복음은 다른 공관복음서(마가, 마태)에 비해 독특한 점이 많이 눈에 뜨인다.

삼중구조를 기본으로 하는 누가복음은 좀 더 세부적으로 나누어 이해할 필요가 있다. 1부(1:1-9:50)는 갈릴리 사역이지만 세부적으로는 서문(1:1-4), 탄생과 유년 이야기(1:5-2:52), 공생애의 준비(3:1-4:13), 갈릴리 사역(4:14-9:50)로 구분해 볼 수 있다. 2부(9:51-19:27)는 예루살렘 상경기인데, 예루살렘으로 향하고 있음을 나타내는 주요 표지(13:22, 17:11)에 따라 9:51-13:21, 13:22-17:10, 17:11-19:27)로 나누어 볼 수 있다. 이 부분은 마가자료와 관계없는 “큰 삽입”(9:51-18:14)이 들어 있는 곳으로서 주로 말씀자료(Q)와 누가의 특수자료(SL)가 차지하고 있어서 가장 누가적인 특징을 보여주는 곳이다. 3부(19:28-24:53)는 예루살렘 논쟁과 종말강화(19:28-21:38), 수난이야기(22:1-23:56), 부활 이야기(24:1-53)으로 구분된다.

(2) 내러티브

a. 서문(1:1-4)

공관복음서 중에서 누가만이 서문 형식으로 시작하고 있다(요한복음의 서언과 비교됨). 이 부분은 누가의 특수자료에 해당된다. 누가의 서문은 누가복음을 기록하는 목적과 방법에 관해서 밝히고 있다(그런 점에서 요20:30-31과 통한다). 누가의 이러한 서문 형식은 당시 역사가들이 글을 쓰는 방식이기도 했다. 누가는 서문 형식을 통해 그가 역사적으로 정확한 정보를 기록하려는 목적을 갖고 있음을 드러내려고 하였다.

누가는 이미 예수의 이야기를 기록한 사람들이 있었다고 말하면서, 그들은 말씀의 "목격자"와 "전파자"로부터 전승된 대로 기록하였다고 하였다. 누가는 시초부터 모든 것을 "정확하게" 조사하여 보았기 때문에, "순서대로" 기록하여 믿음의 "확실한 사실"로 삼으려고 하였다고 말한다. 여기에서 누가복음의 수신자인 데오빌로("하나님을 사랑하는 자"라는 뜻)는 누가의 후원자 역할을 했을지 모른다. 누가는 복음서를 쓸 때 정확성과 논리성과 사실성을 목표로 하였다. 누가는 신학자이면서 역사가였다.

누가는 자신의 글을 "이야기"(narrative; διηγησις)로 규정한다. 이것은 역사적인 이야기(historical narrative)이다. 누가는 지리적 이동과 역사적 전개에 따라 구원의 역사를 펼치는 하나님의 구원 행동에 대해 기록하려고 하였다. 세속적인 역사가 면면히 흐르고 있는 가운데서 하나님의 구원 역사를 포착하려고 한다. 특히 누가는 이스라엘 시대, 예수 시대, 교회 시대를 통해 하나님의 구원사가 어떻게 전개되는지에 관심을 가지고 있다. 이를 구원사(salvation history; Heilsgeschichte)의 세 시대라고 하는

데, 눅1-2장은 이스라엘 역사와의 연관성을 보여주며, 나머지 누가복음 부분은 예수 시대 이야기를, 사도행전은 교회 시대 이야기를 취급한다.

b. 탄생 및 유년 이야기(1:5-2:52)

예수의 탄생 이야기를 기록하고 있는 복음서는 마태복음과 누가복음뿐이다. 누가는 예수의 탄생 이야기를 세례자 요한의 탄생 이야기와 병렬 배치하는 방식으로 기록하고 있는 특징을 보여준다. 이것은 문학적 기교일 뿐 아니라, 역사적인 신빙성을 확보하면서 이스라엘 역사와의 연관성도 겨냥하는 것이다. 탄생 예고(1:5-25과 1:26-38)가 병렬 배치된 내용은 다음과 같다(요한과 예수 순서로): 부모/모친 소개(1:5,7과 1:27), 천사의 등장(1:11과 1:28), 놀람(1:12과 1:29), "놀라지 말라"는 명령(1:13과 1:30), 미래 예고(1:15과 1:32), 표지에 대한 물음(1:18과 1:34), 그에 대한 대답(1:20과 1:35), 떠나감(1:23과 1:38). 탄생 이야기만을 비교하면 다음과 같다: 기쁨(1:57-58과 2:10), 찬양(1:58과 2:13), 할례(1:59과 2:21), 이름의 의미(1:60-63과 2:21), 성장(1:80과 2:40).

누가는 예수와 요한의 탄생 이야기와 관련하여 찬양시 셋을 보여준다: 마리아의 찬양시(Magnificat; 1:46-55), 사가랴의 찬양시(Benediktus; 1:67-79), 시므온의 찬양시(Nunc Dimittis; 2:29-32). 이러한 찬양시들은 탄생의 중요성을 부각시키기 위해 이야기의 흐름을 잠시 정지시키는 기능을 갖는다. 하나님이 구원의 주도권을 가지고 있음을 찬양하고 있는 것이다. 마리아는 "비천한 사람을 높이는" 하나님을 찬양하고, 사가랴는 주의 길을 예비할 아들 요한을 인해 찬양하며, 시므온은 이방인과 유대인 모두의 구원자가 오심을 찬양한다.

누가는 예수의 탄생을 세속사와 연관시켜 기록한다. 아우구스투스 황제의 칙령과 시리아 총독 구레뇨가 실시한 호적 등록을 언급한다. 이것은 예수의 이야기를 세속 역사를 배경으로 기록함으로써 역사적 신뢰성을 얻기 위한 것이었다. 예수의 탄생 소식은 양떼를 지키던 목자들에게 알려졌다. 동방박사들에게 알려진 마태의 이야기와 다르다. 이를 통해 마태는 왕적 메시아의 이미지를, 누가는 인간적 메시아의 이미지를 그려준다.

예수의 유년 이야기를 기록하고 있는 것은 누가복음뿐이다. 마태는 애굽 피난 이야기가 기록되어 있지만 이것은 탄생 이야기에 속한다고 보아야 한다. 열두 살이 되었을 때(바르 미츠바 성년 의식?) 부모와 같이 예루살렘에 올라간 예수는 율법교사들과 함께 토론하는 모습을 보여준다. 중요한 점은 예수가 하나님을 "내 아버지"(2:49)라고 선언한다는 것이다(1:35; 3:22와 연관됨). 이 이야기는 공생애 직전에 위치함으로써, 지금은 예수의 말의 의미를 깨닫지 못하지만 장차 공생애를 통해 드러나게 될 것이라는 예고의 기능을 보여준다.

c. 공생애 준비(3:1-4:13)

누가는 다시 한 번 세속사와 연관시키면서 예수의 공생애를 진술하고 있다. 세례자 요한의 출현을 말하면서 즉위 열다섯째의 디베료 황제, 유대 총독 본디오 빌라도, 분봉왕들(헤롯 안디바, 빌립, 루사니아), 그리고 대제사장들(안나스, 가야바)을 언급한다. 요한은 주의 길을 예비하는 자로서의 역할을 보여준다. 그는 회개의 세례를 베풀면서 회개에 합당한 열매를 맺을 것을 요구한다. 세리들에게는 정직한 징세를 할 것을 명하며, 군인들에게는 폭력으로 빼앗지 말라고 명령한다. 사회 정의를 실현하는 것이 중요함을 일깨우고 있다.

공생애 준비에서 중요했던 두 가지는 마태복음과 마찬가지로 세례와 시험이다. 세례를 통하여 예수는 성령의 능력을 체험함으로써 하나님의 아들이라는 정체성에 대한 확인이 이루어진다. 예수가 맞닥뜨리게 될 공생애는 인간적 지혜와 힘으로 헤쳐 나갈 수 있는 무엇이 아니었다. 하나님의 능력과 소명 의식이 분명해야만 했던 것이다. 누가복음에서 예수의 시험 이야기는 마태와 대동소이하다. 크게 다른 것 한 가지는 둘째와 셋째 시험의 순서가 바뀐 것이다. 즉, 누가는 예루살렘 성전 꼭대기에서 뛰어내리라는 시험을 마지막에 위치시키는데, 이것은 아마 누가가 전반적으로 예루살렘을 강조하기 때문에 그것에 일치시키기 위한 것으로 여겨진다. 이스라엘 백성이 광야에서 실패한 것과 달리(신6-8장 참조) 성령에 충만한 예수는 사탄의 시험을 극복하고 승리한다. 이로써 예수는 공생애를 시작할 준비를 갖추게 된다.

누가는 마태가 복음서 서두에 두었던 것과 달리 세례와 시험 이야기 중간에 예수의 계보를 위치시킨다. 이는 예수가 요셉의 아들(3:23)에 그치지 않고 하나님의 아들임을 밝혀준다. 왜냐하면 예수의 계보는 하나님까지 올라가고 있기 때문이다(상향식 계보). 마태와 비교해 볼 때 일치하는 이름도 있지만 일치하지 않는 이름도 있다. 이것은 계보가 역사적인 정확성보다는 신학적인 의미에 정당성을 부여하는 기능을 하기 때문이다. 계보는 모두 77세대를 보여주는데 (요셉-스알디엘: 7대씩 3번; 네리-다윗: 7대씩 3번; 이새-아브라함: 7대씩 2번; 데라-하나님: 7대씩 3번), 7이 강조된 것은 완전수의 의미를 드러내려고 한 것으로 보인다.

d. 갈릴리 사역(4:14-9:50)

이 부분은 몇 단락으로 내용을 구분해 볼 수 있다: 나사렛 회당의 선포와 기적 이야기(4:14-5:16), 논쟁 이야기(5:17-6:11), 제자 선택과 평지수훈(6;12-49), 기적 이야기와 가르침 사역(7:1-9:6), 예수의 정체성과 수난예고(9:7-50). 갈릴리 사역은 주로 하나님 나라에 관한 교훈과 기적 이야기(논쟁 포함), 그리고 그것으로 말미암은 정체성 논란으로 이어졌다. 정체성에 대한 논란은 필연적으로 예수를 수난으로 이끌게 된다.

나사렛 회당의 선포와 기적 이야기(4:14-5:16): 예수는 세례와 시험을 통해 성령으로 충만하여 갈릴리 사역을 시작한다. 예수는 그가 자라난 나사렛의 회당에 들어가 성경을 읽고 강론함으로써 공생애를 시작하고 있다. 그가 읽은 성경은 예언자 이사야의 글(사61:1-2)이었는데, 그것은 희년에 관한 내용이었다. 그것은 가난한 자들에게 복음이 선포되고, 포로 된 자들에게 해방이 선포되고, 눈 먼 사람들에게 치유가 이루어지고, 억눌린 자들에게 구원이 이루어지는 역사(4가지 사역)가 나타날 것에 관한 약속이었다. 예수는 이 성경의 약속이 지금 이루어졌다고 선언하였다. 이러한 예수의 예언자적 선포를 듣고 사람들은 놀랐다. 희년을 성취하러 왔다는 예언자 예수의 선포는 가난하고 억눌림을 당하던 사람들에게는 복음이었지만, 기득권자들에게는 불편하고 달갑지 않은 메시지였을 것이다. 예수는 이러한 공생애 제일성을 통해 그의 공생애 전체가 가난하고 소외된 사람들에게 희망을 주는 사역이 될 것임을 보여주고 있다(사회적 복음).

놀랍게도 나사렛 고향 사람들은 예수를 불신한다. 예수는 예언자가 고향에서 환영을 받지 못한다고 말하며(요4:44 참조), 유대인보다 이방인에게 임한 구원의 사례(사렙다 과부와 시리아 나아만 장군)를 언급하였다. 그러자 회당에 있던 유대인들이 화가 나서 예수를 벼랑으로 끌고 가서 밀어 떨어뜨리려고 하였다. 예수는 공생애 초기부터 죽음의 위협에 직면해야 했다.

나사렛 회당에서의 이야기는 의도적으로 가장 먼저 기록된 것이다. 왜냐하면 마가복음과 마찬가지로 예수는 가버나움에서 먼저 공생애 활동을 시작하였기 때문이다(4:23 참조). 누가는 전체 21개의 기적 이야기 중 첫 번째로 축귀 기적을 기록한다(이는 마가와 같다. 마태는 나병환자 치유 기적을 첫 번째 기적으로 기록한다). 악한 귀신은 예수가 누구인지("하나님께서 보내신 거룩한 분") 알고 있지만, 침묵하라는 명령을 받는다. 예수는 가르침의 권위(4:32)와 기적적인 능력으로 사방에 소문이 난다. 예수는 계속하여 시몬의 장모의 열병을 고치게 되고, 이로 인해 많은 병자들과 귀신 들린 사람들을 고쳐주게 된다. 사람들은 예수의 능력에 매료되어 그것을 이용하려고 하였지만, 예수는 하나님 나라의 복음을 전하기 위해 왔다고 말하면서 입장의 차이를 보여준다.

예수가 첫 제자들을 부르시는 장면은 다른 복음서들과 달리 흥미롭고 자세하게 묘사되어 있다. 시몬이 제자로 부름을 받았을 때 곧바로 응한 상황을 이해하게 해 준다. 시몬은 예수의 말씀대로 그물을 깊은 데로 던지자 그물이 찢어질 만큼 많은 고기를 잡게 된다. 이를 보고 시몬 베드로는 죄인임을 고백하고 "모든 것을 버리고"(물질에 대한 부정적 인식을 보여준다) 주를 따랐다. 베드로의 동료였던 야고보와 요한도 예수를 따랐다(안드레에 관한 언급은 없다). 곧이어 나병환자를 고친 이야기가 나오는데, 첫 번째 기적으로 기록하고 있는 마가와 달리 간단하게 취급되어 있다.

논쟁 이야기(5:17-6:11): 이 부분에는 네 가지 논쟁 이야기가 들어 있다. 첫 번째는 신성모독 논쟁에 관한 것이다. 예루살렘에서 온 종교지도자들이 지켜보는 가운데 예수는 사람들이 지붕을 뚫고 데려온 중풍병자를 고쳐주었다. 문제는 "네 죄가 용서받았다."라고 선언한 것이었다. 이러한 선언은 즉각 바리새인들과 율법학자들의 반발을 불러왔다. 하나님만이 죄를 용서할 수 있다고 믿었기 때문이었다. 예수는 이러한 반발이 일어날 것이라는 것을 알고 있었다. 의도적인 선언이었던 셈이다. 죄를 용서하는 선언과 병을 고치는 능력 중 어느 것이 더 쉬운지 질문함으로써 비난을 피하고 있지만, 이러한 선언의 목적은 인자가 죄를 용서하는 권세가 있음을 알게 하고자 한 것이라고 말한다.

세관에서 일하고 있던 레위(마태복음에서는 "마태")를 제자로 부른 후, 예수는 많은 세리와 죄인과 함께 식사함으로써 금식 논쟁을 야기한다. 예수는 신랑으로 비유되며, 신랑과 함께 있는 동안에는 금식하지 않는 것이 맞지 않느냐고 반문한다. 계속하여 그는 자신의 가르침이 새 옷과 새 포도주와 같다고 비유로 말씀하신다.

초기 논쟁 중에는 안식일 논쟁이 항상 등장한다. 누가도 이곳에 두 번에 걸쳐 안식일 논쟁을 기록하고 있다. 안식일을 지키는 문제는 경건한 유대인들에게 중요한 이슈였다. 한 번은 안식일에 제자들이 밀 이삭을 잘라(추수) 손으로 비벼서(타작) 먹은 것이 문제가 되었다. 예수는 위급한 상황 속에서 다윗이 제단 빵을 먹은 사례를 들어서 제자들의 행동을 방어하려고 한다(다윗이 안식일에 먹은 것은 아니었지만). 다른 한 번은 안식일에 오른손이 오그라든 사람을 치유해 주었던 것이 문제가 되었다. 예수는 안식일에 착한 일과 악한 일 중 어떤 일을 하는 것이 옳은지를 반문하면서 이 문제를 해결하려고 하였다. 율법학자들과 바리새인들은 논리적으로는 예수께 대항할 수 없었기 때문에 화가 나서 예수를 처치할 방도를 찾아야 했다.

제자 선택과 평지수훈(6;12-49): 예수는 밤을 새워 기도하고 열두 제자를 선택하고 있다. 열두 제자의 명단은 마가복음 및 마태복음과 같지만, 다대오 대신에 야고보의 아들 유다가 들어 있다. 같은 사람으로 보아야 할 것이다. 공관복음서에 나오는 열두 제자의 명단과 순서는 다음과 같다:

마가복음(3:16-19): 베드로(시몬), 야고보와 요한(보아너게), 안드레, 빌립, 바돌로매, 마태, 도마, 야고보(알패오의 아들), 다대오, 시몬(열혈당원), 가룟 유다.

마태복음(10:2-4): 시몬(베드로), 안드레, 야고보와 요한, 빌립, 바돌로매, 도마, 마태, 야고보(알패오의 아들), 다대오, 시몬(열혈당원), 가룟 유다.

누가복음(6:14-16): 시몬(베드로), 안드레, 야고보와 요한, 빌립, 바돌로매, 마태, 도마, 야고보(알패오의 아들), 시몬(열심당원), 유다(야고보의 아들), 가룟 유다.

누가는 마태와 달리 예수가 산에서 내려와 "평지에 서서"(마태: "산에 앉아서") 말씀하였다고 기록하고 있다. 마태복음의 긴 강화(5-7장)와 달리 평지수훈은 6:20-49에 축소된 형태로 남아 있다. 팔복은 사복과 사화로 다르게 표현되어 있고, 소금과 빛에 관한 교훈과 여섯 가지 반제(원수 사랑만이 반제 형식을 따르지 않고 사용됨)가 없다. 세 가지 경건(구제, 기도, 금식)을 포함한 6장은 전부가 빠져 있고, "구하라, 찾으라, 두드리라"는 말씀과 "좁은 문으로 들어가라"는 말씀도 빠져 있다. 6장에 나오는 주기도문은 다른 곳(눅11:1-4)에 기록되어 있다. 이처럼 강화자료가 모여 있는 마태복음과 현격한 차이를 보인다.

마태의 팔복은 사복으로 축소되어 있다. 가난한 자, 주린 자, 우는 자, 미움 받고 배척 받은 자가 복을 받을 것이라고 말한다. 이는 마태복음의 온유한 자, 긍휼히 여기는 자, 마음이 청결한 자, 화평케 하는 자에 관한 내용이 빠져 있음을 의미한다. 실제적인 고통에 대한 것만을 다루고 있다. 사화는 사복의 반대에 해당되는 내용으로서, 부유한 자, 배부른 자, 웃는 자, 칭찬 받는 자에게 화가 있을 것이라고 한다.

원수를 사랑하라는 교훈은 마태복음의 반제 형식을 따르지 않고 기록되어 있다. 유대적인 배경이 강조되지 않고 있는 연유로 보인다. 계속 이어지는 "남을 심판하지 말아라", "열매로 나무를 안다", "말씀을 듣고 행하는 사람이 되어라"라는 내용은 마7장의 내용과 대동소이하다.

마태복음에 나오는 산상수훈(마5-7장; 107절)과 누가복음에 나오는 평지수훈(눅6:20-49; 30절)은 유사점과 차이점을 보인다. 마태는 팔복으로 시작하여 집의 비유로 마친다. 누가는 말씀자료(Q)에 있었던 설교 내용을 잘 보존하고 있는데 비해, 마태는 마태의 특수자료(SM)를 기본으로 하여 말씀자료(Q)를 결합한 듯하다(107절 중 Q는 40절에 불과).

산상수훈의 해석은 쉽지 않다. 완전주의적 의미로 해석하게 되면, 예수는 율법교사의 이미지를 갖게 된다. 불가능한 이상을 가리키는 것이라고 해석하게 되면(극대화된 모세의 법), 예수는 회개를 선포하는 설교자의 이미지로 비쳐진다. 중간윤리를 가리키는 것으로 해석하게 되면(종말론적 해석, 위기적 해석), 예수는 묵시가의 이미지를 갖게 된다.

마태는 "마음"이 가난한 자가 복이 있다고 3인칭으로 말하는

데 비해, 누가는 "가난한 자"가 복이 있다고 2인칭으로 말한다. 마5:12과 눅6:23을 비교해 보면, 현재 명령형(마태)과 단순과거 명령(누가)로 되어 있고, 하늘이 복수(마태)와 단수(누가)로 다르며, 사람들이 예언자들을 박해한 것에 비해(마태) 조상들이 예언자들을 박해했다고(누가) 표현되어 있다. 이것은 아람어의 번역에서 온 차이인 듯하다. 누가는 시제의 변화가 나타나는 것으로 보아(처음에는 2인칭 복수->6:29-30은 단수->6:31-38은 복수->6:41-42은 단수) 별도의 말씀 자료들을 모아놓은 것으로 생각되며, 마태는 편집 작업을 거쳐 통일시킨 것으로 보인다.

마태는 선교적 설교(케리그마)보다는 공동체 내부자들을 위한 가르침(디다케)의 성격으로 산상수훈을 기록하고 있다. 참고로 초대교회 예배는 디다케, 애찬식, 성찬식, 기도 순으로 진행되었다. 마태는 산상수훈 전체를 신학자의 의(5:21-48의 여섯 반제), 경건한 평신도의 의(6:1-18의 구제, 기도, 금식), 제자의 의(6:19-7:27)로 구분하여 디다케(didache)를 구성하고 있다.

기적 이야기와 가르침 사역(7:1-9:6): 평지수훈을 마치고 예수는 가버나움으로 되돌아간다. 거기에서 예수는 한 백부장의 종을 치유해 주는 기적을 베푸신다. 백부장은 예수께 직접 집안으로 들어오지 않고 말씀만으로 고쳐달라는 요청을 한다. 이것은 이스라엘 백성에게서도 보지 못한 믿음이었다고 칭찬을 받는다. 이 백부장은 최초로 회심한 이방인인 고넬료(행10장)를 예표하고 있다. 고넬료가 경건하고, 하나님을 두려워하며, 유대 백성에게 자선을 많이 베풀며, 늘 하나님께 기도하는 사람이었던 것처럼(행10:2), 이 백부장도 유대 민족을 사랑하고, 회당을 지어준 사람이었다(7:5).

그 다음에 나오는 나인 성 과부의 아들을 소생시킨 기적 이야기는 누가복음에만 기록되어 있다. 예수는 불쌍한 과부의 처지를 동정하였고, 외아들을 살려주었다(최초의 소생기적). 이로 인해 예수는 "예언자"로서 인정을 받는 계기가 되었다. 죽은 자를 살린 기적 이야기는 온 유대 지역에 퍼져 나갔다. 세례자 요한의 제자들이 이 일을 스승에게 보고하자, 요한은 제자 둘을 보내어 예수가 기다리던 메시아인지 묻는다. 예수는 이사야서(61:1-2)의 내용을 연상케 하는 말씀을 상기시키는 것으로 대답을 대신하다. 누가는 이곳에서 유일하게 예수가 요한을 칭찬하고 있는 내용을 포함시킨다.

바리새인의 집에 초청을 받아 식사하는 중에 한 여인이 향유로 예수의 발을 씻는 장면이 나온다. 누가는 다른 복음서들과 달리 이 여자가 죄인임을 밝힌다(7:37). 다른 복음서들에서는 이 이야기가 예수의 죽음을 준비하는 역할을 하는데 비해(막14:3-9; 마26:6-13; 요12:1-8), 이곳에서는 예수의 죽음과 직접적으로 연관되지 않는다. 또한 누가복음은 '두 사람의 빚진 자' 비유를 예로 들어 설명하는 이야기를 첨부한다. 이를 통해 많이 용서 받은 자가 많이 사랑한다고 결론을 내린다.

8장 4절부터 누가는 다시 마가자료로 되돌아온다. 처음 부분에 나오는 세 개의 이야기는 모두 말씀을 "듣고 행하는" 것에 초점을 맞추고 있다. 먼저 씨 뿌리는 자의 비유와 해설을 반복해서 들려주는데, "백 배"의 결실을 맺는다는 결론이 특이한 부분이다. 좋은 땅에 떨어진 씨는 "바르고 착한 마음으로 말씀을 듣고서, 그것을 굳게 간직하여 견디는 가운데 열매를 맺는 사람들"이라고 한다. 이어지는 등불 비유도 "조심하여 들어야" 함을 강조한다. 예수의 참된 어머니와 형제가 되는 기준 역시 말씀을 "듣고 행하는" 것이다.

그 다음에는 네 개의 기적 이야기가 기록된다(8:22-56): 풍랑을 잔잔하게 한 기적; 거라사 지방에서 귀신 들린 사람을 고친 기적; 혈루증 앓는 여인 치유한 기적; 회당장 야이로의 딸을 소생시킨 기적. 각각 자연, 귀신, 오랜 병, 죽음을 정복한 기적으로서 예수의 능력을 확실하게 보여준다. 이러한 기적들을 행한 후, 예수는 열두 제자들에게 똑같은 능력을 주어 복음을 전파하며 병을 고치게 하였다.

예수의 정체성과 수난예고(9:7-50): 예수의 권위 있는 가르침과 놀라운 기적의 능력은 갈릴리와 베레아의 분봉왕(주전4-주후 39)이었던 헤롯 안디바를 비롯한 많은 사람들에게 예수의 정체성에 관한 질문을 폭발시켰다. 죽은 세례자 요한이 살아났다거나, 엘리야가 나타났다거나, 예언자가 살아왔다거나 하는 소문이 퍼졌다. 분봉왕 헤롯이 예수의 정체성에 관해 관심을 표명하고 있는 점이 특이하다.

누가는 오병이어 기적에 관한 이야기 다음에 나오는 막 6:45-8:26의 모든 내용을 생략한 채 바로 베드로의 신앙고백 사건을 기록한다. 그 이유가 반복적인 내용이나 유대적인 색채를 가진 것들 때문이었는지 모르지만, 누가의 편집 방식은 오병이어 기적이 예수의 정체성에 관한 중요한 논쟁거리가 될 수 있었음을 보여준다(요6:66 참조). 예수는 혼자 "기도하고" 있었을 때 제자들에게 자신에 대해 사람들이 어떻게 생각하는지를 물어보았다. 누가는 베드로가 "하나님의 그리스도"라고 대답하였다고 기록함으로써 다른 복음서들과 조화된(마가복음: "그리스도"; 마태복음: "하나님의 아들 그리스도") 신앙고백의 형식을 보여준다. 누가는 베드로가 그리스도를 잘못 이해한 것에 대해 책망을 받은 마가복음의 이야기를 기록하지 않는다. 이를 통해 제자들에 대한 부정적인 이미지를 벗겨내고자 한다.

신앙고백에 이어 등장하는 첫 번째 수난예고와 변화산상의 이야기와 귀신들린 소년을 고쳐준 이야기 다음에 등장하는 두 번째 수난예고의 순서는 비교적 유사하다. 첫 번째 수난예고는 제자도로 연결되는데, "매일" 자기 십자가를 지는 것을 강조한다. 변화산에서의 기적도 베드로의 신앙고백 상황에서와 마찬가지로 "기도하는" 상황에서 일어난다. 이처럼 누가는 예수가 기도하는 모습을 자주 보여준다. 변화산에서 예수는 모세와 엘리야에게 그의 죽음(떠나감; εξοδος)에 대해 말하고 있었다. 하나님은 고난받게 될 예수를 "내 아들이요 택한 자"라고 인치신다. 고난을 받을 것이지만 영광을 얻게 될 것이라고 확인해 준 것이다("고난받는 종"의 이미지). 귀신들린 소년을 고쳐준 이야기를 마가복음과 비교해 보면 제자들의 무능력을 탓하기보다 하나님의 위대한 능력에 초점을 맞추고 있다. 두 번째 수난예고를 제자들이 이해하지 못한 것도 그 뜻이 숨겨져 있었다고 설명해 줌으로써 제자들 탓으로 돌리지 않는다. 누가는 마가에 비해서 예수께서 누가 크냐의 문제로 다툰 제자들을 나무라기보다 친절하게 설명해 주는 모습을 보여준다(마18:1-5과 참조). 이처럼 누가는 수난예고의 상황에서 비쳐진 부정적인 제자상을 순화시키고 있다.

e. 예루살렘 상경기(9:51-19:27)

누가복음의 구조적 특징인 긴 예루살렘 상경기는 예루살렘으로 향하고 있음을 나타내는 주요 표지(13:22; 17:11)에 따라 세 단락으로 구분할 수 있다: 9:51-13:21; 13:22-17:10; 17:11-19:27. 또한 이 부분은 마가자료와 관계없는 "큰 삽입"(9:51-18:14)이 들어 있는 곳으로서 주로 말씀자료(Q)와 누가의 특수자료(SL)가 차지하고 있다. 그래서 가장 누가적인 특

징이 나타나는 곳이기도 하다. 상경기 부분에 사용된 누가의 특수자료를 열거해 보면 다음과 같다:

사마리아 동네의 냉대(9:51-56)
70인의 제자 파송(10:1-12)
70인의 전도 보고(10:17-20)
선한 사마리아인의 비유(10:29-37)
마르다와 마리아(10:38-42)
말씀을 듣는 자의 복(11:27-28)
어리석은 부자의 비유(12:16-21)
깨어 있는 종의 비유(12:36-38)
회개하지 않으면 망한다(13:1-5)
열매 없는 무화과나무 비유(13:6-9)
등 굽은 여자의 치유 기적(13:10-17)
수종병자 치유 기적(14:1-6)
낮은 자리에 앉으라(14:7-14)
망대 건축과 전쟁의 비유(14:28-33)
잃은 동전의 비유(15:8-10)
탕자의 비유(15:11-32)
불의한 청지기의 비유(16:1-12)
부자와 나사로 비유(16:19-31)
10명의 문둥병자 치유 기적(17:11-19)
과부와 재판관의 비유(18:1-8)
바리새인과 세리의 비유(18:9-14)
삭개오의 회개(19:1-10)
므나의 비유(19:11-27)

상경기 부분에서 누가의 특수자료를 제외하면 거의 모두 Q자료라고 보면 된다. 이처럼 상경기는 누가의 특수자료와 Q로 구성되어 있음을 알 수 있다. 누가의 특수자료에는 많은 비유가 포함되어 있다. 특수자료에 속한 12개의 비유(므나의 비유 제외하면) 중 상경기에 속하지 않은 특수자료는 "두 명의 빚진 자에 관한 비유"(7:41-42)뿐이다.

상경기를 주요 표지에 따라 세 단락으로 나누었지만 서로 뚜렷하게 구별되는 주제가 있는 것은 아니다. 전체적으로 보아서 상경기는 예수에게 적대적인 예루살렘으로 가면서 제자들에게 제자도와 하나님의 나라에 관해서 교훈하고 있다. 이러한 점을 염두에 두면서 세 단락의 주제를 정하였다.

제자도와 하나님 나라의 교훈(9:51-13:21): 예수는 하늘에 올라갈 날이 되었기 때문에, 예루살렘에 가려고 마음을 굳게 먹었다. 사마리아를 통과해 가려고 하였으나 사마리아 사람들이 환영해 주지 않았다. 다른 마을로 가는 길에 한 사람이 예수를 따르겠다고 말하면서, 아버지의 장례를 먼저 치른 뒤 따르겠다고 말한다. 또 다른 사람은 집안 식구들에게 작별 인사를 한 다음에 따르겠다고 말한다. 예수는 "손에 쟁기를 잡고 뒤를 돌아보는 사람은 하나님 나라에 합당하지 않다."(9:62)고 대답하면서 엄격한 제자도를 가르친다.

일흔 (두) 사람을 파송하는 이야기(10:1-12)는 누가복음에만 기록되어 있다. 그들은 이리 가운데로 보냄을 받은 양과 같았다. 아무 것도 가지지 않고 전도할 것을 명하였고, 더 좋은 음식을 위해 집을 옮겨 다니지 말라고 한다. 치열하고 냉정한 제자의 태도를 가르친다. 귀신들을 내쫓을 수 있는 능력으로 인해 호들갑을 떨지 말고 이름이 하늘에 기록된 것을 기뻐하라고 교훈한다. 예수는 이러한 제자의 기쁨이 지혜와 명철이 있는 사람들에게는 감추어져 있고, 어린아이 같이 순종하는 자들에게만 주어지는 것이라는 사실 때문에 감사한다.

누가는 사마리아인의 비유(10:29-37)를 통해 이웃을 사랑하라는 계명을 알기만 하는 것이 아니라 실천하는 것이 중요하다는 것을 깨닫게 해준다. 사마리아인을 주인공으로 등장시킨 것은 이방인에 대한 호의적인 태도를 보여주는 듯하다. 또한 마르다와 마리아의 이야기(10:38-42)를 통해서는 주의 말씀을 "듣는" 것이 제자에게 긴요한 일임을 교훈하여 준다. 마르다는 접대하는 일로 마음이 분주했던 반면에, 마리아는 말씀을 듣는 좋은 몫을 선택하였기 때문에 칭찬을 받았다. 여기에서 마리아는 여제자의 전형으로 나타난다.

누가는 11장에서 기도에 관한 많은 교훈을 하고 있다. 기도를 올바로 이해하고 하는 것은 제자가 되기 위해 꼭 필요한 것이다. 주의 기도는 마태의 그것에 비해 축약된 형태를 보여주며, 물질적인 용어("빚진")를 사용하고 있다. 밤중에 찾아온 친구가 끈질기게 간청하는 이야기와 "구하고, 찾고, 문을 두드리라"는 3단계의 점층법적 간구 방식을 통해 기도자의 자세가 어떠해야 함을 가르치고 있다.

참고로, 누가복음에는 예수께서 기도하신 내용이나 기도에 관한 가르침이 다른 복음서들보다 많다. 예수는 그의 공생애 기간 중 중요한 고비마다 기도하였고 기도를 생활화하였다. 제자들에게 기도를 가르쳤으며 기도를 통한 신앙생활을 강조하였다. 누가복음에 나타난 대표적인 기도 장면들은 다음과 같다. 누가는 예수께서 세례를 받고 기도할 때 성령이 강림했다고 기록하고 있다(3:21-22). 네 복음서 모두 예수의 세례와 성령 강림이 서로 연관된 것으로 보도하고 있지만, 누가만이 기도와 성령 강림을 함께 언급하고 있다. 예수는 한적한 곳에서 기도하는 습관이 있었다(5:16). 열두 제자를 선택하는 중요한 시점에 예수는 밤을 새워 기도하였다(6:12). 예수는 공생애의 기로에 서서 사람들이 어떻게 생각하는지를 알고 싶어 하였다. 그때에 혼자 기도하고 있었다고 말한다(9:18). 변화산에서 그의 모습이 변화하는 기적이 일어났을 때, 예수는 제자들과 기도하러 산에 올라갔었다. 예수께서 늘 기도하는 모습을 보고 있던 제자들이 기도에 관해 가르쳐 달라고 한 장면이 나온다(11:1). 이러한 배경 하에서 주의 기도를 가르쳐 주었다. 베드로가 예수를 부인할 것을 미리 알고 예수는 베드로를 위해서 기도하였다(22:32). 체포를 앞두고 예수는 늘 하던 대로 감람산에 올라가 간절하게 기도하였다(22:41). 십자가에 달려서도 그를 십자가에 못 박은 사람들을 위해 용서의 기도를 드렸다(23:34). 마지막으로 운명하면서 하나님께 영혼을 의탁하는 기도를 드렸다(23:46). 누가는 기도를 생활화하고 있었으며, 이것이 중요한 고비마다 기도하는 모습으로 나타났다.

기도에 관한 가르침도 여러 번 나온다. 무엇보다도 예수께서 직접 기도를 가르쳐 주었고(11:1-4), 밤중에 찾아와 간청하는 친구의 이야기를 들려주었고(11:5-8), 구하고 찾고 두드리라고 교훈하였으며(11:9-13), 과부와 재판관의 비유(18:1-8)와 바리새인과 세리의 비유(18:9-14)를 통해 기도에 관해 교훈하였고, "기도하면서 늘 깨어 있어라"(21:34-36)라고 권면하였다.

11:14-54의 내용은 참된 제자상과 반대되는 사람들의 모습을 그리고 있다. 귀신을 쫓아낸 예수에 대해 바알세불(귀신의 왕)의 힘을 빌어 기적을 행한다고 비난하는 자들은 예수의 제자가 될 수 없다. 그들은 예수를 반대하는 자이며 훼방 놓는 자이다(11:23). 예수는 그러한 자들에 관해서 말하기를 말끔히 치운 집에 더 악한 귀신이 들어온 것과 같다고 하였다. 무리가 예수를 좇았으나 그들 역시 참된 제자상에는 부적합하였다. 예수는 그들

을 악한 세대에 비유하며, 요나의 말을 들은 니느웨 사람들이나 솔로몬 왕의 지혜를 들으러 온 남방 여왕보다 못하다고 정죄하였다. 왜냐하면 그들은 진정한 회개를 하지 않았기 때문이다. 11:37-54에서 누가는 정결법을 주장하는 바리새파 사람들의 이야기(막7장 참조)와 바리새파 사람들과 율법학자들에 대한 화의 선언(마23장 참조)을 결합시키고 있다. 마23장에는 두 집단에게 다같이 7번 화를 선언하고 있는데 비해, 누가는 두 집단에게 각각 세 번씩 화를 선언한다.

12장부터는 다시 제자들을 대상으로 제자도에 관해 교훈한다. 제자들에게 바리새파의 누룩, 곧 위선을 경계할 것(12:1-3), 참으로 두려워해야 할 대상은 하나님이라는 것(12:4-7), 사람들 앞에서 그리스도를 시인할 것(12:8-12)을 강조한다. 어리석은 부자의 비유(12:16-21)를 통해 하나님을 중심에 두지 않는 삶의 태도는 어리석기 짝이 없다는 것을 교훈하며, 이러한 주제는 자연스럽게 까마귀와 백합꽃의 예화를 통해 참된 제자들은 염려와 걱정을 할 것이 아니라(12:22-34), 주인이 올 때에 깨어 있는 종과 같이 되어야 한다(12:35-48)는 내용으로 이어진다. 제자가 되는 길은 집안의 식구들과의 불화에 맞설 수 있는 결단을 요구한다(12:49-53).

12:54-13:17은 다시 참된 제자상과는 거리가 먼 무리에 관해 언급한다. 그들은 때를 분간하지 못하는 위선자들이며(12:54-56), 제자들을 고소하고 감옥에 처넣을 자들이다(12:57-59). 빌라도에게 학살당한 갈릴리 사람들이나 실로암 망대가 무너져 죽은 사람들보다 더 죄가 많은 사람들이다(13:1-6). 그들은 열매를 맺지 못하는 무화과나무와 같다(13:7-9). 그들은 십팔 년 동안 사탄에게 매여 있던 등 굽은 여자를 치유해 준 예수에게 시비를 건 사람들이었다(13:17).

예수는 제자도와 하나님 나라에 관한 교훈을 마치면서 하나님의 나라를 겨자씨와 누룩에 비유한다(13:18-21). 하나님의 나라는 매우 작아서 눈에 띄지 않는 겨자씨와 같다고 한다. 그러나 겨자씨가 자라면 공중의 새들도 깃들일 만큼 큰 식물이 된다. 누룩은 별 것 아닌 듯이 보이지만 가루 서 말을 부풀게 할 수 있는 잠재력을 가지고 있다. 하나님의 나라는 미미해 보일지 모르지만 결국 크게 성장하고 증가할 것이라는 희망을 선포하고 있다.

하나님 나라에 들어갈 자의 자격(13:22-17:10): 누가는 다시 한 번 예수가 예루살렘으로 향하고 있다는 사실을 환기시킨다. 예수께 "구원 받을 사람이 적습니까?"라고 질문하자, 사람들은 좁은 문으로 들어가려고 하지 않으며, 주인과 상관없는 일을 하는 사람들이 많다고 대답한다(13:22-30). 오히려 관계없어 보이는 사람들이 동서남북에서 하나님 나라의 잔치 자리에 참여하게 될 것이라고 말하고 있다. 바리새인 몇이 헤롯 왕이 예수를 죽이려고 한다는 정보를 예수께 전달해 준 것은 특이한 일이다. 예수는 결국 예언자들의 운명을 따라 예루살렘에서 죽게 될 것이라고 예고한다.

예수는 바리새파 사람의 집에 초대를 받고 함께 식사하면서 교훈하고 있다(14:1-24). 이것은 식탁대화로서 심포지엄(symposium)의 양식을 따르고 있다. 당시 상류사회는 식사 자리에 중요한 손님(지혜자)을 초대하여 식사하면서 교훈을 받는 관례가 있었다. 예수는 안식일에 수종병 앓는 사람을 고쳐줌으로써 생명을 살리는 일이 중요하다는 것을 깨우친다. 그리고 식사 자리에서 높은 자리를 차지하려고 하는 지도자들을 보면서, "자기를 높이면 낮아질 것이요, 자기를 낮추면 높아질 것이다."라고 꼬집는다. 하나님이 베푼 큰 잔치에 여러 가지 핑계를 대는 사람들을 향해 초대

받지 않은 사람들이 그 자리를 차지하게 될 것이라고 경고한다. 식탁대화를 마치고 예수는 무리와 동행하면서 제자도에 관해 말씀하신다. 제자가 되려면 자기 십자가를 지고 예수를 따라야 한다고 강조하고 있다. 이러한 문맥에서 망대 건축과 전쟁의 비유를 말한다. 어떤 희생을 치러야 되는지 계산해 보지 않고 제자가 되려고 하지 말라고 교훈하면서, "자기 소유를 다 버리지 않으면 내 제자가 될 수 없다."고 선언하고 있다.

15장에서 예수는 죄인들과 식사하는 상황에서(15:1-2) 세 가지 비유를 말씀하고 있다. 세 비유는 모두 잃은 것을 찾은 기쁨에 대해서 말하고 있다. 잃어버린 한 마리 양을 찾는 기쁨, 잃은 드라크마 하나를 찾는 기쁨, 그리고 잃어버린 아들(탕자)를 찾은 기쁨에 대해 반복하여 강조한다. 잃어버리지 않은 아흔아홉 마리의 양, 아홉 개의 드라크마, 집안에 있는 큰 아들보다 잃은 것을 불의한 청지기 비유(16:1-13)는 자리에서 곧 물러나야 할 한 청지기가 보여준 지혜로운 행동을 칭찬하는 내용을 담고 있다. 이것은 위기의 순간에 어떠한 선택을 해야 하는지를 가르치고 있다. 불의한 사람이라도 지혜로운 행동을 하듯이, 빛의 아들들은 영원한 처소에 들어가기 위해서 지혜로운 결단을 내려야 한다. 두 주인, 즉 하나님과 재물을 동시에 섬길 수는 없기 때문이다.

물질에 대한 주제는 이후에도 계속된다. 돈을 좋아하는 바리새인들을 두고 예수는 그들이 자기의(self-righteousness)에 빠진 이율배반적인 사람들로서, 심지어 자기 아내를 버리고 다른 여자에게 장가드는 간음한 사람들 같이 부도덕한 사람들이라고 비판한다. 또한 부자와 나사로 비유(16:19-31)를 통해 가난한 나사로를 냉대한 부자의 운명을 비판적으로 서술하고 있다.

이 단락은 무익한 종의 비유(17:7-10)로 끝나고 있다. 어떤 종이 아무리 성실하게 맡겨진 일을 잘하였다고 하더라도, 그 종은 마땅히 해야 할 일을 한 것이기 때문에 오히려 주인에게 "우리는 쓸모없는 종입니다."라고 말할 수밖에 없다. 하나님 나라에 적합한 사람은 바로 이러한 사람이다. 하나님의 은혜에 감사하면서 성실하게 맡겨진 일을 하면서도 자기의 의를 내세우지 않는 자가 하나님 나라에 들어갈 자격을 가진 자이다.

하나님 나라에 대한 다양한 반응들(17:11-19:27): 이제까지 상경기를 통해서 하나님의 나라가 무엇이며, 하나님 나라에 적합한 제자의 모습은 어떠해야 하는지에 관해서 말하였다. 이 단락에서는 이러한 하나님의 나라에 대하여 다양한 사람들이 어떠한 반응을 보이고 있는지에 대하여 기록하고 있다. 첫 번째 장면은 예수가 사마리아와 갈릴리 사이를 지나 예루살렘으로 향하여 가게 된 것과 관련된다. 그 도중에 나병환자 열 사람을 치유해 주었는데, 감사를 표시한 사람은 사마리아 사람뿐이었다. 이방인이었지만 그 사람만이 칭찬을 받고 있다.

바리새파 사람들이 하나님의 나라의 도래에 관해 질문하였다. 예수는 하나님의 나라가 가시적인 것이 아니라 너희 "안에"(εντος) 있다고 함으로써, 하나님의 나라가 불가시적이지만 현재적으로 임하고 있음을 말하고자 하였다(17:20-21). 그러나 또한 하나님의 나라는 현재적으로만 임하는 것이 아니라 미래적으로도 임할 것임을 강조하였다(17:22-37).

18장은 기도에 관한 두 가지 비유로 시작한다. 과부와 재판관의 비유(18:1-8)를 통해 낙심하지 않고 믿음의 기도를 한 과부를 하나님의 나라에 적합한 모델로 삼고 있다. 바리새인과 세리의 비유(18:9-14)를 통해 자기의 의를 내세우는 사람보다 스스로를 낮춘 세리를 모델로 제시한다. 그 다음에는 두 가지 유형의 사람을 등장시킨다. 어린아이들과 부자 관원(αρχων)이 대조적으로 묘사되고 있다. 당시 무시를 받던 어린아이들이 하나님의 나라에 적합한 인물로 그려지는데 비해(18:15-17), 큰 부자였던 한 관리는 모든 계명을 지켰음에도 불구하고 한 가지 부족한 점(재산을 팔아 가난한 자에게 주는 일)이 있어서 하나님의 나라에 적합하지 않은 인물이 된다(18:18-26). 예수께서 이에 대해 "부자가 하나님의 나라에 들어가는 것보다 낙타가 바늘귀로 들어가는 것이 더 쉽다."는 말씀을 하였다. 이에 베드로는 모든 소유를 버리고 따랐다는 것을 내세운다.

이러한 상황에서 예수는 세 번째 수난예고를 하신다(18:31-33). 제자들이 이러한 수난예고의 의미를 전혀 깨닫지 못한 것은 그 뜻이 감추어져 있었기 때문이다. 이러한 설명은 제자들에 대한 부정적 이미지를 순화시키는 효과가 있다. 그 다음에 여리고에서 눈 먼 거지(마가는 바디매오라고 밝힘)를 고친 기적은 제자들이 영적인 눈을 떠 참된 제자가 되어야 한다는 것을 강조하고 있다.

19장은 앞의 기적 이야기에 이어 여리고에서 예수가 삭개오를 만나는 장면을 기록하고 있다(19:1-10). 그는 유대인들이 혐오하던 세관장이었고 부자였다. 누가는 삭개오에 대해 긍정적으로 묘사하고 있다. 삭개오는 예수가 그를 받아주자 회개에 따른 구체적인 행동을 보여준다. 소유의 절반을 가난한 사람들에게 주고, 강제로 빼앗은 것이 있으면 네 배로 갚겠다고 한 것이다. 부자가 하나님의 나라에 들어가기가 어렵다고 한 말씀과 대조적이다. 부가 하나님의 나라에 들어가지 못하는 절대적인 기준이 아님을 보여준다.

예루살렘 상경기는 므나의 비유(19:11-27)로 끝나고 있다. 므나의 비유는 달란트 비유(마25:14-30)와 돈의 단위(1므나는 100 데나리온)만 다를 뿐 내용은 매우 유사하다. 므나의 비유는 열 사람에게 한 므나씩 공평하게 주었다는 것이 다른 점이다. 달란트 비유는 비현실적인 상황을 상정하고 있는데 비해, 므나의 비유는 실제적인 상황을 반영하고 있다. 므나의 비유는 달란트 비유처럼 능력보다는 태도를 중요시하고 있다. 하나님의 나라에는 신실한 태도가 중요하다.

f. 예루살렘 논쟁 및 종말강화(19:28-21:38)

이제 예수는 긴 여행을 마치고 예루살렘 가까이에 도착하였다. 벳바게와 베다니는 예루살렘으로부터 각각 1km와 2km 정도 떨어진 가까운 마을이었다. 벳바게와 베다니는 무화과나무가 많이 자라고 있는 곳이기도 했다. 베다니에서 열매 없는 무화과나무를 저주한 것은 우연이 아니다(막11:12-14 참조). 누가는 예수가 그곳에서 새끼 나귀를 타고 예루살렘 안으로 초라하게(왕의 행차?) 들어갔다고 말해준다. 예수는 예루살렘("평화의 도시"라는 뜻) 도성을 보고 예루살렘(사람들)이 참된 평화의 길을 알지 못하는 것에 대해 슬퍼하였다.

누가는 다른 복음서에 비해 성전 청결 사건을 간단하게 기술하고 있다. 그렇지만 이러한 예수의 행동이 종교지도자들로 하여금 그를 없앨 음모를 꾸미는 계기를 제공하였다는 사실을 분명히 밝힌다. 성전 청결 사건은 종교지도자들로 하여금 "무슨 권한으로 이런 일을 합니까?"(20:2)라는 질문을 하게 만들었다. 예수는 이들에게 요한의 세례가 하늘에서 난 것인지, 사람에게서 난 것인지에 대한 질문을 함으로써 직접적으로 대답하지 않는다. 그러나 그 다음에 기록된 "포도원과 소작인의 비유"(20:9-19)를 가지고 이에 대한 대답을 하고 있다고 볼 수 있다. 소작인들이 주인이 보낸 종들을 세 차례에 걸쳐 학대하더니 아들까지 죽였다고 하는 비유를 듣고, 율법학자들과 대제사장들은 이것이 자기들을 향해 한 비유인 줄로 알고 예수를 체포하려고 하였다. 이로써 예수는 하나님의 아들이 가진 권한으로 성전을 청결하게 했다는 것을 천명한 것이다.

예수는 성전에서 계속하여 종교지도자들과의 논쟁을 이어가고 있다. 세금 논쟁(20:20-26)과 부활 논쟁(20:27-40)이 그것이다. 마가복음과 마태복음에는 여기에 계명 논쟁이 덧붙여지고 있는데, 누가복음에는 빠져 있다. 대신 율법의 계명을 잘 아는 율법학자들의 위선을 책망하는 이야기가 이를 대신하고 있는 듯하다(20:45-47). 예수는 당시 민감한 문제였던 세금을 내는 문제에 관하여 "황제의 것은 황제에게 돌려주고, 하나님의 것은 하나님께 돌려드려라."(20:25)라고 대답함으로써 논란을 잠재우고 있으며, 형수취수제를 동원해 예수를 함정에 빠뜨리려고 하는 사두개인들에게 "하나님은 죽은 사람들의 하나님이 아니라, 살아 있는 사람들의 하나님이시다."(20:38)라는 말씀으로 감히 더 이상 질문하지 못하도록 대답하였다. 과부의 헌금 이야기(21:1-4)는 율법학자들이 과부의 가산을 삼키는 자들이라는 내용(20:47)과 대조적으로 가난한 자의 경건에 대해 칭찬하려는 의도를 보여준다.

그 다음에 길게 나오는 내용(21:5-36)은 성전의 파괴와 종말의 징조에 관한 강화이다. 제자들은 성전의 아름다움에 대해 감탄하였는데, 예수는 놀랍게도 예루살렘 성전이 철저하게 파괴될 것이라고 말씀하신다. 제자들은 성전 파괴에 대한 예언을 종말 사건으로 이해하고 언제 어떤 징조에 의해서 그러한 일이 일어날 것인지 질문한다. 예수는 종말의 징조로 적그리스도의 미혹, 전쟁과 국제 분쟁, 지진과 기근과 역병, 성도에 대한 박해, 예루살렘의 파괴, 일월성신의 변화가 있을 것이라고 대답한다. 그 다음에 인자가 올 것이다. 이런 문맥에서 나오는 무화과나무의 비유는 성전 파괴나 종말에 관한 징조로 이해된다. 그것은 무화과 나무는 늦은 봄이 되어야 잎이 돋기 때문인 것에서 알 수 있듯이, 이 세대가 지나가기 전에 이 모든 일이 이루어질 것이다. 이러한 때를 살아가는 바람직한 태도는 "기도하면서 늘 깨어 있는 것"이다. 예수는 이렇게 낮에는 성전에서 가르치시고, 밤에는 감람산에서 보내셨다(21:37).

g. 수난이야기(22:1-23:56)

예수의 수난은 유월절 절기에 일어나고 있다. 대제사장들과 율법학자들이 성전을 모독한 예수를 죽일 방책을 찾고 있었고, 열두 제자 중 하나인 가룟 유다는 이들과 공모하게 된다. 이것이 가능했던 것은 사탄이 유다에게 들어갔기 때문이다. 종교지도자들은 유다의 공모에 기뻐했고 돈도 지불했다. 모든 계획은 잘 준비되고 있었다.

악한 자들의 움직임과 별도로 하나님의 계획도 진행되고 있었다. 예수는 유월절 식사를 준비하게 하였고, 최후의 만찬 석상에서 유다가 배반하게 될 것을 암시하여 주었다. 예수는 제자들과 함께 식사하면서 빵을 그의 몸, 잔을 그의 피라고 말하면서 이를 기억하라고 하였다(성만찬 제정). 누가복음은 수난 이야기에서 마가복음과 달리 몇 가지 특이한 점을 보여준다. 먼저 누가만이 만찬을 "잔->빵->잔"의 순서로 기록하고 있다. 이는 당시 유월절 식사의 실제적인 순서를 반영하고 있는 것으로 보인다. 또한 배반자 유다에 대한 언급이 성만찬 제정 이후에 기록된다(22:21-22). 누가복음에서 빠졌던 야고보와 요한의 요구에 대한 이야기(막10:35-45)가 변형된 형태로 이곳에 등장하며(22:24-30), 감람산으로 올라가기 전에 베드로의 부인 예고가 나온다(감람산으로 올라간 후에 부인 예고가 나오는 막14:26-27과 비교). 마가복음에는 향유를 붓는 이야기가 수난 문맥에서 나오는데(막14:3-9), 누가복음에는 먼저 나온다(7:36-50).

예수의 수난 이야기에는 예수의 기도 장면이 다수 등장한다. 예수를 부인하게 될 시몬 베드로를 위해 기도하며(22:31-32), 체포되기 전에 감람산에서 기도하며(22:39-45), 십자가에 달려 용서의 기도를 드리며(23:34), 숨을 거두며 하나님 아버지께 영혼을 의탁하는 기도를 드린다(23:46). 감람산에서 기도를 마친 후, 예수는 배반자 유다의 입맞춤을 신호로 체포된다. 대제사장의 집으로 끌려간 후 심문을 받는 동안에, 베드로는 예수를 세 번에 걸쳐 부인한다. 누가는 마지막 부인 때에 예수가 "돌아서서 베드로를 똑바로 보셨다"(22:61)고 기록함으로써, 베드로에 대한 연민의 감정을 드러냈다.

날이 밝자 예수는 산헤드린 공의회에서 심문을 받는다. 대제사장들과 율법학자들은 예수를 궁지에 몰아넣을 질문을 한다. 먼저 "그대가 그리스도인가?"(22:67)라고 묻는다. 예수는 "인자가 전능하신 하나님의 오른쪽에 앉게 될 것이다."라고 대답한다. 이러한 대답은 "그대가 하나님의 아들이오?"(22:70)이라는 질문으로 이끌어낸다. 예수는 이를 부인하지 않는다. 결국 예수는 스스로 신성모독의 죄를 뒤집어쓴다.

23장은 빌라도의 심문으로 시작한다. 유대인들이 빌라도에게 고발하는 죄목은 두 가지였다. 하나는 세금 납부를 반대했다는 것이고, 다른 하나는 유대인의 왕이라고 주장했다는 것이다. 로마 당국이 볼 때는 둘 다 정치적인 폭발성을 가진 죄목이었다. 유대인들의 심문에서는 종교적인 죄목으로 걸었는데, 빌라도에게는 정치적인 죄목으로 걸고 있음을 알 수 있다. 그러나 빌라도는 그들의 고발을 인정하지 않고, 오히려 예수에 대해 무죄 취지의 발언을 하고 있다. 유대 지도자들은 예수가 백성을 선동한 자라고 공세를 편다. 선동과 반란은 로마 당국이 엄하게 다루는 정치적 범죄였다. 이제 예수는 함정을 빠져나갈 수 없게 된 것처럼 보인다.

빌라도는 다시 예수를 헤롯왕에게 보내어 심문을 받게 한다. 헤롯은 호기심에서 예수의 기적을 보고자 하는 마음으로 호의로 대한다. 그러나 예수를 없애고자 모의한 대제사장들과 율법학자들이 예수를 고발하기를 멈추지 않자, 헤롯 역시 예수를 모욕하고 조롱한다. 헤롯과 빌라도는 서로 사이가 좋지 않았으나 예수를 없애는 일에는 곧바로 친구가 되었다. 빌라도는 유대교 지도자들과 백성들을 불러 모은 자리에서 그 자신이나 헤롯이 사형에 처할 만한 죄는 찾지 못했다고 세 번에 걸쳐 말한다. 이것은 책임을 지지 않으려는 처신을 보여준다. 그러자 유대 지도자들과 백성들이 일제히 예수를 십자가에 못 박으라고 소리친다. 이러한 이야기 전개를 통해 누가는 예수의 죽음에 있어 로마의 책임보다는 유대인의 책입이 크다는 것을 보여주려고 한 듯하다.

예수는 십자가를 지고 "해골"(골고다/갈보리)이라는 곳으로 끌려간다. 구레네 시몬이 중간에 대신 십자가를 져 준다. 여자들은 통곡하며 예수의 뒤를 따르는데, 남자 제자들의 모습은 보이지 않는다. 예수는 "유대인의 왕"이라는 죄패를 붙인 십자가에서 용서의 기도를 드린다. 같이 달린 한 강도는 예수를 모독하고 조롱하였지만, 다른 강도는 예수의 무죄를 주장하였다(그는 낙원으로 인도된다). 어둠이 온 땅을 덮은 가운데(12-3시) 성전 휘장은 찢어지고, 예수는 영혼을 아버지 하나님께 의탁하고 숨을 거둔다. 이를 보고 백부장은 예수를 "의로운 사람"(비교: 마태는 "하나님의 아들")이었다고 고백한다. 아리마대 사람 요셉은 빌라도에게 예수의 시신을 요구하여 "빈 무덤"에 안치한다. 갈릴리로부터 함께 했던 몇몇 여자들이 최후까지 그 모습을 지켜본다.

h. 부활 이야기(24:1-53)

누가의 부활 이야기는 마가복음과 차이를 보인다. 마가는 예수가 부활 후 갈릴리에 가실 것이라는 예고를 하고 있지만(막16:7), 누가는 예수가 갈릴리에서 말한 것을 기억하라고만 언급한다(6절). 누가는 세 번에 걸쳐 부활 현현 기사를 기록하고 있는데, 이는 모두 예루살렘을 중심으로 일어난 일이다. 이로써 누가는 예수의 사역이 예루살렘에서 시작하여 예루살렘에서 끝나는 것을 강조한다.

첫 번째 부활 현현 기사는 빈 무덤 이야기이다(1-12절). 이는 막16:1-8을 약간 수정하면서 대체적으로 따르고 있다. 누가는 마가와 달리 천사들의 질문(5절)과 여인들이 빈 무덤 발견 후 제자들에게 보고한 것에 관해 언급한다. 사도들은 여인들의 말을 신뢰하지 않았고, 베드로는 빈 무덤 안에 들어가 보고 난 후에도 믿지 않았다고 서술한다(요20:3-10 참조). 그러나 누가는 나중에 여자들의 말이 사실이었다고 확인하여 주고 있다(24절).

두 번째 부활 현현 기사는 엠마오(예루살렘에서 약 11km)로 가는 두 제자(한 사람의 이름은 글로바)에게 나타난 이야기다(13-35절). 이 이야기는 막16:12-13을 떠올리게 하지만, 누가복음에서 길게 확장되고 있어서 누가의 특유한 자료로 볼 수 있다. 두 제자는 가던 길에서 만난 예수와 대화를 나누지만, 그가 부활하신 예수인 줄 알아보지 못한다. 예수께서 저녁을 먹는 자리에서 빵을 들어 축사하고 떼어서 주실 때에야 비로소 그들은 예수를 알아보았다. 이것은 성만찬을 연상시키면서, 장차 사도행전에서 초대교회가 떡을 떼는 행위가 기독교 신앙의 핵심에 자리할 것임을 예시해 주고 있다. 그들은 예루살렘에 돌아와 제자들에게 부활에 대해 확실한 증언을 하였다. 그러나 시몬 베드로에게 어떻게 나타나셨는지에 관해서는 자세한 설명이 빠져 있다(34절).

세 번째 부활 현현 기사는 다시 예루살렘에서 된 일로 설명된다(36-49절). 예수는 제자들이 모여 있는 곳에 나타나서 평화를 기원한다(요20:19-29 참조). 그리고 손과 발을 보여주신다(요한복음에는 손과 옆구리). 누가는 부활하신 주님이 살과 뼈가 있음을 강조한다(바울은 고전15:44-50에서 '살과 피'가 아닌 영적 존재를 강조). 부활하신 예수는 복음 전파의 사명을 주시며(마28:18-20 참조), '위로부터 오는 능력'(성령)을 입을 때까지 예루살렘 성에 머물러 있으라고 명령하고 있다. 세 번째 현현 기사는 승천 기사(50-53절)로 끝이 난다. 예수는 베다니로 제자들을 데리고 나가 그들을 '축복하고'(ευλογεω) 승천하시자, 제자들은 예루살렘으로 돌아가 하나님을 '찬양하면서'(ευλογεω) 성전에서 하나님의 약속(성령 강림)을 기다린다.

5. 요한복음

(1) 공관복음서와의 비교

요한복음이 공관복음서와 유사한 점은 1) 비슷한 줄거리, 2) pericope(구전 단계에서 형성된 literary unit) 간의 비슷한 연결, 3) 비슷한 어귀(wording)가 나타난다는 점이다. 줄거리를 보면, 공관복음서나 요한복음 모두 예수의 사역이 세례 요한의 이야기에서 시작하여, 제자 선택, 갈릴리 사역, 기적 및 치유, 유대지도자들의 반대, 수난 및 부활로 이어진다. 일련의 pericope가 비슷하게 연결되고 있는 점도 보인다. 예를 들면, 예수께서 세례를 받고 난 후 갈릴리에서 제자들을 부르신다. 오병이어 기적 후에 폭풍우를 잔잔케 하고, 그 후에 베드로의 신앙고백이 등장한다(요6장). 베드로의 신앙고백 이후 예수께서 예루살렘으로 향하시면서 적대감이 고조된다. 예루살렘 입성에 이어 최후의 만찬이 나오고, 제자들과의 마지막 강화, 체포, 심문, 십자가 처형, 장사지냄, 빈 무덤의 발견, 부활 현현이 나온다. 유사한 pericope 안에서 비슷한 어귀(wording)가 발견되기도 한다. 예를 들어, 요13:21=막14:18(유다의 배반: αμηv αμηv λεγω ὑμιv ὁτι εἱς εξ ὑμωv παραδωσει με), 요12:8=마26:11(cf. 막14:7), 요5:8=막2:9,11에서 같은 단어나 어순이 나온다. 이러한 유사점을 보이는 것은 무엇 때문인가? 요한복음이 공관복음서를 알고 참고하여 기록하였다는 것을 의미하는가? 아니면 구전 전승의 차원에서 나타난 유사성인가? 둘 사이의 유사성에 의미를 부여하여 양자를 조화시켜 2세기 말에 하나의 복음서로 만들려고 한 때가 있기도 했다(Tatian의 *Diatessaron*). 그러나 이러한 시도는 각 복음서의 특색을 간과하는 결과 때문에 환영을 받지 못했다.

한편, 요한복음은 공관복음서와 차이점도 많이 나타난다. 특히 성전 청결 사건이 공생애 서두에 나타나고 있는 점이 주목된다. 요한복음은 제4복음서(The Fourth Gospel)로 불리기도 하는데, 그것은 요한복음의 내용과 형식이 공관복음서의 그것과 사뭇 다르기 때문이다. 먼저 요한복음은 내용면에서 차이를 보인다. 1장의 서언(1:1-18), 2장의 물로 포도주를 만드신 표적(2:1-12), 3장의 니고데모 이야기, 4장의 사마리아 여인의 이야기, 5장의 38년 된 중풍병자를 고친 기적, 7장의 형제들의 이야기(7:1-10), 8장의 간음 현장에서 잡힌 여인의 이야기(7:53-8:11), 9장의 맹인의 치유 이야기, 10장의 수전절(10:22-39), 11장의 나사로 소생 기적, 12장의 헬라인들과의 만남(12:20-26), 13장의 세족식(13:4-11), 14-16장의 고별강화, 17장의 대제사장의 기도, 21장의 시몬 베드로와의 대화는 모두 요한복음에만 나오는 내용들이다. 18-19장의 수난 이야기도 예수의 죽음을 자발적인 것으로 묘사하며, 예수가 죽는 것이 그가 영광(exaltation)을 받을 때로 본 것은 특이한 부분이다. 부활 현현 기사도 20장에서 일단 끝난 것처럼 기록한 후에, 21장에서 갈릴리 부활 현현 기사를 보충한 것도 특이하다.

요한복음은 형식(표현의 방식)에서도 차이를 보인다. 1) 성전 청결 기사가 공생애 서두에 나온다(2:13-22). 이것은 역사적 예수에 대한 기록보다 예수의 정체성을 드러내려는 신학적 의도가 드러난 결과다. 2) 공관복음서가 1년 정도의 갈릴리 사역 중심이라면(부활하신 예수는 먼저 갈릴리로 가신다), 요한복음은 3년에 걸친 예루살렘 사역 중심이다. 예수는 예루살렘에 적어도 세 번 여행하고 있다(2:13; 5:1; 7:10; 베다니로부터 12:12). 3) 요한복음에는 비유가 없다. 비유 대신에 알레고리가 보인다(10장, 15장). 4) 요한복음은 강화 중심이다. 비유는 짧은 이야기지만, 강화는 한 주제에 관해 길게 논쟁하는 방식이다. 5) 공관복음서의 특징인 축귀 기적이 없다. 6) 선언 이야기가 없다. 7) 하나님의 나라보다는 영생을 강조한다(실현된 종말론). 8) 메시아 비밀의 주제가 없다. 요한복음은 high Christology를 보여준다. 9) 유월절은 세 번(2:13; 6:4; 11:55; 5:1은 명절) 언급되고 있으며, 최후의 만찬은 유월절 전에 먹음으로써 예수 자신이 유월절 어린 양이 되어 희생당한 점을 강조한다(18:28; 19:14). 10) 일곱 개의 표징(σημειον)과 일곱 개의 '나-말씀'(I-sayings)을 통해 예수의 신적 정체성을 강조한다. 또한 요한복음은 이중의미(예: 3:3이하-ανωθεν; 4:10이하-ὑδωρ ζων; 7:8-올라가다), 오해(예: 2:19-22; 4:10이하; 6:32이하), 아이러니(예: 4:12; 7:35; 7:41-42; 8:22; 11:50), 서사적 방백(예: 2:21; 3:24; 4:2; 6:6; 7:50; 11:2; 12:33; 12:33; 1:20) 등의 수사적 표현을 보여주고 있다.

(2) 구조

요한복음의 구조는 다른 복음서들에 비해서 간단하다. 공관복음서가 예수의 공생애 활동을 수평적인 시간적 이동(갈릴리->예루살렘)에 초점을 맞추어 기술하는데 비해, 요한복음은 예수의 활동을 수직적인 공간적 이동(하늘->세상)에 초점을 맞추어 기술하고 있는 특징을 보여준다. 요한복음을 두 부분으로 나누는 중심 구절은 13:1이다: "유월절 전에 예수께서는 자기가 이 세상을 떠나서 아버지께로 가야 할 때가 된 것을 아시고, 세상에 있는 자기의 사람들을 사랑하시되, 끝까지 사랑하셨다." 1-12장이 예수가 하늘을 떠나 이 세상에 와서 활동하신 내용이라면, 13-21장은 예수가 세상을 떠나 아버지(하늘)께로 가는 내용이다. 예수는 하늘에서 내려왔다가(καταβαινειν) 아버지께로 올라가신다(αναβαινειν).

요한복음의 전반부(1-12장)는 다시 크게 두 부분으로 나뉜다. 1-4장은 예수의 칭호를 중심으로(칭호 기독론) 예수의 정체성을 드러내는 내용이 주를 이루고 있다면, 5-12장은 드러난 예수의 정체성에 대한 불신앙과 적대감이 표출되는 내용이 주를 이루고 있다. 예수의 칭호는 특히 1장에 집중적으로 나타난다. 이곳에 등장하는 칭호로는 "말씀"(1:1), "하나님의 어린양"(1:29), "하나님의 아들"(1:34), "랍비"(1:38), "메시아"(1:41), "이스라엘의 왕"(1:49), "인자"(1:51)가 있다. 간접적이긴 하지만 "그 예언자"(1:21; 신18:15 참조)도 포함시킬 수 있다. 2장에는 칭호가 나타나지 않지만, 물로 포도주를 만드신 표징을 통해, 그리고 성전을 청결하게 하는 장면에서 "내 아버지의 집"이라고 함으로써 그의 정체성을 드러내고 있다. 3장에는 "선생님"(3:2), "하늘에서 내려온 이"(3:13), "인자"(3:13,14), "아들"(3:16,18,35,36)이라고 일컬어진다. 그리고 4장에는 "세상의 구주"(4:42)라고 불린다.

5-12장에는 38년 된 병자를 안식일에 치유한 것이 계기가 되어 죽임을 당할 위기에 몰리게 되고(5:18), 오병이어의 기적은 예수에 대한 오해(6:14-15)와 의심(6:41-42)과 불신(6:66)으로 귀결된다. 예수의 형제들조차 그를 믿지 못했고(7:5), 사람들은 예수의 정체성에 대해 논란을 벌였다(7:26-27,40-44,47-52). 유대인들은 예수를 죽이려고 하였고(8:40), 바리새파 사람들은 예수가 죄인이라고 생각하였다(9:16). 유대인들은 예수를 체포하려고 하였으나 실패하였고(10:39), 나사로를 살린 일로 인하여 예수를 죽이려고 모의하였다(11:53). 예수가 많은 기적을 행하였으나 유대인들은 그를 믿지 않았다(12:37).

요한복음에는 기적이 모두 7번 기록되고 있다. 그 중 축귀기적은 하나도 없다. 그리고 이 기적들은 모두 전반부에 기록되고 있으며, 예수의 정체성을 가리켜 주는 역할을 한다. 그래서 요한복음의 기적을 표징(σημειον)이라고 하며, 전반부를 표징의 책(the Book of Signs)이라고 부르는 이유이기도 하다. 7개의 표징은 갈릴리 가나에서 물로 포도주를 만드신 기적(2장), 왕의 신하의 아들을 고친 기적(4장), 베드자다 연못에서 38년 된 병자를 고치신 기적(5장), 오병이어의 기적과 물 위를 걸으신 기적(6장), 날 때부터 맹인된 사람을 고치신 기적(9장), 그리고 죽은 나사로를 소생시킨 기적(11장)이다. 특히 38년 된 병자를 고친 기적, 오병이어의 기적, 맹인을 치유한 기적, 나사로를 살린 기적에는 전형적인 기적 이야기의 양식에 덧붙여 긴 논쟁 이야기가 첨가되어 있다. 이것은 기적 자체보다는 기적을 행한 예수에게 초점을 맞춤으로써 그의 정체성을 드러내는 데 목적이 있음을 보여준다.

이와 더불어 요한복음에는 "나는 ...이다"의 형식으로 된 7개의 "나-말씀"(I-sayings)이 기록되어 있다. 이는 예수의 신적 정체성을 드러내는 계시 양식(출3:14 참조)이다. 7개의 "나-말씀"은 "나는 생명의 떡이다"(6:35), "나는 세상의 빛이다"(8:12; 9:5), "나는 양의 문이다"(10:7), "나는 선한 목자다"(10:11), "나는 부활이요 생명이다"(11:25), "나는 길이요 진리요 생명이다"(14:6), "나는 참 포도나무다"(15:1)로서, 대부분 전반부에 기록되어 있다. 이처럼 요한복음은 예수의 말씀과 행위의 두 방면에서 모두 그의 신적 정체성에 초점을 맞추고 있는 특징을 보여준다.

요한복음의 후반부(13-21장)는 아들 예수가 "때"가 되어 하늘 아버지께로 돌아가는 내용을 기록하고 있다. 이 "때"는 요한복음에서 여러 번(2:4; 7:6,30; 8:20; 12:23,27; 13:1; 17:1) 강조되어 있으며 예수가 십자가에 죽을 때이자 영광을 받을 때를 가리키고 있다. 이 "때"는 단순하게 한 날의 어떤 시간(χρονος)을 가리키는 것이 아니라, 예수의 생애에 있어서 어떤 중요한 시점(καιρος)을 말한다. 이처럼 요한복음에서 예수의 죽음은 예수가 실패자(victim)가 아니라 승리자(victor)임을 말하고 있기 때문에, 예수의 죽음을 영광스러운 승귀(exaltation)로 본다. 이것이 요한복음의 후반부를 수난의 책이 아니라 "영광의 책"(the Book of Glory)이라고 부르는 이유이다. 요한복음의 후반부는 크게 세 부분으로 나누어 볼 수 있다. 13-17장은 세족식에 이은 고별강화와 대제사장의 기도이고, 18-19장은 수난 이야기이며, 20-21장은 부활 이야기이다.

(3) 내러티브

a. 서언(1:1-18)

요한복음은 시적 구조(chain-like progression; 예: 1-5절의 λογος-Θεος-εγενετο-ζωη-φως-σκοτια)를 가진 서언으로 시작한다. 이 중에서 6-8절, 15절은 세례 요한에 관한 산문적 서술이다. 이 부분이 원래의 시에 추가되었다는 견해와 1:19부터 계속되는 본문과 자연스럽게 연결되고 있다는 점에서 처음부터 있었다는 견해가 있다. 서언에는 '로고스'나 '충만'(πληρωμα), '독자'(μονογενης)와 같은 중요한 단어가 등장하고 있지만 본문에는 다시 나타나고 있지 않기 때문에, 서언이 애초에 요한복음에 있었던 것이냐에 관한 논란이 있다. 처음부터 있지 않았다면 교회 전승을 통해 전수된 '로고스 찬양시'로 이해된다. 서언은 본문을 해석하는데 어떠한 역할을 하고 있는가? 서언이 본문에 대한 요약, 해석의 열쇠, 해설, 주해, 렌즈 등으로 볼 수 있지만, 분명한 것은 서언의 논지가 복음서의 본문의 핵심 논지와 상응한다는 것이다

(C. K. Barrett-"프롤로그는 복음서의 주 논지에 대한 철학적 원리이다.").

서언은 예수를 인격화된 '로고스'로 제시한다. 먼저 스토아 철학에서 로고스는 이 세상의 지배적인 원리요 영적 실체로 이해되었다. 희미하지만 인격적인 개념이 들어 있다. 또 로고스는 구약의 지혜문학에 나타난(잠8:22-31) 지혜와 유사하다. 로고스는 창세기와도 연관된다. 요1:1의 "태초에 말씀이 계셨다."라는 내용은 창1:1(3)의 "태초에 하나님이 (말씀으로) 천지를 창조하셨다."라는 내용을 연상시킨다. 아람어 역본(Targum)은 하나님을 하나님의 말씀('멤므라')으로 표현하고 있기도 하다. 서언에 사용된 로고스가 어떠한 종교사적 배경을 갖고 있는지 확신하기 어렵기는 하지만, 당시에는 혼합적인 사상이 서로 영향을 주고 있었기 때문에 복합적으로 이해하는 것이 타당할 것으로 본다.

서언은 크게 세 부분으로 나눌 수 있다: 세상의 창조자인 로고스(1-8절), 로고스에 대한 반응과 결과(9-13절), 교회 공동체를 위한 로고스(14-18절). 1-8절은 로고스에 대한 소개로서, 창조의 중재자(1-3절), 로고스의 본질(4-5절), 요한의 증언(6-8절)으로 세분된다. 9-13절은 로고스에 대한 반응으로서, 로고스 거부(9-11절)와 로고스 영접(12-13절)으로 세분된다. 14-18절은 로고스에 대한 신앙고백("우리")으로서, 성육신(14절), 요한의 증언(15절), 율법과 은혜의 대조(16-17절), 독자이신 하나님(18절)으로 세분된다. 서언은 전체적으로 기독론이 핵심을 이루고 있다(중간 부분인 9-13절에는 교회론이 부각되고 있지만). 서언은 예수 그리스도를 로고스(성육신), 생명, 빛, 독자로 소개한다.

서언의 중심 구절은 무엇일까? 14절의 성육신을 핵심으로 보는 견해가 있다. 신적 정체성을 가진 로고스가 인간이 되어 교회 공동체 안에 임재한(σκηνοω) 것을 말하고 있기 때문이다. 그러나 서언의 세 부분(1-8, 9-13, 14-18절)이 [a-b-a']의 구조를 보여주면서 로고스에 대한 거부와 수용을 주제를 제시하고 있으며, 이러한 거부(11절의 "οἱ ιδιοι")와 수용(12절의 "τεκνα Θεου")의 주제가 각각 요한복음 전반부(1-12장)와 후반부(13-21장)에서 반복되고 있기 때문에 1:12-13절을 핵심 구절로 볼 수 있다.

b. 요한의 증언과 처음 제자들(1:19-51)

요한의 증언(1:19-34): 공관복음서와 같이 요한복음도 모두 예수의 공생애의 시작을 세례자 요한과 결부시키고 있다. 1:19-34에는 세례자 요한이 예수에 대하여 증언하면서, 자신에 대한 간접적이고 부정적인 증언("나는 그리스도, 엘리야, 그 예언자가 아니다.")과 예수에 대한 직접적이고 긍정적인 증언("세상 죄를 지고 가는 하나님의 어린 양이다.")을 포함하고 있다. 세례자 요한은 예수를 소개하면서 그의 역할을 최소화한다("광야에서 외치는 이의 소리", "나는 물로 세례를 주지만, 내 뒤에 오시는 분은 성령으로 세례를 주실 것이다." 3:30절의 "그는 흥하여야 하고, 나는 쇠하여야 한다." 참조). '그 예언자'(신 18:15-22)는 종말에 보내기로 하나님께서 약속한 '모세와 같은 예언자'(Moses-like-prophet)를 말한다. 결론적으로, 요한은 예수를 "하나님의 아들"(34절)로 소개한다. 요한복음 전편에서 예수는 아들로서 아버지이신 하나님과 특별하고 친밀한 관계를 가진다('아버지-아들'의 관계 강조).

요한의 두 제자와 베드로의 부름(1:35-42): 요한복음에서 공식적으로 제자를 부르는 장면은 두 곳이며, 부름을 받은 제자는 모두 다섯 명에 지나지 않는다. 첫 번째로 제자를 부르는 장면에서 예수는 세례자 요한의 두 제자를 택한다. 한 사람은 안드레이며, 다른 한 사람은 익명으로 등장한다. 그들은 스승인 요한의 소개를 받고 있다. 요한이 예수를 보며 "보아라, 하나님의 어린 양이다."(36절)라고 말하자, 두 사람은 이 말을 듣고 예수를 따라갔다. 예수는 그들에게 "너희는 무엇을 찾고 있느냐?"(38절)라고 묻는다. 이것이 요한복음에 나오는 예수의 공생애 제일성이다. 공생애 제일성은 단지 처음에 한 말을 기록한 것만이 아니라, 복음서 전체의 주제를 시사하고 있기 때문에 중요하게 취급해야 한다. "너희는 무엇을 찾고 있느냐?"라는 의미는 "너희는 나에게서 무엇을 알고자 하느냐?"라는 것으로 볼 수 있는데, 이는 곧 예수의 정체성에 대한 질문이라고 하겠다. 요한복음은 전편에 걸쳐 예수의 정체성에 대한 질문으로 가득 차 있다. 예수가 진정 누구인가라는 질문을 중심으로 복음서가 전개된다. 두 제자는 '열 시'(성취의 시간)에 예수가 계신 곳에 가서 하룻밤을 보내며 가르침을 받고 제자가 되었다. 안드레는 형 시몬 베드로에게 메시아를 만났다고 증언하고 난 후 그를 예수에게 데리고 가서 함께 제자가 된다.

빌립과 나다나엘의 부름(1:43-51): 예수는 먼저 세 사람(안드레, 익명의 제자, 베드로)을 제자로 선택한 다음에 두 번째로 빌립과 그의 친구 나다나엘을 제자로 부르고 있다. 빌립은 안드레와 베드로의 고향인 벳새다 사람이었다. 그가 예수를 만난 후에 친구인 나다나엘에게 전했을 때, 나다나엘은 나사렛이 메시아에 대한 구약의 예언이 해당되지 않는 장소라고 말하며 예수의 정체성에 의문을 표시하였다. 빌립이 "와서 보라"는 권고에 따라 예수를 만난 나다나엘은 예수로부터 계시적인 말씀을 접하게 된다. 벳새다는 북왕국 이스라엘에 속한 지역이라서 이스라엘이라는 이름을 얻은 야곱과 연관성이 있는 지역이다. 예수는 간사했던 야곱과 사닥다리를 언급하면서 나다나엘을 깨우친다. 예수는 야곱과 달리 간사함이 없는 나다나엘이 무화과나무 아래에서 기도하는 모습을 보았던 것이다. 나다나엘은 예수를 "하나님의 아들과 이스라엘의 왕"으로 고백한다. 예수는 이에 대해 야곱의 사닥다리를 대신하는 하늘과 땅을 연결하는 새로운 사닥다리로서 자신을 계시한다. 그리고 자신을 '인자'로 드러낸다. 이 인자는 구약 전통(단7:14 참조)에 따른다면 하나님의 아들을 의미한다.

c. 예수의 정체성 계시(2:1-22)

갈릴리 가나에서(2:1-12): 예수는 예루살렘(1:19)을 떠나 갈릴리 가나(2:1)로 이동하였다. 결혼 잔치에 예수의 어머니와 예수 및 그의 제자들이 초대를 받은 것을 보면, 가까운 친척의 결혼식이었던 것으로 보인다. 잔치하던 중 포도주가 떨어진 것을 알고 예수의 어머니는 주인이 아니라 예수에게 이 사실을 알리게 된다. 예수는 그것이 자기와는 아무 상관이 없는 일이라고 외면한다. 아직 그의 '때'가 오지 않았기 때문이다. 그럼에도 불구하고 마리아는 "무엇이든지 그가 시키는 대로 하라."고 일꾼들에게 말한다. 이것은 마리아의 특별한 중재적 역할(per Mariam ad Jesum)을 가리킨다기보다 오히려 일반적인 제자들의 오해의 모티프로서 이해해야 할 것이다. 여기에서 자기 어머니를 "여자여"(γυναι)라고 부른 것은 어머니로서가 아니라 스승과 제자의 관계로 보고 있음을 말해준다(호격으로 쓸 때는 오히려 존경의 의미가 포함됨). 마리아가 익명으로 등장하는 것도 그것을 뒷받침한다. 마리아는 나중에 십자가 밑에서 익명의 사랑하는 제자와 함께 있었으며, 두 사람은 이상적인 제자의 상을 보여주기 때문이다.

예수는 물을 포도주로 변화시키는 표징을 행하신다. 그것은 첫 번째 표징이었다. 그만큼 중요한 표징이었다는 것이다. 그렇다면 이 기적은 무엇을 의미하는가? 알레고리적으로 해석하여 물은 말씀(율법)을 의미하며, 포도주는 성령을 의미한다고 보기도 한다. 그러나 이것은 적절하지 않다. 결혼식 상황에서 물은 필요하지 않았다. 포도주를 필요로 하였다. 여기에서는 예수 자신(또는 그의 가르침)이 포도주라는 것을 말하려고 한 것이다. 그렇다면 물은 유대교(또는 유대교적 교훈)를 상징한다고 하겠다. 물을 포도주로 변화시킨 첫 번째 표징은 예수의 정체성을 드러내는 기적임을 보여준다. 이 표징을 통하여 예수의 영광이 드러났으며, 제자들은 예수를 믿게 되었다(2:11).

예루살렘 성전에서(2:13-22): 예수는 유월절에 맞추어 유대 땅에 있는 예루살렘으로 올라가셨다(2:13). 예루살렘 성전 뜰에서 예수는 성전을 정화하는 과격한 행동을 보여주었다. 요한복음에서 공생애 초기에 성전정화 사건을 기록하고 있는 것은 공생애 말기에 기록하고 있는 공관복음서와 크게 다르다. 요한복음의 기록은 역사적이라기보다 신학적인 것으로 보인다. 요한복음은 이러한 방식을 통하여 예수가 예루살렘 성전을 대체하는 분이라고 하는 사실을 강조하고자 하였다(2:21).

성전정화 사건은 두 부분으로 나뉜다. 전반부(2:13-17)는 정화 사건(2:13-16)과 해석(2:17)으로 되어 있다. 부활 후 제자들의 회상 형식으로 된 해석 부분(시69:9 참조)은 이 사건이 예수의 죽음("주님의 집을 사모하는 열정이 나를 삼킬 것이다.")과 연관되어 있음을 보여준다. 후반부(2:18-22)는 유대인들과의 논쟁(2:18-20)과 해석(2:21-22)으로 되어 있다. 역시 부활 후 제자들의 회상 형식으로 된 해석 부분은 이 사건이 예수의 부활을 가리키고 있음을 보여준다. 특히 공관복음서에서 사용된 οικοδομεω 동사 대신에 건축과 부활의 이중의미를 가진 εγειρω 동사를 사용(언어유희)한 것을 주목할 필요가 있다. 예수는 성전을 "자기 몸"이라고 함으로써, 건물이 아닌 예수 자신이 성전임을 천명하고 있다. 이로써 예수가 유대교의 성전을 대체하고 있다는 것을 암시한다.

d. 참된 제자직(2:23-4:54)

니고데모: 유대교의 교훈(물)과 제의(예루살렘 성전)를 대체한 분으로서의 정체성을 드러낸 예수는 사람들의 마음을 꿰뚫어 보고 있었기에 사람들에게 의탁하지 않았다(2:24). 2:23-3:21에는 유대교 지도자로서 밤중에 예수를 찾아온 니고데모와의 대화가 기록되어 있다. 여기에서 '밤'은 무지를 상징한다. 니고데모는 예수가 행한 표징을 보고 찾아와서 예수를 '랍비'라고 부르며 아첨의 말을 한다. 그러나 예수는 사람들의 마음을 알고 있기에 이에 동요되지 않고 수수께끼 같은 말씀을 하였다: "누구든지 다시 나지 않으면 하나님 나라를 볼 수 없다." 여기에서 사용된 "다시"라는 단어는 'ανωΘεν'으로서 '다시'(again)와 '위로부터'(from above)라는 이중의미를 가지고 있다. 예수가 사용한 '위로부터'의 의미를 니고데모는 '다시'로 오해하고 있다. 니고데모의 오해를 풀어주고자 예수는 "물과 성령(πνευμα; 바람)으로 나지 아니하면 하나님 나라에 들어갈 수 없다."라고 설명해 준다. 여기에서 '물'은 다시 한 번 성령을 부가적으로 설명하는 기능(관사 없이 하나의 전치사에 의해 지배됨)을 하고 있거나, 육체적인 출생을 가리킨다고 볼 수 있다(불트만은 세례를 의미한다고 함). 어떤 경우이든지 '하나님/위/하늘/성령'(3:31,34 참조)

으로 낳는 것을 강조하는 것이다. 여기에서 니고데모는 아직 밤에 속하여 있는 인물로 묘사된다.

세례 요한: 세례 요한과 예수와의 직접적인 만남은 없었지만 간접적인 증언이 나온다. 요한이 아직 옥에 갇히기 전에, 예수가 많은 사람들에게 세례를 베풀었다고 기록하고 있다(이는 신약에서 예수가 직접 세례를 준 유일한 기록이다). 사람들이 세례를 받기 위해 예수에게로 몰려간다는 이야기를 듣고도 요한은 신랑의 친구로 자처하며, “그는 흥하여야 하고, 나는 쇠하여야 한다.”라고 증언한다. 요한복음에서 요한은 사랑하는 제자와 더불어 부활 이전에 예수에 대한 확실한 이해에 도달한 사람으로 소개된다.

사마리아 여인: 예수는 유대 땅을 떠나 사마리아를 통과하여 갈릴리로 가고자 하였다(δει). 예수는 야곱의 우물가에서 사마리아 여인을 만난다. 사마리아 여인과의 대화는 두 단계로 이루어진다. 첫 번째 대화(7-15절)는 ‘물’을 주제로 하고 있다. 사마리아 여인은 우물물(φρεαρ)에 집착하며 예수의 말을 오해하고 있는데 비해, 예수는 샘물(πηγη)을 언급한다. 이 샘물은 생수(ὑδωρ ζων)를 가리킨다.

두 번째 대화(16-26절)은 ‘남편’을 주제로 하고 있다. 예수는 화제를 바꾸어 사마리아 여인에게 남편을 데려오라고 말한다. 여인에게는 다섯 남편(모세오경이나 다섯 이방신을 가리킴)이 있었지만 모두 올바른 남편이 아니었다. ‘남편’은 히브리어로 ‘바알’(בעל)인데, 이는 ‘신’(god)을 의미하기도 한다. 결국 남편의 주제는 올바른 신앙의 대상인 하나님에 대한 문제이다. 따라서 남편의 주제는 자연스럽게 예배의 문제로 옮겨간다. 사마리아 사람들에게는 예배의 장소(그리심 성전)가 중요한 이슈였지만, 예수는 예배의 본질(영과 진리)에 대해서 말한다. 진정한 예배의 장소(locus)는 예수 자신이다.

두 번의 대화를 통해서 사마리아 여인은 예수를 메시아로 믿게 되고 사마리아 사람들에게 전도한다. 이 과정에서 예수는 제자들에게 참된 양식에 관해 교훈하고 있다. 사마리아 사람들은 예수를 믿게 되었고 '세상의 구주'라고 고백한다. 이러한 이야기를 통해 사마리아 여인은 이상적인 제자로 부각된다. 니고데모가 이름이 있는(유명한) 유대 지도자였음에도 참된 신앙에 이르지 못한 것에 비해, 사마리아 여인은 이름을 알 수 없는(익명) 부도덕한(?) 여자였음에도 불구하고 누구 못지않게 모범적인 (여)제자로 형상화되고 있다.

왕의 신하: 예수는 이제 갈릴리로 돌아와 왕의 신하의 아들을 치유하고 있다. 왕의 신하는 아들이 거의 죽게 되었으니 가버나움에 와서 고쳐주기를 간청한다. 예수는 직접 가지 않고 말로써 나을 것이라고 예고한다. 왕의 아들은 돌아가는 길에 종들을 만나 아들이 나은 것을 알게 되었고, 그 때가 예수가 나을 것이라고 말한 시각인 것을 알고 온 집안이 예수를 믿게 되었다. 예수는 사람의 마음을 꿰뚫어 알 뿐만 아니라, 시공간을 초월해서 치유의 능력을 발휘하였다. 이 사건은 가나에서 행한 두 번째 표징이었다.

e. 예수의 정체성에 대한 새로운 계시: 유대교 절기의 대체 (5-10장)

요 3-4장이 예수에 대하여 비교적 호의적 태도를 가진 사람들(신앙적 결단을 보여주지 못한 니고데모조차도)의 이야기였다면,

5-10장은 예수에 대하여 적대적인 사람들의 이야기로 볼 수 있다. 예수는 세상에 빛과 생명으로 왔지만, 사람들은 깨닫지 못하였다(1:4-5). 특히 '그의 백성'(οἱ ἴδιοι)인 유대인들은 그를 맞아들이지 않았다(1:11). 유대인들의 적대감은 고조되어 갔다. 이러한 적대적 환경에서 5-10장을 통해 예수의 정체성이 유대교의 절기를 대체하는 것으로 표현되고 있다.

5장은 유대교 명절에 예루살렘의 '양의 문' 곁에 있던 베드자다 연못에서 일어난 일을 기록하고 있다. 이 사건은 안식일에 38년 된 중풍병자를 고친 기적 이야기(5:1-9상)와 기독론적 논쟁(5:9하-18)과 예수의 교훈(5:19-47)으로 구성되어 있다. 예수의 기적 이야기 자체는 공관복음서의 치유 기적들과 유사하다. 안식일에 고친 것이 문제였다. 예수는 "내 아버지께서 이제까지 일하고 계시니, 나도 일한다."(5:17)라고 말함으로써 유대인들로부터 신성모독이라는 비난을 자초한다. 안식일에는 일을 할 수 없다는 것이 유대교의 규정인데, 예수는 하나님도 안식일에 일을 하고 있다고 하는 이유를 들어 안식일을 범하고 있는 것이다. 당시 유대교 내에서 하나님은 안식일에도 자연 질서를 유지하고, 생명을 살리고 죽이는(심판) 일을 하고 있다는 문제를 가지고 논쟁하였다고 한다. 38년 된 병자를 고치는 일은 생명을 살리는 일이었다. 유대인들은 단지 예수가 안식일 규정을 어겼다는 것을 가지고 비난하였지만, 예수는 안식일의 진정한 의미를 회복하고 싶어했던 것으로 보인다(막2:27-28 참조). 이로써 예수는 안식일 규정을 대체하는 분임을 밝히고 있다. 5:19 이하의 내용은 예수가 자신의 정체성을 천명하고, 이에 대해 어떻게 반응(생명이냐 심판이냐)해야 하는가에 대한 교훈을 보여준다.

6장의 무대는 갈릴리의 디베랴 바다 주변이다. 여기에는 오병이어 기적 이야기(1-15절)와 물 위를 걸은 기적(16-21절)에 이어서, 만나의 의미에 관한 논쟁(22-50절)과 성만찬 담론(51-59절), 마지막으로 이에 대한 반응(60-71절)을 기록하고 있다. 오병이어 기적이 디베랴 바다를 배경으로 한 것은 구약의 출애굽과 홍해 바다를 연상하게 한다. 출애굽(유월절 유래) 때에 하나님께서 이스라엘 백성에게 만나를 내려주신 것처럼, 예수는 유월절에(6:4) 자신이 "생명의 떡"(첫 번째 '나-말씀')이 되어 영생의 양식을 공급한다(6:27,35). 이러한 논의는 '살과 피'(성만찬을 함의)의 문제로 심화된다(6:54). 이러한 교훈은 오히려 혼란을 야기하였고, 제자들 중 많은 사람들이 떠나가는 계기가 되었다(6:66). 그러나 베드로는 영생의 말씀으로 고백한다(마16:16 참조). 이처럼 6장에서 예수는 유월절의 만나를 대체하고 있다.

7-8장은 초막절을 맞이하여 성전에서 이루어진 사건을 다루고 있다. 7장은 유대인의 명절인 초막절이 다가오자 예수의 형제들이 예수에게 예루살렘에 올라가 자신을 알리라고 권유로 시작한다. 예수는 "내 때가 아직 오지 않았다"(7:6)라고 하면서 거절한다. 여기에서 "내 때"란 순례자들이 많이 모이는 초막절이 아니라, 세상 죄를 지고 갈 어린 양으로서의 죽음을 죽게 되는 유월절을 일컫고 있다. 예수는 갈릴리에 머물러 있다가 명절 중간에 예루살렘에 모습을 나타낸다.

예루살렘에 올라간 예수는 그를 적대하는 유대인들과 세 차례의 논쟁을 벌인다. 첫 번째 논쟁(7:10-24)에서는 예수의 정체성과 율법(안식일)의 본질에 관하여, 두 번째 논쟁(7:25-36)에서는 메시아의 출생지와 죽음에 관하여, 세 번째 논쟁(7:37-52)에서는 성령을 부어주신다는 약속으로 인하여 예수의 정체성에 대한 논란이 발생한다(니고데모가 율법을 들어 예수를 변호하기도 한다). 성령에 관해 생수를 강물처럼 부어주신다고 한 것은 초막절에 있었던 '전제'(libation) 의식을 암시한다. 초막절 때 매년 기우제 의식을 행하고 있었는데, 예수 자신이 생수가 되어 물 걱정을 하지 않게 하신다는 의미를 담고 있다. 이처럼 예수는 초막절을 대체한다.

요 6-7장의 주제는 예수의 시험 이야기(특히 누가의 본문)와 유사성을 보여준다. 6:15은 사람들이 예수를 왕으로 삼으려고 하는데, 이는 사탄이 예수에게 세상 나라를 주겠다고 한 것과 상응한다(눅4:5-6). 6:31은 사람들이 기적으로 행한 빵을 달라고 하는데, 이는 사탄이 돌로 빵을 만들 것을 말한 것과 상응한다(눅4:3-4). 7:3은 예수의 형제들이 예수에게 예루살렘에 올라가 능력(일)을 보여주라고 하는데, 이는 사탄이 예수에게 예루살렘 성전 꼭대기에서 뛰어내려 힘을 과시하라고 한 것과 상응한다(눅4:9).

7:53-8:11까지 간음 현장에서 잡힌 여인에 대한 이야기가 삽입되고 난 후, 8:12-59에서 계속 성전 논쟁 대화가 이어진다. 간음 현장의 여인 이야기는 5 세기 서방 본문(Beza 사본)에 처음 나타나며 누가복음과 유사성이 더 많다는 이유로 요한이 저작한 것이 아니라고 본다. 이 이야기는 율법학자들과 바리새인들이 예수를 함정에 빠뜨리려는 의도에서, 그리고 여인의 남편이 아내의 부정을 의도적으로 폭로함으로써 그녀를 내치려고 하는 불순한 의도에서 비롯된 사건이라고 보아야 한다. 이러한 궁지에서도 예수는 지혜로운 대처를 통해 여인을 구해주고 있다.

8:12-59에는 네 가지 주제를 중심으로 유대인들과의 논쟁이 기록되고 있다. 첫 번째 대화(8:12-20)는 예수가 선포한 "나는

세상의 빛이다"(12절)라는 주장에 대한 신빙성을 문제 삼는다. 예수는 '아버지' 하나님이 증언하여 주기 때문에 율법(두 증인 필요)에 부합하다고 변호한다. 두 번째 대화(8:21-30)는 예수의 죽음(28절의 ὑψοω가 가진 이중의미)과 신적 정체성(24,28절의 ε γω ειμι 표현)에 대한 주제로 논쟁을 벌인다. 세 번째 대화(8:31-47)는 아브라함의 진정한 자손과 진리(요14:6,17; 18:38 참조)의 문제로 논쟁을 벌인다. 유대인들은 진리가 자유롭게 할 것이라고 의미를 오해하지만, 예수는 죄를 짓는 자마다 죄의 종이라고 심화된 내용을 말씀하신다. 네 번째 대화(8:48-59)는 예수를 사마리아 사람이요 귀신이 들렸다고 한 것을 가지고 논쟁한다(요4:43-45 참조). 예수는 이를 부인하면서 아브라함 논쟁으로 이끌어간다. 예수가 유대인들의 조상인 아브라함보다 먼저 있었다고 말하자 돌로 치려고 했고, 예수는 이들을 피해 성전 바깥으로 나간다. 여기에서 예수가 '세상의 빛'이라고 한 것은 초막절에 촛불 행진을 한 것을 연상하게 한다. 8장의 '물' 상징과 더불어, 예수가 참된 빛임을 드러냄으로써 초막절을 대체하고 있는 의미가 있다.

9장 전체는 날 때부터 맹인 된 사람을 고친 기적 이야기(1-7절)와 그에 따른 논쟁 이야기(8-41)로 구성되어 있다. 9장은 성전을 중심으로 기록된 7-8장과는 구별된 독립적인 내용이다. 그러나 바리새파의 격렬한 적대감이 표출되어 있고, 실로암 못이 등장하며, 빛의 주제(초막절과도 연관됨)가 나타나고 있기 때문에(5절), 이 이야기는 성전 주변에서 일어난 사건으로 볼 수 있다. 유대교에서는 병과 불행이 누구의 죄(책임) 때문인가에 대하여 관심이 많았다. 이 맹인을 두고도 제자들은 그 자신의 죄 때문인지, 부모의 죄 때문이지 묻고 있다. 예수는 "하나님께서 하시는 일을 그에게서 드러내시려는 것"이라고 말씀하심으로써 과거보다는 현재와 미래에 초점을 맞추고 있다.

세상의 빛으로 오신 예수님(9:5)을 만나 눈이 밝아진 맹인을 중심으로 네 차례에 걸쳐 논쟁이 발생하였다. 1) 먼저 이웃 사람들이 맹인의 치유에 대해서 논란을 벌이자 맹인 스스로 "내가 바로 그 사람이오"라고 확인해 준다. 2) 그러자 바리새파 사람들이 심문한다. 그들은 예수가 안식일에 고친 것을 문제 삼아 예수가 하나님께로부터 온 사람인지 죄인인지에 관해 논란을 벌인다. 바리새파 사람들이 다그치자 맹인은 예수가 '예언자'라고 증언한다. 3) 맹인이 흔들림 없는 신앙을 보여주자, 유대인들은 부모를 불러 심문한다. 부모는 유대인들이 무서워 장성한 아들에게 물어보라고 회피한다. 이는 당시에 유대인으로서 기독교인 된 사람들에게는 유대교로부터 출교(excommunication)하도록 하는 결의가 있었기 때문이었다(90년대에 얌니아에서 만든 '18기도문'에 포함됨). 4) 그러자 바리새파 사람들이 두 번째로 맹인을 불러 예수를 죄인이라고 말하라고 협박을 한다. 맹인은 바리새인들의 위협에 굴하지 않고 당당하게 자신의 신앙을 증언한다. 그는 이름도 알지 못하는 미력한 사람이었지만 신앙의 영웅이요 이상적인 제자로 묘사된다. 예수는 바리새인들에게 쫓겨난 맹인을 만나 자신이 '인자'임을 드러낸다. 이에 맹인은 "주님, 내가 믿습니다"라고 신앙을 고백한다. 예수는 바리새인들에게 그들이야말로 눈 먼 사람이며 죄인이라고 선언한다.

10장은 9장과 같이 성전 주변에서(10:22-23 참조) 일어난 일로 보아야 한다. 10장은 두 부분으로 나뉜다. 1-21절은 예수가 '양의 문'이요 '선한 목자'라고 계시하는 내용이며, 22-42절은 '수전절/봉헌절'(Feast of Dedication/Consecration)에 있었던 논쟁이다. 10장은 앞의 장들과 독립적인 내용으로 보이지만, 10:21에서 맹인의 눈을 뜨게 한 사건을 언급하고 있는 것을 볼 때 9장에서 이어진 계속된 논쟁으로 볼 수 있다. 수전절 이야기도 '목자와 양'의 주제를 포함하고 있어서(10:26-27) 10장은 하나의 문맥을 이룬다.

10장은 목자와 도둑/강도를 비교하면서 시작한다. 양들은 목자의 음성을 듣고 따라가지만 낯선 사람(도둑/강도)을 따라가지 않는다. 이것은 요한복음식의 비유(παροιμια)로서 알레고리적 성격이 있다. 목자는 예수를 가리키지만 도둑/강도가 누구인지는 수수께끼다. 문맥으로 볼 때 예수의 대적자로 드러난 바리새인들과 유대인 당국자들을 가리킨다고 볼 수 있다. 예수는 목자로서 자신의 정체성을 '양의 문'(10:7)과 '선한 목자'(10:11)로 계시한다. 양의 문이라고 한 것은 구원의 유일성과 배타성을 말한 것이고, 선한 목자라고 한 것은 악하고 이기적인 목자(겔34장 참조)와 달리 목숨을 버리는 자기희생적인 태도를 가리킨다. 목자와 양은 친밀하게 '아는'(γινωσκω/히, ידע) 관계이다. 양들 가운데 "우리에 속하지 않은 다른 양들"(10:16)은 이방인들이라기보다는 요한공동체의 다른 그룹이나 2세대 제자들을 의미한다고 해석한다(11:52; 17:20-23 참조).

이 시점에서 요한복음의 교회론에 대해서 세 가지로 간단하게 살펴본다. 1) 그리스도 중심적이다-목자와 양, 포도나무와 가지로 표현된다. 예수가 참 이스라엘이자 교회다. 바울에게는 그리스도가 교회의 머리인데 비해, 요한에게는 예수 자신이 곧 교회다. 2) 개인적 관계를 중시한다-'알다'의 개념을 강조한다. 바울은 몸과 지체 간의 수평적인 관계를 중요시한다면, 요한은 그리스도와 신자 개인 간의 수직적인 관계를 중요시한다. 3) 민주적 직제를 강조한다-21장을 제외하고 교회 직제에 관한 언급이 없다. 열두 제자 언급되지만 특별한 제자단을 구성하지 않는다. 오히려 사마리아 여인, 막달라 마리아, 베다니의 마리아와 마르다, 예수의 어머니는 이상적인 여성 제자의 모습을 보여주며, 익명으로 등장한 38년 된 중풍병자, 날 때부터 맹인 된 자, 사랑하는 제자 역시 이상적인 남성 제자의 모습을 보여준다. 이와 대조적으로 이름을 가지고 등장하는 인물들(니고데모, 나사로, 베드로)은 오히려 적극적인 신앙을 보여주지 못하거나 실패하고 있다.

10:22-42는 수전절(유대인들은 'Hanukkah'로 부름)에까지 이어진 논쟁을 보여준다. 수전절은 주전 164년 마카비 전쟁을 통해 셀루시드 왕국으로부터 독립하여 성전을 회복한 것을 기념하는 절기이다. 수전절은 성탄절과 비슷한 시기에 해당되기 때문에 초막절과 3개월 정도의 차이가 있다. 초막절에서 시작된 논쟁이 수전절까지 이어지고 있음을 알 수 있다. 유대인들이 예수에게 그가 그리스도라면 정체를 밝히 드러내라고 재촉하자 "나와 아버지는 하나이다"(10:30)라고 선언한다. 신성모독에 해당되는 이 말로 인해 돌로 치려는 위협을 받았지만, 아직 때가 되지 않았으므로 피할 수 있었다. 세례자 요한이 세례를 주던 곳으로 피신해 오자, 수전절 논쟁에서 예수를 반대하던 유대인들과 달리 많은 사람들이 예수를 믿었다. 수전절은 성전을 회복한 것을 기념하는 절기였는데, 수전절 논쟁을 통해 예수가 성전을 대체하고 있음을 보여준다.

f. 나사로의 소생기적과 예수의 수난(11-12장)

11장은 나사로 소생 기적을 기록하고 있다. 예수의 친구로 불린 나사로는 그의 누이들인 마리아와 마르다와 함께 예루살렘에서 가까운 감람산 서쪽에 위치한 베다니[3km; 행1:12에 나오는 안식일에 걸을 수 있는 (직선?)거리라면 1km 정도]에 살고 있었다. 나사로(Lazarus)라고 하는 이름은 “אלעזר”의 약칭으로서 ‘하나님께서 도우신다’는 뜻을 가지고 있다. 나사로는 ‘예수께서 사랑하시는 자’(11:3)이기도 하다.

11장은 나사로의 죽음과 관련된 상황 설명(1-16절), 마르다와의 대화(17-27절), 마리아와의 대화(28-37절), 나사로의 소생 기적(38-44절), 유대 사람들의 반응(45-53절), 유월절 입성 준비(54-57절)를 내용으로 한다. 예수는 그가 사랑하는 친구(11절)가 병이 들었다는 소식을 듣고 “이 병은 죽을 병이 아니라 하나님과 하나님의 아들이 영광을 받으실 병”(4절)이라고 말씀하신다. 그러나 예수는 이틀이나 더 지체하였고(6절) 나흘째(17절)가 돼서야 기적을 행하셨다. 이는 확실히 육체적으로 죽었던 나사로를 살린 것임을 보여주려고 한 것이다.

예수는 마르다와 마리아를 각각 개별적으로 만난다. 믿음은 개인적이고 인격적인 결단을 요구하기 때문이다. 마르다는 예수가 늦게 온 것을 아쉬워하면서도 나사로가 종말 때에 부활 할 것이라는 신앙을 표현한다. 이에 대해 예수가 “나는 부활이요 생명이다”(25절)라고 하면서 현재적 종말론적 입장을 나타내자, 마르다는 “주님은 그리스도시오, 하나님의 아들이심을 믿습니다”라고 고백함으로써 사도적 신앙을 가진 자임을 나타낸다.

마리아는 많은 말을 하지 않았지만 나사로의 죽음에 울음을 보인다. 예수는 이를 보고 비통해 하며 눈물을 흘린다. 문상 온 유대 사람들이 이를 보고 예수가 얼마나 나사로를 사랑했는지 알게 된다. 그러면서 그들은 “눈 먼 사람의 눈을 뜨게 하신 분이(9장 참조) 이 사람을 죽지 않게 하실 수 없었단 말이오?”라고 반문한다. 이것은 예수가 나사로를 살리실 것임을 시사해 주는 수사적 장치이다.

마르다는 나사로가 죽은 지 나흘이나 되어서 되살아날 가능성이 없다고 말하지만, 예수는 나사로의 소생을 통해 하나님의 영광을 보게 될 것이라고 재확인한다. 나사로 소생은 예수의 마지막 기적이다. 나사로는 죽었다가 다시 살아났지만, 그 자신의 신앙에 의한 것은 아니었다. 나사로는 말이 없는 등장인물이다. 그렇지만 나사로의 죽음과 소생은 예수의 죽음과 부활을 예시하는 역할을 한다.

나사로가 살아나자 유대 사람들 가운데 일부는 믿었지만, 바리새인들과 대제사장들은 예수를 믿지 않고 죽이려고 모의하는 반응을 보인다. 예수의 사태를 그대로 두면 로마인들이 와서 성전과 민족을 멸할 것임을 우려하자, 대제사장 가야바가 "한 사람이 백성을 위하여 죽어서 민족 전체가 망하지 않는 것이, 당신들에게 유익하다는 것을 생각하지 못하고 있소"(50절)라고 하면서 변호하는 말을 한다. 이는 부지중에 나온 말로서 아이러니(irony)의 수사법을 보여준다. 예수는 유대인들을 피하여 에브라임에 가서 머물면서 유월절에 예루살렘으로 입성할 준비를 한다.

12장은 향유 사건(1-8절), 예루살렘 입성(9-19절), 헬라인들과의 만남(20-36절), 유대 사람들의 반응(37-43절), 종결 메시지(44-50절)로 구성되어 있다. 네 복음서 모두 베다니에서 일어난 향유 사건을 기록하고 있다(막14:3-9; 마26:6-13; 눅7:36-50). 그러나 요한복음은 향유 사건을 공관복음서와 사뭇 다르게 보도한다. 이 사건이 일어난 시점을 유월절 '엿새 전'(비교: 마가와 마태는 '이틀' 전)이라고 명시한 점, 일어난 장소를 나사로의 집이라고 한 점(비교: 마가와 마태는 나병환자 시몬의 집, 누가는 바리새인 시몬의 집), 향유를 예수의 발에 부은 점(비교: 마태와 마가는 머리에 부음), 문제 삼은 사람을 가룟 유다라고 한 점(비

교: 마가는 "어떤 사람들," 마태는 "제자들," 누가는 "바리새인"이라고 함)이 다르다. 유다는 삼백 데나리온이나 되는 향유를 낭비한 것을 비난하였지만, 예수는 자신의 죽음을 예비한 것이라고 의미를 부여한다. 발에 부은 향유 냄새가 온 집안에 가득 찬 것처럼, 여인의 선행을 통해 전해질 예수 그리스도의 대속적인 구원의 소식은 온 세상에 미칠 것이다. 또한 여인이 예수의 발을 씻은 행위는 예수의 세족식에 대한 예표로서 기능하고 있다.

예수가 다음날 예루살렘으로 들어가자 많은 무리가 호산나를 부르며 환영한다. 그리고 왕처럼 어린 나귀(겸손함을 의미)를 타고 입성한다. 이러한 모습을 보며 바리새인들은 "온 세상이 그를 따라갔소"(19절)라고 하며 체념하는 태도를 보인다. 이때에 순례자 중에 헬라인 몇 명이 예수를 만나보고자 하였다. 예수가 이러한 이야기를 전해 듣고 "인자가 영광을 받을 때가 왔다"(23절)라고 한 것을 보면, 이들은 헬라어를 말하는 디아스포라 유대인이라기보다는 이방인 개종자들(proselytes)을 가리키는 것 같다. 왜냐하면 예수는 그가 죽을 때("들려서 올라갈 때/영광을 받을 때") "모든 사람"을 이끌어 올 것이라고 하였기 때문이다(32절). 아마 "우리에 속하지 않은 다른 양들"(10:16)이 이들을 가리키는지도 모른다. 예수의 죽음은 한 알의 밀알이 죽어 많은 열매를 맺는 것과 같을 것이다(24절). 그 죽음은 하나님의 이름을 영원히 영광되게 할 것이다(28절).

헬라인들과의 만남이 끝나고 난 뒤, 예수는 사람들로부터 몸을 숨기신다. 유대 지역에서 사람들의 반대를 많이 받았기 때문인 것 같다. 유대인들의 예수의 많은 표징에도 불구하고 예수를 믿지 않는 태도를 보였다. 이사야의 예언대로, 하나님께서 그들의 눈을 멀게 하고 마음을 무디게 하였기 때문이다. 한편, 일부 지도자들 가운데 믿는 자들도 있었지만, 바리새인들의 출교를 두려워하여 공개적으로 신앙을 고백하지는 못하였다(42절). 예수는 공적 사역을 마무리하면서, 빛으로 오신 그를 믿는 자는 하나님을 믿는 것이라는 메시지를 선포한다. 예수는 구원하기 위해 세상에 왔지만, 그를 믿지 않음으로써 심판을 받게 된 것이라고 말씀하신다.

g. 최후의 만찬과 세족식(13:1-30)

요한복음은 13장부터 후반부인 '영광의 책'(the Book of Glory)이라고 부른다. 예수의 죽음을 영광을 받을 때로 보기 때문이다. 13:1에서 예수는 "아버지께로 가야 할 때가 된 것을 아시고" 세상에 있는 자기의 사람들인 제자들을 끝까지 사랑하시는 모습을 보이신다. 이러한 행동은 하나님의 보내심을 받아 이 세상에 '내려온'(καταβαινω) 분이 아버지께로 '올라가는'(αναβαινω) 것을 의미하였다(요3:13 참조). 이로써 후반부의 예수의 사역은 시간적이라기보다 공간적이며, 수평적이라기보다는 수직적인 차원을 보여준다.

13장은 세족식(1-20절)의 내용으로 시작된다. 세족식을 통해 제자들을 향한 예수의 사랑이 표현된다. 세족식 장면은 저녁을 먹는 상황에서 행해진다. 이 저녁식사는 공관복음서와의 평행본문을 통해 '최후의 만찬 식사'(마26:17-20; 막14:19-25; 눅22:7-38)임을 알 수 있다. 요한복음은 성만찬 제정 기사가 등장하지 않지만, 그 자리에 세족식이 기록되고 있다. 세족식이 최후의 만찬을 대신하고 있는 셈이다. 예수는 저녁을 먹다가 제자들의 발을 씻기셨는데, 이것은 예수의 죽음이 어떤 의미를 상징하고 있는지 보여준다. 당시 노예가 하던 섬김의 예식을 스승인 예수가 제자들에게 보여줌으로써, 그의 죽음이 제자들을 살리는/섬기는 일이 될 것임을 예시하고 있다. 세족식은 예수가 제자들에게 서로 섬기는 본을 보여줌으로써 신학적 의미 이외에 윤리적 의미도 더해주고 있다.

가룟 유다가 이 장면에 등장하는 것은 공관복음서의 상황과 들어맞는다. 최후의 만찬을 함께 하면서 가룟 유다가 배반할 것을 예고하고 있기 때문이다. 예수의 이러한 예고에 제자들 사이에서 의문이 증폭된다. 베드로가 예수의 '사랑하시는 제자'(the Beloved Disciple)에게 고갯짓으로 누구인 줄 묻는다. 여기에 처음으로 등장하는 사랑하시는 제자는 베드로보다 우위를 점하고 있으며, 이러한 관계는 마지막까지 지속된다(18:15-16; 20:1-10; 21:1-7, 20-23). 유다는 사탄의 계획에 따라 스승을 배반하고 밖으로 나간다. 그때는 밤이었다. 이것은 악에 속한 유다의 행동을 상징적으로 보여준다.

h. 고별강화(13:31-16:33)

유다가 밖으로 나간 후 예수의 고별강화가 시작된다. 고별강화는 유언문학(testament literature)에 속한다. 구약성서에 이러한 유언이 나오며(창49장의 야곱의 유언; 신명기 33장의 모세의 유언), 신약성서에도 나온다(행20장의 바울의 고별연설). 요한복음의 고별강화는 축복보다는 위로에 초점이 맞추어져 있다. 요한복음의 고별강화는 크게 세 부분으로 나누어 볼 수 있다(13:31-14:31; 15:1-16:4상; 16:4하-33). 14:31에 기록된 "일어나거라. 여기에서 떠나가자."라고 하는 내용이 18:1에서 예수가 기드론 골짜기 건너편으로 가신 이야기로 자연스럽게 연결되고 있기 때문에, 15-17장은 후대에 덧붙여진 내용으로 보기도 한다. 실제로 15-16장의 고별강화(17장은 대제사장의 기도로서 성격이 다르다)는 13:31-14:31과 내용이 중복되기도 하기 때문이다.

첫 번째 고별강화(13:31-14:31)는 제자들을 두고 아버지께로 가는 예수가 제자들을 위로하는 내용을 담고 있다. 예수는 제자들에게 "서로 사랑하라"는 새 계명을 주며(13:34-35), 베드로는 떠나간다고 말하는 예수를 목숨이라도 바치며 따라가겠다고 장담하지만 그가 세 번이나 부인하게 될 것이라고 예고한다(13:38).

14장은 제자들에게 "아버지 집에 있을 곳을 마련하러 간다"고 위로하는 내용으로 시작한다. 이어서 가는 길을 모른다고 하는 도마에게 "내가 곧 길이요, 진리요, 생명이다"(6절)라고 교훈하며 위로하고 있다. 아버지를 보여 달라는 빌립에게 예수는 그 안에 아버지가 계심을 믿으라고 위로하며, 무엇이든지 그의 이름으로 구하라고 권면한다. 14:15-26에서는 예수가 떠나더라도 진리의 영인 "다른 보혜사"를 보내줄 것이며(15-17절), 예수 자신 역시 (부활 이후) 곧 돌아올 것이며(18-21절), 예수를 사랑하는 자들에게 하나님 아버지와 함께 살게 될 것이며(23-24절), 보혜사가 와서 모든 것을 가르쳐 줄 것이라고 위로하며 안심시킨다(25-26절).

예수는 떠나가면서 제자들에게 평화를 주면서 위로한다(14:27). 근심하며 두려워하는 제자들에게 다시 올 것을 확신시키며 위로한다(14:27하-29). 예수의 (부활 이후) 다시 옴은 이 세상의 통치자가 막을 수 있는 것이 아니다. 통치자에 대한 언급은 예수의 수난이 가까이 오고 있다는 것을 예시하여 준다(14:30-31). 예수는 이제 수난을 받아야 한다. 그래서 제자들에게 "일어나거라. 여기에서 떠나자"(31절)라고 말씀하신다. 최후의 만찬 석상에서 떠나 수난이 시작될 현장인 기드론 골짜기 건너편으로 이동한 내용은 18:1에 나온다.

두 번째 고별강화(15:1-16:4상)는 포도나무 및 계명에 관한 말씀(15:1-17)과 세상의 미움과 핍박에 관한 말씀(15:18-16:4상)으로 구성되어 있다. 예수는 자신이 참 포도나무이며 제자들은 포도나무에 붙어 있는 가지라고 규정한다(15:1,5). 가지들은 열매를 맺기 위해 깨끗하게 손질되었는데, 이것은 예수 "안에" 머물러 있는 것을 의미한다. "안에 머문다"(μενω εν)는 문구는 포도나무 교훈(1-6절)과 계명 교훈(7-17절)을 하나로 묶어주는 개념(신비적 합일)이다. 예수 안에 머물면 계명을 지키게 되고, 그것은 곧 새 계명인 사랑 안에 머무는 것이 된다. 서로 사랑하게 되면, 친구를 위하여 목숨을 버리는 큰 사랑도 할 수 있다(13절). 이것은 직접적으로는 예수가 친구인 나사로를 위하여 죽게 될 것을 말하는 것이다. 그러나 예수는 제자들 모두를 종이 아니라 친구라고 말함으로써 믿는 자 모두를 포괄하고 있다(14절).

세상은 예수와 그를 따르는 제자들을 미워하였다(15:18). 그들이 세상에 속하지 않았기 때문이다. 세상의 미움은 곧 아버지 하나님을 미워하는 것과 같다. 그러나 예수께서 아버지로부터 보낼 진리의 영인 보혜사가 오면, 그가 세상의 죄에 대하여 증인이 되어 줄 것이다. 유대인들은 하나님을 바르게 섬기는 것으로 착각하면서 예수를 따르는 자들을 회당에서 출교(excommunication)할 것이다(16:2-3; 참고: 9:22; 12:42). 그러나 예수께서 미리 이렇게 말해 둔 것은 제자들이 두려워하지 않기를 바란 것이다.

세 번째 고별강화(16:4하-33)는 첫 번째 고별강화와 내용적으로 매우 유사하다. 예수의 떠나가심, 진리의 영인 보혜사의 오심, 근심이 기쁨으로 바뀔 것임, 평화를 주심 등이 공통적으로 나온다. 예수가 이 세상을 떠나가면 보혜사가 대신 와서 죄와 의와 심판에 대하여 세상을 정죄할 것이다(16:7-11). 보혜사는 진리(14:6)이신 예수를 증언하는 진리의 영이다. 그가 오면 예수의 말씀만을 생각나게 하고 가르칠 것이다(16:13-15). 이 부분에 나타난 보혜사의 역할은 1) 세상에 대한 정죄의 역할(8절); 2) 제자들을 진리 가운데로 인도하는 역할(13절); 3) 앞으로 올 일들을 알려주는 역할(13절); 4) 예수를 영광스럽게 하는 역할(14절)로 정리할 수 있을 것이다.

예수는 잠시 동안 제자들을 떠날 것이다. 그러나 조금 있으면 보게 될 것이다(16:16). 이것은 그의 부활을 가리킨다. 제자들은 그의 죽음으로 인해 슬퍼하며 근심하게 되겠지만, 곧 그의 부활로 인해 기뻐하게 될 것이다(16:20). 예수의 부재에도 불구하고 그의 이름으로 기도하면 아버지 하나님께서 다 들어줄 것이라고 약속한다(16:23). 예수가 세상을 떠나 아버지께로 간다는 것을 비유로 말하지 않고 밝히 말해주자, 제자들은 그가 하나님께로부터 온 것을 믿게 된다. 예수는 제자들에게 환난을 당하게 될 것이지만 평화를 잃지 않기를 바란다. 그리고 "용기를 내어라. 내가 세상을 이겼다"(16:33)라고 위로한다.

i. 대제사장의 기도(17장)

요한복음에는 공관복음서와 다르게 겟세마네 동산에서 기도하는 장면이 나오지 않는다. 이야기의 흐름 상 요17장은 겟세마네 기도에 해당된다. 겟세마네 동산에서 자신의 죽음을 앞에 두고 자신과 무지한 제자들을 위해 기도했던 예수는 여기에서는 교회에 대한 기도(20-26절)를 덧붙이고 있다. 요17장은 예수가 대제사장이 백성들을 위해 기도하는 것과 같은 모습을 보여준다고 해서 '대제사장의 기도'로 불려왔다. 이것은 또한 기도의 형식을 빌어 말씀하시는 예수의 유언(testament of Jesus)으로 볼 수 있다. 17장은 내용적으로 세 부분으로 나눌 수 있다: 예수 자신을 위한 기도(1-8절); 제자들을 위한 기도(9-19절); 교회(미래의 제자들)를 위한 기도(20-26절).

예수 자신을 위한 기도(1-8절): 먼저 예수는 아버지께 영광을 구하는 기도를 드린다(1-5절). 예수는 믿는 사람들에게 영생을 주기 위해 온 사역을 마무리했는데, 그들에게 아버지의 이름과 말씀을 계시해 주었다고 말한다. 이를 통해 아버지께 영광을 돌렸다고 하면서 아버지께 그의 영광을 나누어달라고 간구한다. 그것은 이제 그의 죽음으로써 성취될 것이다.

제자들을 위한 기도(9-19절): 예수는 제자들의 일치와 보호를 위해 기도한다(11-12절). 세상이 그들을 미워하지만, 다만 악한 자에게서 지켜달라고 기도한다(14-15절). 또한 그들을 진리로 거룩하게 해달라고 기도한다(17절).

교회를 위한 기도(20-26절): 예수는 현재의 제자들만이 아니라 미래의 제자들을 위해서도 기도하고 있다. 이들은 2세대 그리스도인들이며, "우리에 속하지 않은 다른 양들"(10:16)로 볼 수 있다. 기도의 내용은 일치(기독론적이며 교회론적인 성격)와 영광의 참여를 위한 것이었다. 여기에서 일치의 개념은 요일1:1-10의 '코이노니아'와 유사하다(요한일서는 후대의 요한공동체에게 보낸 요한의 목회서신으로 볼 수 있다).

j. 수난과 죽음(18-19장)

예수의 체포(18:1-11): 예수의 수난 이야기는 예수가 왕이라는 주제를 중심으로 펼쳐진다. 예수는 체포에 앞서 기드론 골짜기를 건너가는데, 이는 다윗 왕이 압살롬의 반역으로 기드론 시내로 물러가는 장면을 연상시킨다(삼하15:23). 가룟 유다가 인도한 대제사장이 보낸 무리에 의해 체포당할 때도 주도권을 가지고 "너희가 누구를 찾느냐?"(18:4)고 묻는다. 나사렛 예수를 찾는다는 말에 "내가 그 사람이다"(εγω ειμι)라고 당당하게 대답한다. 이러한 대답은 신적 정체성을 드러내는 문구이다(출3:14 참조). 예수께서 이 말을 할 때 체포대는 "뒤로 물러나서 땅에 쓰러졌다"(18:6). 이것은 단순한 기적을 기록한 것이 아니라 신하들이 왕 앞에서 엎드리어 경배하는 장면을 연출하는 듯하다. 예수는 자신만 체포하고 제자들은 그냥 물러가도록 조치하며, 베드로가 대제사장의 종 말고의 오른쪽 귀를 자른 것을 나무라며 자신에게 닥친 고난을 스스로 감내할 것을 밝힌다. 이 모든 것은 예수가 수난의 현장에서도 왕으로서의 위엄을 유지하며 의연하게 대처하고 있는 모습을 보여준다.

대제사장의 심문과 베드로의 부인(18:12-27): 예수는 로마 군대와 성전 경비병들에게 체포되어 대제사장 안나스 앞에 끌려온다. 베드로와 또 다른 제자(예수의 사랑하는 제자)가 따라갔다. 베드로가 예수를 부인하는 두 장면(15-18절과 25-27절) 사이에 안나스의 심문이 기록되고 있다. 안나스가 예수의 가르침을 가지고 질문하자 예수는 회당과 성전에서 공개적으로 말했다고 당당하게 대답한다. 그러자 경비병이 예수의 대답이 대제사장 앞에서 불손하다고 손바닥으로 때린다. 예수는 이러한 행동에 대해 잘못이 있다면 유대 율법에 따라 증거를 대라고 말한다. 이러한 심문이 오가는 동안, 베드로는 숯불을 쬐면서 하녀와 둘러선 사람들과 말고의 친척에게 각각 세 차례에 걸쳐 예수의 제자가 아니라고 부인한다. 그러자 예수의 예고대로 닭이 운다.

빌라도의 심문(18:28-19:16): 요한복음에서 예수의 수난 이야기를 특별한 것으로 만드는 것은 빌라도의 심문 내용과 방식이다. 유대인들은 예수를 빌라도 총독의 관저로 끌고 간다. 빌라도는 유대인들과 예수 사이를 오가며 심문하는데, 모두 일곱 장면으로 구성되어 있다. 첫 장면(18:28-32)은 빌라도가 율법(정결법) 때문에 안으로 들어오지 못하는 유대인들에게 관저 밖으로 나와 유대인들의 고발 내용을 듣는 내용이다. 빌라도는 유대인들이 예수를 죽이고자 하는 고발 내용에 대해 묻는다.

둘째 장면(18:33-38상)은 빌라도가 관저 안으로 들어가 예수를 심문하는 내용이다. 빌라도의 입을 통해 처음으로 유대인들의 고발 내용이 예수가 유대인의 왕이라고 했다는 것이 밝혀진다(33절). 예수는 빌라도에게 그 자신도 예수가 왕이라고 생각하느냐고 질문하면서, "내 나라는 이 세상에 속한 것이 아니오"(36절)라고 밝힌다. 빌라도는 예수의 가르침이 정치적인 것이 아니라는 것을 알게 된다. 그러면서도 재차 예수가 왕이냐고 묻는다. 예수가 왕이지만 진리를 증언하기 위해 왔다고 하자, 빌라도는 예수께 "진리가 무엇이오?"(38절)이라고 질문한다. 예수의 주도적 역할로 예수는 심문받는 역할에서 심문자로 변신하고 있다.

셋째 장면(18:38하-40)은 다시 유대인에게 나와 말하는 내용이다. 빌라도는 예수에게서 아무 죄도 찾지 못했다고 하면서, 유월절에 죄수 한 사람을 무죄 방면하는 관례를 들어 예수를 놓아주고자 하지만, 유대인들은 강도 바라바를 놓아주라고 떼를 쓴다.

넷째 장면(19:1-3)은 빌라도가 예수를 조롱하며 고문하는 내용이 나온다. 빌라도는 예수를 채찍으로 쳤다. 군인들은 예수에게 가시나무 왕관을 머리에 씌우며, 자색 옷을 입힌 뒤 "유대인의 왕 만세!"라고 외치며, 손바닥으로 얼굴을 때렸다. 앞의 장면에 비해 상황이 급변하고 있다. 단순한 심문에서부터 육체적 고초를 가하며 조롱하는 것으로 바뀌었다.

다섯째 장면(19:4-7)에서는 빌라도가 관저 밖으로 나와 유대인들에게 예수에게서 아무 죄도 찾지 못했다고 하면서 예수를 끌로 나올 테니 그들이 직접 십자가에 못 박으라고 떠넘긴다. 왕처럼 가시나무 왕관과 자색 옷을 입고 나오는 예수를 보고, 빌라도는 "보시오, 이 사람이오"(Ecce Homo!; Ιδου ὁ ανΘρωπος)라고 가리킨다. 유대인들이 이에 아랑곳하지 않고 예수를 십자가에 못 박으라고 외치면서, 예수가 '하나님의 아들'이라고 말했다고 하자 빌라도는 더욱 두려워한다.

여섯째 장면(19:8-12)에서는 빌라도가 더욱 예수의 정체에 대해 궁금증을 갖지만, 예수는 침묵을 지킨다. 빌라도가 예수의 입을 열고자 자신이 생사여탈권을 갖고 있다고 위협하지만, 예수는 전혀 흔들리지 않는다. 빌라도는 내심 예수를 놓아주고자 하였다. 이러한 낌새를 알아차린 유대인들이 그렇게 하면 빌라도가 '황제의 친구/충신'이 아니라고 협박한다.

'황제의 친구'라는 말은 설명을 필요로 한다. 당시 황제였던 티베리우스는 카프리 섬에서 휴양하려고 신하 세자누스(Sejanus)를 로마의 대리 통치자로 세웠다. 세자누스는 26-31년까지 티베리우스를 대리했는데, 모함으로 인해 졸지에 실각되고, 가족과 친구들이 처형되거나 고초를 겪었다. 그런데 빌라도가 유대 총독이 된 기간이 26-36년이었기 때문에 세자누스의 영향력으로 총독직을 갖게 된 것이 아닌가 하는 의문을 품을 수 있다. 그것의 사실 여부에 관계없이, 누구든지 황제의 신임에 의심이 갈 만한 행동을 하기는 쉽지 않았을 것이다.

일곱째 장면(19:13-16)은 빌라도가 반역자로 몰릴 수 있는 위험에 직면하자 태도를 돌변하여 예수를 십자가에 못 박으라는 판결하는 내용을 기록한다. 빌라도는 최종적으로 "당신들의 왕을 십자가에 못 박으라는 말이오?"라고 묻는다. 대제사장들은 유대인들을 대표하여 황제밖에는 왕이 없다고 선언한다. 이는 한 분 하나님을 왕으로 섬기는 유대교 신앙에 정면으로 배치되는 말이었다. 그들은 예수를 십자가에 못 박는 것에만 혈안이 되어 있었다.

일곱 장면으로 구성된 빌라도의 심문은 정교하게 짜여진 교차평행법적 구조(chiasmus)를 보여준다. 장면1(a)은 장면7(a')과 관저 "밖"이라는 상황과 유대인의 왕이라는 주제에 있어서 상응한다. 장면2(b)는 장면6(b')과 관저 "안"이라는 상황과 권한이라는 주제에 있어서 상응한다. 장면3(c)과 장면5(c')는 관저 "밖"이라는 상황과 무죄라는 주제에 있어서 상응한다. 장면4(d)는 관저 "안"에 조롱과 고초를 당하는 예수의 모습이 강조되고 있다. 즉, abcdc'b'a'의 교차평행법을 보여주면서 d가 강조되는 구조인 것이다. 이러한 구조를 통해서 빌라도의 우유부단함과 무책임성, 그리고 예수의 무죄와 부당한 판결이 대조된다.

a: 장면1 (관저 밖) = a': 장면7 (관저 밖)

b: 장면2 (관저 안) = b': 장면6 (관저 안)

c: 장면3 (관저 밖) = c': 장면5 (관저 밖)

d: 장면4(관저 안)

십자가 처형(19:17-37): 예수의 십자가 처형 역시 왕의 죽음과 같은 위엄과 품격이 있다. 빌라도는 "유대인의 왕 나사렛 사람 예수"라는 명패를 십자가에 붙인다. 많은 사람들이 읽을 수 있도록 세 나라말(히브리어, 라틴어, 그리스어)로 적는다. 유대인들을 대표하는 대제사장들이 "자칭 유대인의 왕"이라고 고쳐달라고 하지만 묵살 당한다. 병사들이 예수의 옷을 나누어가지며 통옷으로 된 속옷을 제비뽑아 나누는 것은 성경 말씀을 성취하는 것이었다. 예수는 어머니 마리아를 '사랑하는 제자'에게 부탁하는 자상함을 보여준다. 예수는 구약의 예언을 성취하기 위하여 "목마르다"고 하신 뒤 "다 이루었다"라고 말씀하고서 운명하신다. 예수는 그에게 맡긴 사명을 다하고 자발적으로 죽음의 길을 선택하였다. 이는 하나님께서 그의 죽음을 영광되게 하였고, 진정한 왕이 되게 한 것이다.

장례(19:38-42): 아리마대 사람 요셉과 니고데모가 예수의 장례를 치루었다. 그들은 숨겨진 제자들이었다. 니고데모가 몰약과 침향 100근(약 34kg)을 준비한 것이나 아무도 장사한 일이 없는 새 무덤을 마련해 둔 것은 왕의 장례식에 걸맞는 조치였다. 그들은 유대 장례법에 따라 소홀함이 없도록 최선을 다해 장례를 치렀다.

k. 부활 현현(20-21장)

예루살렘에서의 부활 현현(20장): 예수 부활의 첫 증인은 막달라 마리아였다. 여성이 처음 증인이 되었다는 것은 당시 관습대로라면 불신의 요소가 될 수 있었지만, 네 복음서 모두 여성들이 중요한 역할을 하고 있다. 막달라 마리아가 빈 무덤을 발견하고 예수의 시체가 도둑맞은 것으로 오해하여 시몬 베드로와 사랑하는 제자에게 알렸다. 두 사람은 무덤으로 달려간다. 사랑하는 제자가 먼저(젊기 때문에?) 무덤에 도달했지만 무덤 안에 들어가는 것은 베드로에게 양보한다. 이 시점에서 이들은 빈 무덤에 대한 확인만 했을 뿐 아직 예수가 부활했다고 믿지 못하고 있었다(20:9). 다만 두 제자를 같이 등장시키고 있는 이유는 베드로(사도적 공동체의 대표)와 함께 사랑하는 제자(요한공동체의 대표)도 부활 전승의 담지자가 되고 있음을 알려주려는 것이다.

요한복음에서 베드로와 예수의 사랑하는 제자 사이에는 묘한 경쟁 관계가 형성되어 있다. 이런 점을 엿볼 수 있는 장면이 너댓 곳에 나온다. 최후의 만찬석상에서 제자들이 누가 스승을 배반할 것인지 궁금해 하고 있을 때, 베드로는 사랑하는 제자에게 고갯짓을 하여 예수께 여쭈어 보라고 한다(13:22-25). 예수가 체포되어 안나스 대제사장 집으로 끌려갔을 때, 베드로는 처음에 안으로 들어가지 못하였지만 대제사장과 아는 관계인 사랑하는 제자는 문제없이 안뜰까지 들어갔다(18:15-16). 예수가 부활하였을 때 베드로와 사랑하는 제자가 막달라 마리아의 말을 듣고 무덤으로 달려갔는데, 사랑하는 제자가 베드로보다 먼저 무덤에 도착하여 무덤 안을 확인하였다(20:1-6). 부활하신 예수께서 디베랴 바닷가에 나타나셨을 때, 사랑하는 제자가 베드로보다 먼저 주님을 알아보았다(21:1-7). 부활하신 예수께서 베드로에게 목양의 책임을 맡길 때, 사랑하는 제자는 그와 다른 운명을 맞을 것이라고 알려주었다(21:20-23). 이러한 기록을 볼 때, 사랑하는 제자가 수제자 베드로보다 적어도 우위에 있다는 인상을 주고 있다. 이것은 저자가 사도적 공동체와 다른 전통에 서 있던 요한공동체에 독자적인 권위를 부여해 주려는 의도를 갖고 있었다고 볼 수 있다.

베드로와 사랑하는 제자는 부활하신 주님을 뵙지 못하고 무덤을 떠나갔지만, 빈 무덤을 처음으로 발견했던 마리아는 여전히 무덤 밖에서 울고 있었다. 마리아는 무덤 안에서 예수 대신에 두 천사를 만난다. 마리아는 여전히 예수의 시체를 누가 가져갔다고 생각하고 있다. 심지어 뒤를 돌아서서 부활하신 예수를 보면서도 알지 못했다. 예수께서 마리아에게 "마리아야!"라고 불렀을 때 비로소 예수를 알아보고 "라부니!"(선생님)라고 하였다. 이것은 마치 목자가 양의 이름을 부를 때 양들이 알아듣는 것과 같았다(10:3). 이로써 마리아는 부활하신 예수님을 만난 첫 번째 증인이자 여성 제자가 되었다. 마리아는 제자들을 만나 "주를 보았다"고 증언한다.

부활하신 예수는 유대인들을 두려워하여 숨어있는 제자들에게 나타나 "너희에게 평화가 있기를 빈다"라고 하면서 안심시키고 위로한다. 그리고 그들에게 "성령을 받으라"고 말씀하신다. 이것은 요한복음의 성령강림 사건이라 할 만하다. 그렇다면 요한복음은 사도행전(승천 후 40일이 지나서 성령강림)과 달리 예수의 죽음, 부활, 승천, 성령강림을 긴 시간 간격이 없는 하나의 연속적인 사건으로 이해하고 있음을 알 수 있다. 요한복음에서도 성령강림(20:22)은 승천(20:17) 후 일어났다. 또한 승천하고 나서야 비로소 예수의 몸을 만질 수 있었다(20:17,27 참조).

부활하신 예수가 처음으로 제자들에게 나타났을 때에 도마는 그 자리에 없었다. 그래서 직접 보지 않고는 믿지 못하겠다고 하였으므로 '의심하는 도마'(doubting Thomas)로 불리고 있다. 여드레 뒤 도마가 있을 때 예수가 나타나 도마에게 그를 만져보라고 하자, 도마는 "나의 주, 나의 하나님!"이라고 신앙을 고백한다. 예수는 이에 "보지 않고도 믿는 사람은 복이 있다"고 덧붙이신다. 이로써 도마는 보지 않고 믿어야 하는 2세대 그리스도인들을 대표하는 인물로 형상화되고 있다.

20:30-31에서 저자는 기록 목적을 기록한다. 예수께서 행한 다른 표징도 많지만 이 책에 선택하여 기록한 목적은 1) 예수가 그리스도요 하나님의 아들이심을 믿게 하고, 2) 그의 이름으로 생명을 얻게 하려는 것이라고 밝히고 있다. 이것은 일차적으로 요한공동체 내부 신자들의 신앙을 강화하기 위한 목회적 성격을 갖고 있으며, 이차적으로는 요한공동체 외부인들에게 믿음을 통해 생명의 길로 들어서게 하려는 선교적 성격을 갖고 있음을 보여준다.

갈릴리 디베랴에서의 부활 현현(21장): 21장은 갈릴리에서 부활하신 예수가 현현한 경위를 다루고 있다. 20장이 예루살렘에서의 부활 현현 기사를 다루고 있기 때문에, 당시 전통적인 교회공동체가 갖고 있었던 갈릴리 부활 전승(공관복음서 참조)을 보완해야 할 필요가 있었을지 모른다. 이러한 견해는 20:30-31에서 요한복음의 기록 목적이 기록된 것으로 보아 자연스럽게 21장은 새로운 첨가나 부록이라고 생각하게 만든다. 한편, 21장을 요한복음 전체의 결론으로서 적절하다고 본다면 이 부분은 같은 저자에 의해 기록된 에필로그(결언)로 볼 수 있다. 이렇게 되면 요한복음은 1:1-18의 서언(prologue)과 대비되는 결언(epilogue)으로 끝맺게 되는 것이다. 의심하는 도마가 아닌 베드로와 사랑하는 제자의 이야기로 끝맺는 것이 요한신학적으로 적절하다고 볼 수 있다. 그렇다면 21:24-25와 중복적인 20:30-31의 결론은 요한복음 전체보다는 20장의 소결론으로서 간주하면 된다.

갈릴리 디베랴 바다에 부활하신 예수께서 나타났을 때, 그곳에는 일곱 제자가 있었다. 도마와 나다나엘, 세베대의 두 아들과 다른 제자 둘이 함께 하였다. 익명의 두 제자 중 한 사람은 사랑하는 제자였다(21:7 참조). 베드로가 주동하여 이들은 그날 밤

고기를 잡으러 바다로 갔다. 예수께서 나타나 고기를 잡도록 도와주었지만 제자들은 알아보지 못한다. 사랑하는 제자가 먼저 알아보고 말하자, 베드로는 겉옷을 두르고 바다로 뛰어든다. 제자들은 뭍으로 나와 예수께서 '숯불'(베드로가 숯불을 쬐면서 부인한 장면을 연상시킨다)로 준비해 놓은 생선을 먹는다. 그런데 잡은 고기가 153마리나 되었다. 이 숫자에 대해서 그 동안 수신학(Gematria)으로 풀어보려는 여러 가지 시도가 있어왔지만, 아마 그 당시 알려진 고기의 종류가 그렇게 많았다는 것과 연결시키는 것이 좋을 것 같다. 그렇다면 이 숫자가 함의하고 있는 것은 예수께서 베드로를 위시한 제자들을 모든 민족과 족속에게 복음을 전해야 할 "사람 낚는 어부"로 다시 부르시는 것으로 볼 수 있을 것이다.

21:15-23에서 예수는 시몬 베드로에게 목양의 사명을 부여하고 있다. 비슷한 내용을 세 번에 걸쳐서 반복하고 있는 형식을 사용한다. 이것은 고대인들이 강조할 때 흔히 사용하는 방식이었다. 또한 베드로가 세 번이나 예수를 부인한 적이 있기 때문에, 죄책감을 느끼는 베드로를 치유하고 용서해 주려는 의미가 포함되어 있었을 것이다. 예수와 베드로의 대화는 각각 셋으로 구분된다. 먼저 예수께서 베드로에게 "네가 나를 사랑하느냐?"고 묻는다. 이에 대해 베드로는 "내가 주님을 사랑하는 줄 주님께서 아십니다"라고 대답한다. 그 후에 예수께서 "내 양을 먹여라/쳐라"하고 부탁하신다. 베드로에게 맡긴 목양의 사명은 교황 제도의 설립과는 무관하였고, 제자들을 대표하여 받은 것이다(마 28:16-20의 선교의 지상명령 참조).

여기에서 예수와 베드로가 사용한 "사랑하다"라는 동사가 서로 달랐기 때문에 사람들의 주목을 받았다. 예수는 두 번째 질문까지는 "αγαπαω"라는 동사를 사용하며, 세 번째 질문에서는 "φι λεω" 동사를 사용하고 있다. 베드로는 세 번 모두 "φιλεω" 동사로 대답한다. 두 단어의 의미에 큰 차이가 있다고 보면, 베드로가 지난 잘못 때문에 주님을 무조건적으로 사랑한다(αγαπαω)고 말하지 못하는 마음을 보여준다고 해석하게 된다. 그러나 두 단어가 상호교환적으로 사용될 수 있고, 또 요한복음에서 그렇게 사용되고 있기 때문에(20:2; 21:7) 서로 다른 단어의 사용에 큰 의미를 두지 않기도 한다. 이 이야기는 결국 예수께서 베드로를 회복시켜서 목양의 책임을 부여하려는 것이었다. 예수는 베드로가 결국 순교자의 죽음을 감당하게 될 것이라고 말씀하신다.

요한복음은 베드로의 운명과 사랑하는 제자의 운명을 언급하는 것으로 끝을 맺고 있다(21:20-23). 예수께서 베드로의 운명이 어떻게 될 것인지에 관해서 예언하자, 베드로는 곁에 있던 사랑하는 제자의 운명에 관심이 생겼다. 예수는 베드로에게 사랑하는 제자의 운명에 상관하지 말고 자신에게 맡겨진 목양의 사명을 다하라고 말씀하신다. 이 이야기가 덧붙여진 것은 당시 장수한 사랑하는 제자가 순교한 베드로보다 열등하다고 의문을 가진 요한공동체 신자들에게 올바른 판단을 할 수 있도록 도와주기 위한 것이었을 가능성이 있다. 두 사람은 각기 다른 운명을 맞이하게 되겠지만, 사랑하는 제자가 적어도 베드로보다 열등하지 않다는 것을 나타내려 한 것이라고 본다. 오히려 요한공동체의 지도자인 사랑하는 제자가 내심 베드로보다 우월하다고 말하고 싶었는지도 모른다.

결론(21:24-25): 이곳에 이르러 사랑하는 제자가 요한복음을 기록한 저자임을 명시적으로 밝힌다. 저자는 그의 증언이 참되다는 것과 복음서에 담지 못한 많은 일들이 있다고 말한다. 누가가 서문(눅1:1-4)에 복음서에 사용된 자료와 방법에 관해 말한 것과 달리, 요한복음의 저자는 결언에 이를 밝히고 있다. 그러나 누가와 달리 사랑하는 제자는 구전이나 문서 자료를 사용했다는 언급 없이, 매우 많은 참된 증언들 중에서 꼭 필요한 내용만 선택하여 기술하였다고 언급한다.

Ⅱ. 역사서

1. 사도행전

(1) 구조

누가복음이 예루살렘을 향하여 가는(toward Jerusalem) 특징을 보여준다면, 사도행전은 예루살렘으로부터 떠나는(away from Jerusalem) 특징을 보여준다. 누가복음과 사도행전이 모두 예루살렘을 중심으로 움직이고 있는 것은 동일하지만, 방향에 있어서 차이가 있다. 이러한 특징을 배경으로 한 사도행전의 구조는 세 가지로 설명할 수 있다. 첫째, 지리적 구분에 의한 구조이다. 행 1:8은 성령이 임하면 "예루살렘과 온 유대와 사마리아와 땅 끝까지" 복음의 증인이 될 것이라고 언급하고 있다. 이 구절에 따르면, 1:1-8:3은 예루살렘에서의 복음 전파를, 8:4-11:18은 유대와 사마리아에서의 복음 전파를, 11:19-28:31은 땅 끝까지의 복음 전파를 다루고 있다.

둘째, 인물을 중심으로 한 구조이다. 전체적으로 전반부(1-12장)는 베드로가 중심인물이고, 후반부(13-28장)는 바울이 중심인물이다. 세부적으로 보면, 전반부에는 베드로와 요한(2:14-4:31), 아나니아와 삽비라(5:1-11), 스데반(6:8-8:1), 빌립(8:4-40), 사울(9:1-31), 베드로(9:32-11:18), 바나바(11:19-30), 베드로(12:1-19)가 차례대로 중심적인 역할을 하고 있다. 후반부는 바울(12:25-28:31)이 지배적인 역할을 하고 있지만, 1차 선교여행(13:1-15:35)에서는 바나바가 동역자 역할(선교여행 초기에는 주도하기도 함)을 하고 있다.

셋째, 요약보도를 중심으로 한 구조이다. 사도행전에는 복음이 어떤 지역을 중심으로 확산되다가 그것을 요약해서 보도하는 것으로 마무리하는 모습이 그려져 있다. 사도행전에는 다섯 군데에 요약보도가 나타난다(6:7; 9:31; 12:24; 16:5; 19:20). 요약보도를 중심으로 구조를 나누어 보면, 예루살렘에서의 복음 확장(1:1-6:7), 유대와 갈릴리와 사마리아에서의 복음 확장(6:8-9:31), 베드로 중심의 복음 확장(9:32-11:24), 바울 중심의 복음 확장(11:25-16:5), 유럽에서의 복음 확장(16:6-19:20), 땅끝까지의 복음 확장(19:21-28:31)으로 구분할 수 있다.

이와는 별도로, 바울의 3차에 걸친 선교여행을 중요한 내용으로 취급할 수 있다. 1차 선교여행(13:1-15:35)은 남쪽 갈라디아 지방을 중심으로 이루어졌다. 초기에는 바나바가 주도적인 역할을 하였지만 곧 바울이 주도권을 가지게 되었다. 10장에서 베드로가 고넬료에게 복음을 전하는 사건을 통해서 이방인에게 임한 성령 강림에 대해 이미 기록하였지만, 본격적으로 이방인에게 복음이 전파되고 있는 것은 안디옥 교회의 파송을 받은 바울과 바나바의 협력 선교 사역 때부터였다. 바울과 바나바는 유대인들의 회당에서 복음을 전하였지만 그들이 복음을 받아들이지 않으므로 이방인들에게로 향하게 되었으며(13:46), 안디옥 교회로 돌아와 하나님께서 이방인들에게 복음의 문을 열어주신 것에 대하여 보고하였다(14:27). 2차 선교여행(15:36-18:22)은 바나바와 갈라선 바울이 실라와 디모데를 동반하고 복음을 전한 내용을 다루고 있다. 여기에서는 바울이 드로아에서 마케도니아 사람의 환상을 보고 유럽으로 건너가서 복음을 전파하는 것이 중요한 내용이다. 3차 선교여행(18:23-21:17)은 에베소에서의 복음 전도 활동을 중심으로 한 사역을 다루고 있다. 에베소와 마케도니아 여행 길에 많은 동행자들의 이름(디모데, 에라스도, 가이오, 아리스다고, 알렉산더, 소바더, 세군도, 두기고, 드로비모)이 거명되어 있다(19:22,29,33; 20:4). 바울은 예루살렘에서 체포되어 가이사랴 감옥에 2년 동안 갇혔다가 로마로 호송되는 마지막 선교여행을 하게 된다.

(2) 장르

누가는 누가복음과 사도행전을 함께 기록하였다. 누가복음은 예수 그리스도에 초점을 맞춘 전기 장르의 특성이 두드러진다면, 사도행전은 교회의 선교 활동에 초점을 맞춘 역사기술(historiography) 장르의 특성이 두드러지고 있다(일반적인 travel motif + love motif에서 travel motif가 강조됨). 전기가 인물에 초점을 맞춘 것이라면, 역사기술은 중요한 등장인물들이 취급되지만 큰 흐름은 사건과 활동에 있다. 따라서 사도행전은 누가복음에 비해 훨씬 더 등장인물의 행위와 사건의 전개에 관심을 기울이며, 신앙의 관점에서 등장인물들의 행위와 사건이 역사에 어떻게 기여하였는지를 보여주려고 한다.

사도행전은 누가복음의 저자인 누가가 자매편으로 기록하였기 때문에 누가복음과 구조적으로 유사성을 보여준다. 첫째, 데오빌로에게 보내는 서문이 같다(눅1:1-4; 행1:1-5). 둘째, 성령 충만을 강조한다(눅3:21-22; 행2:1-4). 셋째, 40일의 준비 기간에 대한 기록이 같다(눅4:2; 행1:3). 넷째, 복음을 증언한 후 배척을 받는다(눅4:16-30; 행2:14-40). 가르침과 기적을 행한 사역이 불신앙적 반응으로 나타나고 논쟁에 휩싸인다(눅4:31-8:56; 행

3:1-12:17). 다섯째, 이방인 선교가 강조되고 있다(눅10:1-12; 행13:1-19:20). 여섯째, 예루살렘 여행과 순교가 기록(암시)되고 있다(눅9:51-23:49; 행19:21-21:17).

고대의 역사기술은 현대의 역사 기술 방식과 구별되는 측면이 있다. 현대의 역사 기술이 객관적인 사실에 바탕을 두려는 경향이 있다면, 고대의 역사기술은 사건을 생생하게 재현해 내는데 관심을 기울인다. 흥미 있는 진술을 통해 사건으로부터 교훈을 얻게 하려는 목적을 갖고 있다. 현대의 역사 기술이 보편적인 성격을 가지고 있다면, 고대의 역사기술은 단편적이고 삽화적인 특성을 가지고 있다. 그러므로 이를 바탕으로 객관적이고 보편적인 역사를 재구성하려는 시도에는 무리가 따를 수밖에 없다.

사도행전은 구원사적 관점을 가지고 역사를 다룬다. 구원사(salvation history)의 관점은 하나님께서 인류의 세속 역사(secular history) 가운데서 구원을 이루어오고 있다고 보는 것이다. 누가는 인류 역사를 이스라엘 시대, 예수 시대, 교회 시대로 구분하여, 구약성서와 누가복음과 사도행전이 각각의 시대를 대변하고 있다고 본다. 따라서 사도행전은 이스라엘 백성을 넘어서 이방인을 포함한 보편주의적인 구원에 대해 기술하려고 한다.

(3) 내러티브

a. 서언(1:1-2)

누가는 서언에서 먼저 쓴 글인 누가복음과의 관계를 설정하고, 사도행전의 기술 범위와 성격을 암시한다. 누가는 자매편인 누가복음과 마찬가지로 "데오빌로"를 수신자로 하여 사도행전을 쓰고 있다. 누가복음이 예수의 부활과 승천 이야기까지 다루었기 때문에, 사도행전에서는 승천 이후에 성령이 사도들을 통하여 행하신 일들(πραξεις; 행19:18)을 기록한다고 밝힌다.

b. 성령강림의 준비(1:3-26)

이 부분은 성령강림에 대한 약속(3-11절)과 사도단의 보완(12-26절)을 다루고 있다. 3-11절은 눅24:46-53의 내용을 거의 반복하고 있다. "예루살렘을 떠나지 말고 하나님 아버지께서 약속하신 것(눅24:49의 "위로부터 오는 능력")을 기다리라"고 한 것이다. 사도행전에서는 특히 '40일' 동안의 기다림에 대해서 언급하고 있다. '40'이라는 숫자는 준비의 의미를 강조한다(참조: 광야 40년, 예수의 40일 금식 후 시험).

제자들은 예수가 부활 후 40일 동안 함께 지낼 때에 이스라엘의 회복에 대하여 질문한다(6절). 이것은 이스라엘이 오랫동안 바라왔던 '회복종말론'의 관점을 보여준다. 그들은 하나님의 나라의 도래를 이스라엘의 정치적 회복으로 생각하고 있었던 것 같다. 그러나 예수는 이들의 질문에 대하여 "때나 시기는 아버지의 고유 권한이다"라고 말하면서, 오히려 그들의 할 일은 예수의 증인이 되는 일이라고 일깨우신다: "성령이 너희에게 내리시면, 너희가 능력을 받고, 예루살렘과 온 유대와 사마리아에서, 그리고 마침내 땅 끝에까지 이르러 내 증인이 될 것이다"(8절). 이러한 의미에서 사도행전은 선교적 증언을 기록하고 있는 책이다.

예수의 증인이 되어 선교활동을 하기 전에 제자들은 준비를 갖추어야 했다. 선교활동은 성령이 강림하면 곧바로 해야 하였기 때문에, 사도단을 보완하는 일이 선행되어야 했다. 120명의 제자들은 다락방에 모여 기도하고, 가룟 유다를 대신하여 맛디아를 선출하였다. 선택의 기준은 예수의 지상사역에 동참하였고, 열두 제자단과 함께 활동하였으며, 부활의 증인이 될 사람이었다(22절). 요셉(히브리 이름)은 바사바(헬라 이름)와 유스도(로마 이름)라는 이름을 가진 유명한 사람이었지만 선택되지 못했다.

c. 오순절 성령강림(2:1-47)

다락방에 모여 열흘이 지나 오순절 날이 되었을 때 성령강림 사건이 일어났다. 성령강림 사건은 사도행전뿐만 아니라 기독교 선교 역사에서 가장 중요한 사건 중의 하나다. 그것은 성령강림으로 인하여 교회가 시작되었기 때문이다. 성령강림은 두 가지 현상을 동반했는데, 첫째는 급하고 강한 바람 같은 소리였고, 둘째는 혀처럼 갈라지는 불이었다. 바람 소리는 하나님의 현현을 연상시키며(신4:11-12; 시29:3-9 참조), 혀처럼 갈라진 불은 하나님의 임재와 더불어 서로 다른 말을 할 수 있는 능력을 가리킨다. 하나님의 능력을 받아 여러 방언으로 증인의 역할을 하라는 의미일 것이다.

오순절 성령강림의 특징은 방언에 있었다. 제자들의 방언은 고린도교회의 방언(고전12-14장)처럼 '천사의 말'(고전13:1)이 아니라, 통역이 필요 없이 들을 수 있는 여러 지방의 말이었다. 바벨탑 사건으로 혼잡하게 된 인간의 언어가 이해와 소통을 가능하게 하는 오순절 방언으로 회복되어 하나님의 복음이 전파되는 것을 가리키고 있다. 오순절 성령강림은 몇 가지 특징을 보여준다: 1) 복음을 증언하는 데 초점이 맞추어져 있다(성령은 증언의 영이다). 2) 진정한 의사소통(1-4절의 교회 안의 소통과 5-13절의 세상과의 소통)을 가능하게 하였다. 3) 개인적으로 경험되는 것이다("각 사람 위에 임했다").

성령강림 사건에 이어서 바로 베드로가 설교하였다. 이 설교는 베드로가 사도행전에서 행한 여덟 번의 설교 중 처음 한 것인데,

오순절 설교라고도 한다. 설교는 일반적으로 설교를 들어달라는 호소, 성경이 증언하는 기독론적 메시지, 구원을 받으라는 제안으로 구성되어 있다. 베드로는 성령강림이 술에 취한 것이라고 조롱한(3:13) 것에 대해 해명하면서 요엘서를 인용한다. 오히려 성령강림은 종말의 징조이기 때문에, 구원을 받기 위해서는 주의 이름을 불러야 한다고 촉구한다. 베드로는 계속하여 예수 그리스도의 죽음과 부활에 대해 구약을 인용하며 길게 설명한다(3:22-36). 이 말을 듣고 사람들이 마음에 찔림을 받아 회개하고 구원을 얻게 되었는데, 그 숫자가 삼천 명이나 되었다.

초대교회는 갑자기 불어난 신자들로 공동체를 이루게 되었다. 사도행전은 공동생활의 모습을 묘사해 준다(2:42-47). 이것은 사도행전 1-8장에 나오는 네 군데의 요약 구절(2:42-47; 4:32-37; 5:12-16; 8:1-3) 중 첫 번째에 해당된다. 초대교회 공동체는 사도들의 지도에 따라 세 가지 일에 힘을 썼다: 서로 사귀는 일, 빵을 떼는 일(성만찬 참여), 기도. 특히 사귐(코이노니아)은 영적인 차원만이 아니라 물질적인 차원을 포함하는 것이었다. 초대교회에 새 신자들이 많이 늘어나자 재산을 팔아 사람들의 필요에 따라 나누어주었다.

d. 베드로와 요한의 사역(3:1-4:31)

베드로와 요한은 성전에서 기도하러 올라가다가 미문 곁에서 구걸하던 앉은뱅이를 치유하고 있다. 이는 초대교회가 유대교와 결별하지 않고 여전히 공존하고 있음을 알 수 있다. 앉은뱅이에게 모든 사람은 구걸의 대상이었지만, 베드로와 요한은 다른 시각으로 그를 바라보았다. 그는 물질("은과 금")을 구했지만, 베드로와 요한은 구원("예수 그리스도의 이름")을 주었다. 그는 육체적으로나 영적으로 구원을 얻었다. 그는 온전한 사람이 되었기 때문에 성전 "안"으로 들어갈 수 있었다. 사도행전에 기록된 최초의 치유 기적을 통하여 누가는 사회적 약자에 대한 관심을 보여준다.

베드로는 앉은뱅이를 치유하고 난 후 솔로몬 행각에 모여든 이스라엘 백성들에게 두 번째 설교를 한다. 먼저 그가 행한 기적이 하나님께서 하신 일이라고 하는 점을 분명히 한다. 그리고 이스라엘이 "거룩하고 의로우신 분"인 메시아 예수를 죽인 죄를 지적한다. 그러나 그들이 무지해서(3:17) 일어난 일임을 말하면서 회개할 기회를 준다. 여기에서 예수의 "이름"을 강조하는데, 이것은 이름에 마술적인 힘이 있어서가 아니라 인격과 동일시되는 이름의 가치를 가리킨다. 베드로는 예수가 종말에 만물을 회복(αποκαταστασις)시킬 "그 예언자"(신18:15-22 참조)라고 강조한다(3:21).

베드로의 솔로몬 행각 설교를 듣고 유대인들 중에서 오천 명이나 믿었지만, 유대 지도자들은 오히려 사도들의 활동을 막으려 하였다. 부활을 믿지 않는 사두개인들이 주축이 된 제사장 집단은 사도들을 체포하여 감옥에 가두었다. 사도들을 심문하면서 실권자인 안나스 대제사장을 비롯한 유대 지도자들은 누구의 권세와 이름으로 이런 일을 하느냐고 말하면서 위협한다. 베드로가 대표로 나서서 성령에 충만하여 앉은뱅이가 고침을 받은 것은 바로 유대인들이 배척한 예수 그리스도의 이름을 힘입은 것이라고 "담대하게" 대답한다. "버림받은 돌"이 "모퉁이의 머릿돌"이 되었다고 말한다(4:11). 여기에서 "담대함"(παρρησια)이라는 단어는 사도행전에서 유대인들을 대상으로 복음을 전하는 상황에서 반복해서 등장한다(2:29; 4:29,31; 9:27,29; 13:46; 14:3; 18:26; 19:8; 26:26; 28:31). 성령은 담대한 전도의 영인 것이다. 베드로와 요한이 풀려나자 예루살렘 교회는 담대하게 하나님의 말씀을 전할 수 있도록 기도한다. 그들은 모두 성령에 충만함을 받아 담대하게 말씀을 전하게 되었다(4:31). 사도행전에서 성령 충만은 개인의 영적 성숙보다는 복음 전도와 관련되어 있다.

e. 초대교회의 삶(4:32-5:16)

앞 단락에서 담대하게 말씀을 전하였다는 기록이 나오며, 5:12에서 복음 전도 이야기가 계속되고 있기 때문에 4:32-5:11은 초대교회의 삶에 대한 삽화적인 내용을 보여준다. 먼저 초대교회의 공동 소유에 대하여 2:43-47에 이어 두 번째로 언급한다. 이것은 당시 세상과는 다른 새로운 공동체의 모습을 보여주려는 의도가 있다. 초대교회의 공동 소유와 공동 소비 방식은 5:1-11에 나오는 아나니아와 삽비라 부부의 이야기를 볼 때 일시적인 현상이었고 불완전한 실천이었다.

여기에는 재산을 팔아 사도들 앞에 내놓은 사람들이 대조적으로 소개된다. 먼저 바나바는 본받을 만한 인물이었다. 바나바는 "위로의 아들"이라는 별명답게 궁핍한 성도들을 도와줄 수 있도록 자기 밭을 팔아 내놓았다. 바나바와 대조적으로 아나니아와 삽비라 부부의 이야기가 소개된다. 그들은 소유를 판 값의 일부를 속이고 내놓았다는 이유로 인해 심판을 받고 있다. 소유를 "전부" 팔지 않아서가 아니라(누구도 전부 팔지는 않았다), 판 값의 일부만을 내놓음으로써 베드로와 교회를 속였다는 것이 문제였다. 이것은 성령을 속인 것이다(5:9). 부부의 이름이 함께 거명된 것은 공모한 것을 드러내며 아내가 모종의 역할을 했다는 것을 암시한다. 아나니아가 죽은 것은 베드로의 저주 때문이라기보다 베드로의 질책을 듣고 충격을 받아 돌연사하게 된 것이다. 아나니아의 죽음이 꼭 그의 신앙 없음을 말하는 것은 아닐 것이다. 삽비라의 경우는 베드로가 그녀의 거짓말을 확인하고 난 뒤 죽음을 예고한다. 이러한 이야기를 길게 설명한 것은 "한 마음과 한 뜻"(4:32)으로 뭉친 초대교회를 위태롭게 만든 것이라고 보아 경계의 교훈을 주려고 한 것이다(수7:25-26의 아간의 예 참조).

5:12-16은 앉은뱅이를 고친 이야기(4:16,30의 'σημειον' 참조)를 이어받아 표징(σημειον)과 놀라운 일에 대한 내용을 다룬다. 이것은 요약 구절(summary)에 해당된다. 사도들이 많은 표징을 행하자, 믿는 자들이 솔로몬 행각에 자주 모였고, 병든 사람과 귀신들린 사람들을 많이 고쳐주었다. 베드로는 그림자(고대 세계에서는 그림자가 그 사람의 인격이나 영력과 관계되어 있다고 생각함)만으로도 치유할 정도로 그 능력이 알려졌다.

f. 사도들에 대한 박해와 교회의 성장(5:17-6:7)

5:17-42의 이야기는 두 번째 투옥 사건으로서 4:1-31에 나오는 첫 번째 투옥 이야기와 비슷하다. 대제사장과 사두개인들이 나오고, 사도들을 옥에 가두고, 공의회의 심문이 있으며, 위협하는 내용이 같다. 핍박의 직접적인 원인은 사도들의 가르침(4장)과 표징과 놀라운 일(5장)로서 차이를 보이지만, 4장 역시 3장의 앉은뱅이를 고치는 표징을 배경으로 하고 있기 때문에 서로 크게 다르지 않다. 4장과 5장의 차이점은 감옥에서 풀려나는 방법에서이다. 4장은 유대 지도자들의 방면에 의해, 5장은 주의 천사가 옥문을 열고 풀어준다. 또 하나의 차이는 4장과 달리 5장에서는 부활을 문제 삼고 있지 않다는 것이다.

산헤드린 공의회가 사도들을 심문하기 위해 데려오게 하였는데, 감옥에 없는 것을 확인하고 당황한다. 이미 천사가 풀어준 것을 알지 못하고 있다. 성전에서 가르치고 있던 사도들을 다시 체포한 뒤, 사도들이 어떻게 감옥에서 나오게 되었는지는 물어보지도 않고 복음을 전하지 말라는 명령(4:18과 동일)을 따르지 않은 것에 대해서만 추궁한다. 베드로와 사도들은 4장에서 대답한 것을 반복한다(4:10,19 참조). 특히 "나무에 달아 죽인 예수"라고 언급한 것은 하나님의 저주(신21:23)를 말하기 위함이 아니라 부활의 극적인 반전을 드러내기 위한 목적에서였다. 격분하는 산헤드린을 진정시킨 것은 바리새파 지도자 가말리엘이었다. 가말리엘이 드다와 유다 사건의 예를 들어 그냥 두고 보는 것이 하나님의 뜻을 알 수 있는 방법이라고 말하자, 그의 지혜로운 해결책을 받아들인다. 사도들은 풀려나 계속하여 복음을 전할 수 있게 되었다.

6:1-7은 갑자기 불어난 교회 공동체에 발생한 문제 중 하나를 다루고 있다. 헬라어를 말하는 디아스포라 유대인들이 히브리파 유대인들과 마찰을 빚었다. 헬라파 과부들이 음식 구제에 차별을 받고 있다는 것이 이유였다. 구제하는 일은 일곱 일꾼('집사'로 불리지 않음)에게 맡기고, 사도들은 주된 사역인 기도와 말씀 "섬기는"(διακονεω라는 단어 사용에 주목) 일에 전념하기로 하였다. 믿음과 성령이 충만한 일곱 사람을 뽑았는데, 모두 헬라 이름을 가진 사람들이었다는 점에서 화목한 결정이었음을 보여준다. 6:7은 예루살렘에서 복음이 확장된 것을 가름하는 첫 번째 요약 보도인데, 제사장들 가운데도 믿는 자들이 많이 생겼다는 점을 강조한다. 수천 명에 달하는 예루살렘의 제사장들이 집단적으로 개종한 것을 의미한 것이 아니라, 유대교로까지 복음이 확장되고 있음을 보여주려고 한 것이다.

g. 스데반의 순교(6:8-8:3)

이제 예루살렘에만 머물던 초대교회는 새로운 전기를 맞게 된다. 일곱 일꾼의 하나인 스데반은 사도들의 전유물인 놀라운 기적을 행한다. 이어지는 논쟁을 통해 복음을 증언하는 사도적 사역을 감당하고 있다. 이처럼 스데반은 단지 일곱 일꾼 중의 하나가 아니라 사도적 위치를 점하고 있음을 알 수 있다. 유대인들은 스데반이 모세와 하나님을 모독하는 신성모독죄와 성전을 허물고 모세의 율법을 고치겠다고 한 예수의 말을 증언하였다는 죄목으로 그를 공의회에 데려간다. 그러나 이러한 증언은 거짓 증언이었다(7장 참조). 스데반의 무죄를 증명하듯이, 거짓 증인들의 고소에도 불구하고 스데반의 얼굴은 천사처럼 빛났다.

산헤드린 의장인 대제사장이 심문을 시작하자 스데반이 길게 대답한다. 스데반의 설교는 7장 전체에 걸쳐 있다. 스데반은 먼저 이스라엘 족장들을 중심으로 역사를 훑어가면서 재진술하고 있다. 아브라함(2-8절), 요셉(9-16절), 모세(17-45절), 다윗/솔로몬(46-50절)의 순서로 기록되는데, 야곱의 이야기가 빠진 것이 특이하다. 이 과정에서 유대인 청중을 자극할 수 있는 발언들이 등장한다. "우리 조상들이" 모세의 말(율법)을 듣지 않은 것은 하나님을 버린 것과 같다(42절)는 것은 율법을 모독한 것으로 오해할 수 있었고, 하나님이 "사람의 손으로 지은 건물 안에 거하지 않으신다"(48절)라고 한 것은 성전을 모독하는 발언으로 받아들일 수 있었다. 결정적인 것은 설교 말미(51-53절)에 이스라엘 백성이 "목이 곧고 마음과 귀에 할례를 받지 못한 사람들"로서 "성령을 거역하고 있으며", "의인이신 예수를 죽였다"고 강력하게 비판한 것이다. 이것이야말로 율법을 지키지 않은 것이라고 결론을 내린다. 이것은 율법 자체에 대한 비판이 아니라, 율법을 지키지 않은 이스라엘 백성들에 대한 비판이었다.

유대인 청중은 그들을 상대로 한 적나라한 비판에 격분하였다. 이에 아랑곳하지 않고 스데반이 "예수가 하나님의 오른쪽에 서 계신 것이 보인다"(56절)라고 말하자 그와 같은 신성모독을 참지 못하고 돌로 쳐 죽이고 만다. 스데반의 죽음에 대한 증인을 자처하면서 그들이 옷을 벗어 사울(바울)의 발 앞에 두는데, 사울의 역할이 여기에서 중요하게 취급되어 있다. 스데반의 순교 장면은 여러 면에서 예수와 닮은꼴로 제시된다: 산헤드린 심문(행6:12; 7:1), 거짓 증인의 모함(6:13), 성전 파괴에 대한 증언(6:14), 인자에 관한 언급(7:56), 신성모독 혐의(6:11), 대제사장의 심문(7:1), 큰 소리의 부르짖음(7:59), 영혼의 의탁(7:59), 대적자에 대한 용서(7:60), 무고한 죽음(7:60). 스데반의 순교는 예루살렘 교회의 박해가 가속화되는 계기가 되었고, 그 결과 사도들을 제외한 모든 성도들은 유대와 사마리아 지방으로 흩어지게 되었다(8:1). 박해는 오히려 하나님의 섭리를 이루는 결과가 되었다(행1:8 참조).

h. 빌립의 전도활동(8:4-40)

흩어진 성도들의 전도활동을 대표하는 사람은 빌립이었다. 빌립은 스데반과 더불어 일곱 일꾼 중에서 사도에 버금가는 활약을 하였다. 행1-6장이 사도단의 활동이라면, 행7-8장은 일곱 일꾼(스데반과 빌립)의 활동이었다. 빌립의 활동은 사마리아 전도(8:4-25)와 에디오피아 내시 전도(8:26-40)로 나뉜다.

사마리아는 유대인들과는 사이가 좋지 않은 지역이었는데, 빌립이 그곳에서 복음을 전한 것은 인종적, 종교적, 지리적 차별을 넘어선 것이다. 사마리아 지역을 건너뛰고 이방인 선교를 말할 수 없었다. 빌립은 축귀 기적과 치유 기적을 통한 많은 표징을 행하였고, 이에 사마리아 지역에서 "큰 자"와 "하나님의 능력"으로 불리던 마술사 시몬조차 흥미를 느끼게 되었다. 시몬은 빌립에게 세례를 받고 그를 따라다녔다. 예루살렘 교회가 베드로와 요한을 보내어 사마리아 사람들에게 성령 세례를 베풀었다. 안수하는 것만으로 성령을 받는 것을 본 시몬이 돈으로 그 능력을 사려고 하였다. 베드로의 책망을 듣고 시몬이 뉘우치는 장면이 나오지만, 그가 회개하였다고 말하지는 않는다. 베드로와 요한은 사마리아 여러 마을에서 복음을 전하고 예루살렘으로 돌아갔다. 특히 사마리아에 불을 내려 심판하기 원했던(눅9:54) 요한이 사마리아에서 복음을 전한 것은 놀라운 변화였다.

빌립은 천사의 지시를 받고 사마리아에서 예루살렘을 거쳐 광야길을 지나 가사로 내려간다. 가사 근처에서 에디오피아의 내시를 만난다. 그가 예루살렘 예배하러 왔다가 돌아가는 중이라고 한 것을 보면 하나님을 경외하는 사람(God-fearer)이었던 것 같다. 이사야서 53장을 읽고 있는 것을 듣고, 빌립이 다가가서 '고난 받는 종'에 대한 설명을 시작으로 복음을 전하였다. 빌립은 그에게 세례를 준 뒤 주의 영에 이끌려 갑자기 가사 북쪽으로 30km 떨어진 아소도에 나타났다. 빌립은 해변길을 따라 복음을 전하면서 가이사랴까지 이동하였다. 그 도중에 룻다와 욥바를 거쳤을 것이다. 뒤이어 10장에서 베드로가 욥바와 가이사랴를 중심으로 고넬료를 전도한 것보다 빌립이 선구적 역할을 하고 있음을 알 수 있다.

i. 사울의 회심과 초기 전도활동(9:1-31)

사울(바울)의 회심 이야기는 삽화적으로 빌립의 전도활동(8

장)과 고넬료 회심 사건(10장) 사이에 끼어 있다. 13장부터 전개될 바울의 본격적인 선교활동을 위한 준비로 볼 수 있다. 사울은 스데반의 순교에서 주도적 역할을 하였는데(7:58; 8:1,3), 계속하여 다메섹에 있는 그리스도인들을 박해하기 위하여 그곳으로 가던 중이었다(바리새적 열심). 갑자기 하늘에서 환한 '빛'을 보게 되고, 그를 부르는 '음성'을 듣게 되었다. 사울은 그가 예수를 박해한 것을 알게 되고 회심하는 계기가 되었다. 그는 사흘 동안 아무 것도 '볼' 수 없게 되고, 아무 '말'도 할 수 없었다. 사울은 아나니아의 도움으로 시력을 회복하고 말을 할 수 있게 되었으며, 성령으로 충만하게 되었다. 그의 회심은 다른 종교로 개종한 것보다는 이방인의 사도로 소명을 받은 것으로 볼 수 있다(calling rather than conversion). 행9장의 회심 이야기와 바울 자신의 설명(갈1:16)은 차이가 있지만, 사도행전은 구체적인 형상 언어로, 갈라디아서는 보다 추상적인 개념 언어로 표현하고 있다고 하겠다. 그런데 사울의 이름이 바울로 바뀌는 것은 회심 때가 아니라 이방인에게 선교하게 되는 13:9에 가서야 이루어진다. 헬라 이름인 바울이 이방인들에게 더 친숙했기 때문이었다.

사울은 성령에 충만하여 다메섹에서 예수가 하나님의 아들이심을 전하였다. 교회의 박해자였던 그가 복음 전파자가 된 것이다. 이 소식을 들은 유대인들은 당황하여 사울을 죽이고자 모의하였다. 사울은 형제들의 도움으로 다메섹에서 광주리를 타고 탈출하여 예루살렘으로 왔다. 예루살렘의 제자들이 사울을 여전히 두려워하자, 바나바가 사울의 회심을 설명하면서 중재해 주었다. 사울이 예루살렘에서도 담대하게 전도활동을 펴나가자 유대인들이 죽이려 하였고, 이에 형제들이 그를 가이사랴를 거쳐 그의 고향인 다소로 피신시켰다.

9:31에는 두 번째 요약보도가 기록되어 있다. 교회가 유대와

갈릴리와 사마리아 온 지역에서 든든하게 서 갔다는 내용이다. 6:8-9:31의 내용 중에 실제로 갈릴리에서 전도활동을 한 것이 나오지는 않는다. 성령의 '위로'를 언급한 것은 교회의 확장 과정에 박해와 고난이 있었다는 것을 암시해 준다.

j. 베드로의 전도활동(9:32-11:18)

바울의 회심 사건이 삽화처럼 다루어진 뒤, 9:32부터 베드로의 활동이 재개되고 있다. 이 단락은 두 개의 기적 이야기(9:32-43)와 고넬료 회심 이야기(10:1-11:18)로 구성된다. 두 개의 기적은 남자(애니아)와 여자(다비다)의 조화와 균형을 통해 복음의 보편성을 보여준다. 베드로는 박해가 일어났던 예루살렘을 벗어나 룻다의 성도들을 방문하고 있다. "성도들"이라는 용어는 사도행전에 두 번(9:32, 41) 등장한다. 베드로는 팔 년을 침상에 누워 있는 애니아에게 예수 그리스도의 이름으로 "일어나 네 자리를 정돈하라"라는 명령 한마디로 고쳐준다(눅5:17-26의 중풍병자를 고친 이야기와 유사).

베드로는 룻다에서 부름을 받고 욥바로 온다. 여기에서 구제를 많이 했던 다비다(헬, 도르가)를 소생시키는 기적을 행한다(눅7:11-16의 나인 성 과부의 아들을 소생시킨 기적과 유사). 다비다는 신약성서에서 유일하게 "여제자"(μαθητρια)라고 불리고 있다. 베드로는 "다비다야, 일어나라!"라는 명령 한마디로 고쳐준다. 두 가지 기적은 많은 사람들을 주께로 인도하는 결과를 낳았다(35,42절). 베드로가 시몬이라는 무두장이 집에서 머문 것은 같은 정결의 주제를 다루는 고넬료 회심 이야기로 연결시키는 수사적 장치가 된다.

10장에서 시작되는 고넬료의 회심 이야기(눅8:5-13의 백부장

이야기와 유사)는 사도행전에서 중요하다(세 번이나 반복해서 재진술할 만큼). 베드로에 의한 이방인 선교의 선구적 이야기이면서, 이방인에게 임한 성령강림에 관해 말해주기 때문이다. 9장이 유대인 사울의 회심 이야기라면, 10장은 이방인 고넬료의 회심 이야기이다. 고넬료는 유대교의 정해진 기도 시간(오후 3시)에 기도하며, 구제에 힘쓴 것을 보면(마6장의 경건 생활과 비교됨), 하나님을 경외하는 사람(God-fearer)였음이 분명하다. 하나님은 가이사랴에 있는 고넬료에게 베드로를 초청하게 하고, 욥바(서로 48km 정도 떨어져 있음)에 있는 베드로에게 세 번이나 환상을 보여주면서 부정한 이방인들을 포용하도록 인도한다. 베드로는 하나님께서 사람을 외모(인종적, 계층적, 성별적, 종교적이라는 외적 기준)로 보지 않고 이방인까지도 하나님을 경외하는 사람은 다 받아주신다는 것을 깨닫는다(10:34-35). 베드로가 고넬료 가정 사람들에게 복음을 전할 때에, 성령이 이방인들에게 강림하였다(10:44). 베드로가 이방인들에게 성령이 임한 것을 보고(이방인의 성령 강림) 예루살렘 교회에 보고하자, 유대인 그리스도인들은 묵묵히 받아들이고 하나님께 영광을 돌렸다(11:1-18).

k. 안디옥 교회와 헤롯의 박해(11:19-12:24)

스데반의 순교로 인한 박해는 예루살렘 교회를 흩어지게 했고, 신자들은 사마리아와 갈릴리 북쪽 지역(베니게, 구브로, 안디옥)까지 가서 복음을 전하였다. 심지어 구브로와 구레네 사람 몇이 안디옥에 와서 헬라인에게 복음을 전하는 일까지 생겼다. 이는 익명으로 활약한 전도자들이 많이 있었음을 보여준다. 여기에서 로마제국의 3대 도시 중 하나인 안디옥(인구 50만)이 주목을 받고 있다. 안디옥에 믿는 자들이 늘어나자 예루살렘 교회에서는 바나바를 파송하여 실상을 파악하게 한다. 예루살렘 교회가 모교회로서의 역할을 감당하고 있다. 여기에서 예루살렘 교회에서 중요한 역할을 했던 바나바(4:36)가 다소에 피신해 있던 사울(9:30)을 데리고 와서 함께 안디옥 교회의 중심인물로 자리매김한다(11:22-26). 두 사람은 안디옥에 일 년 동안 머물면서 많은 사람을 가르쳤고, 이에 비로소 신자들이 '그리스도인'이라고 불리게 되었다. 이 때에 아가보라는 예언자가 큰 기근이 있을 것이라고 예언을 하였는데, 안디옥의 성도들이 개별적으로 구제금을 모아 예루살렘에 보낼 것을 결의하게 된다. 바울은 이러한 부조 활동에 큰 관심을 보였는데(갈2:10 참조), 교회를 박해했던 전력이 있었기 때문에 예루살렘 교회와 원만한 관계를 모색하려 한 것 같다.

12장은 헤롯 왕(아그립바 1세)의 박해와 그의 죽음에 관한 에피소드를 기록하고 있다. 그 사이에 야고보의 죽음과 베드로의 탈옥 이야기가 들어 있다. 그리스도인들의 숫자가 늘어나자 불안을 느낀 헤롯은 세베대의 아들인 야고보를 칼로 죽이게 된다. 칼로 죽인 것은 로마식 처형 방식을 따른 것이었는데, 이는 헤롯이 로마에서 공부했고 로마 황제들(칼리굴라, 클라우디우스)과 친구사이였기 때문에 이 방식을 택했다고 볼 수 있다. 유대인들이 이를 기뻐하는 것을 보고 베드로까지 처형하려고 계획을 세운다. 베드로를 체포하여 투옥하고, 네 교대를 세워 철저히 지키게 한 뒤, 유월절이 지나면 처단하려고 하였다. 그러나 주의 천사가 나타나 삼중 경계를 뚫고 베드로를 기적적으로 탈옥시킨다. 베드로는 마가 요한의 어머니인 마리아의 집으로 갔는데, 베드로가 풀려나기를 위해 기도하던 제자들은 여종 로데의 말을 듣고도 믿지 못한다. 베드로는 예루살렘 교회의 지도자였던 주의 동생 야고보에게 지도력을 이양하고 다른 곳으로 간다(12:17). 이로써 베드로는 사도행전에서 그의 역할을 실질적으로 마감한다(15:7-11의 사도회의에서 잠시 등장하기는 하지만). 이와 같은 베드로의 탈옥 이야기는 매우 흥미로운 요소를 많이 가지고 있어서 고대의 역사기술(historiography) 방식에 잘 어울리고 있다.

야고보를 죽인 헤롯은 교만한 태도로 인해 하나님의 심판을 받고 즉사한다. 그의 연설을 들은 유대인들이 "신의 소리"라고 아부하자 그것을 당연한 듯이 받아들였기 때문이다. 이로써 베드로의 선교활동은 끝이 났다. 이후부터는 바울 중심의 선교활동이 기록된다. 12:24은 세 번째 요약보도로서 하나님의 말씀이 확장되어 간 것을 말해준다.

1. 제1차 선교여행(12:25-14:28)

바나바와 사울은 예루살렘에서의 부조 활동을 마치고 마가 요한과 함께 안디옥으로 돌아온다. 안디옥 교회에는 다섯 명(바나바, 시므온, 루기오, 마나엔, 사울)의 예언자와 교사가 있었다(13:1). 이는 11:27과 연결되는 언급으로서, 12장이 삽입이 된 에피소드인 것을 보여준다. 이들 예언자들이 금식할 때에 성령의 지시가 있었다. 이에 안디옥 교회는 바나바와 사울을 따로 세워 1차 선교여행에 나서도록 파송하였다. 사도행전에 금식에 관한 기록은 두 번(13:2-3; 14:23) 나오는데, 모두 선교의 방향에 관해 주의 뜻을 알기 위한 것이 목적으로 되어 있다.

바나바와 사울은 이제 개인 선교에서 교회 선교로 전환한다. 차례대로 구브로의 선교활동(13:4-12), 비시디아 안디옥의 선교활동(13:13-52), 이고니온의 선교활동(14:1-7), 루스드라의 전도활동(14:8-20)이 이루어지고 있다. 바나바와 사울은 마가 요한을 데리고 바나바의 고향인 구브로 섬으로 건너가 유대교 회당에서 전도활동을 시작한다. 그곳에서 마술사인 바예수를 만나게 되는데, 그는 총독 서기오 바울의 후원을 받는 사람이었다. 바예수는 총독이 믿지 못하게 하려고 방해하였다. 이에 바울이라고도 하는 사울이 성령으로 충만하여 바예수가 얼마 동안 햇빛을 보지 못할 것이라고 저주하고 심판하였다(바울 자신의 경험과 비교된다. 바예수는 저주를 받고, 바울은 이방인의 사도가 됨). 이러한 상황을 설명하면서 바울이라는 헬라 이름이 사도행전에서 처음으로 사용되기 시작하고 있다(13:9). 이때가 바울이 이방인의 사도로서의 활동을 시작한 시점이기 때문이다.

바울과 그 일행은 비시디아 안디옥으로 건너간다. 비시디아 안디옥(시리아 안디옥과 구별됨)은 행정적으로는 갈라디아 남부의 행정중심지이고 지리적으로는 브루기아 지방에 속하였다. 이때부터 바울의 이름이 먼저 나오면서 주도적 역할을 하고 있다(13:13,15). 그런데 마가 요한은 이들을 떠나 고향인 예루살렘으로 돌아갔다가 15:37-40에서 다시 등장한다(예루살렘 사도회의 때). 그가 왜 떠났는지는 잘 모른다. 그러나 바울과 바나바 사이에 다툼이 일어나는 요인이 된 것을 보면(15:37-40), 배신보다는 불성실함이 원인이었을 것으로 짐작하게 된다. 바울은 안디옥 회당에서 3대 설교(13:16-41; 17:22-31; 20:17-35) 중 첫 번째 설교를 한다(사도행전에 바울의 설교는 9번 나옴). 청중은 두 부류인 "이스라엘 사람들과 하나님을 경외하는 사람들(God-fearers; 43절을 보면 proselytes도 포함됨)"이다. 바울은 이 설교에서 이스라엘 역사를 개관하고(모세가 빠진 것은 의외), 구약의 예언대로 오신 예수 그리스도를 소개하며, 예수를 죽인 이스라엘의 죄를 책망하고 난 뒤 예수를 믿어야 의롭게 될 수 있다고 권면한다.

바울의 설교는 많은 결실을 맺었지만 유대인들의 반대도 만만치 않았다. 그들은 바울의 말을 반박하고 비방하였다. 유대인들이 믿지 않고 배척하자 바울은 “우리는 이제 이방 사람들에게로 갑니다”(13:46)라고 선언하게 된다. 이 말을 들은 이방인들은 기뻐하고 찬양하였다. 그러나 유대인들은 귀부인들과 유력 인사들을 동원하여 박해하고 그 지방에서 내쫓았다. 바울과 바나바는 결연한 태도로 이고니온으로 이동하였다.

이고니온은 비시디아 안디옥에서 150km 떨어진 헬라식 도시였다. 회당에 들어가 복음을 전하자 유대인과 헬라인들이 많이 믿게 되었다. 이에 바울을 반대하는 유대인들이 이방인들을 선동하고 분열시키려고 하였다. “하나님을 경외하는 사람들”을 두고 두 집단(유대교도들과 바울 일행) 간에 쟁탈전이 벌어지는 양상을 보인 것이다. 결국 바울 일행은 격렬한 반대를 받아 근처의 루스드라와 더베 지역으로 피신할 수밖에 없었다.

바울은 루스드라에서 소아마비를 앓고 있는 앉은뱅이를 고치는 놀라운 기적을 행한다. 이는 베드로가 앉은뱅이를 고친 기적 이야기(행3:1-8)와 유사하다. 다른 점이 있다면 한 사람은 유대인이고, 한 사람은 이방인이라는 것이다. 루스드라의 이방인들은 신이 아니면 행할 수 없는 기적을 보고, 바나바를 제우스, 바울을 헤르메스라고 불렀다. 이 장면에서 바나바가 먼저 언급되고 있는데(14:12,14), 이는 바나바가 나이가 많아서 제우스로 불린 때문이 아닌가 생각된다. 여기에서 두 사람은 사도로 지칭된다. 그런데 헬라어 원문에 따르면 바울을 사도라고 부른 곳은 두 곳뿐(14:4,14)이다. 사도라고 부르는데 인색함을 보이는 것은 사도가 원래 12제자에게 해당되는 명칭이었고, 사도행전의 중심인물이 바울이 아니라 성령이라는 점을 나타내고자 한 것으로 보인다. 바울과 바나바는 흥분한 군중들을 진정시키고 하나님만을 높인다. 이러한 전도활동의 성과에 위기감을 느낀 유대인들이 안디옥과 이고니온에서 몰려와 바울을 돌로 치는 일까지 벌어진다. 더베로 피신하여 바울과 바나바는 그곳에서 많은 제자(새신자)를 얻었고, 그 후 루스드라, 이고니온, 비시디아 안디옥을 거쳐 돌아오는 길에 각 도시의 교회마다 금식하고 기도한 후 장로들을 세운다. 바울 일행은 시리아 안디옥에 돌아와 하나님께서 이방인들에게 복음이 전파되도록 인도한 것에 관하여 보고하였다.

m. 예루살렘 사도회의와 사도편지(15:1-35)

이때에 유대에서 몇 사람이 시리아 안디옥에 와서 "모세의 관례대로 할례를 받지 않으면 구원을 얻을 수 없다"고 가르치기 시작했다. 이로 인하여 바울과 바나바와 더불어 큰 갈등이 발생하였다. 이는 초대교회에서 유대주의적 가르침(복음+율법/할례)이 교회에서 심각한 논쟁거리가 되었음을 보여준다. 특히 이방인들이 교회에 들어오게 되면서부터 어떠한 조건을 붙여야 하는지에 관해서 의견의 일치가 이루어지지 않았기 때문이다. 안디옥 교회는 이 문제의 심각성을 깨닫고 논란을 종식시키기 위해 바울 일행을 예루살렘에 보내 그곳의 사도들과 장로들과 상의하도록 한다. 15장은 1차 선교여행을 통해 불거진 문제의 해결책을 모색한 사도회의에 대해 기록하고 있다. 문제가 해결된 후에는 이방인 선교활동이 거침없이 이루어지고 있음을 보여준다. 이후 예루살렘 교회와 베드로의 지도력이 쇠퇴하고, 안디옥 교회와 바울의 지도력이 전면에 등장하게 된다.

바울 일행이 예루살렘에 도착하여 이방인 가운데서 하나님께서 행하신 일을 보고하였다. 그러자 바리새파에 속했다가 믿게 된 유대인 그리스도인들이 이방인들이 할례를 받아야 한다고 이의를 제기한다. 이에 대해 많은 논쟁이 있었으나 결론을 내리지 못한다. 첫 번째로 베드로가 변론한다. 베드로는 고넬료 회심 사건(10장)을 언급하면서 이방인들이 믿게 된 것을 설명한다. 바울보다 자신이 이방인 선교의 선구자였음을 상기시키면서 바울을 변호하는 셈이다. 두 번째로 바나바(예루살렘 교회의 지도자였던 관계로 먼저 언급된 듯)와 바울이 이방인 가운데서 행하신 하나님의 '표징과 기사'(사도적 표지로 인식되었음)를 강조한다. 세 번째로 예루살렘의 지도자인 야고보(예수의 형제)가 나서서 결론을 내린다. 이방인 그리스도인들에게 율법의 의무를 지우지 말고 다만 네 가지 조건만 충족하면 받아주는 것으로 하자고 제안한다. 네 가지 조건은 우상에게 바친 제물(고기), 음행(성창), 목매어 죽인 것(신전 제물로 목 졸라 죽인 짐승), 피(목 졸라 죽인 짐승의 피를 마심)를 멀리하는 것이었는데, 이들 모두는 이교 신전의 우상숭배와 관련이 있다.

예루살렘 교회는 야고보의 제안을 받아들였고, 사도서신을 써서 바울 일행과 함께 유다와 실라를 안디옥 교회에 보내기로 하였다. 사도서신은 헬라 공식 서한의 양식(특히 23절의 첫 인사인 χαιρειν과 29절의 끝인사인 ερρωσΘε)으로 15:23하-29에 실려 있다. 이는 신약성서 안에 들어 있는 내장된 편지(embedded letter)의 좋은 예다. 안디옥 교회는 예루살렘 교회의 권면(παρακλησις)을 기쁘게 받아들이고 평안하게 성장할 수 있었다.

n. 제2차 선교여행(15:36-18:22)

바울은 안디옥 교회가 안정되자 바나바와 함께 먼저 세운 교회들을 방문하자고 제안하였다. 그런데 마가 요한을 데리고 가는 문제를 두고 두 사람 사이에 갈등이 생겼다. 바울은 마가 요한의 불성실했던 태도(13:13)를 문제 삼았고, 결국 두 사람은 갈라서고 말았다. 바나바는 마가 요한을 데리고 구브로로 가고, 바울은 실라를 데리고 육로를 택하여 시리아와 길리기아로 떠났다. 바나바는 이 시점을 끝으로 다시 등장하지 않는다. 바울과 마가 요한은 나중에 화해한 것으로 보인다(골4:10; 몬24절; 딤후4:11 참조).

바울은 바나바와 헤어졌지만 실라와 디모데를 새로운 동역자로 하여 2차 선교여행을 다닌다. 실라는 로마 시민이었기에 바울의 든든한 후원자가 될 수 있었고, 예루살렘 교회의 지도자였기에 유대주의자들로부터 바울을 변호해 줄 수 있었다. 디모데는 외할머니와 어머니의 신앙을 이어받은 신실한 제자였다. 바울은 아버지가 헬라인이었던 디모데에게 할례를 행하여 더베와 루스드라에 있던 유대인들의 비난을 피하고자 하였다. 16:5은 네 번째의 요약보도로서 바울의 선교활동으로 유럽으로 건너가기 전까지 교회가 성장한 것을 가름해 준다.

16:6이하는 유럽에서의 선교활동에 관해서 말해준다. 바울 일행은 아시아에서 복음을 전하는데 어려움을 겪는다. 성령이 막으셨기 때문이다. 바울이 유럽으로 건너갈 수 있는 항구 도시인 드로아에 이르렀을 때 밤에 환상을 보게 된다. 마케도니아 사람 하나가 도와달라고 하는 환상이었다. 바울은 새로운 비전을 가지고 마케도니아로 들어가게 된다. 이렇게 하여 선교에 있어 세계사적 의미를 지닌 유럽 선교가 시작되었다. 첫 사역지로 빌립보에 당도한다. 빌립보는 원로원 직속주로서의 특권을 누리던 로마적인 도시였다. 마케도니아를 동서로 관통하는 '비아 에그나티아'(Via Egnatia)가 지나는 교통의 요충지이기도 했다. 바울은 빌립보에서 자색 옷감을 파는 루디아를 만나 첫 제자로 삼는다. 그녀는 자기 집을 제공할 만큼 신실하고 헌신된 모습을 보여준다. 10절에 첫 번째 '우리-단락'(16:10-17; 20:5-15; 21:1-18; 27:1-28:16 참조)이 나오고 있어 눈길을 끈다. 네 번의 '우리-단락'

모두 항해 기사에 속해 있다. 이것은 저자가 항해 기사와 관련 있는 마케도니아와 그리스 지역 사람인 것을 암시해 준다.

바울은 빌립보에 상당 기간 머물렀는데, 하루는 그곳에서 점을 치는 여종 한 사람을 만난다(16:16). 그 여자가 바울 일행을 알아보고 큰 소리를 치자, 바울이 그 여자에게서 귀신을 내쫓았다. 이 일은 그 여자를 이용해 돈벌이를 하던 사람들에게 손해를 끼치는 것이었다. 이 사람들은 바울과 실라를 고발하고 투옥시키게 만들었다. 바울과 실라는 감옥에 갇혀서도 기도하며 찬양하였는데, 큰 지진이 일어나 풀려났다. 이 사건을 계기로 간수와 그 가족이 구원을 얻게 되었다. 이튿날 치안관들이 바울과 실라를 방면하자, 비로소 그들이 로마 시민인 것을 밝힌다. 이것은 그들이 로마 시민이라는 것보다 그리스도인의 정체성과 복음의 진정성을 더 중요시했다는 것을 알 수 있다.

바울 일행은 빌립보를 떠나 데살로니가로 왔다. 데살로니가는 마케도니아의 수도로서 자유도시의 지위를 누렸다. 유대 회당을 찾아 세 주간에 걸쳐 구약 성경을 풀어 예수 그리스도에 대한 예언으로 해석하였다. 이것은 논쟁적인 이슈가 되었으나 많은 경건한 헬라인의 무리와 귀부인들이 믿음을 갖게 되었다. 유대인들은 시기심이 일어 불량배들을 동원하여 바울을 박해하였다. 바울은 체포하지 못하고, 야손의 집을 급습하여 붙잡아갔다. 유대인들은 바울이 천하를 어지럽게 하며, 로마 황제 대신에 다른 왕 예수를 섬긴다고 고발하였다.

바울 일행은 관원들을 피하여 밤중에 80km 떨어진 베뢰아로 갔다. 베뢰아의 유대인들은 데살로니가 유대인들과 다르게 기쁜 마음으로 말씀을 받아들였다. 바울과 함께 구약성경을 상고하는 일에도 열심을 보였다. 그러나 데살로니가에서 반대하던 유대인들이 베뢰아까지 쫓아와 바울을 괴롭혔다. 이에 바울은 실라와 디모데를 베뢰아에 남겨둔 채 아테네로 피신할 수밖에 없었다.

아테네에서 바울은 도시 전체에 조각상으로 만들어진 우상이 많이 있는 것을 보고 격분하였다. 바울은 이러한 주제를 가지고 다양한 집단들(유대인, 이방인, 광장에서 만난 이들, 에피쿠로스 철학자들, 스토아 철학자들)과 토론을 벌였다. 아테네 사람들은 원래 새로운 가르침에 관심을 보였기 때문에 자연스럽게 토론의 기회를 가질 수 있었다. 바울은 3대 설교 중 하나인 아레오바고 설교(17:22-31)를 통해 아테네 사람들이 섬기는 '알지 못하는 신'이 바로 유일하신 하나님이라고 설명한다. 하나님을 설명하면서 "생명과 호흡과 만물을 주시는 분"이라고 한 것은 에피쿠로스 학파의 견해와 비슷하고, "인류가 한 혈통으로부터 왔다"는 것은 스토아 학파의 견해와 비슷하였기 때문에 설득력이 있었다. 30-31절의 결론에 가서 바울은 예수의 부활과 회개의 필요성을 언급하였다. 아레오바고 설교는 철학적이지만 실패한 설교는 아니다. 더러는 부활을 비웃었지만(아폴로는 "죽은 후에는 부활이 없다"고 가르쳤기 때문에), 아레오바고 법정의 판사인 디오누시오와 다마리 부인을 비롯한 여러 사람들이 믿었기 때문이다.

바울은 박해를 받지 않고 자발적으로 고린도로 떠났다. 고린도는 그리스에서 가장 큰 도시였다. 이쓰무스(Ithumus) 해협을 중심으로 동서를 연결하는 교차점에 위치한 무역 도시였다. 2년마다 열리는 이쓰무스 경기가 유명하였다. 바울은 고린도에서 전도하기에 적합한 환경을 만나서 1년 6개월을 머물렀다. 동종업에 종사하는 아굴라와 브리스길라 부부(49년에 클라우디우스 황제의 칙령에 따라 로마에서 추방된)를 만나 천막 일을 여유롭게 하면서 복음을 전할 수 있었기 때문이다. 실라와 디모데가 베뢰아에서 돌아와 합류하면서 전도활동도 더욱 활기를 띠게 되었다. 그럴수록 유대인들은 바울을 반대하고 비방하였기 때문에, 바울은 "이제 나는 이방 사람에게로 가겠습니다."(18:6)라고 선언한다. 바울이 이방인 디디오 유스도와 회당장 그리스보(고전1:14 참조)를 개종시키자 유대인들은 갈리오 총독에게 고발하였다. 그러나 갈리오는 종교적인 문제에는 관여하지 않겠다고 선을 그음으로써 결과적으로 바울을 도와준다. 화가 난 유대인들은 회당장 소스데네(기독교에 호의적?)를 재판정 앞에서 때렸지만 갈리오는 개의치 않는다.

바울은 여러 날 더 고린도에 머물다가 시리아로 떠난다. 바울은 서원을 이행하고자 겐그레아에서 머리를 깎는데, 이는 아직도 유대교의 관습을 따르고 있음을 보여준다. 바울은 브리스길라와 아굴라를 에베소에 떼어놓고 혼자서 움직인다. 그는 회당에 들어가 유대인들과 토론하고 머물러 달라는 부탁을 받았지만, 그들의 요청에도 불구하고 서둘러 가이사랴로 떠난다. 항해 일정이 빠듯했거나 유월절이 가까워 빨리 출항해야 했기 때문이었던 것 같다. 그 후 바울은 예루살렘에 올라갔다가 안디옥으로 내려왔다.

ㅇ. 제3차 선교여행(18:23-21:26)

바울은 안디옥에서 얼마 동안 있다가 갈라디아 지방과 부르기아 지방을 거쳐 에베소로 온다. 2차 선교여행과 3차 선교여행은 곧바로 이어지는 모습을 보여준다. 또한 3차 선교여행은 에베소에 집중되어 있어서 선교여행이라는 명칭이 어울리지 않을 정도다. 에베소는 자유도시로서 문화와 상업의 중심지였으며, 교통의 요충지였다. 알렉산드리아 다음으로 큰 도시로서(인구 20-30만), 복음을 전하는데 있어서 전략적으로 중요하였다. 당시 언변이 좋고 성경에 능통한 아볼로라는 사람이 있었다. 그는 기독교에 관해 잘 설명하였지만 요한의 세례만 알고 있어서, 에베소에 남아 있던 브리스길라와 아굴라가 자세하게 설명해 준다. 아볼로가 아가야로 건너가고 싶어 하였으므로 추천서를 써주어 고린도로 보낸다. 그 사이에 바울은 '높은 지대'(갈라디아와 부르기아 지방)를 거쳐 에베소에 왔다. 바울은 요한의 세례만 알고 있는 사람들(세례자 요한의 제자들?)을 만나 복음을 설명하고 예수의 이름으로 세례를 준다. 바울은 회당에서 3개월 동안 유대인들의 관심사인 하나님 나라의 일을 강론하였다. 그러나 유대인들의 마음이 완악하여지자, 제자들만 따로 데리고 두란노 학당에서 2년 동안 날마다 강론하였다. 이로써 아시아의 모든 사람들이 복음을 듣게 되는 결과를 가져왔다.

하나님께서는 바울을 통하여 비상한 기적들도 행하였다. 바울이 지닌 손수건이나 앞치마를 얹기만 해도 낫게 되었다. 이것은 베드로의 그림자만으로도 치유가 일어난 것과 유사하다(5:15). 바울의 능력이 유명해지자 유대인 귀신 축출가들도 바울을 흉내내어 귀신을 쫓아내려고 하였다. 심지어 유대인 제사장인 스게와의 일곱 아들들도 같은 행동을 하였다. 그러나 귀신들이 이들의 정체를 알아보고 제압해 버린다. 많은 사람들이 믿게 되었으며, 마술사들도 그들의 많은 책을 불태워버리는 일까지 생겨났다. 이런 사건을 통해 바울의 기적은 마술이나 심령술과는 다르다는 것을 확인해 준다. 19:20은 복음이 확장되는 다섯 번째 요약보도로서, 바울이 주도하는 유럽 지역에서의 전도활동이 마무리되고 있음을 보여준다.

바울은 아직 에베소에 머물고 있지만, 마케도니아와 아가야를 거쳐 예루살렘으로 가기로 작정하고 있다(19:21). 로마까지 가려고 하는 계획도 세운다. 바울이 떠나기 전에 에베소에서 큰 소동이 일어났다. 에베소에는 매우 큰(500m×250m) 아데미 여신의 신전이 있었고, 그 신상의 모형을 만들어 파는 사업이 성행하고 있었다. 은장이 사업가인 데메드리오가 종사자들을 충동하여 도시 전체를 혼란에 빠뜨렸고, 바울의 동역자인 가이오와 아리스다고를 체포하였다. 바울 대신에 나선 알렉산더도 흥분한 군중을 진정시킬 수 없었다. 이에 시청 관리가 나서서 권위를 가지고 이성적으로 설득하여 가까스로 군중을 해산시킬 수 있었다. 이 시청 관리는 소동이 정치적인 사건으로 비화하는 것을 막으려고 한 것이었지만, 결과적으로 바울 일행을 도와준 셈이 되었다.

소동이 그친 뒤 바울은 마케도니아로 떠난다. 거기에서 남쪽 그리스로 내려와 석 달을 머물렀다. 여기에서 로마서를 기록하였을 가능성이 있다(55-56년). 유대인들이 바울을 해하려고 하는 정보가 있어서 배로 가지 못하고 마케도니아로 돌아서 시리아 안디옥으로 가기로 한다. 이 시점이 두 번째 '우리-단락'(20:5-15)이 나타나는 곳이다. 이때부터 정확하게 항해 인원, 항해 일수, 체류 기간 등을 명시하고 있어서 일정한 항해 일지에 근거하고 있는 것처럼 보인다. 배로 빌립보에서 드로아로 가서 일주일을 머무른다. 그곳에서 강론을 듣다가 떨어져 실신한 유두고('행운'이라는 이름)를 살리는 사건이 일어난다. 바울은 앗소에서 배를 타고 미둘레네, 기오, 사모, 밀레도로 빠르게 항해한다. 에베소에 들리지 않은 것은 오순절 전까지 예루살렘에 도착하려고 서둘렀기 때문이었다.

바울은 에베소에 들리지 않은 대신에 밀레도로 에베소 교회 장로들을 불렀다. 두 도시는 50km 정도 떨어져 있었기 때문에 바울이 에베소를 들리게 되면 닷새는 더 걸렸을 것이다. 바울은 에베소 장로들에게 3대 설교의 하나인 고별설교(20:18-35)를 하였다. 고별설교에서 바울은 아시아 전역에서 한 사역을 설명하고, 성령에 매여 고난이 기다리고 있는 예루살렘으로 가야만 한다고 밝히며, 교회를 잘 돌보라고 권면한다.

바울은 에베소 장로들과 애닯게 작별하고 배를 타고 고스, 로도, 바다라로 간다(이 시점에서 세 번째 '우리-단락'이 21:1-18에 나온다). 거기에서 큰 배를 갈아타고 시리아 안디옥으로 향하였다. 바다라에서 출발한 배는 구브로 옆으로 지나 두로에 도착한다. 그곳에서 만난 성도들은 바울에게 예루살렘에 올라가지 말라고 간청하지만 바울은 아랑곳하지 않고 돌레마이를 거쳐 가이사랴에 도착한다. 그곳에서 아가보 예언자(11:27-28 참조)가 유대에서 내려와 바울의 운명에 대해 상징적인 예언(허리띠로 바울을 묶는 행위)을 하면서 예루살렘으로 가지 말라고 만류한다. 그럼에도 불구하고 바울은 결연한 태도로 예루살렘으로 향한다.

바울은 빌립보에서 시작한(20:6; 무교절) 오랜 항해(약 50일 정도) 끝에 오순절에 맞추어 예루살렘에 도착하여 교회 지도자인 야고보와 장로들을 방문하였다. 야고보는 바울에게 율법에 열성을 가진 수만 명의 유대인 그리스도인들이 그에게 좋지 않은 생각을 갖고 있음을 알려준다. 그 내용은 바울이 모세의 율법에 따라 행하지 말고, 할례를 행하지 말며, 유대인의 관습과 전통을 지키지 말라고 가르쳤다는 것이었다. 이러한 오해를 불식시키기 위해 서원한 네 사람과 함께 결례를 행하는 것이 좋겠다고 제안한다. 바울은 이 제안을 순순히 따른다. 그러나 성전에 모습을 드러낸 이 일로 인하여 바울은 곤경에 처하게 된다. 여기에서 예루살렘 교회에 구제금을 전달하는 내용은 생략되고 있어서 의아스럽다. 아마 이방인에 대한 유대인들의 반감이 여전히 높았기 때문이 아닌가 생각된다.

이제까지 바울의 3차에 걸친 선교여행을 보면 대략적으로 1차(13-15장), 2차(16-18장), 3차(19-21장)에 각각 3장씩 할애되고 있다. 그 이후 바울의 재판과 로마행을 보면, 유대인들 앞에서 변호(22장), 산헤드린 공의회 앞에서 변호(23장), 벨릭스 총독 앞에서 재판(24장), 베스도 총독 앞에서 재판(25장), 아그립바 왕 앞에서 변호(26장), 파선과 로마행(27-28장)으로 나눌 수 있다. 바울은 유대인들과 아그립바 왕 앞에서 한 연설에서 다메섹 회심 장면을 두 번 더 반복해서 설명하고 있다(22장과 26장).

p. 바울의 재판(21:27-26:32)

결례 기간인 일주일이 다 되어가자 아시아에서 온 디아스포라 유대인들이 성전에서 바울을 체포하러 나섰다. 이들은 스데반과 논쟁을 벌인 유대인들과 그 성격이 비슷하다(6:9 참조). 그들은 바울이 이스라엘 민족과 율법과 성전을 비방하고 모독하였다고 비난하였다. 그것은 사실이 아니고 오해(이방인인 드로비모를 성전에 데리고 들어왔다고 생각함)였다. 바울은 한때 유대인들과 함께 스데반을 죽이는 데 앞장섰었는데, 이제 그 유대인들에 의해 박해를 받고 있는 점에서 아이러니를 보여준다. 율법을 범한 사람을 죽이기 전에는 성전이 정결하게 되지 않는다고 생각한 유대인들로 인해 예루살렘 전체가 소동에 휩싸이자, 로마 군대의 천부장 글라우디오 루시아(23:26)가 군중을 진정시키고 바울을 체포한다.

바울은 천부장에게 허락을 받아 유대인들에게 직접 변호(22:1-21)한다. 바울은 이 연설에서 다메섹으로 가다가 부활한 예수를 만나 이방인의 사도로 부름 받은 이야기를 히브리어로 길고 자세하게 반복한다(9장 참조). 그는 자신이 길리기아 다소에서 태어난 유대인으로서 예루살렘에서 성장하였고, 가말리엘 문하에서 교육을 받은 사람이라고 소개하였다. 율법과 민족의 전통을 중요시하였다는 점을 강조한 것이다. 바울이 유대인들이 복음을 거부하여 이방인의 사도가 되었다는 말에 자존심에 상처를 느낀 유대인 군중이 바울의 연설을 끊고 "이런 자는 없애버려라. 살려두면 안 된다"(22:22)고 소리치자, 천부장 루시아가 바울을 병영 안으로 데리고 들어간다. 혐의를 찾기 위해 바울에게 채찍질을 가하려 하자, 바울은 이와 같은 판결하기 전에 채찍질을 하려는 부당한 처사에 대해 자신은 태어나면서부터 로마 시민이라고 밝히고 있다. 천부장은 이 말을 듣고 두려움을 느낀다.

천부장은 바울의 혐의를 밝히는데 도움이 될지 모른다고 생각하면서, 결박을 풀어준 뒤에 산헤드린 공의회에서 결백을 증명할 기회를 준다. 바울이 이들 앞에서 증언을 시작하자마자 산헤드린의 의장인 대제사장 아나니아가 바울의 입을 치라고 명령한다. 바울은 이러한 아나니아를 "회칠한 담"(23:3)이라고 공격한다. 아나니아는 친로마 성향을 드러낸 인물로 뇌물을 주고 성전 헌금도 착복하였기 때문에 악명이 높았다. 그는 주후 66년 유대인 전쟁이 발발했을 때 열심당원들에 의해 무참히 살해당했다. 바울은 곤경을 벗어나기 위해 산헤드린의 구성이 사두개파와 바리새파로 나뉜 것을 이용해 부활 논쟁을 이끌어낸다.

이러한 소동으로 인하여 유대인들 중 바울을 살해하기로 결심한 암살단이 40명이 넘게 결성되었다. 이러한 음모를 놀랍게도 바울의 조카가 알게 되어 백부장과 천부장에게 알려준다. 사태의 심각성을 인지한 천부장 루시아는 백부장 두 사람에게 바울을 가이사랴에 있는 벨릭스 총독에게 호송하는 극비 임무를 맡긴다. 루시아는 벨릭스에게 보내는 편지(23:26-30)를 통해 바울의 무죄를 증언해 주고 있다.

바울의 공식 재판은 벨릭스 총독이 주관하는 법정에서 열렸다(24장). 대제사장 아나니아는 더둘로라는 변호사를 대동하고 예루살렘에서 100km나 떨어진 가이사랴까지 왔다. 그만큼 중요한 사안으로 본 것이다. 유대 지도자들과 함께 압력을 행사하려고 한 의도도 보인다. 다행스러웠던 것은 벨릭스 총독이 유대인들에게 그렇게 호의적이지 않았다는 것이다. 로마 시민이 아니면서도 총독의 자리까지 올랐고, 열심당원들을 탄압함으로써 로마 황제의 신임을 얻으려고 하였던 인물이다. 더둘로는 바울이 소요를 일으키고(정치적인 죄), 성전을 더럽게 하였다고(종교적인 죄) 고발하였다. 바울은 이러한 죄목에 대해 자신을 변호하고 난 뒤, 오직 자신은 부활을 전한 것밖에 없다(24:21)고 말하였다. 벨릭스는 천부장 루시아가 내려올 때까지 유대인들의 환심을 사기 위해 판결을 보류하는 무책임한 결정을 내린다. 이로 인해 바울은 후임자 베스도가 부임하기까지 2년을 가이사랴 감옥에서 비교적 자유롭게 보내게 된다.

베스도는 부임하자마자 사흘 뒤에 예루살렘에 올라가 유대 지도자들과 만나 그들의 소원대로 바울을 예루살렘에 불러 재판하려고 하였다. 베스도는 가이사랴로 돌아오자마자 바울을 불러 재판을 진행한다(25장). 베스도는 유대 지도자들과 약속한 대로 예루살렘으로 보내 재판을 받게 하려고 바울을 회유한다. 그러나 바울은 그가 베스도의 제안을 받아들이면 가는 도중에 암살단에 의해 살해될 것을 알고, 최후의 수단으로 황제에게 상소할 수밖에 없었다. 우리는 여기에서 유대인들은 바울이 정치적인 범죄로 고발하였으면서도 종교적인 권한을 가진 산헤드린의 재판을 받아야 한다고 주장하고 있고, 바울은 종교적인 문제로 고발을 당했다고 주장하면서도 정치적인 권한을 가지고 있는 로마 법정에서 재판을 받아야 한다고 하는 이율배반적인 묘한 상황이 전개되고 있음을 보게 된다. 베스도는 어떻게 이 문제를 처리해야 할지 고민에 빠졌는데, 마침 누이동생 버니게와 함께 그를 방문한 유대 왕 아그립바 2세에게 직접 심문하여 달라고 부탁한다.

바울은 아그립바 왕 앞에서 자신을 변호할 수 있는 기회를 얻어 해명하게 된다(26장). 사도행전에서 가장 긴 연설이 여기에 등장한다(26:2-23). 바울은 바리새인으로서 율법을 철저하게 지키려고 했으며, 유대인들의 소망인 부활을 전했기 때문에 고소를 당했다고 변호한다. 이어서 대제사장들의 위임으로 그리스도인들을 박해하다가 부활한 예수를 다메섹 도상에서 만난 이야기를 세 번째로 반복한다(26:12-18). 바울은 연설의 말미(26:22-23)에서 성경의 예언대로 그리스도가 고난을 받고 부활한 것이라고 증언하면서, 유대인은 물론 이방인에게도 복음을 전파하게 된 것을 당당하게 선언하고 있다. 바울의 연설은 베스도의 개입으로 갑자기 중단되었고, 아그립바가 주도한 심문도 결론을 내지 못하자 베스도는 황제의 법정으로 보내기로 결정한다. 주목할 점은 일련의 심문 과정에서 바울이 무죄하다는 사실이 계속 암시되고 있다는 것이다(23:29; 25:25; 26:31).

q. 로마행 항해(27:1-28:15)

바울은 아구스도대(황제의 부대)에 속한 율리오 백부장의 지휘로 로마로 호송된다. 여기에 사도행전의 마지막 '우리-단락'(27:1-28:16)이 등장한다. 마지막 항해에는 아리스다고와 누가도 함께 동행한 것으로 보인다(골4:14; 몬24 참조). 누가는 자신이 동행한 이 여행에 많은 기록을 하고 있다. 파선(shipwreck) 이야기가 중요하게 취급되어 있는데, 파선 이야기는 누가와 같은 고대의 역사서술가에게 흥미로운 주제였다. 바울은 아시아 연안을 오가는 작은 배(아드라뭇데노 호)를 타고 가이사랴에서 출발하여 시돈을 거쳐 무라에 도착한다. 거기에서 지중해를 가로지를 수 있는 큰 배(알렉산드리아 배)로 갈아탔다. 풍랑을 이겨내고 겨우 크레타 섬의 '미항'이라는 곳에 도착하였다. 속죄일(Day of

Atonement)이 지났다고 한 것을 보면, 이미 10월 중순에서 11월 초순이 되었다는 것을 시사해 준다. 겨울로 접어드는 이때는 항해하기에는 적절하지 않은 계절이었다. 바울은 항해하지 말라고 경고하였지만, 율리오 백부장은 선장과 선주의 말을 들었고, 겨울을 나기에 적합한 60km 떨어진 뵈닉스로 이동하기로 결정하였다. 이 결정은 결국 파국으로 치닫게 되는 계기가 된다.

마침 남풍이 불어 순조롭게 미항을 출발하여 뵈닉스로 향하였다. 이때 유라굴로라는 폭풍이 몰아쳤다. 유라굴로는 동풍('유로스')와 북풍('아퀼로')의 합성어로서, 크레타 섬에 있는 이다(Ida)산(2,400m)에서 불어오는 강력한 북동풍이다. 유라굴로 강풍에 떠밀려 뵈닉스로 가지 못하고 35km 떨어진 가우다라는 섬까지 표류하게 된다. 폭풍에 시달리면서 짐을 내버리고, 닻까지 버리면서까지 생존을 위해 사투를 벌여야 하였다. 이러한 상황에서 바울은 한 사람도 목숨을 잃지 않으리라고 예언하면서 위로한다. 2주를 표류한 끝에 276명이 몰타 섬에 도착하여 구원을 얻게 된다. 바울은 몰타 섬에서 3개월을 지낸 후에 수라구사와 레기온을 거쳐 마침내 로마로 입성하였다.

r. 로마에서의 전도활동(28:16-31)

로마 시민권을 가진 바울은 항해를 안전하게 도운 공로가 더해져서 백부장 율리오로부터 특별한 대우를 받을 수 있었다(27:3). 바울은 로마에 도착하여 먼저 유대 지도자들을 만났다. 그들에게 복음을 전하는 것과 자신을 향한 오해를 푸는 것이 더 이상의 박해를 피할 수 있는 길이 되었기 때문이다. 두 번에 걸쳐 유대 지도자들을 만나 복음을 증언했으나 만족할 만한 반응을 얻을 수는 없었다. 바울은 유대 지도자들에게 복음을 받아들이지 않음으로써 하나님의 심판을 받게 될 것이고, 그 결과 이방인들에게 복음이 전파되게 될 것이라고 선언한다. 누가는 바울이 비교적 자유롭게 2년 동안 하나님 나라와 주 예수에 관한 복음을 전하며 가르쳤다는 말로 사도행전을 마치고 있다. 사도행전이 기록될 당시에 바울은 이미 순교했음에도 불구하고(주후 64년), 바울의 죽음에 대해 기록하지 않은 것은 사도행전이 사도들(바울)의 업적을 드러내려고 하기보다는 성령이 주도하는 복음의 확장 과정을 보여주려고 했기 때문이다(성령행전). 이처럼 사도행전은 처음(1:3)과 마지막(28:31)에서 하나님의 나라와 예수에 관한 메시지를 주제로 다루고 있다.

Ⅲ. 서신

1. 바울서신

신약성서에는 바울이 저자인 편지가 13개 있다. 수적으로 보아 전체 21개의 편지 중에서 약 2/3에 해당된다. 바울서신은 바울 자신이 직접 쓴 형식을 취하거나(갈라디아서, 에베소서, 목회서신, 빌레몬서), 또는 기록에도 함께 참여했을 가능성이 높은 공동송신자와 함께 보내거나(고린도전서, 고린도후서, 빌립보서, 골로새서, 데살로니가전서, 데살로니가후서, 빌레몬서), 또는 서기(예: 롬16:22의 '더디오'; 참조: 벧전5:12의 '실루아노')를 통해 기록한 편지들(로마서, 아마 빌레몬서도)이다.

바울서신은 바울친서와 바울후기서신으로 나뉜다. 바울친서는 바울이 직접 또는 서기를 통해 쓴 편지를 가리킨다. 바울친서로 인정되고 있는 편지는 7개이다: 로마서, 고린도전서, 고린도후서, 갈라디아서, 빌립보서, 데살로니가전서, 빌레몬서. 바울친서는 50년대에 기록되었으며, 신약성서에 들어 있는 책 중에서 가장 먼저 기록된 것들이다. 바울친서는 당시 교회의 문제들을 시급히 다루고 있는 상황적인(occasional) 성격을 가지고 있다('immediate literature'). 바울후기서신은 바울 사후에 바울학파에 속한 사람이 바울의 권위를 가지고 그의 가르침을 새로운 교회의 상황에 적용하여 기록한 편지들을 가리킨다. 바울후기서신은 바울이 쓴 것으로 되어 있지만 바울이 직접 관여한 것이 아니다. 바울후기서신은 6개이다: 에베소서, 골로새서 데살로니가후서, 디모데전서, 디모데후서, 디도서. 바울후기서신 중에서 골로새서와 데살로니가후서는 여전히 논란이 있는 편이고, 나머지는 논란이 없이 바울후기서신으로 받아들여지고 있다. 바울후기서신 중 디모데전서, 디모데후서, 디도서는 교회 직제와 교회생활에 관한 내용을 다루고 있어서 '목회서신'으로 분류된다. 바울서신을 세분하여, 바울친서와 제2 바울서신(엡, 골, 살후), 제3 바울서신(목회서신)으로 분류하기도 한다.

바울서신 13개는 교회 공동체로 보낸 것과 개인에게 보낸 것으로 나눌 수 있다. 교회를 수신자로 하는 편지는 9개가 있다: 로마서, 고린도전서, 고린도후서, 갈라디아서, 에베소서, 빌립보서, 골로새서, 데살로니가전서, 데살로니가후서. 개인을 수신자로 하는 편지는 4개가 있다: 디모데전서, 디모데후서, 디도서, 빌레몬서. 신약성서에서 바울서신은 교회로 보낸 편지가 먼저 나오고, 그 다음에 개인에게 보낸 편지가 각각 길이에 따라 배열되고 있다. 바울서신 중 로마서, 갈라디아서, 에베소서는 '교리서신'으로, 고린도전서, 고린도후서, 데살로니가전서, 데살로니가후서는 '선교서신'으로, 빌립보서, 골로새서, 빌레몬서는 '옥중서신'으로, 디모데전서, 디모데후서, 디도서는 '목회서신'으로 성격을 규정할 수도 있다.

A. Deissmann은 신약성서의 편지 양식을 letter(사신)와 epistle(공한)로 구별하였다. 사신이 교회의 특수한 정황을 배경으로 하여 송신자와 수신자 간에 직접적으로 소통하는 내용이라면, 공한은 편지의 양식을 이용하여 보편적인 독자에게 일반적인 도덕적 교훈을 제공하는 것이라고 보았다. 이러한 관점에서 본다면, 신약성서의 대부분의 편지는 사신에 속한다. 공한으로 분류할 수 있는 것들은 히브리서, 베드로전서, 베드로후서, 야고보서, 요한일서, 유다서를 꼽는다. 그러나 공한으로 본 편지들도 특수

한 교회적 정황을 배경으로 하고 있다고 볼 수 있기 때문에, 사신과 공한으로 나누는 것은 정확한 분류 방식이 아니다.

바울서신은 당시 그리스와 로마의 편지 양식을 본받아 일정한 형식을 갖추고 있다. 크게 네 부분으로 나눌 수 있다: 서두, 감사, 본문, 결미. 서두 부분(opening formula)은 송신자, 수신자, 인사라는 세 가지 기본적인 요소들로 구성된다. 바울은 개인이나 공동으로 편지를 보낸다. 바울서신 중에서 공동송신자가 기재된 편지들은 7개가 있다(고린도전서-소스데네, 고린도후서-디모데, 빌립보서-디모데, 골로새서-디모데, 데살로니가 전서와 후서-실루아노와 디모데, 빌레몬서-디모데). 바울은 데살로니가전후서에서 단순하게 "바울"이라고만 소개하며 시작하지만, 다른 곳에서는 "그리스도 예수의 사도"(9번), "그리스도 예수의 종"(2번), "하나님의 종"(1번)으로 소개한다. 수신자는 지역의 교회(데살로니가전후서, 고린도전후서, 갈라디아서)나 "성도"(빌, 롬, 골, 엡)로 명명되고 있다. 인사로는 χαιρειν이라는 헬라식 인사로부터 온 χαρις(은혜)와 히브리식 인사로부터 온 ειρηνη(샬롬; 평화)가 결합되어 나타난다. 이러한 요소들은 종종 확대된 형태를 보인다. 로마서, 디도서, 디모데후서는 송신자 부분이 확대되어 있고, 고린도전서는 수신자 부분이 확대되고 있으며, 갈라디아서는 인사 부분이 확대되어 있다.

감사 부분(thanksgiving)은 수신자가 보여준 특별한 신앙 때문에 하나님께 감사를 드리고 수신자를 위해 기도하는 내용을 담고 있다. 감사 부분에는 본문에서 취급하려고 하는 주요 주제를 암시하는 내용이 들어가 있기도 하다. 예를 들어, 로마서는 1:16-17에서 "하나님의 의가 복음 속에 나타나며, 의인은 믿음으로 살 것이다"라고 말한다. 고린도전서는 1:5에서 "온갖 언변과 온갖 지식이 늘었다"고 말한다. 고린도후서는 1:3-7에서 고난을 통한 위로에 대해서 언급한다. 또한 바울은 감사를 통해 수신자와의 관계를 부드럽게 만들려는 의도를 보인다(rapport; 형성). 갈라디아서, 디모데전서, 디도서에는 감사 부분이 생략되어 있으며, 곧바로 본문으로 직행한다.

본문(body or message)은 크게 두 종류의 내용이 들어 있다: 교리 부분(dogmatic section), 윤리 부분(parenetic section). 교리 부분은 하나님께서 그리스도 예수를 통하여 성도들을 구원한 내용을 직설법적으로 서술하고 있다. 주로 과거형으로 표현된다. 윤리 부분은 구원받은 성도들이 어떻게 살아야 하는지에 관해서 명령법적으로 권면하고 있다. 주로 현재형으로 표현된다. 로마서, 갈라디아서, 에베소서, 골로새서는 비교적 교리 부분과 윤리 부분이 균형 있게 구분되어 있지만, 다른 서신들은 윤리 부분이 주를 이루거나 교리 부분과 윤리 부분이 혼재되어 있다.

본문을 구별하는 특별한 양식은 발견하기 어렵다. 일반적으로 본문을 시작하는 특정 문구("네가 알기를 바란다", "...라고 생각하지 말라", "너희가 ...하였다는 것을 들었을 때 후회하였다/놀랐다/기뻐하였다", "내가/너희가 전에 ...에 관하여 썼다", "너희에게 호소한다/부탁한다.")가 사용되기도 한다. 본문을 마무리할 때는 편지를 쓰게 된 동기를 밝히거나, 수신자들의 반응에 대한 내용을 언급하거나, 사도적 권위를 가지고 경고하거나, 미래의 방문 계획을 제안하기도 한다.

윤리 부분에는 다양한 내용이 들어올 수밖에 없다. "그러므로"라는 접속사가 특징적으로 등장한다(롬12:1; 갈5:1; 엡4:1; 골3:1). 윤리 부분에는 독립적인 교훈의 집합(예: 롬12:9-13), 악덕 목록(갈5:19-23; 롬1:29-31; 고전5:10-11; 6:9-10), 목회적인 권면(고전5-15장; 살전4:13-18; 5:1-11) 등이 포함되어 있다.

편지의 결미 부분(closing fomula)은 크게 두 가지 내용을 포함한다: 문안과 인사. 바울서신의 끝인사는 서두와 거꾸로 "평화와 은혜"로 나타나는 것이 일반적이며, 이로써 inclusio를 형성한다. 이밖에도 송영(롬16:25-27; 빌4:20)이 등장하거나, 축도, 거룩한 입맞춤, 친필 사인과 같은 내용이 첨가된다.

(1) 로마서

a. 구조

바울서신은 감사부분에 내용의 줄거리와 주제가 제시되는 특징을 보여준다. 로마서에서도 감사부분(1:8-17) 중 주제를 제시하는 단락(1:16-17)을 주목하게 된다. 바울 사도는 1:16에서 유대 사람과 그리스 사람(이방인) 모두를 구원하는 능력이 되는 복음에 관해서 언급한다. 이어서 1:17에서 이 복음 속에 '하나님의 의'(righteousness of God)가 나타났는데, 이것은 '믿음에서 믿음에 이르게 되는' 것이라고 하였다. 왜냐하면 '의인은 믿음으로 살 것이기'(justification by faith) 때문이다. 여기에서 '믿음에서 믿음에 이르게 된다'(from faith to faith)는 것은 '하나님의 믿음'에서 '신자의 믿음'에 이르게 된다는 의미이다. '하나님의 믿음'은 '하나님의 의'와 유사한 개념으로서 하나님의 신실성을 의미한다. 하나님의 신실하심에 기초해서 신자의 믿음이 들어설 자리가 생기게 된다. '이신칭의'는 바울의 복음의 핵심이 되는 내용이지만, 이방인에게 보다 적합한 복음이어서, 유대인들까지 포함하는 개념은 '하나님의 의'가 더 적합하다. 왜냐하면 '하나님의 의'는 유대인과 이방인 모두의 불의를 용서하고 하나님의 백성으로 받아주는 의이기 때문이다(3:25-26 참조).

바울은 로마 교회를 설립하지도 않았고, 로마서를 쓰기 전까지 로마 교회를 방문한 적도 없었다. 바울 사도는 그의 사역 말기에 로마를 통해 스페인까지 가서 선교하려는 계획을 세웠는데(15:23), 그렇게 하기 위해서는 로마 교회와의 교제와 후원이 필요하였다(1:11-12; 15:24). 그래서 바울은 그의 복음에 대해 상세하고 체계적으로 전달할 필요가 있었고, 그 동안의 선교활동에 대한 비판적인 주장에 대해서 설명할 필요를 느꼈다. 특별히 비판적인 주장 중에는 바울이 율법을 무시하고 필요 없다고 말한다는 것과 이스라엘 백성이 구원에서 멀어졌다고 말한다는 것이 포함되어 있었다. 이것은 바울이 이방인의 사도로서 유대인들보다는 이방인들에게 더 적합한 복음을 전하였기 때문에 야기될 수 있는 내용들이었다. 율법을 무시한다는 주장은 '율법폐지론/무율법주의'(anti-nomianism) 또는 '자유주의'(libertinism)라고 한다. 이같은 오해는 이방인들에게 율법을 행함으로써가 아니라 믿음으로써 의롭게 되고 구원을 받게 된다는 내용 때문에 생길 수 있는 것이었다. 또한 유대인들은 바울이 하나님께서 유대인들 대신에 이방인들을 '새로운 이스라엘'로서 선택하셨다고 주장하였다고 오해하였기 때문에 하나님이 과연 정의로운가(theodicy)에 대해 강한 의문을 가질 수 있었다.

로마서는 크게 두 부분으로 나눌 수 있다. 1-11장은 교리 부분(dogmatics)으로서 직설법(indicative)로 표현되어 있고, 12-16장은 윤리 부분(parenesis)으로서 명령법(imperative)로 표현되어 있다. 1-11장은 다시 세 부분으로 나뉜다. 1-5장은 바울의 복음에 대한 설명이고, 6-8장은 율법폐지론에 대한 대답이며, 9-11장은 신정론(theodicy)에 대하여 답하면서 이스라엘의 구원 문제를 다룬다. 12-16장은 윤리 대강령(12:1-2)에 이어, 그리스도인의 생활 규범(12:9-21), 그리스도인과 세상 권세의 관계(13:1-7), 강한 자와 약한 자에 관한 교훈(14:1-15:13), 26명에게 한 긴 안부 인사(16:3-23)가 주된 내용이다.

서두 1:1-7
감사 1:8-17
본문 1:18-15:13
　　교리 부분
　　　바울의 복음 (1:18-5:21)
　　　율법폐지론(자유주의)에 대한 대답 (6:1-8:39)
　　　신정론에 대한 대답(이스라엘의 구원사) (9:1-11:36)
　　윤리 부분
　　　윤리적 권면 (12:1-15:13)
　　저술 동기와 방문 계획 (15:14-33)
결미 16:1-27

b. 내용

로마서를 제대로 이해하기 위해서는 롬1:18-5:21에 나타난 내용(바울의 복음)을 파악할 필요가 있다. 먼저 1:18-3:20까지는 '하나님의 진노의 계시'(1:18 참조)가 주된 내용이다. 일반적으로 1:18-32은 이방인의 죄를, 2:1-3:8은 이방인의 죄를 다루는 것으로 보고 있다. 3:9은 하나님의 진노가 인류의 죄 때문에 나타나게 되었다고 선언한다: "유대 사람이나 그리스 사람(이방인)이나 다같이 '죄 아래에'(under the sin) 있음을 우리가 이미 지적하였습니다." 또한 이와 같은 선언은 3:19에서 다른 용어로 표현되는데, 그것은 모든 인류가 '율법 아래' 있다는 것이다: "율법에 있는 모든 말씀이 율법 아래 사는 사람에게 말한 것임을 우리는 압니다. 그것은 모든 입을 막고, 온 세상을 하나님 앞에서 유죄로 드러내려는 것입니다." 유대인처럼 율법을 가지지 않은 이방인조차 율법 아래에 있다고 선언한 것은 '본성'과 '양심'이 이방인에게 율법이 되기 때문이다(2:14-15). 3:20은 이제까지의 논의를

종합하고 있다: "율법의 행위로는 하나님 앞에서 의롭다고 인정받을 사람이 아무도 없습니다. 율법으로는 죄를 인식할 뿐입니다." 결론적으로, 1:18-3:20은 "모든 인류는 죄와 율법 아래 있으므로 하나님 앞에 의롭게 될 수 없다."는 것을 선언하고 있다.

이러한 인간의 실존에 대하여 3:21-31은 '하나님의 의의 계시'(3:21 참조)를 통해 해답을 제시하고 있다. 먼저 3:21은 강한 종말론적 언어로("그러나 이제는") 하나님의 의가 "율법과는 상관없이" 계시되었다고 선언한다. 그것은 구약(율법과 예언자)에 의해 증언된 것이라고 말한다. 또한 하나님의 의는 예수 그리스도를 믿는 믿음을 통하여 온다고 선언한다. 이 믿음의 의는 모든 믿는 사람에게 차별 없이 적용된다. 또한 이 하나님의 의는 "사람들의 죄를 너그럽게 보아주심으로써"(3:25) 나타나는 의이기도 하다. 이를 통해 하나님의 의로우심과 믿는 자의 의로움을 다 같이 달성하게 된다(3:26). 이것은 하나님의 은혜요 축복이다(3:24; 4:5-8).

바울은 이와 같이 복음의 핵심을 말하고 난 뒤, 4장과 5장에서는 성경의 내용을 가지고 이를 논증하고 있다. 4장은 이스라엘이 그들의 민족의 조상으로서 가장 자랑스럽게 생각하는 아브라함을 들어 설명(Midrash)한다. 이스라엘 사람들은 아브라함이 율법을 행함으로(창17장의 할례 계명 순종) 언약 백성이 되었다고 주장했으나, 바울은 창15:6을 근거로 자식이 없는 아브라함에게 많은 후손을 약속한 하나님을 믿었기 때문에 의롭다고 인정받았다는 것을 중요시하였다. 그렇기 때문에 아브라함은 이스라엘 민족의 조상만이 아니라 모든 믿는 자의 조상, 즉 믿음의 조상이 된다고 주장하였다(4:16,24).

5장에서는 우리가 아직 죄인이었을 때에 그리스도께서 우리를 위해 죽으심으로 하나님의 사랑을 확증하였다고 말한 다음에

(5:8), 아담 유형론(Adam typology)을 통해서 4장의 논의를 확장하고 있다(5:12-21). 아담은 이스라엘 민족뿐만 아니라 온 인류의 조상이기 때문에 바울 사도의 주장에 더욱 폭넓은 근거가 될 수 있다. 첫째 아담을 통해서 죄와 사망이 이 세상에 들어왔지만, 둘째 아담인 예수 그리스도를 통해서 은혜와 영원한 생명이 더욱 넘치게 되었다고 논증한다(5:15,21). 이와 같이 바울은 그가 선포한 복음의 핵심을 좁게는 이신칭의로, 넓게는 하나님의 의로 제시한 뒤, 4-5장을 통해 예증함으로써 그의 논의를 완결하고 있다.

그 다음에 바울 사도는 6-8장에서 자신을 "율법폐지론자" 또는 "자유주의자"라고 공격하는 것에 관해 대답하고자 한다. 바울이 믿음으로 의롭게 된다고 주장함으로써, 죄를 지어도 큰 문제가 안 되고 율법은 무시해도 좋다는 인상을 준 측면이 있는 것은 사실이다. 반대자들은 "은혜를 더하게 하려고 죄 가운데 머물러 있어야 하는가?"라는 질문을 했을 수 있다(6:1의 diatribe 참조). 바울은 이에 대해 "그럴 수 없습니다!"(By no means!)라고 강하게 부정한다. 죄에 대하여 죽은 사람이 어떻게 죄 가운데서 그대로 살 수 있겠느냐는 것이다. 바울 사도는 이 문제에 관하여 세례, 종, 결혼 관계라는 세 가지 유비(analogy)를 통해 대답한다.

먼저 신자는 세례를 받을 때 그리스도와 함께 죽었기 때문에 이제는 그리스도의 부활과 함께 새 생명 안에서 살아가야 한다고 설명한다(6:3-14). 그러므로 신자는 죄에 대하여는 죽고 하나님을 위해서는 그리스도 예수 안에서 살아 있는 사람이기 때문에, 죄가 지배하지 못하도록 살아가라고 명령한다. 바울은 계속하여 죄의 종과 의의 종의 개념을 통해 의에 순종하는 종으로서 그에 합당하게 살아야 한다고 권면한다(6:15-23). 율법 아래 있지 않고 은혜 아래 있는 신자라고 해서 마음 놓고 죄를 지어도 좋다고 말하며 행동하는 것은 어불성설이다(6:15). 신자는 마땅히 거룩함에 이르는 삶의 열매를 맺어야 한다(6:22). 마지막으로 바울은 율법은 사람이 살아 있는 동안에만 지배한다는 전제 아래, 결혼했던 여자가 남편이 죽으면 남편의 법에서 풀려나는 것처럼, 신자는 그리스도의 죽으심으로 율법에서 해방되었다고 주장한다(7:1-6). 따라서 율법으로 말미암아 일어나는 죄의 욕정에 사로잡히지 말고 성령이 주시는 새 정신으로 하나님을 섬기는 삶을 살아야 한다(7:5-6).

7:7-25은 율법과 죄의 관계에 관한 바울의 생각을 엿볼 수 있다. 특히 이 부분이 1인칭 단수로 기록되고 있어서 바울 자신의 고백이라고 보기도 한다. 그러나 이것은 바울 자신의 경험을 토대로 모든 사람들의 삶의 현실(실존)을 고발하는 것이라고 보아야 할 것이다. 바울은 이제까지 신자가 율법에서 해방되었다는 것을 강조하였다. 그렇기 때문에 자연스럽게 따라오는 질문은 “율법이 죄입니까?”(7:7)라는 것이다. 이것은 유대인인 바울 자신에게 있어서도 피할 수 없는 중요한 질문이었다. 바울은 이에 대해 율법은 죄가 아니며 오직 율법은 죄를 알고 깨닫게 해주는 역할을 한다고 대답한다. 그렇기 때문에 율법 자체는 거룩하며 의롭고 선하다(7:12). 그러나 인간은 육신을 가진 존재로서 율법이 말하는 바를 행할 수 없는 무력한 죄인이다. 내 속에 있는 죄의 법이 나를 죄에 굴복시킨다. 그러한 의미에서 본다면 인간은 비참한 존재이다. 그렇기 때문에 오직 그리스도를 통하여 구원받을 수 있음을 고백하게 된다.

8장에서도 이와 같은 주장은 이어진다. 생명과 성령의 법이 죄와 사망의 법에서 해방된 신자는 정죄를 받지 않는다고 선언한다. 신자는 육신을 따라 살지 않고 성령을 따라 사는 존재이다.

육신의 연약함으로 할 수 없었던 율법의 요구를 죄 된 육신의 모습으로 온 예수 그리스도께서 충족시켜 주었다(8:3-4). 신자는 육신을 따라 살지 않고, 성령을 따라 사는 사람이다. 신자에게는 하나님의 영과 그리스도의 영이 함께 하고 있다. 따라서 신자는 하나님의 영으로 인도함을 받는 삶을 살아야 한다. 그러나 신자와 심지어 피조물조차도 고난과 고통 속에서 살고 있는 것이 현실이다(8:18-22). 그래서 신자에게는 소망과 인내가 필요하다(8:24-25). 이를 가능하게 하는 것은 성령이 함께 탄식하며 간구하며(8:26), 하나님께서 합력하여 선을 이루어 주시기 때문이다(8:28). 궁극적으로, 하나님은 정하신 사람들을 부르시고, 부르신 사람들을 의롭게 하시고, 의롭게 하신 사람들을 영화롭게 하셨다(8:30). 이러한 하나님의 사랑을 막을 수 있는 것은 아무 것도 없다.

교리 부분의 마지막인 9-11장은 이스라엘이 하나님의 섭리 안에서 구원 받게 될 것을 설명한다. 구원사 안에서 이스라엘이 어떠한 위치를 차지하게 될 것인지에 대해서 대답함으로써 신정론(theodicy)에 관한 질문을 다룬다. 그것은 그리스도를 통한 칭의와 구원이 이스라엘에 대한 하나님의 약속과 어떻게 조화될 수 있을 것인지에 관한 질문이기도 하다. 바울은 본격적으로 논의하기에 앞서, 이스라엘 동족의 구원을 위하는 것이라면 자신이 저주를 받아 그리스도에게서 끊어질지라도 감수하겠다는 간절한 심정을 토로한다(9:2-3).

바울은 9장에서 이스라엘을 향한 하나님의 약속을 상기시킨다(9:6). 이스라엘의 선택은 하나님의 주권에 의한 것이기 때문에 이스라엘의 구원은 하나님의 섭리에 달려 있다. 혈통에 의해서 자동적으로 구원을 받는 것은 아니다. 이방인이 구원 받는 것은 믿음에 근거했기 때문이며, 이스라엘이 구원 받지 못하는 것은 율법의 행위에 근거를 두려고 했기 때문이다(9:32). 10장은 이스라엘이 구원 받지 못하고 있는 이유에 대하여 계속하여 설명해준다. 이스라엘은 신앙적 열성은 있으나 올바른 지식이 없다. 그들은 하나님의 의를 알지 못하였다. 오직 율법을 행함으로 자신들의 의를 세우려 하였고 하나님의 의에는 복종하지 않았다. 그리스도께서 "율법의 마침"이 되셔서 모든 사람들의 의가 되었는데, 그것을 알지 못했다. 이것이 이스라엘의 죄요 실패라고 바울은 주장한다. 그럼에도 불구하고, 하나님은 그의 신실하신 약속 때문에 이스라엘을 버리지 않고 구원하신다. 이것이 11장의 내용이다. 이스라엘에는 '남은 자'가 있다. 택한 자들이 남아 있다. 지금은 이방인들에게 구원이 이르렀지만, 이스라엘은 이로 인한 질투심으로 인해 결국 구원 받게 될 것이다. 이방인의 수가 차야 이스라엘이 돌아올 것이다(11:25). 지금은 순종하지 않고 있지만 이방인의 구원을 보고 회개하여 하나님의 자비하심을 입게 될 것이다(11:31). 하나님의 지혜와 지식은 알 수 없는 깊이를 가지고 있다. 하나님의 구원의 섭리는 오묘막측하다.

12-16장은 로마서의 후반부로서 윤리적인 교훈을 담고 있다. 12장은 1-2절에서 윤리 대강령으로서 몸으로 산 제사를 드리는 것이 합당한 예배라고 선언한다. 그것은 이 시대의 풍조를 따르지 않고 하나님의 뜻을 분별하여 살아가는 것이다. 12:3-13:14은 그리스도인의 생활 규범에 관하여 교훈하고 있다. 신자는 마땅히 각자가 맡은 직분을 믿음의 분량대로 분수에 맞게 수행해야 한다. 신자는 또한 사랑과 섬김과 기도와 동정심과 화평을 추구하며 신앙생활을 해야 한다. 신자는 하나님께서 세운 권세에 복종하는 태도를 가져야 한다(13:1-7). 이것은 악한 권력에 굴종하라는 것을 말한 것이 아니라, 복음 전파를 위해 현실적인 권력에 대해 평화적인 태도를 가지는 것이 좋다는 것을 권면하는 것으로 이해해야 할 것이다. 이것은 악한 권력에 대한 저항권을 포기

하는 것을 말하지 않는다. 율법은 하나님과 이웃을 사랑하라는 의미로 요약될 수 있으며, 그렇기 때문에 사랑은 율법의 완성이 된다. 신자는 지금이 종말의 때라는 것을 알아 어둠의 행실을 버리고 거룩하고 단정한 삶을 살아야 한다.

일반적인 교훈에 이어서, 14:1-15:13은 교회 내의 강한 자와 약한 자의 문제를 취급하고 있다. 믿음이 약한 사람은 채소만 먹었기 때문에 무시를 당하였다. 그러나 음식 규례에 맞는 어떤 음식을 먹거나 먹지 않는 것과 어떤 종교적 의미가 있는 날을 지키거나 지키지 않는 것은 중요한 것이 아니다. 이런 것을 가지고 형제를 비판하는 것은 옳지 않다. 왜냐하면 그리스도께서는 믿음이 약한 자들을 위해서도 죽으셨기 때문이다. 하나님의 나라는 먹고 마시는 데 있는 것이 아니라 의와 평화와 기쁨에 있다. 그러므로 믿음이 강한 사람은 약한 사람을 돌보아줌으로써 덕을 세워야 한다. 여기에서 강한 자는 바울을 비롯한 이방인 그리스도인들이었을 가능성이 있다면, 약한 자는 유대 율법에 충실한 유대인 그리스도인들이었을 것이다. 그들 모두에게 필요한 것은 교만이나 아집이 아니라 한마음과 한입으로 하나님께 영광을 돌리는 것이다.

15:14-33에서 바울은 이제까지 그리스도의 이름이 알려지지 않은 곳에서 복음을 전하기 위해 예루살렘에서 일루리곤까지 두루 다녔음을 말하고 난 뒤, 로마를 거쳐 스페인을 최종 목적지로 삼고 있음을 밝힌다(15:23-24). 바울은 마케도니아와 아가야 지방의 성도들이 마련해 준 헌금을 예루살렘 교회에 전달하고 난 다음에 로마와 스페인으로 향할 것이라는 계획을 구체적으로 제시하면서, 이를 위해 기도해 달라고 부탁한다.

16장은 긴 안부 편지이다. 먼저 겐그레아 교회의 일꾼인 뵈뵈를 로마교회에 추천하면서 잘 대접해 줄 것을 부탁한다. 그 다음 바울은 로마교회에 속한 26명의 이름을 일일이 열거하면서 안부 인사를 하고 있다. 바울이 세우지도 않고 방문한 적도 없는 로마교회에 아는 사람이 그렇게 많다는 것과 바울의 편지 중에서 가장 많은 사람에게 안부를 묻는 것은 특별해 보인다. 우선 바울이 가능하면 많은 사람을 언급한 것은 이해할 만하다. 왜냐하면 잘 알지 못하는 교회와의 친밀한 관계를 보여줄 필요가 있었기 때문이다. 바울이 로마교회의 많은 성도들을 알았다는 것에 대해서는 설명을 필요로 한다. 기록에 의하면, 클라우디우스(Claudius) 황제는 49년에 칙령을 내려 로마로부터 유대인들을 추방하였다고 한다. 그래서 많은 유대인 그리스도인들이 로마에서 쫓겨나 여러 지역에 흩어지게 되었는데, 그 당시에 바울과 교류하게 되었다고 설명한다. 54년에 클라우디우스가 죽고 나서 유대인들은 다시 로마로 돌아올 수가 있었다. 그 사이에 로마교회의 헤게모니가 유대인 그리스도들로부터 이방인 그리스도인들로 넘어갔다고 볼 수 있으며, 이것이 로마교회에 약한 자와 강한 자의 갈등이 생겨난 배경이라고 추측한다.

16장이 의외로 긴 안부 편지로 되어 있고, 15장 끝과 16장 끝에 축도(benediction)가 중복하여 나오기 때문에 로마서의 통일성에 관한 질문이 제기되기도 한다. 중복된 축도 때문에 16장이 별도의 편지로 로마로 보내졌을 가능성이 있다고 주장하기도 한다. 16장이 로마교회로 보내진 편지가 아니고 다른 교회로 보내졌을 가능성을 말하기도 한다. 예를 들어, 16장에 나오는 사람들의 이름이 에베소와 관련된 사람들이 많다고 보고 에베소 교회로 보내진 편지로 보기도 한다. 그러나 로마와 관련된 이름들인 아리스도불로(헤롯 대왕의 손자)와 나깃수(클라우디스 황제 치하에서 자유인이 된 유력자)가 등장하고 있어서 로마로 보낸 편지라는 것을 의심할 필요는 없다.

(2) 고린도전서

a. 구조

사도행전에 의하면, 고린도교회는 바울이 2차 선교여행 때 18개월 동안 머물면서 설립한 교회이다(행18:11). 바울과 고린도교회 간에는 여러 번의 왕래와 편지 교환이 있었다. 고전5:9에 의하면, 바울이 고린도전서를 기록하기 전에 쓴 편지(고린도로 보낸 첫 번째 편지)가 있었다는 언급이 나온다. 그것은 음행에 관한 내용이었다. 첫 번째 편지는 분실되었을 가능성이 있다. 어떤 사람들은 그 편지가 고후 6:14-7:1의 내용이라고 생각하기도 한다. 그 부분이 고린도후서의 문맥에 맞지 않고 음행에 관한 주제를 다루고 있기 때문이다.

바울은 에베소에서 고린도로 보내는 두 번째 편지인 고린도전서를 기록한 것으로 보인다(16:8 참조). 바울이 고린도전서를 기록한 배경은 고린도교회로부터 스데바나와 브드나도와 아가이고를 통해 보내온 편지(16:17 참조)와 글로에의 집 사람들로부터 들은 소식(1:11) 때문이었다. 바울은 분실된 첫 번째 편지에서 언급한 문제가 해결되지 않고 있음을 알게 되었다. 그래서 고린도교회의 문제를 하나하나 언급하며 해결책을 제시하기 위해서 편지를 써서 디모데를 통해 고린도교회로 보낸 것 같다(16:10 참조).

고린도전서는 고린도교회의 문제를 편지와 인편의 소식을 통해 듣고 알게 되어, 이에 대하여 각각 대답하며 교훈한 내용이다. 특히 고린도전서에는 편지를 보내어 고린도교회가 질문한 내용을 언급하는 표지가 여러 번 등장한다. 바로 "관하여"(concerning)로 번역될 수 있는 'περι (δε)'가 그것인데, 고린도전서에 모두 여섯 번(7:1,25; 8:1; 12:1; 16:1,12) 사용되고 있다. 이것은 새로운 주제에 관하여 기술하는 것을 나타내고자 할 때 사용된 표지로 보인다. 그렇다면 고린도전서는 대체적으로 1-6장은 구두 보고(oral report)에 대한 대답을, 7-16장은 문서 보고(written report)에 대한 대답을 기록한 것이라고 할 수 있다.

바울서신은 감사부분에서 본문의 줄거리를 요약하고 주제를 제시하는 기능을 하고 있다고 했는데, 고린도전서도 감사부분을 통해 이러한 점을 찾아볼 수 있다. 바울 사도는 고전1:4-5에서 고린도교회가 언변(λογος)과 지식(γνωσις)이 풍부한 것에 대해 감사하고 있다. 여기에서 '로고스'는 신령한 말을 의미하고, '그노시스'는 신령한 지식을 의미하는 것으로서, 고린도교회에 신령한 말(방언)로 대표되는 은사와 영지주의적 열광주의(gnostic enthusiasm)를 바탕으로 한 지식으로 인해 많은 문제가 발생하고 있었음을 암시하고 있는 것이다. 이에 근거하여 볼 때, 고린도전서는 12-14장은 은사로 인한 문제를 다루고 있고, 나머지 부분은 영지주의적 지식과 관련된 문제(특히 1-4장, 5장, 6장, 7장, 8-10장, 15장)를 다루고 있다고 볼 수 있다. 따라서, 고린도전서의 구조는 대체적으로 다음과 같이 정리할 수 있을 것이다(11장과 15장에는 'περι'가 나오지 않기 때문에 구두 보고에 대한 대답으로 볼 수도 있다):

서두 1:1–3
감사 1:4–9
본문 1:10–16:12
　　구두 보고에 대한 대답 (1:10–6:20)
　　　　(1–4장: 분열, 5장: 음행, 6장: 소송)
　　문서 보고에 대한 대답 (7:1–16:12)

(7장: 결혼, 8–10장: 우상 제물 먹는 문제와 우상숭배, 11장: 예배, 12–14장: 은사, 15장: 부활, 16장: 헌금과 아볼로의 문제)

결미 16:13–20

b. 내용

바울은 고린도전서에서 인사와 감사에 이어 분열의 문제를 다루고 있다. 이 문제는 글로에의 집 사람들로부터 들은 구두 보고를 통해 알게 된 것이었다(1:11). 고린도교회는 바울파, 아볼로파, 게바파, 그리스도파의 네 파당으로 분열되어 있었다. 그것은 누구에 의해 세례를 받았으며(1:13), 누구의 가르침을 따르며 누구의 권위를 더 존중하는가에 따라 형성되었던 것으로 보인다. 그리스도파는 잘못된 다른 세 파당과 구별되는 정통적인 그룹을 가리키는 것이라기보다는 예수의 신성을 강조하는 영지주의 성향의 파당으로 파악된다.

바울 사도는 이러한 분열상에 대해 심각한 우려를 표명하면서, 오직 십자가에 못 박힌 예수 그리스도에 초점을 맞추라고 교훈하고 있다(십자가 신학). 십자가는 유대인에게는 거리끼는 것이요, 이방인에게는 어리석은 것일지 모르지만(1:23), 신자들에게는 하나님의 능력이요 하나님의 지혜이다(1:24). 하나님께서는 아무도 자랑하지 못하도록 세상의 어리석은 자들과 약한 자들을 택하여 고린도교회를 이루신(1:26-31) 것을 보아도 하나님의 역설을 볼 수 있다. 바울은 어리석다고 비판받을 소지가 있었지만 십자가의 주님만을 전하기로 결심하였다. 자연에 속한 사람은 이 지혜와 비밀을 알 수 없고, 오직 영적인 사람만 하나님의 영인 성령을 통해 이해할 수 있다(2:14-15). 여전히 분열에서 벗어나지 못하는 사람은 육에 속한 그리스도인일 뿐이다(3:3-4). 우리는 하나님의 동역자요 하나님의 밭이요 하나님의 건물로서 서로 협력하고 하나가 되어야 한다. 우리는 하나님의 성전으로서 그것을 파괴하는 자가 되어서는 안 된다. 바울은 사도였음에도 불구하고 가장 보잘것없는 사람이 된 것같이, 어떤 사람들처럼 교만한 자들이 되어서는 안 된다고 가르쳤다(4:9,18). 교만은 잘못된 지식에서부터 비롯된다. 신자에게는 오직 자기 본분에 신실한 자가 되는 것이 요구되기 때문이다(4:1).

바울은 5장에서 구두 보고에 대한 두 번째의 문제를 다룬다. 그것은 고린도교회 내에 자기 아버지의 아내(계모)와 부부처럼 사는 사람이 있다는 내용에 대한 것이다. 이러한 음행은 이방인들에게도 희귀한 일인데, 이러한 일이 가능했던 것은 이들이 영지주의적 열광주의로 인하여 죄책감이 없이 행동할 수 있었기 때문이다. 그들은 영적인 지식이 있는 엘리트로 자처하면서 육이 영에 아무런 영향을 끼치지 못한다는 것을 자랑스럽게 내세웠던 것이다. 계모와 살았던 이 사람은 아마도 고린도교회의 지도적 위치에 있었던 사람이었던 것 같다. 그래서 누룩이 온 반죽을 부풀게 하듯이 공동체에 나쁜 영향을 끼치게 되었다(5:6-8). 바울은 고린도전서를 쓰기 전에 "음행하는 자들과 사귀지 말라"(5:9)는 편지(아마도 고후6:14-7:1)를 쓴 적이 있는데, 이것은 세상 사람들과 사귀지 말라는 것이 아니라 신자들 가운데 음행 및 부도덕한 짓을 하는 사람들과 사귀지 말라는 뜻이었다고 밝히고 있다(5:10-11). 바울은 그 악한 사람을 교회에서 내쫓으라고 강력하게 요구한다(5:13).

구두 보고에 대한 마지막 대답으로서 바울은 6장에서 성도들 간에 발생한 법적 소송의 문제를 다룬다(6:1-11). 어떤 이유에서였는지 모르지만(6:7-8로 미루어 볼 때 아마 물질적인 문제?),

성도들 간의 문제를 세상 법정에 가지고 가서 판결을 받으려고 하는 행위는 스스로를 부끄럽게 하는 것이다. 왜냐하면 성도들이 장차 세상을 심판할 주체이기 때문이다(6:2). 성도라면 모름지기 손해를 보더라도 속아주는 것이 낫다고 권면한다. 이들이 영지주의적 열광주의 성향의 신자들이었다면, 물질은 비록 악한 것이지만 그 실체를 아는 자기들만이 제대로 관리할 수 있다고 생각했을 수 있다. 그래서 세상 법정에 호소해서라도 물질에 손해를 보지 않으려고 한 것이 아닐까?

바울 사도는 6:12에서 "모든 것이 허용되어 있다"고 주장하는 영지주의의 슬로건에 대해 "모든 것이 유익한 것이 아니다"라고 교정하고 있다. 그들은 모든 것을 할 수 있는 자유가 있다고 자랑하였다. 하나님이 영이시기 때문에 이들은 육적인 일은 어떠해도 좋고 영적인 영역에만 관심을 두면 된다고 생각한 듯하다. 그래서 아무 것이나 먹을 수 있고 아무렇게나 행동할 수 있다고 생각했던 것으로 보인다. 그러한 사람은 무절제한 생활(특히 음행; 6:15-16)을 하게 될 뿐이다. 신자는 모름지기 성령의 전인 몸으로 하나님을 영화롭게 하는 거룩한 삶을 살아야 한다.

이제까지와 달리, 7장부터는 고린도교회가 보낸 편지에서 제기한 문제들을 취급한다. 7장은 혼인 관계에 관한 교훈(7:1-24)과 미혼자와 과부에게 주는 교훈(7:25-40)으로 나눌 수 있다. 여기에서 바울은 결혼과 성에 관련된 이슈를 다루고 있는데, 두 가지 기본 원칙을 가지고 교훈하고 있는 것으로 보인다. 하나는 성적 금욕이라는 원칙이고, 다른 하나는 혼인관계의 신실성이라는 원칙이다. 바울은 7:1에서 "남자가 여자를 가까이 하지 않는 것이 좋다."고 대원칙을 밝힌다. 성적 관계를 가지지 않는 것이 좋다는 것이다. 7:7에서도 바울은 "모든 사람이 다 나와 같이 되기를 바란다."고 권면합니다. 결혼하지 않고 독신으로 지내는 것이 좋다는 것이다. 이처럼 바울은 결혼하지 않고 사는 것의 가치를 높이 평가하고 있다. 왜냐하면 결혼하게 되면 주님을 섬기는 일에 진력하기보다는 "살림살이로 몸이 고달프게 되고"(7:28) "세상 일에 마음을 쓰게 되기"(7:34) 때문이다. 여기에 덧붙여, 바울이 독신 생활을 선호한 더 큰 배경에는 임박한 종말에 대한 기대가 컸었기 때문이다.

그러나 사람은 "음행에 빠질 유혹"(7:2)에 놓여 있고, "절제할 수 없어서 욕정에 불타기 쉬운"(7:9 참조) 현실에 처해 있다는 것이 문제다. 바울은 결혼하는 것이 죄가 아니며(7:28,36), 결혼한 경우에는 최대한 부부간에 신실한 관계를 유지해야 한다고 가르친다(7:10,24). 이러한 원칙 하에서 바울은 몇 가지 세부적인 지침을 주고 있다. 남편이나 아내는 기도할 때를 제외하고는 부부관계에 대한 의무(성생활)를 성실히 행해야 하고(7:5), 믿지 않는 배우자가 이혼을 요구하지 않는 경우에는 이혼하지 않음으로써 배우자가 구원을 얻을 기회를 주어야 한다.

8장에서 바울은 새로운 문제를 다루기 시작한다. 8-11장의 내용은 우상에게 바친 제물을 먹는 문맥 안에서 파악될 수 있다(그러나 11장은 여전히 예배의 문맥에서 별도로 취급할 수 있다). 8장에서 바울은 우상에게 바쳐진 고기를 먹는 문제를 언급한다. 당시 모든 고기는 이방신(우상)에게 바치는 종교 의식을 거쳐 시장에 나온 것이었다. 많은 신자들은 이러한 고기를 먹는 것이 우상 숭배가 된다고 생각하였다. 그러나 우상은 진짜 신이 아니기 때문에 비록 우상에게 바쳐졌던 고기라고 하더라도 먹을 수 있다고 생각한 사람들도 있었다. 전자는 믿음이 약한 사람이고, 후자는 지식이 있는 사람이었다. 바울은 후자에 속한 사람으로서 먹을 수 있는 "자유"가 있었다. 바울은 먹을 수 있는 지식과 자유가 있었지만, 믿음이 약한 형제를 위하여 우상에게 바쳐졌던 고기를 먹지 않겠다고 선언함으로써(8:13), 자유를 사랑에 종속시키고 있다.

9장에서 바울은 자유를 유보한 그의 입장을 설명한다. 먼저 9:1-18에서 사도의 권리를 포기한 이유에 대하여 말한다. 바울과 그의 동역자들은 사도로서 먹고 마실 권리, 아내를 데리고 다닐 권리, 노동하지 않을 권리가 있다고 말하면서(9:4-6), 복음을 전하는 자가 복음 전하는 일로 살아가는 것이 율법적으로나 상식적으로 아무 문제가 없으나 그러한 권리를 사용하지 않았다고 강조한다. 그렇게 하는 것이 진정한 자랑이 되고 복음 전파에 도움이 되기 때문이라고 자신을 변호한다. 그 다음에 자유인인 바울은 어떠한 자세로 복음을 전했는지를 설명한다(9:18-23). 바울은 될 수 있는 한 많은 사람들을 구원하기 위해, 스스로 각각 다른 형편에 처한 사람들에 맞추어 처신하였다고 고백한다. 마지막으로 바울은 운동경기(달리기, 권투)를 하는 사람들이 절제하여 상을 얻게 되듯이 자기 몸을 쳐서 굴복시킴으로써 상을 받게 되기를 소망한다(9:24-27). 이렇게 바울은 그가 가진 자유를 포기한 예로서 자신의 모범적인 삶의 자세를 들고 있다.

10장은 바울의 모범적인 예(9장)과 대조적으로 우상숭배의 예를 들고 있다. 먼저 이스라엘의 실패(10:1-13)를 우상숭배에서 찾고 있으며(10:7), 그리스도인의 실패(10:14-22)를 주님의 식탁에 참여하는 것과 귀신들의 식탁에 참여하는 것의 문제에서 찾고 있다(10:22). 우상숭배의 문제를 해결하는 열쇠는 다른 사람의 유익을 추구하여 덕을 세우고(10:23-24), 감사함으로 먹으며(10:30), 하나님의 영광을 위하여 행하는 것이다(10:31). 그리스도인은 이미 우상의 지배에서 벗어났으므로 양심에 따라 어떤 음식이라도 먹을 수 있는 자유가 있지만, 형제의 유익과 구원을 위하여 그가 가진 자유를 유보할 수 있다는 점을 밝힌다(10:33).

이것이 바울이 행한 모범을 따르는 것이다(11:1).

11:2-34은 우상에게 바쳐진 고기나 음식의 문제가 아닌 예배와 관련된 문제를 다루기 때문에 독립적인 내용으로 볼 수 있다. 그러나 애찬식(11:20)과 성찬식(11:23-26)에서의 먹는 문제가 주의 식탁을 언급한 내용(10:16-21)과 연결되기 때문에 앞의 내용과 연속되고 있는 것으로 볼 수도 있다. 11장은 두 가지 문제를 다루고 있는데, 하나는 예배 때에 여자들이 머리에 너울을 쓰는 것에 관한 것이고(11:2-16), 다른 하나는 올바른 애찬식(11:17-22)과 성찬식(11:23-34)에 관한 문제이다.

당시 여자들은 예배 때에 머리에 너울을 썼다. 그런데 영지주의적 열광주의에 빠진 여자들은 대담한 태도를 가지고 너울을 벗어버렸다. 그렇게 함으로써 창녀와 같은 부도덕한 여자들로 오해될 수 있는 소지가 충분히 있었다. 그래서 바울은 '하나님->그리스도->남자->여자'로 이어지는 질서와 권위를 가지고 이렇게 잘못된 경향을 바로잡으려고 하였다. 이것은 논쟁을 벌일 문제가 아니라 풍습에 따르는 것이 좋다고 권면하고 있다(11:16).

당시 교회는 예배 때에 애찬식과 성찬식을 함께 가졌다. 그런데 애찬식을 할 때 문제가 종종 발생하였던 것 같다. 부자들은 가난한 자들이나 종들이 오기 전에 가지고 온 음식을 먼저 먹어버림으로써, 늦게 온 사람들은 먹을 것이 부족하게 되었다. 왜냐하면 늦게 오는 사람들은 주로 가난하여 충분한 음식을 가지고 올 수 없었기 때문이다. 이렇게 서로 먹는 시간이 분리되다 보니 공동체 내에 분열이 일어나게 된 것이다. 바울 사도는 이러한 상황을 배경으로 하여 성찬식에 관한 내용을 상기하도록 한다, 주의 빵과 주의 잔을 합당하지 않게 대하는 사람은 심판을 받게 될 것이라고 경고하면서, 먹을 때에는 기다렸다가 함께 먹어야 한다고 권면한다(11:33).

고전12-14장은 은사장으로 불린다. 바울은 이 장들을 통해 감사부분에서 언급했던 "온갖 언변"(1:5), 즉 방언으로 대표되는 은사에 관한 대답을 하고 있다. 12장에서는 두 가지 종류의 은사(charisma)를 언급한다. 먼저 신령한 은사로서 아홉 가지를 열거한다(12:8-10): 지혜의 말씀의 은사, 지식의 말씀의 은사, 믿음의 은사, 병 고치는 은사, 기적의 은사, 예언의 은사, 영 분별의 은사, 방언의 은사, 통역의 은사. 이러한 은사는 한 성령이 원하는 대로 각 사람에게 주는 것이다. 몸에 많은 지체가 있는 것처럼, 다른 은사에 대해 우월함을 주장해서는 안 되고 서로 분열이 되어서는 안 된다. 또한 교회에는 여러 가지 직분(office)이 있다. 여덟 가지 직분을 언급하고 있다: 사도, 예언자, 교사, 기적 행하는 자, 병 고치는 자, 도와주는 자, 관리하는 자, 방언하는 자. 그런데 여기에서 보듯이 은사와 직분은 서로 중첩되고 있다. 은사를 가진 자는 직분을 통해 그 은사를 발휘함으로써 교회에 덕을 세워야 한다.

바울 사도는 모든 은사보다 크고 귀한 은사는 사랑이라고 가르친다. 사랑은 여러 가지 은사 중의 하나가 아니라, 모든 은사를 능가하며 모든 은사의 밑바탕이 되는 은사이다. 그래서 13장(사랑장)에서 천사의 말(방언), 예언, 비밀과 지식, 믿음, 구제와 헌신보다 사랑이 우선해야 함을 역설한다. 13:4-7에 열거된 사랑의 속성은 매우 인격적이다. 예수는 바로 이러한 사랑의 화신이다. 믿음과 소망과 사랑은 항상 있을 것이지만, 그 중에서 사랑이 으뜸이다.

14장에서 바울은 방언보다는 예언의 은사를 추천한다. 왜냐하면 방언은 개인적인 은사로서 서로 알아듣지 못하지만 예언은 다른 사람들에게 유익을 주는 공동체적인 것이기 때문이다. 그것은 방언으로 인하여 고린도교회가 무질서해졌다는 것을 반증하는 것이기도 하다. 방언을 할 때는 통역을 세우는 것이 필요하며(14:27), 만 마디 방언보다 다섯 마디 가르침이 더 낫다(14:19). 방언이 필요하지 않은 것은 아니지만 질서 있게 하고 덕을 세우는 것이 중요하다(14:26,39,40).

15장(부활장)에서 바울 사도는 부활의 문제를 다룬다. 부활의 복음은 바울이 "받은"(παραλαμβανω) 것을 "전해준"(παραδιδωμι) 것이다. 부활은 바울 사도 이전에 형성된 전통이다. 바울은 부활에 관한 논의를 네 단계로 진행한다. 첫째, 예수 그리스도의 부활의 역사성을 증언한다. 바울은 예수께서 성경대로 죽었다가 살아났다는 것을 말하고 난 뒤, 여섯 번에 걸친 부활 현현의 목격자들을 소개한다(15:5-8): 게바, 열두 제자, 오백 명의 제자, 야고보, 모든 사도, 바울.

둘째, 부활의 보편성을 설명한다. 영지주의자들은 죽은 자가 부활하지 못하고 있는 일반적인 원리에 근거하여 부활을 부정하였다(15:12). 그러나 죽은 자의 부활은 하나님의 법칙대로 이루어질 것이다(15:13). 하나님의 법칙에 따라 예수 그리스도께서 부활하신 것이며, 예수 그리스도의 부활로 말미암아 모든 죽은 자가 부활하게 될 것이라고 말한다. 예수는 부활의 첫 열매였다. 이것은 예수께 속한 자들이 부활하게 될 것임을 보증한다.

셋째, 부활의 실체성을 주장한다. 바울이 말하는 부활은 미래적 부활(15:22)과 몸의 부활(15:44)을 특징으로 한다. 헬라 사상에 기초한 영지주의자들은 현재적 부활과 영의 부활을 강조하였다. 그들만이 가진 영적 깨달음(지식)을 통해 그들이 영적으로 부활한 존재라고 주장했으며, 현재적이 고난이나 죄책감에 사로잡힐 필요가 없다고 생각했다. 그들은 현실을 초월한 진정한 자유인이라고 자처했다. 그러나 바울은 살과 피는 하나님의 나라를 유산으로 받을 수 없지만(15:50), 믿는 자는 다른 몸, 즉 신령한

몸으로 부활할 것이라고 강조한다.

넷째, 부활의 유효성을 강조한다. 예수의 부활은 모든 믿는 자의 부활로 이어질 것이며, 모든 이 세상 나라가 정복되고 궁극적으로 사망이 최후의 멸망 받을 원수가 될 것이다. 만약 부활이 없다면, 모든 믿는 자의 믿음과 소망은 허무한 것이 되고 말 것이다(15:19).

16:1-12은 예루살렘 교회를 위한 헌금 문제와 고린도교회를 다시 방문할 계획과 아볼로의 문제에 관해서 언급한다. 고린도교회는 바울 사도가 헌금을 전달하는 과정이나 아볼로가 고린도교회를 방문하고자 하는 계획에 어떠한 오해를 하고 있었던 것으로 보인다. 그래서 바울은 헌금을 전달하러 갈 고린도교회의 대표자를 추천해 달라고 하며, 현재 아볼로가 고린도에 가지 못하는 사정을 설명하고 있다.

바울은 편지를 마무리하면서 스데바나와 브드나도와 아가이고에 대해 언급한다. 바울은 고린도교회로부터 온 이들로 인해 교회의 사정을 잘 알게 된 것에 대해 기뻐한다. 아마도 바울이 쓴 고린도전서를 이들이 고린도교회에 전달한 것으로 보인다. 바울은 또한 동종업에 종사하며 바울의 선교 동역자로 함께 했던 아굴라와 브리스가(브리스길라) 부부의 안부를 전하고 있다. 그들은 로마로부터 추방된 후 바울이 고린도에서 전도활동을 할 때 합류했던 사람들이었다(행18장 참조).

(3) 고린도후서

a. 구조

고린도후서는 개인적인 문제를 많이 언급하고 있는 편지로서 사도직에 대한 변호를 주된 내용으로 한다. 고린도후서의 통일성에 관하여는 그 동안 많은 논의가 있었다. 논의를 종합하면, 적어도 몇 개의 편지가 합쳐진 것이라고 보고 있다. 사도 바울이 '눈물의 편지'(2:4)를 쓴 것은 확실하지만, 고후 1-9장은 전체적으로 '화해의 편지'의 성격을 가지고 있다. 그래서 적어도 두 개의 편지가 합해진 것이라고 본다. 그런데, 8-9장은 헌금장이라고 불리는 독립적인 내용을 담고 있으며, 10-13장은 어조를 바꾸어 강경한 편지(10:1-2)의 내용을 보여주고 있어서, 편지의 수는 더 늘어날 수도 있다. 일반적으로 8-9장은 '화해의 편지'에 포함시키고, 10-13장은 '눈물의 편지'로 보는 편이다.

또한 고린도후서는 바울의 고린도 교회 방문과 디도의 파송에 대하여 여러 번 언급이 나온다. 고린도전서에서 디모데가 한 역할을(고전4:17) 고린도후서에서는 디도가 담당하고 있다(2:13; 7:6,13,14; 8:6,16,23). 바울은 적어도 고린도에 두 번 갔고(2:1), 세 번 갔을 가능성도 있다(13:1). 이 밖에도 바울이 디도를 고린도에 보내놓고 돌아오기를 기다리다 못해 드로아를 거쳐 마케도니아까지 가서 디도를 만나고 있는 내용도 나온다(2:12; 7:5). 이러한 상황을 고려하면, 바울과 고린도 교회 간의 왕래는 대략 다음과 같았을 것이다:

① 바울의 고린도 교회 설립(행18:11)
② 고린도를 떠나 에베소에서(행19:1) 고린도에 첫 번째 편지를

썼으나 분실함(고전5:9)

③ 고린도교회가 바울에게 편지함(고전7:1 참조). 인편에 소식을 전함(고전1:11; 5:1)

④ 바울이 두 번째 편지(고린도전서)를 써서 고린도교회가 말과 글로 전한 문제에 답함

⑤ 바울이 디모데를 육로를 통해 파견(고전4:17)했으나 바울의 권고가 묵살됨(고후 참조)

⑥ 바울이 고린도에 잠시 고통스런 방문했으나(고후2:1-2), 굴욕적으로 귀환(고후12:21)함

⑦ 바울이 '눈물의 편지'(아마 고후10-13장)를 써서(고후2:3-4,9; 7:8) 디도 편에 전달함

⑧ 바울이 디도를 만나기 위해 마케도니아로 가서 고무적인 소식을 접함(7:5-6)

⑨ 바울은 디도 편에 '화해의 편지'(고후1:1-6:13; 7:2-9:15)를 써서 보냄

⑩ 바울은 예루살렘의 가난한 성도를 위한 헌금을 수령하기 위해 고린도를 방문함(행20:3)

이러한 점들을 감안하여 고린도후서의 구조를 정리해 본다:

서두 1:1–2
감사 1:3–11
본문 1:12–13:10
  1부: '화해의 편지' 1:12–2:13 (연기된 방문에 대한 변명)
  2:14–7:16 (사도직의 변호; 6:14–7:1은 삽입 부분)
  2부: 헌금장 8:1–9:15

3부: '눈물의 편지' 10:1-13:10 (사도직의 도전에 대한 반응)
결미 13:11-13

b. 내용

가) 서두와 감사 (1:1-11)

바울은 고린도전서와 달리 고린도후서를 고린도를 비롯하여 "아가야"에 있는 모든 성도에게 보낸다. 이것은 아가야의 교회들이 예루살렘 교회를 위한 헌금 모금에 참여하였기 때문인 것으로 보인다(9:2 참조). 서두에 이어 바울은 1:3-11에서 긴 감사를 드리고 있다. 특히 주목되는 단어는 "위로"(παρακλησις, παρακαλω)이다. 환난과 고난 중에 필요한 것은 위로이기 때문이다. 바울은 그가 하나님께 받은 위로를 통해 같은 환난을 당하는 성도들을 위로할 수 있었다. 왜냐하면 바울은 고린도에서 전도활동을 하고 나서 아시아로 건너가 에베소에서 많은 환난을 받았었기 때문이다(1:8-10; 행18-19장 참조).

나) '화해의 편지' (1:12-7:16)

ㄱ) 연기된 방문에 대한 변명 (1:12-2:13)

바울은 감사 부분이 끝나고 나서 고린도 교회를 방문하지 못한 이유에 대해서 변명하고 있다. 고린도를 방문하지 못한 것이 변덕을 부린 것이 아니라 아끼기 때문이었다고 말한다(1:17,23). 바울은 고린도 교인들에게 아픔을 주지 않기 위해 다시 방문하지 않기로 결심하였다고 하면서(2:1), 대신에 '눈물의 편지'를 쓸 수밖에 없었던 심정을 토로한다(2:3-4). 그러나 이제는 화해의 기초가 놓아졌다. 바울과 고린도 교인들의 마음을 아프게 한 고린도 교회의 어떤 구성원(아마도 지도자; 고전5:1 참조)을 용서하고 사랑하라고 권면하고 있기 때문이다(2:6-8). 그런데, 여기에서 갑자기 바울이 드로아에 디도를 만나러 갔다가 만나지 못하고, 마케도니아까지 건너간 이야기가 잠깐 언급된다(2:12-13). 그러나 이 주제는 곧바로 사라졌다가 7:5에 가서야 비로소 다시 등장한다.

ㄴ) 사도직의 변호 (2:14-7:16)

바울은 "하나님의 말씀을 팔아서 먹고 살아가는 장사꾼"(2:17)인 적대자들과 자신을 비교하면서, 참된 사도로서의 직분을 변호한다. 먼저 바울은 "그리스도의 향기"(2:15)로서 생명에 이르게 하는 역할을 한다고 자부한다. 바울은 적대자들처럼 외적인 추천장이 필요하지 않고, 생명의 열매인 고린도 교회의 성도들이 추천장이 된다고 말한다(3:1-2). 적대자들은 모세의 율법을 추종했던 사람들이었던 것 같다(3:7 참조). 그러나 바울은 그것을 문자로 된 언약이며, 죽음에 이르게 하는 직분이라고 깎아내린다. 오히려 사람을 살리는 영의 직분을 수행하는 사람에게 영광이 있을 것이라고 말한다. 진정한 자유를 누리는 사람들은 바로 율법의 너울을 벗은 자들이라는 것이다.

바울은 복음전도자의 직분을 떳떳하게 내세운다. 적대자들처럼 간교하게 행하거나 하나님의 말씀을 왜곡하지 않고 진리를 환히 드러냈다고 공언한다(4:2). 그러나 보물을 간직한 질그릇과 같은 존재임을 망각하지 않는다. 복음의 능력은 하나님께로부터 나오기 때문이다. 바울은 고린도후서에서 첫 번째로 나오는 고난 목록(4:8-11)을 제시하면서, 어떠한 고난이 있더라도 예수를 살리신 하나님이 우리도 또한 세워주실 것이라고 확신하고 있다(4:14). 그래서 "겉사람은 낡아지지만, 속사람은 날로 새로워지기 때문에 낙심하지 않는다"(4:16)라고 말할 수 있었다. 바울은 그가 겪는 고난을 일시적이고 가벼운 고난이라고 부르고 있는데, 이는 그가 받을 영광과 족히 비교할 수 없기 때문이다. 바울은 5:1-10에서 장막집(육신)이 무너지더라도 하늘에 있는 영원한 집이 있기 때문에 믿음으로 살아갈 수 있다고 스스로를 위로하기도 한다('개인적 종말론').

바울은 그리스도께서 우리를 위해 죽으셔서 새로운 피조물로 만들어 주셨기 때문에(5:17), 주님을 위해 사는 것이 마땅하다고 말한다. 하나님께서는 그리스도를 통하여 우리를 하나님과 화해하게 해주셨으며, 우리에게 세상을 그리스도 안에서 하나님과 화해하도록 하는 화해의 직분을 주셨기 때문이다. 하나님과 함께 일하는 우리는 하나님의 이러한 은혜를 헛되이 하지 않도록 해야 한다. 아무도 흠을 잡지 못하게 하려면 거리낌 거리를 주지 않는 삶을 살아야 한다(6:3). 여기에 두 번째 고난 목록이 나오는데(6:4-10), 즉 10가지 고난 목록(많이 참음, 환난과 궁핍과 곤경, 매 맞음과 옥에 갇힘과 난동, 수고와 자지 못함과 굶주림), 8가지 덕의 목록(순결, 지식, 인내, 친절, 거룩함, 사랑, 진리의 말씀, 하나님의 능력), 10가지 대조 목록(오른손과 왼손의 무기, 영광과 수치, 비난과 칭찬, 속임과 진실, 무명과 유명, 죽음과 생명, 징벌과 구원, 근심과 기쁨, 가난과 부요, 무소유와 소유)이 제시된다. 그럼에도 불구하고 하나님의 일꾼답게 처신해야 한다고 권면한다(6:4).

6:14-7:1은 문맥을 벗어난 주제를 다루고 있다. 이것을 고린도로 보낸 첫 번째 편지(분실된 편지; 고전5:9 참조)라고 보는 사

람도 있다. “믿지 않는 사람들과 멍에를 함께 매지 말라”는 경고를 주제로 한다. 이것은 “정의와 불의”, “빛과 어둠”, “그리스도와 벨리알(사탄)”, “하나님의 성전과 우상”이라는 다양한 대조를 통해 설명된다. 이 부분에는 바울적이 아닌 용어들이 다수 등장하는데(멍에를 매다, 화합하다, 벨리알, 전능하신 자, 육과 영의 더러운 것), 오히려 쿰란문서와의 유사성이 발견된다. 결론적으로, 우리의 육체는 하나님의 성전이기 때문에 거룩한 삶을 살아야 한다는 것을 강조한다(고전3:16; 6:19 참조).

7:2-16은 2:12-13의 이야기를 이어받아서, 바울이 마케도니아에서 기쁜 소식을 가지고 돌아온 디도를 만나 큰 위로를 받고 감사하는 내용이 기록되어 있다. 그러면서 바울은 이전에 ‘눈물의 편지’를 쓸 수밖에 없었던 상황을 변명하면서도, 그 결과가 회개와 구원에 이르게 된 것을 다행으로 여기고 있다. 바울은 이러한 경험을 통해서 고린도 교인들을 더욱 신뢰하게 된 것을 기뻐한다(16절).

다) 헌금장 (8:1-9:15)

8-9장은 헌금장이라고 부른다. 8장은 마케도니아 교회(빌립보 교회, 데살로니가 교회, 베뢰아 교회)를 고린도 교회에 모범 사례로 제시하고 있는데 비해, 9장은 아가야 교회(고린도 교회, 겐그레아 교회, 아덴 교회)를 마케도니아 교회의 모범 사례로 제시하고 있다. 10-13장(‘눈물의 편지’)이 1-9장(‘화해의 편지’)보다 먼저 쓰였다는 전제에서 보면, 바울은 고린도를 잠깐 방문하기 전에(근심어린 방문) 먼저 디도를 한 형제와 함께 고린도로 보내 헌금을 독려한 것을 알 수 있다(고후12:18). 짧은 방문 후 바울은 ‘눈물의 편지’를 쓰고 나서 디도를 두 번째로 고린도로 보

내어 고린도 교회와의 문제를 풀어보고자 하였다. 8-9장과 함께 '화해의 편지'를 쓰고 나서 아가야 지방의 모금 활동을 위해 디도를 두 형제와 함께 세 번째로 파송하였다(고후8:16-24).

8장에서 바울은 고린도 교회가 마케도니아 교회들의 모범을 따라 예루살렘의 구제 헌금에 동참해 달라고 호소한다. 마케도니아 교회들은 환난과 가난 속에서도 힘에 부치도록 헌금하는 일에 참여했다. 구제 헌금에 동참하는 것은 '섬기는 일/봉사'(διακονια; 8:4; 9:1,12,13)과 '은혜'(χαρις)라는 단어로 표현되어 있다(4,6,7,19절). 그것은 주님의 '은혜'(χαρις)에 보답하는 길이다. 부요하신 그리스도께서 우리를 위해 가난하게 되신 것같이, 우리도 그렇게 해야 한다는 것이다(9절). 바울은 예루살렘 사도회의에서 "가난한 사람들"에 대한 일을 부탁받았는데, 그는 이미 그 일을 열심히 수행하고 있었다(갈2:10).

8:16-24에서 바울은 디도와 두 형제에 대해 길게 설명하면서 예루살렘 교회를 위한 헌금 모금이 얼마나 중요한지를 말하고자 하였다. 바울은 헌금을 다루는 일에 신중하고 있는데, 일부에서는 바울이 동역자들을 이용하여 헌금을 착복한 것으로 오해하고 비방하였기 때문이다(고후12:16 참조). 바울이 현재 체류하고 있는 마케도니아 교회에서 추천된 두 사람은 "형제와 사도와 그리스도의 영광"이라고 찬사를 보내며 신뢰할 만한 사람이라고 보증한다. 디도 역시 바울과 같은 심정과 열심으로 이 일에 참여하고 있는 바울의 동료요 동역자라고 추천한다. 바울은 마케도니아의 대표자들에게 고린도 교회에 대해서 자랑하였다고 하면서, 헌금에 적극적으로 참여하여 달라고 부탁한다.

9장은 1절에서 헌금에 관한 편지를 다시 쓸 필요가 없다는 어색한 서두를 보여주고 있어서, 그 해석에 많은 논란을 일으켰다. 8장과 함께 쓴 편지인지, 같은 수신인에게 보낸 것인지, 먼저 쓴 편지가 무엇인지 등에 관한 질문이 그것이다. 고린도후서는 고린도와 아가야에 있는 교회들에도 보내고 있기 때문에, 짐작컨대 '화해의 편지'를 보낼 때 8장은 고린도로, 9장은 아가야의 여러 교회로 보낸 것으로 추측된다.

고린도를 포함한 아가야 교회에서는 일 년 전부터 헌금을 준비해 달라는 바울의 부탁을 받고 있었다(8:10-11; 9:2). 바울은 그가 마케도니아 교회의 교우들과 함께 방문했을 때 부끄러운 일이 발생하지 않도록 아가야의 교회들을 칭찬하면서 헌금을 독려하고 있다. 9장에서는 헌금을 '선물/찬양'(ευλογια; 9:5)이요, '봉사/예배'(λειτουργια)라고 지칭하면서 신학적 의미를 부여하고 있다. 바울은 농사의 비유(9:6,10)를 통해, 많이 심어야 많이 거두며, 하나님께서 마련하여 주신 씨로 여러 갑절의 수확을 걷게 하실 것이라고 설명한다. 마지못해서 내는 것이 아니라 기쁜 마음으로 헌금한다면, 하나님께서 그들에게 의의 열매를 맺게 하실 것이라고 약속한다.

라) '눈물의 편지' (10:1-13:10)

10장에는 8-9장의 헌금장에서 보여주는 그러한 감사와 기쁨은 나타나지 않는다. 10장은 "나 바울은"(Αυτος δε εγω Παυλος)이라는 강조의 어조로 시작하면서 강경한 내용을 담고 있다. 이 부분이 2:4에서 말하는 '눈물의 편지'의 내용을 말하는지에 관해서는 논란이 있지만, 어조의 변화와 사도직에 대한 변호의 내용으로 볼 때 가능성이 높다고 볼 수 있다. 이 단락은 세 부분으로 나눌 수 있다(10:1-18; 11:1-12:13; 12:14-13:10).

① 10:1-18은 사도직에 대한 공격을 방어하는 투쟁의 편지다.

바울이 그러한 편지를 쓰게 된 것은 육정을 따라서(κατα σαρκα) 처신한다고 공격하는 사람들 때문이었다(2절). 바울이 직접 대면할 때는 유순하지만, 떠나 있을 때에는 강경한 태도를 보여준다고 하면서, 이것이 육정을 따라 행동하는 것이라고 비난한 것이다. 적대자들은 "바울의 편지는 무게가 있고 힘이 있지만, 직접 대할 때에는 약하고 말주변도 변변치 못하다"(10절)고 흠을 잡았다. 바울은 그리스도께 온전히 복종하는 삶을 살았기 때문에, 복종하지 않는 사람들에게는 엄격하게 대할 수 있다고 생각했다. 그럴 때는 주님께서 주신 사도의 권위를 사용하기도 하였다. 적대자들은 자기를 내세우고, 자기 영역에서 한 일을 자랑하였지만, 바울은 주님께서 내세워주시는 것이 참된 것이고, 다른 사람들이 한 일을 시샘하지 않고 고린도를 넘어서 더 넓은 지역에서 복음을 전하기를 바랄 뿐이었다.

② 11:1-12:13은 소위 '바보 설교'라고 부른다. 바울은 어리석은 일이지만 적대자들의 비난에 대응하는 과정에서 본의 아니게 자기자랑을 하게 된다. 그러나 바울은 실제로 자기자랑의 형식을 이용하여 주님을 자랑한다. 고린도 교인들은 외부에서 들어온 어떤 사람이 바울과 다른 복음을 전했는데 아무런 저항 없이 잘 받아들인다고 섭섭해 한다(갈1:6참조). 그러나 바울은 거물급 사도들보다 못할 것이 없고, 지식에 있어서는 그들을 능가한다고 자부한다.

바울은 11:7-15에서 적대자들과 삶의 방식을 비교하여 보여준다. 바울은 고린도 교인들을 높이기 위해 자신을 낮추었고, 삯을 받지 않고 복음을 전했고, 아무런 폐를 끼치지 않고 빈곤하게 지냈다고 자랑한다. 이렇게 한 것은 바울이 고린도 교회를 사랑했기 때문이라고 고백한다. 바울은 적대자들에 대하여 거짓 사도요, 속이는 일꾼이요, 그리스도의 사도로 가장하는 자들이라고 공격한다.

11:16-23a에서 바울은 육신적인 자랑을 늘어놓는다. 이것은 아마도 적대자들이 육신적인 자랑을 통해 고린도 교인들을 압도한 것에 대한 반응이었을 것이다. 고린도 교인들은 적대자들이 아무런 행동과 태도를 보여도 용납하였던 것 같다. 바울은 약해서 그렇게 하지 못했지만, 자랑을 하려면 못할 것도 없다는 듯이 바울 자신도 히브리인이요, 이스라엘 사람이요, 아브라함의 후손이요, 그리스도의 일꾼이라고 자랑한다.

특히 11:23b-33에서는 세 번째 고난의 목록을 나열하면서 그리스도의 일꾼으로서 받은 고생담을 풀어놓는다. 고난 목록은 세 범주로 나눌 수 있다. 첫째, 4가지 위급한 상황과 연관된 것들이다(23b). 그것은 많은 수고와 옥살이와 매 맞음과 죽을 고비를 의미하는 것이었다. 매 맞음과 죽을 고비에 관한 내용은 24-25절에서 좀 더 상세하게 취급되고 있다. 마흔에 하나 감한 매(가죽 채찍으로 가슴에 13대, 어깨와 등에 26대 때림)는 유대식 형벌(신25:3)이고, 가죽끈에 쇠나 뼛조각을 매달은 채찍으로 맞은 것은 로마식 형벌이다. 둘째, 선교 여행 중에 처한 다양한 위험과 관련된 것들로서(26-27절), 짝으로 묶을 수 있다(강물-강도, 동족-이방인, 도시-광야, 바다-거짓 형제). '바다-거짓 형제'를 짝으로 묶은 것은 둘 다 악을 상징한다는 점에서 공통적이다. 이 밖에도 여행하면서 겪는 고통은 말로 다할 수 없었다. 그것은 수고와 고역, 여러 번 잠을 자지 못함, 기아(λιμος; 주리고)와 목마름, 여러 번 먹지 못함, 추위와 헐벗음에 시달려야 하는 것이었다. 셋째, 교회에 대한 염려와 관련된 것들이다(28-29절). 고린도 교인들이 약해지고 넘어질 때마다 바울의 가슴은 타들어갔고, 짧은 기간 동안 적어도 네 개의 편지를 써 보낼 정도로 노심초사

했다. 30절에서 바울은 약함을 자랑한다고 말하면서 고난 목록을 마무리한다. 31절에서 하나님께 찬양을 드리는 것은 그의 말이 거짓이 아니라는 것을 하나님을 증인으로 삼아 말하는 것이다. 32-33절은 다마스쿠스에서 기적적으로 탈출하는 고난의 사례를 부록처럼 덧붙이고 있는데, 이것조차 30절의 약함을 설명하는 기법에 속하는 것이다.

바울은 12:1-13에서 마지막 자랑을 하고 있다. 그것은 셋째 하늘(낙원)에 이끌려 올라가서 엄청난 영적 계시를 받은 것을 자랑한다. 그러나 바울은 이것을 자랑하기를 조심스러워한다. 왜냐하면 하나님께서는 바울이 교만하게 될까봐 몸에 '가시'(만성적인 육체적 고통을 가리키고 있지만, 정확한 것은 알 수 없다)를 주셨기 때문이다. 바울은 이 문제 때문에 세 번 기도하였지만, 하나님께서는 "내 은혜가 네게 족하다. 내 능력은 약한 데서 완전하게 된다."라고 응답하셨다. 그래서 바울은 오히려 자신의 약점을 자랑한다고 말한다. 그리스도를 위하여 병약함과 모욕과 궁핍과 박해와 곤란을 겪는 것을 기뻐한다고 말하기까지 한다(12:10). 바울은 놀라운 일과 기적만이 아니라, 참고 견디는 것(ὑπομονη)도 사도의 표징이라고 말하고 있다(12:12).

③ 12:14-13:10은 바울이 고린도를 세 번째 방문하려는 계획을 밝히는 내용이다. 바울은 재물로 인하여 오해를 받았지만, 자신은 오직 고린도 교회의 성도들의 영적 성숙함에 대한 관심만을 갖고 있었다. 디도나 동행자들이 헌금을 착복했다는 오해에 현혹되지 말 것을 권면한다(12:16-18). 바울은 자기변명을 하려는 것이 아니라 덕을 세우려고 하였다. 바울은 그가 갔을 때 고린도 교회의 영적 상태를 보고 실망하게 되지 않을까 염려한다. 바울이 결국 고린도를 방문하고자 결심한 것은 직접적으로는 소

송 사건(13:1)과 범죄한 사람들(13:2) 때문이었던 것 같다. 바울의 사도적 권위에 도전하며 바울의 복음을 공격하는 적대자들도 그 대상이었을 것이다. 바울은 고린도로 가게 되면, 율법과 사도적 권위에 의지하여 엄격하고 분명하게 처리할 것을 천명한다. 그러나 편지를 미리 보내 그 전에 사태가 진정되기를 바라고 있다(13:10).

마) 결미 (13:11-13)

바울은 긍정적이고 평화로운 분위기에서 인사를 하고 있다. 이것은 이 부분이 '화해의 편지'에 속한 것임을 보여준다. 이곳에서는 "사랑과 평화의 하나님"이라는 표현이 특이하게 등장한다. 특별히 삼위 하나님의 이름으로 축복하는 형식(축도)이 나타난다(다른 곳에서는 일반적으로 "주 예수의 은혜"가 등장한다).

(4) 갈라디아서

a. 구조

갈라디아서는 로마서와 마찬가지로 교리서신에 속한다. 로마서와 주제 면에서 크게 다르지 않다. 즉 율법의 행위가 아니라 믿음으로 의롭게 된다는 이신칭의의 교리를 공유한다. 그러나 로마서와 다르게 하나님의 의를 언급하지는 않는다. 로마서는 유대인과 이방인의 구원 문제를 하나님의 의라는 큰 울타리 안에서 논의하고 있기 때문에, 이방인들이 유대교의 유산인 율법을 무시하면 안 된다는 논조를 가지고 있다. 이에 비해서, 갈라디아서는 유대주의와의 갈등을 배경으로 하고 있기 때문에, 유대인의 유산인 율법을 의지하면 안 된다는 주장을 하고 있다.

갈라디아서의 구조상 가장 특이한 점은 감사 부분이 없다는 것이다. 바울 사도는 인사에 이어 곧바로 본문으로 들어간다. 그만큼 여유가 없는 급박한 심정을 나타내고 있다. 이러한 점만 유의한다면, 갈라디아서는 전형적인 바울서신의 구조를 보여준다. 갈라디아서의 본문은 전체적으로 교리적인 부분(1:6-4:31)과 윤리적인 부분(5:1-6:10)으로 나눌 수 있다. 조금 더 들여다보면, 바울은 서두에 자신의 사도직에 대한 변호를 길게 언급하고 있음을 알 수 있다(1:11-2:10). 그것은 사도직에 대한 의문이 그가 전한 복음(사도적 메시지)에 대한 거부로 이어질 수 있기 때문이었을 것이다.

바울은 갈라디아서에서 복음과 율법 중 양자택일(either~or)을 해야 한다고 주장하였다. 이에 비해 "다른 복음"을 전한 바울의 적대자들은 복음과 율법 모두 다(both~and) 필요하다고 주장하였다. 적대자들은 율법의 행위로 의롭게 될 수 있다고 생각하였는데(2:16 참고), 그 중에 할례(5:2)가 핵심적인 논쟁점이었다. 적대자들은 할례당이라고 부를 수 있다. 그러나 바울은 할례를 받고자 하는 사람은 모든 율법을 지켜야 할 의무를 지는 것이라고 지적하면서 이에 대해 반박하고 있다(5:3). 갈라디아 교인들은 이밖에도 "유치한 교훈"(στοιχεια)과 다양한 절기(날, 달, 계절, 해)를 지키는 모습을 보여주었다(4:9-10). 이를 보면 적대자들은 유대적 성격(다양한 절기)을 기본으로 하여 혼합주의적인 모습을 갖고 있었던 것으로 판단된다. 'στοιχεια'는 세계를 지배하고 있는 영적 존재들(elemental spirits)인데, 적대자들은 갈라디아 교인들에게 στοιχεια에게 마땅히 제의를 바쳐야 한다고 주장하였다.

- 서두 1:1–5
- 본문 1:6–6:10
  - 교리 부분
    - 바울의 복음에 대한 변호 (1:6–10)
    - 바울의 사도직에 대한 변호 (1:11–2:10)
    - 믿음과 율법 (2:11–4:31)
  - 윤리 부분
    - 그리스도인의 자유 (5:1–15)
    - 육체의 행실과 성령의 열매 (5:16–26)
    - 교회에서의 올바른 처신 (6:1–10)
    - 할례의 의미 (6:11–17)
- 결미 6:18

b. 내용

바울은 서두 부분(1:1-5)에서 사도로서의 직분을 강조함으로써 시작한다. 그는 "사람들이 시켜서 사도가 된 것도 아니요, 사람들이 맡겨서 사도가 된 것도 아니요."라고 강조하면서, 예수 그리스도와 하나님으로부터 임명 받은 사도라고 주장하고 있다. 이는 그를 사도로 인정하지 않는 반대자들이 있었음을 반증하는 내용이기도 하다. 실제로 바울은 사도가 될 자격을 갖추지 못했던 사람이었다. 반대자들은 바울이 예수의 제자가 아니었었기 때문에 예수 그리스도에 대한 지식과 복음의 전통에 관해서 다른 사도들에게 의존해야 한다고 생각하였다. 그렇기 때문에 바울에게는 그가 사도라는 사실과 그가 전한 복음이 부족한 것이 아니라는 사실을 확인시키는 일이 무엇보다 중요하였다.

바울은 감사 부분을 뛰어넘어 바로 본문으로 직행한다. 본문을 시작하면서, 바울은 그가 전한 복음이 바른 복음이라는 것을 변호하고 있다(1:6-10). 바울이 그렇게 변호할 수밖에 없었던 이유는 바울의 사도직과 그가 전한 메시지(복음)를 공격하는 거짓 교사들이 출현하였기 때문이다(1:7). 바울은 1:6에서 그가 편지를 쓰게 된 이유를 급박한 마음으로 기록하고 있다. 우리말 번역은 동사가 가장 나중에 위치하고 있지만, 헬라어 원문은 'Θαυμαζω' ("나는 놀라지 않을 수 없습니다")라는 동사가 가장 처음에 나온다. 헬라어는 동사 안에 대명사 주어를 포함하기 때문에, 한 문장으로 번역된 내용이 한 단어로 표현될 수 있다. 바울이 놀란 이유는 갈라디아 교인들이 바울의 복음으로부터 "다른 복음"으로 너무나 빨리 떠나버렸기 때문이다. 바울은 다른 복음을 전한 사람들이 하나님의 "저주"(αναΘεμα)를 받아 마땅하다고 책망한다.

바울은 계속하여 거짓 교사들에 대항하기 위하여 그의 사도직을 변호하고 있다(1:11-2:10). 바울은 사도로서 그가 전한 복음이 사람에게서 받았거나 배운 것이 아니며, 예수 그리스도께서 계시해 준 것이라고 분명히 밝힌다(1:12). 그는 반대자들이 형편없는 유대인이라고 폄하하는 것에 대해서 자신이 유대교 신앙이나 전통을 흠 없이 지킨 사람임을 강조한다. 바울은 하나님께서 이방인의 사도로 세우시려고 예수 그리스도를 그에게 계시하여 주었다고 천명한다(1:15-16; 행9장의 다메섹 회심과 비교됨). 바울은 회심 후 사도들을 만나지 않았으며, 3년 후 예루살렘에 올라가서도 게바와 야고보만을 만났다고 증언한다. 그 후 독자적으로 이방인에게 전도하였다고 자신 있게 증언한다.

바울은 사도가 된 내력을 설명하면서 예루살렘 사도회의를 예로 든다(2:1-10; 행15장과 비교됨). 바울은 사도행전 15장의 내용과 달리 예루살렘교회의 사도들과 관계없이 이방인을 위한 독자적인 사역을 했다고 강조함으로써, 사도의 권위를 자연스럽게 내세우고 있다. 여기에서 주목할 것은 바울 사도가 할례를 강조한 거짓 교사들의 주장에 따르지 않고 함께 데리고 간 디도에게 할례를 행하지 않았다는 점이다(2:3; 비교: 바울은 행16:3에서 유대인들을 의식해서 디모데에게 할례를 행하였다. 사도행전은 바울의 직접적인 기록이 아니기 때문에, 갈라디아서와 다른 기조를 보여준다). 행15:20은 예루살렘교회의 사도들이 바울에게 네 가지 조건(우상제물, 음행, 목매어 죽인 것, 피)을 달아 이방인 선교를 허락한 것으로 기록되어 있지만, 갈2:10은 가난한 성도들을 위한 헌금만을 부탁하고 있다. 이는 바울이 예루살렘 교회의 지도자들과 복음의 본질에 관하여 타협하지 않았다는 것을 보여준다.

바울의 이러한 입장은 안디옥 사건(2:11-14)에서도 확인된다. 게바(베드로)가 안디옥에서 이방인들과 함께 식사하고 있었을 때에 예루살렘교회의 수장인 야고보가 보낸 사람들이 오자 그

자리를 피했던 일이 있었다. 유대주의자들로부터 비방을 받을까 두려워했기 때문이다. 게바의 이러한 행동을 보고 함께 있던 유대인들과 바나바까지 위선적으로 동참하였다. 바울은 이러한 위선을 보고 게바를 면전에서 책망하였는데, 이것은 바울이 얼마나 "복음의 진리"에 철저하게 입각하여 이방인 선교에 임하고 있었는지를 보여준다.

바울은 2:15-4:31에서 믿음과 율법이 상호배타적인 성격을 가지고 있음을 논증하고 있다. 이 부분에는 바울이 핵심적으로 주장하는 교리가 담겨 있다. 2:15-21은 논지를 제시하고 있으며, 3:1-4:31은 여섯 가지 논증을 통해 이러한 논지를 설명하고 있다. 2:15-21은 믿음과 율법을 대조시킨다. 여기에서 "믿음"은 "복음"의 다른 표현이다. 왜냐하면 "믿음으로 의롭게 되는 것"이 바울이 전한 복음의 핵심이기 때문이다. 바울은 유대인으로서 율법을 존중하는 사람이지만, "'율법의 행위로'(εξ εργων νομου) 의롭게 되는 것이 아니라, 예수 그리스도를 믿는 믿음으로 의롭게 된다"(2:16)는 논지를 분명하게 제시한다. 하나님과 올바른 관계를 맺는 유일한 길은 그리스도를 믿음으로써 의롭다고 인정되는 길뿐이다.

첫째, 성령을 받은 것은 율법을 행함으로써가 아니라, 복음을 듣고 믿었기 때문이라고 논증한다(3:1-5). 갈라디아 사람들이 체험한 많은 기적은 다 성령을 받은 것을 증거하고 있다고 말한다. 그런데 다시 율법으로 되돌아간다면 믿음을 허사로 만드는 것이 된다고 우려한다. 둘째, 믿음으로 의롭게 된 아브라함처럼, 이방인들도 믿음으로 아브라함의 자손이 되었다고 논증한다(3:6-14). 율법의 행위로 살려고 하는 사람(할례당과 같이)은 모든 율법을 다 지켜야 하기 때문에 저주 아래 있지만, 의인은 믿음으로 살 수 있다고 주장한다. 셋째, 유언은 무효화하거나 후에 첨가할 수 없는 것처럼, 하나님께서 아브라함과 약속(유언)하신 것을 430년 후에 생긴 율법이 무효화할 수 없다고 논증한다(3:15-25). 율법은 그리스도께서 오실 때까지 개인교사 역할을 하기 위한 것인데, 지금은 믿음의 시대가 되었기 때문에 우리는 율법 아래 있지 않다고 말한다. 넷째, 이전에는 "세상의 유치한 교훈"(τα στοιχε ια του κοσμου)에 종노릇하였지만, 지금은 세례를 받아 그리스도와 하나가 되고, 아브라함의 후손이 되고, 약속의 상속자가 되었다고 논증한다(3:26-4:11). 다섯째, 한때는 바울에게 눈이라도 빼주려고 하면서 천사처럼 대하였는데, 이제 서로 원수가 될 수 있겠느냐고 그 부당함을 논증한다(4:12-20). 바울은 이에 다시 해산의 고통을 겪는다고 하면서 당황하고 있는 심정을 토로한다. 여섯째, 바울은 아브라함의 두 아내인 하갈과 사라를 비유로 논증한다(4:21-31). 하갈과 사라는 두 가지 언약인데, 하갈은 종의 자녀(이스마엘)를, 사라는 약속의 자녀(이삭)를 가리킨다. 하갈은 현재의 예루살렘으로서 율법의 종노릇을 하고 있는데 비해, 사라는 하늘의 예루살렘으로서 자유를 가진 믿음의 자녀가 되었다고 설명한다.

직설법을 통해 교리를 설명하고 난 뒤에, 바울은 명령법을 가지고 윤리적인 권면(parenesis)을 시작한다(5:1의 "그러므로"라는 접속사에 주목). 바울은 먼저 그리스도인이 누리게 된 자유에 관하여 권면한다(5:1-15). 할례로 대표되는 율법 이행은 그리스도인에게 종의 멍에를 메게 하는 일일 뿐이다. "그리스도 예수 안에서는 할례를 받거나 안 받는 것이 문제가 되지 않는다"(5:6). 율법은 의무로 행하는 것이지만, 믿음은 사랑을 통하여 일한다. 할례를 행하는 것이 율법의 한 조항에 불과하다고 가볍게 볼 일이 아니다. "적은 누룩이 반죽 전체를 부풀게 하듯이"(5:9), 거짓 교사들의 교훈은 복음을 교란시키는 결과를 가져올 것이라고 경고한다. 또한 믿음으로 자유를 얻었다면, "이웃을 네 몸과 같이 사랑하라"고 명령한 대로 서로 섬기는데 사용하라고 권면한다.

바울은 이어서 성령의 인도를 따라 살아가야 할 이유에 대해서 권면한다(5:16-26). 왜냐하면 성령과 육체는 서로 상반되는 것을 원하기 때문이다. 육체의 행실은 욕망을 채우려는 것과 관계된다. 모두 15개의 악의 목록으로 제시되어 있다. 이에 비해 성령의 열매는 인격적이고 내적인 성품과 관계된다. 모두 9개의 덕의 목록으로 제시되고 있다. 한 성령으로부터 많은 품성적 변화가 일어난다.

바울은 개인적인 윤리에 관해서만이 아니라 공동체적 윤리에 대해서 권면한다(6:1-10). 교회 안에서 어떻게 하는 것이 올바른 처신인지에 관해 교훈하고 있다. 죄에 빠진 형제를 온유한 마음으로 바로잡아 주는 일, 남의 짐을 져 줌으로써 "그리스도의 율법"을 성취하는 일, 지도자를 섬기는 일, 믿는 식구들에게 선행을 베푸는 일 등이 그것이다. 하나님은 심은 대로 거두게 하시는 분이기 때문에, 선을 행하다가 낙심하지 말라고 권면하기도 한다.

마지막으로, 바울은 친필로 쓰면서("큰 글자") 가장 중요하다고 생각하는 것을 다시 한 번 상기시킨다(6:11-17). 그것은 할례의 의미에 대한 교훈이다. 할례당인 유대주의자들은 갈라디아 교인들에게 할례를 받으라고 강요하였다. 그러나 바울은 할례당조차도 율법을 지키지 않는다고 하면서, 그들의 속내를 비판한다. 할례를 자랑거리로 삼을 것이 아니라, 오직 주의 십자가만을 자랑해야 한다고 교훈한다. 바울을 괴롭히는 적대자들에게 바울은 예수의 상처 자국을 지니고 있다고 주의를 환기시킨다. 바울이 복음을 전하며 받은 고난의 흔적이 할례로 인한 육체의 상처보다 훨씬 더 중요하다.

(5) 에베소서

a. 진정성의 문제

에베소서는 골로새서와 '쌍둥이 서신'으로 불릴 만큼 유사점이 많다. 에베소서는 골로새서의 3분의 1과 병행본문을 보여주며, 골로새서의 내용 절반이 에베소서에 나타난다(어휘면으로는 에베소서의 어휘 중 4분의 1이 골로새서에 나타나며, 골로새서의 어휘 중 3분의 1이 에베소서에 나타난다). 중요한 공통 어휘로는 "몸, 머리, 충만, 비밀"이 있다. 유사한 병행본문으로는 엡1:1-2=골1:1-2, 엡1:15=골1:4, 엡2:5=골2:13, 엡4:15-1=6골2:19, 엡4:2=골3:12-13, 엡5:19-20=골3:16-17, 엡5:22-6:9=골3:18-4:1, 엡6:21-22=골4:7-8 등이 있다. 유사한 내용 중 중요한 것은 그리스도가 그의 몸인 교회의 머리인 것, 그리스도가 "세상의 유치한 원리"(στοιχεια του κοσμου)를 넘어선다는 것, 그리스도의 피로 말미암은 평화(화해)를 말하는 것, 윤리적인 부분(parenesis)에서 옛 성품과 새 성품을 대조시키는 것이다. 가훈표(household duties; 골3:18-4:1)도 비슷하다(에베소서의 가훈표는 확장된 형태로서, 기독교적 발전을 보여준다). 문체면에서도 긴 문장(1:3-14; 1:15-23; 2:1-10)이 많고, 속격과 분사적 표현과 관계절 등을 보여준다. 신학적으로도 은사(4:11)와 직제(2:20)가 결합된 사도 후기적 특징을 보여주며, 미래적 종말론보다는 현재적 종말론(2:5,6)이 강조된다. 결론적으로, 어휘, 문체, 신학, 골로새서와의 밀접한 문학적 의존 관계를 감안할 때, 에베소서는 골로새서를 토대로 기록된 제2바울서신으로 볼 수 있다.

b. 구조

에베소서는 골로새서와 마찬가지로 바울서신 중에서 교리 부분(1-3장)과 윤리 부분(4-6장)이 가장 잘 구분되는 특징을 보여준다. 교리 부분은 유대인과 이방인이 하나 된 교회를 이루는 내용을 다루고 있으며, 윤리 부분은 이러한 교회론에 바탕을 두고, 하나님의 새 백성으로서의 삶을 권면한다(성령의 연합, 새 성품, 가훈표, 영적 무장).

서두 1:1–2
감사 1:3–23
- 영광송 (1:3–14)
- 도고 (1:15–23)

본문 2:1–6:20
- 교리 부분
  - 믿음과 은혜로 구원 받음(구원론) (2:1–10)
  - 이방인과 유대인의 하나됨(교회론) (2:11–3:13)
  - 감사의 기도 (3:14–21)
- 윤리 부분
  - 성령의 연합 (4:1–16)
  - 새 성품과 옛 성품 (4:17–24)
  - 윤리 규범 (4:25–5:21)
  - 가훈표 (5:22–6:9)
  - 영적 무장 (6:10–20)

결미 6:21–24

c. 내용

에베소서는 일부 사본에 "에베소에 사는"(εν Εφεσῳ)이라는 문구가 빠져 있어서(1:1), 에베소뿐만 아니라 여러 교회에 보낸 회람편지(encyclical letter)의 성격을 가지고 있다고 여겨지기도 한다. 참고로, 마르시온 정경목록에는 에베소서 대신에 '라오디게아로 보내는 편지'(골4:16 참조)가 들어 있다. 에베소서는 인사에 이어 영광송(1:3-14)으로 시작한다. 헬라어 원문은 한 문장으로 되어 있는데, 내용적으로는 삼위 하나님과 연관된 세 부분으로 나눌 수 있다. 3-6절은 하나님의 예정을, 7-12절은 예수 그리스도의 구원을, 13-14절은 성령의 보증을 말하고 있다. 각 부분의 마지막에는 "하나님의 영광을 찬미하게 한다."라는 문구가 반복되고 있는 특징을 보여준다.

영광송에 이어 등장하는 바울의 기도 내용 가운데 우리는 에베소서의 기독론을 엿볼 수 있다(1:20-23). 하나님께서는 죽은 자들 가운데서 살리신 예수 그리스도를 "모든 정권과 권세와 능력과 주권 위에, 그리고 이 세상뿐 아니라 오는 세상에서 일컬을 모든 이름 위에 뛰어나게 하셨다(1:20-2)." 이것은 우주적 권세를 가진 그리스도에 대해 말해 준다. 그리하여 예수 그리스도는 "교회의 머리"이며, 교회는 "그리스도의 몸"이라고 선언하고 있다(1:22-23). 에베소서에는 이렇게 우주적 기독론과 교회론이 결합되어 나타난다.

2-3장은 본격적으로 구원론과 교회론을 보여준다. "허물과 죄로 죽었던"(2:1) 이방인들이 믿음과 은혜로 구원을 얻었음을 말한다(2:8). 에베소서의 교회론은 이방인과 유대인이 하나의 교회를 이룬다는 사상이다. 이방인의 사도로서 바울은 예수 그리스도의 피로 유대인과 이방인이 하나가 되었다고 선언한다(2:13-14). 이 둘은 예수 그리스도 안에서 평화(2:15)를 이루고, 화해(2:16)가 이루어졌다. 이방인들이 복음을 통하여 유대인들과 공동상속자가 되는 것은 하나님의 구원의 비밀이었는데 이제 바울을 통

하여 계시되었다고 말한다(3:3-6).

1-3장을 통해 기독론과 교회론에 관한 교리를 확고히 한 후, 바울은 4-6장을 통해 어떠한 윤리적 삶을 살아야 할 것인지에 관하여 권면한다. 에베소서에서 강조하는 윤리는 유대인과 이방인이 하나가 되어야 한다는 교회론에 기초하여 "성령이 여러분을 평화의 띠로 묶어서 하나가 되게 해 주신 것을 힘써 지키라"(4:3)라는 것을 강조한다. 더 나아가서 "그리스도의 몸을 세우며, 하나님의 아들을 믿는 일과 아는 일에 하나가 되고, 온전한 사람이 되어서 그리스도의 충만하심의 경지에까지 다다르게 되라"(4:12-13)라고 권면한다. 그렇게 하기 위해서는 "옛사람을 벗어버리고 새 사람을 입어야"(4:22-24) 하며, "빛의 자녀답게 살아야"(5:8) 한다. 또한 술 취하지 말고 성령의 충만을 받아야 한다(5:18).

윤리 부분에서 빠지지 않는 것은 가정생활 지침(household duties), 즉 가훈표이다. 당시 가정을 구성하고 있던 사람들인 남편과 아내, 자녀와 부모, 종과 주인 사이의 윤리적 관계를 신앙적 관점에 입각해 권면한다. 아내는 교회가 그리스도께 순종하듯이 남편에게 순종해야 하며, 남편은 그리스도께서 교회를 사랑하고 죽으신 것 같이 아내를 자기 몸처럼 사랑해야 한다. 자녀는 십계명대로 부모를 공경해야 하며, 부모는 자녀를 주님의 훈련과 훈계로 길러야 한다. 종은 그리스도께 하듯이 주인을 섬겨야 하며, 주인은 종을 위협하지 말고 주님께서 하신 것처럼 차별하지 말아야 한다.

바울은 신자들에게 하나님의 전신갑주를 입으라고 권면한다. 신자의 윤리적 싸움은 영적인 싸움이기 때문이다. 신자는 다섯 개의 방어무기(진리의 허리띠, 정의의 가슴막이, 평화의 복음의 신발, 믿음의 방패, 구원의 투구)와 한 개의 공격무기(성령의 검,

곧 하나님의 말씀)로 무장해야 한다. 이것은 복음을 전할 때에 여러 가지 난관을 극복해야 함을 말해 준다(6:19-20). 마지막으로, 끝인사는 두기고를 에베소로 보내어 위로하고 안부를 묻는 것을 포함하고 있다(6:21-22).

(6) 빌립보서

a. 구조

빌립보서는 기쁨의 서신이라고 일컬어진다. 바울이 감옥에 갇힌 상황에서도 기쁨을 잃지 않고 있기 때문이다(다른 옥중서신: 골로새서와 빌레몬서). 실제로 기쁨의 주제는 빌립보서 전편에 걸쳐 나타난다(1:18,25; 2:2,13,18,28,29; 3:1; 4:1,4,10). 그러나 빌립보서는 3:2(3:1은 전환구절)에서 기쁨과는 거리가 먼 어조의 변화가 드러나고 있다. 그래서 빌립보서는 적어도 두 개의 편지가 합쳐진 것이 아닌가 생각하기도 한다. 그렇다면 빌3:1-21의 내용은 별도로 취급할 수 있다. 이에 기초하여 빌립보서의 구조를 다음과 같이 정리할 수 있을 것이다.

서두 1:1–2
감사 1:3–11
본문 1:12–4:20
- 바울의 투옥에 대한 반응 (1:12–26)
- 복음에 합당한 삶 (1:27–2:18)
- 디모데와 에바브로디도의 파송 (2:19–30)
- 반대자들에 대한 논박 (3:1–21)
- 권면과 감사 (4:1–20)

결미 4:21–23

b. 내용

바울과 디모데는 빌립보의 모든 성도와 감독들과 집사들에게 편지를 보내고 있다. "감독과 집사"를 언급한 것을 보면, 어느 정도 교회가 조직된 형태를 보여준다. 여기에서 감독은 장로의 다른 이름으로 볼 수 있다(행20:17,28 참조). 인사에 이어 감사 부분(3-11절)에는 빌립보 교회가 바울의 선교 사역에 처음부터 참여하고 있었기 때문에 바울이 감사하는 내용이 나온다(5절). 바울은 선한 일을 시작하신 하나님께서 재림 때까지 그 일을 완성할 것을 확신하고 있다(6절).

1:12에서 시작된 본문에서 바울은 감옥(로마 감옥?)에 갇힌 그의 처지를 설명하고 있다. 이에 대하여 두 가지 반응이 있었다. 한 부류의 사람들은 바울의 투옥에도 불구하고 위축되지 않고 하나님이 함께 하신다는 확신이 더 생겨서 담대하게 복음을 전하였다. 또 한 부류의 사람들은 바울의 감옥 생활에 괴로움을 더하게 하려고 복음을 전하였다. 전자는 좋은 뜻과 사랑으로 전했지만, 후자는 시기심과 다툼이라는 불순한 동기로 전했다. 전자는 바울 사도의 투옥에 용기와 확신을 가졌지만, 후자는 사도가 없는 동안 헤게모니를 쥐려고 하는 마음을 가졌다. 바울은 어떤 경우가 되었든지 복음이 전파되는 것으로 기쁨을 삼았다. 바울은 감옥에서 순교하여 하나님께로 가기를 바랄만큼 고난을 받았으나(21-24절은 개인적 종말론 사상을 보여줌), 빌립보 교회 성도들에게 유익을 줄 수 있다면 고난도 감수하겠다는 태도를 보인다.

1:27-2:18은 복음에 합당한 삶을 살라는 권면(명령법)의 내용이 나온다. 복음의 신앙을 위해 싸우며(1:27), 고난을 감수하며(1:29), 겸손하게 처신하며(2:3), 두렵고 떨림으로 구원을 이루어 나가며(2:12), 기뻐하며 생활하라(2:18)고 말한다. 이 부분에 포함된 "그리스도 찬미송(2:5-11)이 백미이다. 여기에는 그리스도가 '하나님과 동등됨을 포기(비움)->인간(종)이 됨->십자가에서 죽음'으로 이어지는 비하 사상(humiliation)과, 이렇게 순종한 그

리스도에게 하나님께서 뛰어난 이름을 주고, 만물의 경배를 받으며, 주님으로 고백하게 하는 승귀 사상(exaltation)이 들어 있다.

2:19-30에는 디모데와 에바브로디도를 빌립보 교회로 보내는 내용이 나온다. 디모데는 감옥에 갇힌 바울을 대신하여 빌립보 교회와 연결고리 역할을 하면서 서로의 소식과 형편을 알게 하였다. 에바브로디도는 빌립보 교회가 바울을 돕도록 파송하였던 사람인데, 중병이 들어 바울과 빌립보 교회에 근심과 걱정을 안겨주게 됨으로써 모교회로 돌려보내게 된 사정을 설명하고 있다.

3장은 반대자들에 대한 논박을 보여준다. 이는 특히 3:2에서 어조가 갑자기 바뀌고 있는 것을 보아서도 알 수 있다. 바울은 반대자들을 "개들", "악한 일꾼", "손할례당"이라고 지칭한다. 이들은 다같이 유대주의자들을 가리키는데, 자신들은 지키지도 않으면서 빌립보 성도들에게 율법을 지킬 것을 강요하였고, 할례를 행하는 것을 유대인의 특권으로 생각하였다. 바울은 이러한 자들을 향해서 바울 자신의 이력과 활동을 소개하면서(3-11절) 대조적인 삶을 보여준다. 난 지 팔일 만에 할례를 받고, 베냐민 지파에 바리새파 사람이었던 바울이야말로 율법의 의로는 흠이 없는 사람이었지만, 그리스도를 위하여 모든 것을 배설물로 여겼던 것이다.

3:12-21에서 우리는 반대자들의 사상적인 특징을 엿볼 수 있다. 그들은 "이미 얻었으며, 목표점에 다다랐다"(12절)고 주장하였고, "배(음식법?)를 하나님으로 삼고, 수치(할례?)를 영광으로 삼고, 땅의 것(육신?)만을 생각하였다."(19절). 그들은 또한 영지주의적인 경향을 띠고 있었는데, 이미 부활을 얻었다고 믿었기 때문에, 고난을 기피하고 현재를 즐기는 것을 목표로 삼았다. 그러나 바울 사도가 보기에 그것은 "십자가의 원수"(18절)로 살아가는 것과 같았다. 이에 대해서 바울 사도는 '미래적 구원과 미래적 부활'(12,20-21절)을 강조하였다.

4:1-9에는 다시 권면(명령법)이 등장한다. 특히 유오디아와 순두게라는 지도적 위치에 있던 두 여인에게 "같은 마음을 품으라"고 권면한다(2절). 빌립보서의 수신인인 "진정한 동지"에게도 같은 도움을 부탁한다. 왜냐하면 이들은 글레멘드와 동역자들과 함께 복음을 전하는 일에 함께 수고한 사람들이기 때문이다. 마음과 생각이 다른 유오디아와 순두게를 화해시키고 협력하게 하는 것은 빌립보 교회를 위해서 매우 중요하였다. 이러한 상황에서 바울은 빌립보 교우들에게 "기뻐하고, 관용하고, 감사하라"(4-6절)고 하면서, 그렇게 할 때 하나님의 평화가 임하게 될 것이라고 권면하였다. 마지막 권면(8-9절)은 일곱 가지 좋은 것들(참된 것, 경건한 것, 옳은 것, 순결한 것, 사랑스러운 것, 명예로운 것, 덕이 되는 것, 칭찬할 만한 것)을 "생각하고, 실천하는" 것과 관계된다. 이때에야 비로소 평화를 얻게 될 것이다.

4:10-21은 바울의 감사를 기록하고 있다. 빌립보 교회는 바울의 선교 사역 초기(행16:11이하 참조)에 물질적으로 도와주었고(15절), 데살로니가에 있을 때도 몇 번 도와주었는데(16절), 감옥에 갇혔다는 소식을 듣고 다시 생각나서 도와준 것을 감사하며 기뻐하고 있다(10절). 특히 에바브로디도를 보내준 것에 대하여 감사하고 있다(18절). 바울은 궁핍과 고난을 극복할 만한 신앙을 가지고 있었지만, 빌립보 교회가 믿음 안에서 바울과 함께 한 것을 칭찬한다.

바울은 문안 인사를 함으로써 편지를 마치고 있다(4:21-23). 특히 "황제의 집안에 속한 사람들"이 문안한다는 것을 밝힌다. 이는 황제의 집안일을 하는 종이나 자유인들을 가리킨다. 이러한 언급은 바울이 로마 감옥에 갇혀 있었을 가능성을 높여준다.

(7) 골로새서

a. 진정성의 문제

골로새서가 바울의 진정한 편지라는 주장과 후기 바울서신(제2바울서신)이라는 주장이 맞서고 있다. 바울저작설을 지지하는 근거는 다음과 같다. 첫째, 골로새서(4:9-17)와 빌레몬서(2-24절)에 언급되는 인물들이 비슷하다(에바브라, 아리스다고, 마가, 누가, 데마, 오네시모, 아킵보). 둘째, 골로새서는 원래 큰 도시인 라오디게아로 보내려고 했으나 오네시모가 있는 골로새로 보낸 것이다. 이는 빌레몬서와의 상관성을 보여주는 것이다. 셋째, 상전과 종의 관계에 각별한 주의를 기울이고 있는 것으로 보아서(3:22-25) 빌레몬서와 비슷하다. 넷째, 골3:18-4:1의 가훈표가 엡5:22-6:9의 그것보다 기독교적 형태로 덜 다듬어졌다(에베소서는 골로새서에 비해 세련된 문체와 수식이 많고 설명이 길게 늘어나는 경향을 보여준다).

그러나 골로새서가 후기 바울서신이라는 주장이 더 강하다. 골로새서는 잘 알려진 바울친서(롬, 고전, 고후, 갈, 빌, 살전, 몬)와 비교해 볼 때, 어휘와 문체 및 신학(기독론, 교회론, 종말론)에서 차이를 보인다. 골로새서에는 신약성서에 한 번밖에 나오지 않는 어휘(hapax legomena)가 34개가 있다. 다른 바울서신에 없는 것은 28개다. 다른 한편, 바울서신의 주요 어휘가 나오지 않는다(δικαιοσυνη, δικαιοω, δικαιωμα, δικαιωσις, ελευθερια, ελευθεροω, νομος, πιστευω). 문체에 있어서 바울서신과 다른 점도 있다. 같은 어근을 가진 단어를 함께 쓰거나(1:11; 2:19), 동의어를 병렬배치하거나 (1:9; 1:23), 속격을 나열한다(1:5; 1:12; 1:27). 문장 구조와 절의 연결 방식도 예배의식적 문체와 찬송시적 문체를 사용하기 때문에 긴 문장이 특징이다(1:3-23; 2:8-15). 여기에는 관계절, 삽입구, 분사적 표현, 우연적 언급이 많다. 골로새서의 신학도 바울서신과 다르다. 기독론의 경우, 골로새서는 우주적 범위로 발전하고 있다(2:9,10). 교회론은 "몸인 교회의 머리"(1:18)라고 함으로써 기독론과 밀접하게 연결되어 있다. 여기에서 교회는 바울서신에서처럼 지교회의 회중이 아니라 그리스도의 몸으로서 보편적 개념으로 사용된다. 종말론은 사도적 가르침에 대한 강조 때문에 뒤로 밀려나 있다. 실현된 종말론이 강조되며, 미래의 성취도 위/아래, 하늘/땅의 공간적 개념으로 바뀌고 있다(1:5; 3:1-4). 세례도 바울은 미래의 부활을 향하고 있는데 비해(롬6:4), 골로새서는 이미 부활한 그리스도와 연결시키고 있다(2:12-13; 3:1,3). 결론적으로, 골로새서는 바울학파에 속한 한 제자가 소아시아 교회에 나타난 거짓 교사들에게 대항하기 위해서 바울의 권위로 편지를 쓴 것이라고 볼 수 있다.

b. 구조

골로새서는 바울서신의 일반적인 구조에 맞게 교리 부분(1-2장)과 윤리 부분(3-4장)으로 분명하게 나뉜다. 그러나 골로새서의 특색도 드러난다. 골로새서에는 '그리스도 찬송시'(1:15-20)가 들어 있고, 안부 목록(7-17절)이 길게 나타난다. 이를 토대로 골로새서의 구조를 살펴보면 다음과 같다:

서두 1:1–2
감사 1:3–8
본문 1:9–4:6

교리 부분

저술 목적 (1:9–14)

그리스도 찬송시 (1:15–20)

바울의 복음 (1:21–2:5)

그리스도와 세상의 유치한 원리 (2:6–23)

윤리 부분

위에 있는 것을 추구하는 삶 (3:1–17)

가훈표 (3:18–4:1)

마지막 권면 (4:2–6)

결미 4:7–18

c. 내용

바울은 디모데와 함께 바울서신의 예를 따라 하나님의 은혜와 평화를 빌면서 편지를 시작한다. 이어서 바울은 골로새 교회의 믿음과 사랑에 대해서 듣고 감사한 마음을 전한다(1:4-5). 바울은 에바브라가 골로새 교회를 설립하였음을 밝힌다(1:7). 지금 에바브라는 골로새를 떠나 라오디게아와 히에라볼리 교회를 위하여 사역하고 있으며4:13), 바울과 골로새 교회의 가교 역할을 맡고 있다(1:8)

1:9-20은 하나의 문장으로 되어 있다. 9-14절은 저술 목적을 서술하면서 기도와 감사를 드리는 내용이고, 15-20절은 그리스도 찬송시를 담고 있다. 바울은 골로새 교회가 "하나님의 뜻을 아는 지식"(επιγνωσις)을 채워가는 것과 "주님께 합당하게 살아가기"(περιπατεω)를 바라는 마음으로 골로새서를 썼다. '지식'은 세상의 철학과 가르침으로 얻을 수 있는 것이 아니라, 신령한 지혜(σοφια)와 총명(συνεσις)으로 얻을 수 있다. 합당하게 '살아가기'는 '걷는' 것으로 표현되어 있는데, 네 가지 결과를 동반해야

한다(네 개의 분사형으로 나타남). 첫째, 선한 일에서 열매를 맺는 것이다. 둘째, 하나님을 아는 지식에서 자라야(αυξανεω) 한다. 셋째, 능력으로 강하게 되는 것이다. 넷째, 빛 속에서 감사를 드리는 것이다.

1:15-20절은 '그리스도 찬송시'로서 두 가지 내용을 담고 있다. 15-18a절은 그리스도가 창조주 됨을 찬양하며, 18b-20절은 그리스도가 구원자 됨을 찬양한다. 그는 선재하신 분으로 만물을 창조하였고, 교회의 머리가 되셨다. 또한 그는 십자가의 피로 만물을 화해시켰고, 제일 먼저 부활하여 만물의 으뜸이 되셨다. 전반부와 후반부가 창조와 새 창조의 대조를 보여준다.

1:21-2:5은 바울의 복음을 직설법으로 서술하고 있다. 복음은 세 단계로 설명된다. 그리스도의 사역(1:21-23), 바울의 사역(1:24-29), 빌립보 성도들의 사역(2:1-5)에서 복음의 의미가 설명되고 있다. 먼저 그리스도는 육신의 몸으로 죽으심으로써 화해의 기초를 놓으셨다고 증언한다. "너희"가 전에(ποτε) 지은 악한 일로 하나님과 원수가 되었었지만, 이제(νυνι δε) 화해가 이루어지게 되었다는 것이다. 바울은 "복음의 일꾼"이 되어 그리스도의 남은 고난을 육신으로 채워가면서 복음을 전파하였다. 그 복음은 이방 사람들에게 나타난 하나님의 비밀이었다. 그러므로 빌립보 성도들에게는 하나님의 비밀인 그리스도를 온전히 알아가야 할 과제가 주어졌다.

2:6-23은 골로새 교회가 반드시 알아야 할 복음의 핵심을 골로새 교회의 거짓 교사들의 가르침과 대조시키면서 보다 구체적으로 설명하고 있다. 거짓 교사들은 "철학과 헛된 속임수"로 성도들을 미혹하였는데, 이는 "사람들의 전통과 세상의 유치한 원리"일 뿐이었다. '세상의 유치한 원리'(τα στοιχεια του κοσμου)는 세상을 지배하고 다스리는 영적 존재 또는 세상의 구성 요소

와 그 교훈을 가리킨다. 그것은 영지주의적인 특색을 가지고 있다. 골로새서에서 거짓 교사들의 행태는 철학(2:8), 할례(2:11), 음식 규례(2:16), 안식일과 절기(2:16), 천사 숭배(2:18), 금욕 생활(2:21,23), 정결 규례(2:21) 등과 관계되고 있었던 것으로 보이기 때문에 다분히 혼합주의적이다. 거짓 교사들은 거짓된 겸손을 보이며, 환상을 중시하고, 사람들이 만든 규례에 얽매이게 만들었다. 그러나 바울은 그리스도 안에 온갖 충만한(πληρωμα) 신성이 몸이 되어 머물고 있기 때문에(2:9), 그리스도만을 섬기면 된다고 가르친다.

3장부터는 윤리적인 부분으로 넘어간다(명령법). 먼저 3:1-17에서 땅에 속한 것들을 생각하지 말고 위에 있는 것을 추구하는 삶을 살라고 권면한다. 땅에 속한 것들은 "음행, 더러움, 정욕, 악한 욕망, 탐욕(=우상숭배)"이며(3:5), "분노, 격분, 악의, 훼방, 부끄러운 말, 거짓말"(3:8-9) 등이다. 위에 있는 것은 "동정심, 친절함, 겸손함, 온유함, 오래 참음"(3:12)이다. 여기에 "용서, 사랑, 평화, 말씀, 감사, 찬양"(3:13-17)을 덧붙일 수 있을 것이다. 이와 같은 삶은 새 사람을 입는 것이라고도 할 수 있는데, 이는 한 번에 이루어지는 것이 아니라 "끊임없이 새로워져서 참 지식에 이르게 되기까지"(3:10) 자라야 한다. 이러한 삶은 인종적이거나 종교적인 차이, 사회적이거나 신분적 차별이 없이 누구에게나 그리스도 안에 있으면 가능하다(갈3:28; 고전12:13 참조).

골로새서에는 가정생활 지침인 가훈표(household duties)가 한 가정의 여섯 주체들에게 주어진다. 아내에게는 남편에게 순종하라고 명한다. 남편에게는 아내를 모질게 대하지 말고 사랑하라고 명한다. 자녀들에게는 부모에게 복종하라고 명한다. 부모에게는 자녀들을 격분하게 하지 말고 의기를 꺾지 말라고 명한다. 종들에게는 주인에게 복종하되, 눈가림으로 하지 말고 성실한 마음으로 하라고 명한다. 사람에게 하듯 하지 말고 주님께 하듯이 하라고 명한다. 주인에게는 정당하고 공정하게 종들을 대하라고 명한다. 여섯 주체 중 종들에게 명한 것이 가장 길게 나와 있다. 가훈표를 강조한 것은 가부장적인 가정 질서가 로마제국을 지탱하는 기본이었기 때문이며, 이단들이 열광적이거나 금욕적인 윤리로 가정 질서를 파괴할 수 있었기 때문이었다.

4:2-6에는 골로새서에 나오는 마지막 권면으로서, 신앙생활의 가장 기본이 되는 기도와 전도에 관한 권면으로 되어 있다. 기도를 하되 전도를 위한 기도를 하도록 권고한다. 기도하면서 전도할 기회를 찾을 수 있도록 하고, 그때에 지혜롭게 대답할 말을 항상 준비하라고 권고한다.

골로새서는 안부 목록이 길게 나와 있다. 안부를 한 사람이 8명이고, 안부를 해 달라고 부탁한 사람이 2명이다. 특히 두기고와 오네시모를 골로새로 보내 안부를 전하고 있다. 로마서도 긴 안부 목록이 특색인데, 거기에는 안부를 한 사람이 8명이고, 안부를 해 달라고 부탁한 사람이 26명이다. 로마 교회와 골로새 교회는 바울이 세우지 않은 교회이기 때문에 특별히 더 안부에 신경을 쓴 것 같다. 그렇게 함으로써 친밀한 관계를 유지하는데 도움이 된다고 생각했을 것이다. 특히 빌레몬서에 나오는 안부 목록과 겹치는 인물들이 많다(오네시모, 아리스다고, 마가, 에바브라, 누가, 데마, 아킵보). 이것을 볼 때, 빌레몬은 오네시모와 더불어 골로새 교회에 소속된 인물임을 알 수 있다. 바울은 친필로 문안하면서 편지를 마감한다.

(8) 데살로니가전서

데살로니가전서는 바울서신 가운데 바울 사도가 쓴 최초의 편지이자 신약성서 가운데서 가장 먼저 기록된 책이다. 복음서가 예수 그리스도의 생애와 교훈에 관한 기록이기 때문에, 바울서신이 복음서의 중요성에 비길 수 없을지 모르지만, 최초의 기록이라는 점은 여러 면에서 주목을 받기에 충분하다.

데살로니가는 마케도니아의 왕이었던 필립 2세의 사위인 카산더가 아내 데살로니케이아의 이름을 따서 기원전 316년에 건설한 도시다. 카산더는 알렉산더 대왕의 수하 장군이기도 했기 때문에 두 사람은 처남 매부지간이었다. 데살로니가는 기원전 146년 로마의 지배 하에서 마케도니아의 수도가 되었다. 데살로니가는 그리스 북부(마케도니아)와 소아시아를 연결하는 교통의 요충지였으며, 행정과 무역의 중심지였다.

바울에 의해 설립된 최초의 교회 중 하나에 속하는 데살로니가 교회는 신약성서에서 자주 언급된다(행17:1-13; 20:4; 27:2; 빌4:16; 딤후4:10). 그것은 데살로니가 교회가 중요한 역할을 하였기 때문일 것이다. 바울 사도는 데살로니가에서 많은 어려움을 겪었음에도 불구하고, 데살로니가 교회를 다른 교회의 모범이 될 만하다고 보았다.

a. 구조

데살로니가전서는 전체적으로 바울서신의 일반적인 구조를 보여준다. 서두, 감사, 서신의 본문, 그리고 결미로 되어 있기 때문이다. 그러나 감사 부분과 본문의 경계가 분명하지 않고, 본문도 교리적인 부분과 윤리적인 부분으로 구분되지 않고 있다. 전체적인 내용은 교리적인 내용보다는 바울 사도 자신의 사역에 대한 변호와 그리스도인의 바람직한 삶(특히 종말론과 관련하여)에 대해 교훈하고 있다. 데살로니가전서의 대체적인 구조는 다음과 같다:

서두 1:1
감사 1:2–3
본문 1:4–5:22
바울의 복음 사역 변호 (1:4–3:13)
종말론에 관한 교훈 (4:1–5:22)
결미 5:23–28

b. 내용

가) 서두 (1:1)

일반적으로 신약성서의 편지의 서두는 편지를 쓴 발신자와 수신자, 그리고 첫인사로 시작한다. 데살로니가전서도 예외는 아니다. 바울 사도는 다른 편지에서와는 다르게 자신을 "사도"라고 지칭하지 않는다. 그것은 바울 사도의 초기 사역 시기에는 사도직에 대한 변호의 필요성이 크지 않았고, 데살로니가 교회와의 친밀도 때문에 사도라는 칭호를 사용하지 않은 것으로 보인다. 바울 사도는 실루아노와 디모데를 공동 발신자로 하여 편지를 써 보내고 있다. 이것은 바울 사도가 혼자서 사역한 것이 아니라 팀 사역을 하였으며, 다른 사람들의 지지와 후원을 받고 있었음을 나타내려고 한 것으로 보인다. 사도행전 17:1-9과 전후 문맥에 따르면, 바울 사도가 데살로니가에서 사역하는 동안 실라와 디모데가 함께 한 것을 알 수 있다. 이를 통해 실루아노는 실라와 동일 인물로서 로마 시민이었으며(행16:38), 디모데는 유대인 어머니와 그리스인 아버지 사이에 태어난 혼혈아(행16:1)였음을 알 수 있다.

데살로니가 교회가 "하나님 아버지와 주 예수 그리스도 안"에 있다고 기록된 것은 바울 사도가 처음부터 유대교적 전통과 기독교적 신앙고백을 결합시키고 있음을 보여준다. 특히 예수 그리스도에게 붙인 "주" 칭호는 예수 그리스도에 대한 신앙이 일찍부터 형성되어 있었음을 알 수 있다. "은혜와 평화"라는 인사말은 헬라적인 인사인 '은혜'(χαρις)와 히브리적인 인사인 '평화'(שלום; ειρηνη)를 결합시킨 것으로서 바울 사도가 즐겨 썼다.

나) 감사 (1:2-3)

바울서신에는 서두에 이어 대부분 감사부분(갈라디아서, 디모데전서, 디도서는 예외)이 등장한다. 본격적으로 편지의 본문을 시작하기 전에 하나님께 기도를 드리면서 감사하는 내용을 보여준다. 이것은 편지 본문에서 다룰 교회의 문제에 대한 권면이나 책망보다 하나님의 은혜에 대한 감사가 우선하며 중요하다고 보았기 때문일 것이다.

감사 부분은 대체로 편지 본문의 내용을 예시하거나 주제를 요약해 준다. 데살로니가전서의 내용도 1:2-3에서 제시하고 있는 대로 "믿음의 행위(1:4-10)와 사랑의 수고(2:17-3:10)와 소망의 인내(3:13; 4:13-5:11, 23)"에 관한 권면이 될 것을 보여준다. 사도 바울은 데살로니가 교회에 편지를 쓰면서 "언제나"(2절) 기도를 드리고 있으며, 기도하면서 데살로니가 교회를 "기억하고"(2,3절) 있다. 이러한 기도는 "감사"(2절)를 낳고 있다. 기도는 감사와 구별되지 않고 있다.

"믿음과 사랑과 소망"은 그리스도인의 삶에 있어서 가장 중요하다(고전13:13 참고). 데살로니가전서는 그것을 단순하게 제시하지 않고 구체적으로 설명하고 있다. 믿음의 "행위"는 모든 사람들이 공적으로 알 수 있도록 밖으로 확실하게 드러나는 믿음이 되어야 한다는 뜻이고, 사랑의 "수고"는 말로만 하는 사랑이 아니라 (요일3:18 참고) 땀을 흘리며 애를 쓰는 사랑이 되어야 한다는 뜻이며, 소망의 "인내"는 어떠한 고난과 박해에도 흔들리지 않는 인내를 이루어야 한다는 뜻이다. 바울 사도는 데살로니가 교회가 이러한 삼중신앙을 가졌기 때문에 감사하고 있다.

다) 본문 (1:4-5:22)

데살로니가전서의 본문은 크게 두 부분으로 나뉜다. 1:4-3:13은 주로 바울 사도가 복음 사역을 어떻게 전개하였는지를 설명하면서 그에 대한 데살로니가 교회의 반응을 보여주는 내용이다. 그리고 4:1-5:22는 데살로니가 교회의 구성원들이 어떻게 신앙생활을 하여야 하는지에 관해서 권면하는 내용이다. 특히 종말론과 관련한 교훈이 주종을 이룬다. 이것은 데살로니가 교회 같은 초대 교회가 종말론의 기초 위에 서 있었음을 보여준다.

ㄱ) 바울의 복음 사역 변호 (1:4-3:13)

이 부분은 바울이 데살로니가 교회를 방문하여 복음을 전한 일들(1:4-2:16)과 바울을 대신하여 디모데가 데살로니가 교회를 방문하게 된 전후 사정을 설명하는 내용(2:17-3:13)으로 나눌 수 있다.

① 바울의 데살로니가 사역 (1:4-2:16)

바울 사도는 데살로니가 교회의 교인들을 "형제자매 여러분"(αδελφοι)이라고 부른다(1:4). 이는 한편으로 감사 부분에서 본문으로 진행하는 표지인 동시에 다른 한편으로 바울이 데살로니가 교회 구성원들을 향한 각별한 애정을 표현하는 것이다. 이러한 방식으로 다정하게 부르는 장면은 데살로니가전서에 계속 나온다(2:1,9,14,17; 3:7; 4:1,13; 5:1,4,12,14,25). 이것은 바울서신 중에서도 두드러지는 현상이다.

바울은 바로 이어서 하나님의 선택에 관해서 언급하고 있다. 데살로니가 교회의 구성원들이 주로 이방인들이었던 것으로 보이기 때문에(1:9; 2:14-16; 4:5 참조), 하나님의 선택은 중요한 의미를 지닌다. 이제까지 하나님의 선택받은 백성은 이스라엘뿐이라고 하는 사상이 있었지만, 오히려 이방인 그리스도인들이 유대인들보다 모범적인 신앙인의 모습을 보여주었다(1:7-10; 2:14-16 참조).

바울 일행의 복음 전파는 말로만이 아니라 "능력과 성령과 큰 확신"으로 이루어졌다(1:5). 이로 보건대 바울은 복음에 대한 새로운 깨달음과 그것을 전하지 않고는 견딜 수 없는 열정을 가지고 복음을 전한 것으로 보인다. "능력"이라는 단어를 사용한 것으로 보아 기적을 동반한 사역이었을지도 모른다. 바울의 "처신"에 관한 언급은 언뜻 복음 전파 사역을 하면서 사도의 권리를 주장하지 않는 바울의 겸손한 태도(2:7 참조)를 연상시킨다. 그러나 여기에서는 문맥적으로 보아 고난과 박해에도 불구하고 담대하게 복음을 전한(2:2 참조) 바울의 모습을 보여준다고 이해하는 것이 적절하다.

데살로니가 교회는 많은 환난 중에서도 기쁘게 복음을 받아들였다(1:6). 그들이 그렇게 할 수 있었던 것은 바울 일행이 보여준 열정적인 복음 전파에 마음을 같이했기 때문이었다. 데살로니가 교회는 바울 일행과 주님을 "본받는 사람"이 되었다. 그것은 고난과 박해 가운데서도 굽히지 않고 복음을 받아들이고 전하는 일에 동참하게 되었다는 뜻이다(2:2 참조). 그 결과 그 지역의 교회는 물론 다른 지역에까지 믿음의 소문을 퍼져 나갔다(1:7-8). 그리스 북쪽 지방인 마케도니아와 그리스 남쪽 지방인 아가야에 데살로니가 교회의 모범적인 신앙이 알려졌다. 거기에 그치지 않고 소문이 "각처"에 두루 퍼졌다.

바울 사도는 데살로니가 교회의 믿음에 대해 설명한다(1:9-10). 첫째, 우상을 버리고 하나님께로 돌아왔다. 데살로니가 교회 교인들이 이방인이었다는 것을 감안할 때(2:14-16 참조), 이방인들이 섬기던 여러 우상들을 버리고 살아계시고 참되신 하나님에 대한 신앙을 가지게 되었다는 것은 큰 결단이 필요한 일이었을 것이다. 둘째, 예수의 부활을 믿었다. 하나님께서 그의 아들 예수를 죽은 사람들 가운데서 살리셨다는 믿음을 가졌다. 셋째, 예수의 재림을 소망하였다. 예수가 하나님의 진노에서 구원해 주시기 위해 하늘로부터 오실 것을 믿었다. 데살로니가 교회가 보여준 믿음의 세 가지 내용(우상을 버리고 하나님을 믿음, 예수의 부활을 믿음, 예수의 재림을 믿음)은 초대 교회가 복음을 전할 때 선포했던 핵심이었다고 간주된다. 그래서 이를 초대 교회의 '선교 케리그마'라고 한다. 바울은 그의 최초 서신인 데살로니가전서를 통해 초대 교회에서 선포되고 신앙되었던 원초적인 복음의 형태를 보여주고 있다.

바울은 1:4에서와 마찬가지로 애정이 듬뿍 담긴 칭호("형제자매 여러분")로 부르고 있다(2:1-2). 두 군데 모두 "우리는 알고 있습니다."와 "여러분이 알고 있습니다."라는 표현을 통해 최대한 예의를 갖추어 진술하고 있다. 바울 일행의 방문이 헛되지 않은 것은 2:2에서 확인할 수 있는 것처럼 어려움 속에서도 담대하게 복음을 전할 수 있었기 때문이다. 바울 일행은 데살로니가로 오기 전에 빌립보에서 쓰라린 경험을 했다(행16:11-40 참조). 고난과 모욕과 심한 반대를 받았다. 그러나 이러한 경험조차도 바울 사도를 좌절시키지 못했다.

바울은 복음 전파에 해당되는 말로 "권면"(παρακλησις)이라는 단어를 사용하고 있다(2:3). "권면"이라는 말은 겸손한 자세로 복음을 설명하였다는 뉴앙스를 보여준다. 바울의 권면은 인간적인 동기나 생각에서 비롯된 것이 아니라고 강조한다. "잘못된 생각", "불순한 마음", 그리고 "속임수"의 세 가지 태도는 거짓 예언자들이 보여준 행태였다. 바울은 2:4에서 그가 전하는 복음은 하나님께 검정을 받은 것임을 밝힌다. 그렇기 때문에 참된 예언자로서 사람의 환심보다는 오직 하나님만을 기쁘시게 하려는 마음으로 가득차서 정정당당하게 복음을 전할 수 있었다. 2:5-6에서 바울은 거짓 예언자의 세 가지 태도와 대조되는 참된 예언자의 세 가지 특징을 보여주고 있다. 그것은 "아첨하는 말을 하지 않고", "구실을 꾸며서 탐욕을 부리지 않으며", "사람에게서 영광을 구하지 않는" 것이었다.

바울은 오히려 어머니가 자식을 돌보듯이 "유순하게" 처신하였다(2:7). 그것은 권위적인 태도와는 상반되는 것이었다. 그 반대로 어떻게든지 데살로니가 교회에 도움이 되려는 방향으로 행동하였다. 바울이 어린아이처럼 처신한 것은 사도의 권위가 어떤 것인지를 몰라서가 아니었다. 바울이 그렇게 한 것은 데살로니가 교회를 끔찍하게 사랑하였기 때문이다.

바울은 2:9에서 다시 "형제자매 여러분"이라는 애칭을 통해서 새로운 내용을 환기시켜 준다. 바울이 말하고 싶은 것은 그가 복음을 전할 때 경제적인 폐를 주지 않기 위해 피나는 노력을 했다는 것이었다. 바울은 문자 그대로 "밤낮으로" 일을 하였다. 그것은 육체적인 노동으로 인한 "수고와 고생"을 동반하는 것이었다. 그렇다면 바울이 이렇게 밤낮으로 일에 전념하면서 어떻게 시간을 내어 복음을 전할 수 있었을까? 그것은 바울의 직업이 가진 특수성 때문에 가능하였다. 바울은 천막을 만들거나 수선하는 일에 종사하였는데(행18:3), 이러한 종류의 일은 육체적으로는 힘든 일이었지만 조용하게 일할 수 있는 환경 때문에 일을 하면서 고객과 대화가 용이하였고 복음을 전하는 일이 가능하였다. 고대인들은 철학자들에게 조용한 일(농사, 천막제조업 등)이 직업으로 적합하다고 보았는데, 복음을 전하는 바울에게도 적합한 일이었다. 이것은 바울이 꼭 가업을 이어받은 것이라고 볼 필요는 없다는 것을 말해준다.

바울은 데살로니가에 복음을 전하는데 있어서 물질적으로만 폐를 끼치지 않으려고 한 것이 아니라, 행동거지에 있어서도 모범적인 태도를 보여주려고 노력하였다(2:10-12). "경건하고 올바르고 흠 잡힐 데 없이" 처신하였다. 바울은 앞에서 어머니와 같이(2:7) 데살로니가 교회를 대하였다고 하였는데, 여기에서는 아버지와 같이 보살핀다는 비유를 하고 있다. 부드럽지만 또한 엄격한 바울의 사역은 오로지 데살로니가 교회가 하나님께 합당하게 살아가게 하려는 목적에서 비롯된 것이었다.

데살로니가 교회는 사도 바울의 말을 사람의 말로 받아들이지 않고 하나님의 말씀으로 받아들였다(2:13). 이것은 사도 바울의 복음 선포가 권위를 가지고 있었음을 보여주는 것이다. 선포된 복음의 권위는 선포자 바울에 대한 사도적 권위로 이어졌다. 이 두 가지는 서로 밀접하게 연결되어 있었다. 만약 바울이 사도적 권위가 없었다면 선포된 복음의 권위가 확보되지 못하였을 것이고, 선포된 복음의 권위가 인정되지 못했다면 바울의 사도적 권 바울은 다시 한 번 주의를 환기시키며("형제자매 여러분"이라는 호칭 참조) 데살로니가 교회를 유대에 있는 하나님의 교회와 비교하면서 그 믿음을 인정하고 있다(2:14). 또한 유대에 있는 하나님의 교회가 유대인 동족에게 고난을 받은 것과 같이 데살로니가 교회도 이방인 동족에게서 고난을 받았다고 위로하고 있다. 그러나 주된 타겟은 유대인에게 향하고 있다. 사도행전에 따르면 유대인들이 폭동과 반대의 배후에 있었다(행17:5,13; 18:6). 유대 사람들은 예수님과 예언자들을 죽였고, 바울 일행을 핍박하였고, 복음을 믿으려고 하는 사람들을 적대적으로 대하였다고 비난한다(행7:52 스데반의 설교 참조).

② 디모데의 데살로니가 방문 (2:17-3:13)

데살로니가 교회에서 행한 사역을 상기시키고 난 후, 바울은 데살로니가 교회를 방문하고자 하는 마음을 강력하게 표출한다(2:17-20). 바로 여기에 바울이 데살로니가전서를 쓰게 된 동기가 나타난다. 바울 일행은 선교 사역의 진행 과정에 따라 잠시 데살로니가를 떠나게 되었지만, 데살로니가 교회에 대한 간절한 바울이 한두 번 데살로니가 교회를 방문하고자 하였지만 성사되지 않았다. 바울은 그것을 "사탄의 방해"로 설명한다. 누가 어떻게 방해를 해서 갈 수 없었는지 알 수는 없지만, 바울은 복음 사역에 반대하는 사람이나 세력을 사탄이나 사탄의 활동으로 간주하고 있다. 데살로니가 이후에 벌어진 바울의 사역에 대한 사도행전의 기록(행17:10-18:28)을 통해 유대인들과 이방인들의 반대를 사탄의 방해 활동으로 생각해 볼 수 있을 뿐이다. 바울은 데살로니가 교회에 대한 자부심과 신뢰가 매우 컸음을 보여준다.

바울은 데살로니가 교회가 재림 때에 내세울 수 있는 "희망과 기쁨과 면류관과 영광"이라고 선언하고 있다.

바울은 더 이상 "참지 못하고"(1절과 5절 참조) 자신은 아테네에 머무르기로 하고 디모데를 데살로니가로 보냈다(3:1-5). 디모데를 소개하는 다양한 수식어("우리의 형제, 복음전도자, 하나님의 일꾼")는 바울 사도를 대신하는 메신저로서의 권위를 보장하고 있다. 디모데를 보낸 목적은 "환난 가운데서 믿음이 흔들리고 있지 않은지" 알아보려는 것이었다. 왜냐하면 "유혹하는 자"인 사탄이 바울의 수고를 수포로 돌아가게 할 수 있을지도 모르기 때문이다. 여기에서 바울이 말하는 "환난"이 무엇인지 구체적으로 언급되지 않고 있지만, 유대인들의 선동에 의한 조직적인 반대이거나 이방의 종교제의에 참여하지 않은 것 때문에 온 박해일 수도 있다.

바울 사도는 디모데가 돌아와 데살로니가 교회가 믿음과 사랑에 있어 모범이 되고 있는 바를 보고하자 크게 기뻐하고 있다(3:6-10). 데살로니가 교회가 바울을 좋게 생각하고 있다는 것은 바울을 크게 신뢰하고 있음을 의미하는 것이다. 디모데의 보고는 데살로니가 교회와 바울 사이에 있었던 친밀감을 더욱 강화시켰으며 상호간에 서로를 간절히 보고 싶게 만들었다. 디모데의 방문은 바울이 겪은 곤경과 환난에 큰 위로가 되었다. 바울은 데살로니가 교회를 염려하였으나 오히려 데살로니가 교회의 믿음이 바울에게 힘이 된 것이다. 바울은 데살로니가 교회가 준 기쁨을 감추려고 하지 않는다. 하나님께 무한한 감사를 드리고 있다.

바울은 하나님께 드리는 감사와 더불어 데살로니가 교회의 형제자매들을 얼굴로 볼 수 있게 되기를 간절하게 기도하고 있다(감사와 기도는 여기에서도 짝을 이루어 나타난다). 바울이 데살로니가 교회를 직접 방문하고자 하는 열망은 제스처가 아니었다.

바울은 직접 방문하게 되면 더 충분하게 믿음에 관해 가르쳐 줄 수 있을 것이라고 말한다. 이러한 점에서 편지로 전달되는 메시지는 부족함이 있었다.

3:11-13에서 바울은 데살로니가 교회를 위해 직접 기도하고 있다. 이로써 데살로니가 교회에 대한 훈계적인 내용을 끝내고 4-5장에서 교리적인 내용을 다루고자 한다. 바울은 먼저 데살로니가 교회를 방문하고자 하는 계획이 순조롭게 성사되기를 기도하고 있다. 또한 데살로니가 교회의 사랑이 더욱 풍성해지기를 기도한다. 마지막으로 바울은 예수의 재림 때에 데살로니가 교회가 굳건하게 믿음을 지키며 거룩한 신앙생활을 하게 되기를 위해서 기도한다.

ㄴ) 종말론에 관한 교훈 (4:1-5:22)

이 부분은 본문의 두 번째 부분으로서 교리적인 부분을 취급한다고 볼 수 있지만, 훈계적인(윤리적인) 앞의 부분과 명확하게 구분되는 것은 아니다. 교리적인 내용조차도 훈계적인 문맥 안에서 취급되고 있기 때문이다. 이 부분은 도덕적인 교훈(4:1-8), 형제 사랑에 관한 교훈(4:9-12), 죽은 사람에 관한 교훈(4:13-18), 때와 시기에 관한 교훈(5:1-11), 교회 생활에 관한 교훈(5:12-22)으로 나누어진다. 이 중 4:9-5:11에 나오는 세 가지 교훈은 특별한 주제를 다루는 것을 나타내는 전치사(περι)를 포함하고 있어서 종말론적 교훈을 강조하고 있음을 알 수 있다.

① 도덕적인 교훈 (4:1-8)

바울은 하나님을 기쁘시게 하는 삶에 관하여 권면하려고 한다

(4:1-2). 바울은 이미 데살로니가 교회에 있을 때에 신앙생활에 관한 일반적인 사항에 대하여 가르친 바가 있고, 대부분 그 가르침을 따르고 있다고 인정한다. 그 중에서 특별히 중요하게 여기고 있던 내용에 관해서 별도의 "지시"를 내렸던 것 같다. 그것은 3-8절에 언급되고 있는 음행에 관련된 내용으로 보인다.

바울은 하나님을 기쁘시게 하는 삶이 성결한 삶이 되어야 한다고 확신하고 있으며(4:3), 그러한 관점에서 당시 로마제국에서 횡행하고 있는 성생활의 문제를 거론하고 있다. 성결의 첫걸음은 음행을 멀리하는 것인데, 여기에서 음행은 결혼 여부와 관계없이 모든 종류의 성적인 부도덕성에 관련되어 사용된 말이다. 당시 이방인들은 음란한 것을 좋아하고 색욕에 빠져 사는 것을 당연시 여긴 것 같다. 이러한 문화 속에 살면서 거룩한 삶을 산다는 것은 매우 어려운 일이었지만 또한 반드시 지켜야 할 표준이기도 했다. 음행에 대한 경고를 무시하는 사람은 사람을 저버리는 것이 아니라 "성령"을 주시는 하나님을 저버리는 것이다. "성령"을 강조하는 것은 성령이 거룩한 영이며, 우리 몸은 성령의 성전이기 때문이다(고전6:18-19 참조).

② 형제 사랑에 관한 교훈 (4:9-12)

데살로니가전서에서 처음으로 'περι'('관하여'라는 의미를 가진 전치사)가 등장한다(4:9). 이 단어는 특별한 주제에 관하여 질문한 내용에 대답할 때 사용된다. "형제 사랑"에 관한 문제는 데살로니가 교회의 중요한 이슈였던 것으로 보인다. "형제 사랑"은 예수의 유언적 교훈으로서 모든 사람들이 익히 알고 있는 당연한 덕목이었다(요13:34; 15:12,17 참조). 그럼에도 불구하고 왜

"형제 사랑"이 언급되고 있는 것일까? 데살로니가 교회는 이미 형제 사랑을 실천하고 있는 것으로 소문이 나 있지 않은가!

바울은 몇몇 사람이 "형제 사랑"을 제대로 실천하지 않고 있다고 지적하고 있다(4:11-12). 그것은 자기 일에 전념하지 않으며 자기 손으로 일하지 않는 사람들이 있었기 때문이다. 그렇다면 "형제 사랑"과 자기 일을 하는 것은 어떻게 연결되는 것인가? 그것은 형제를 사랑한다고 말은 하면서 일을 하지 않음으로써 결과적으로 다른 형제에게 신세를 지는 일이 발생하였던 것이다. 경제적으로 가난한 상황에서 한 사람이 일을 하지 않는 것은 곧바로 다른 사람에게 기대어 생존의 문제를 해결해 나가야 함을 의미하였다. 이러한 일이 발생한 것은 임박한 종말에 대한 잘못된 기대 때문이었다. 그래서 일을 하지 않고 신앙생활에 전념하는 것이 더 옳다고 생각하였다. 그러나 자기 일을 성실하게 감당하는 것이야말로 형제 사랑을 구체적으로 실천하는 것이었다.

③ 죽은 사람에 관한 교훈 (4:13-18)

4:13-14에서 다루고 있는 특별한 문제(περι)는 "잠든 사람들"의 문제였다. 죽은 것을 "잠든" 것으로 표현한 것은 죽은 영혼의 중간 상태를 말하려고 한 것이 아니라 그 당시 통용되던 죽음에 대한 완곡어법을 기독교적 용어로 받아들인 것이다. 데살로니가 교회가 믿는 형제들 가운데 죽은 사람들이 생겨나게 되었을 때 슬퍼하며 절망감에 처하게 된 것은 무엇 때문일까? 아마도 그들이 죽기 전에 주의 재림이 있을 것을 예상하고 있었기 때문에, 형제들의 죽음은 당황스런 상황이 될 수 있었던 것 같다. 바울은 이러한 상황 속에서 데살로니가 교회에게 슬퍼하지 말고 소망을 가지라고 권면한다. 그리고 그 근거로서 예수의 죽음과 부활을

상기시킨다. 더 나아가서 예수 그리스도 안에서 죽은 사람들은 하나님께서 예수의 재림 때에 일으켜 세워(살려내어) 데살로니가 교회 사람들과 만나게 해 줄 것이라고 확인하고 있다. 이처럼 죽은 자의 부활은 전적으로 예수의 죽음과 부활에 의존하고 있음을 보여준다.

4:15-18에서 바울은 주 예수의 말씀에 근거하여 죽은 자의 문제를 설명한다. 여기에서 예수께서 하신 말씀이 어떤 것을 가리키는 것인지 분명하지 않지만 예를 들어 막9:1에서 말씀한 내용을 거론할 수 있다. 바울은 죽은 자의 부활이 현재 살아있는 사람들보다 먼저 일어날 것이라고 말함으로써, 죽은 자의 부활이 확실하게 일어날 것을 확인하여 주는 동시에 살아있는 자들의 걱정과 염려가 쓸데없는 것임을 일깨워준다. 주 예수의 재림은 조용히 비밀리에 이루어지는 것이 아니라 온 세상이 다 알도록 "호령과 천사장의 소리와 하나님의 나팔소리"와 함께 일어날 것이다. 하나님의 개시 명령(호령)에 따라, 천사장 미가엘의 인도로, 천사들이 나팔소리를 내며 예수께서 재림할 것을 묘사하고 있다.

주의 재림은 죽은 자들이 먼저 일어나고 그 다음에 살아있는 자들과 함께 구름 속으로 이끌려 올라가 공중에서 주를 만나는 순서로 진행될 것이라고 말한다. 여기에서 "구름"은 신적인 현현에 등장하는 표현이다(출19:9; 단7:13;마24:30; 26:64; 막9:7; 계1:7 등 참조). 구름은 이처럼 흔히 신비하고 경이로운 상황을 가리키는 묵시적인 용어로서 등장한다. "공중"은 땅과 천상 세계 사이의 공간을 가리키며, 천상으로 올라가기 위해 대기하며 준비하는 장소의 의미로 사용되고 있다.

"이끌려 올라간다"(ἁρπαζω)는 표현은 소위 "휴거"로 개념화되고 있는데, 이렇게 해석하는 것은 주의를 요한다. 영어로는

"rapture"로 표현되는데 이것은 황홀경이나 납치/유괴라는 의미를 가지고 있다. 후자의 의미로서 "휴거"로 표현한 것으로 보인다. 그러나 휴거라는 용어가 재림의 고정된 보편적인 순서를 가리키는 말로서 너무 과도하게 사용되고 있는 것 같다. 성경에는 하나님께서 사람을 갑자기 데려가는 몇 가지 경우가 있는 것이 사실이다. 에녹은 하나님과 동행하다가 하나님이 데려갔다(창 5:24). 엘리야도 하나님께서 회오리바람에 실어 하늘로 데리고 올라갔다(왕하2:1). 빌립이 에티오피아 내시에게 세례를 준 뒤, 주의 영이 빌립을 갑자기 데리고 가버렸다(행8:39). 하나님께서 여자가 낳은 아이를 그의 보좌로 이끌고 갔다(계12:5).

여기에서 이 구절은 데살로니가 교회 교인들이 재림하는 그리스도를 만나는 것보다 죽은 형제들과 다시 서로 만나는 것을 나타내려고 하는 문맥에서 쓰였다는 것이다. 데살로니가 교회의 근심은 죽은 형제들의 상황에 대한 것이었다. 주의 재림이 임박하다고 믿었던 시점에서 먼저 죽게 된 형제들이 정말 구원 받을 수 있을까 걱정을 하게 된 것이다. 바울은 이렇게 근심하는 데살로니가 교회를 안심시키고자 이러한 권면을 한 것이다. 바울은 데살로니가 교회에게 "이런 말로 서로 위로하라"고 권면하고 있다.

④ 때와 시기에 관한 교훈 (5:1-11)

종말에 관한 또 하나의 문제(περι 참조)는 재림의 때와 시기에 대한 것이었다. 이것에 관해서는 예수께서 말씀한 바가 있다(막13:32; 행1:7 참조). 예수는 "그 날과 그 때"는 하나님만이 아신다고 강조하였다. 물론 바울이 여기에서 사용한 헬라어(χρονος와 καιρος)는 예수께서 사용하신 용어(ἡμερα와 ὡρα)는 서로 다르다. 전자는 정확한 시간보다는 징조에 더 가깝고, 후자는 정확한 시간을 의미한다고 말할 수 있다.

그런데 바울은 재림의 정확한 시간보다는 징조에 국한해서 다루고 있다. 재림은 밤에 도둑처럼 오는 것과 해산의 진통이 오는 것과 같은 것에 비유하여 설명한다. 이 두 가지 비유는 모두 "갑자기" 임한다는 특징을 가지고 있다. 사람들이 "평안하다, 안전하다"고 생각하는 것이 문제가 될 것이라고 말한다. 그런데 두 가지 비유 중 도둑의 비유가 더 비중 있게 다루어지고 있다. 왜냐하면 도둑의 이미지는 어둠과 연결되어 있기 때문이다. 흥미 있는 사실은 도둑 같이 임하는 재림이 믿는 형제자매들에게는 해당되지 않을 것이라는 것이다. 왜냐하면 믿는 형제들은 어둠 속에 있지 않기 때문이다.

앞에서 나온 어둠의 개념이 5:5-11에서는 낮과 밤의 대조적인 이미지로 확장되고 있다. 5절에서는 데살로니가 교회의 상태를 직설법("여러분은 모두 빛의 자녀요 낮의 자녀입니다. 우리는 밤이나 어둠에 속한 사람이 아닙니다.")으로 선언하고 있는 것에 비해, 6절에서는 여전히 그러한 상태를 유지하지 못할 수 있다는 가정을 가지고 명령법("잠자지 말고 깨어 있으며 정신을 차립시다.")으로 권면한다. 만약에 믿는 자들이 잠자는 경우에서도 하나님은 진노보다는 구원을 얻도록 예정하여 놓았다. 하나님의 구원은 믿는 자들이 "깨어 있든지 자고 있든지"(10절) 변하지 않는다. 왜냐하면 그리스도께서 믿는 자들을 위해 죽으셨기 때문이다.

⑤ 교회 생활에 관한 교훈 (5:12-22)

5:12-13은 교회의 지도자들에 대한 교훈이다. 여기에서 "수고하는 자"와 "지도하고 훈계하는 자"라는 초기 교회의 두 직제의 모습을 보여준다. 데살로니가전서에서 "수고"는 육체적인 노동

(2:9)에도 사용되었고, 복음적인 사역(3:5)에도 사용된 단어다. 여기에서 "수고하는 자"는 복음 전도자로 볼 수 있을 것이다. "지도하고 훈계하는 자"는 아직 감독, 장로, 집사 같은 교회 직제가 확립되기 전에 교회를 감독하고 치리하는 역할을 수행한 지도자로 볼 수 있을 것이다. 바울은 이러한 자들을 존경하고 서로 화목하게 지내라고 권면한다. 이것은 아마 교회 내에 이러한 지도자들을 인정하지 않거나 그들의 말에 복종하지 않는 사람들이 있었던 때문이었던 것으로 보인다.

5:14-15은 믿음이 약한 형제들에게 대한 교훈이다. 데살로니가 교회에는 다양한 종류의 사람들이 있었으며 그에 따른 다양한 돌봄이 필요했을 것이다. 무질서하게 사는 사람(=일하지 않는 사람; ατακτος)에게는 따끔한 깨우침이 필요했고, 마음이 약한 사람은 격려가 필요했으며, 힘이 없는 사람은 돌봄이 필요했다. 이러한 사람들을 대할 때 필요한 것은 오래 참는 것이었다.

5:16-22은 각각의 개인들 모두에게 해당되는 교훈이다. 내용을 두 부분으로 나눈다면 긍정적인 삼중명령(5:16-18)과 부정적인 삼중명령(5:19-22)으로 나눌 수 있을 것이다. 항상 기뻐하고 끊임없이 기도하고 모든 일에 감사하라는 명령은 믿는 자들의 신앙생활에 언제나 필요한 하나님의 뜻이기 때문에 준행할 가치가 있다. 바울은 이어서 성령을 소멸하지 말고, 예언을 멸시하지 않으며, 갖가지 모양의 악을 멀리 하는 것이 필요하다고 권면한다.

라) 결미 (5:23-28)

바울은 편지를 마치면서 하나님께 데살로니가 교회를 거룩하고 흠이 없이 지켜달라고 기도하고 있다. 여기에 등장하는 "영과 혼과 몸"은 삼분설(trichotomy)을 말한다기보다 인간의 모든 부분을 가리키려고 한 것이라고 본다. 삼분설을 주장하게 되면, 영을 최상의 본질로 보고 다른 요소들은 무시하게 된다. 성서적인 견해에 따르면, 인간은 영혼과 몸의 통일체이다.

바울은 데살로니가 교회에 중보기도를 부탁한다. 바울은 이어서 거룩한 입맞춤으로 문안 인사를 하도록 부탁하고 있다. 거룩한 입맞춤은 고대 근동의 관습이었는데, 이것을 교회에서도 따르고 있었다. 입맞춤을 문자 그대로 입에다 했는지 아니면 볼에다 했는지는 명확히 알 수 없다. 바울은 모든 믿는 사람들에게 데살로니가전서를 읽어주라고 강력하게 명령한다. 그것은 예배 시간에 주로 이루어졌을 것이다. 이러한 행위는 바울의 편지가 다른 성경과 동등한 권위를 확보해 나가는 수단이 되었을 것이다. 마지막으로 바울의 첫 번째 편지에 어울리는 간단한 끝인사가 덧붙여지고 있다. 첫인사(1:1)와 같이 예수 그리스도의 "은혜"(χαρις)가 함께 하기를 기도하고 있다. 이로써 은혜가 데살로니가전서를 감싸고 있다(inclusio).

(9) 데살로니가후서

데살로니가후서는 전서보다 짧지만 전서와 많이 닮았다. 서두 부분과 결미의 내용이 유사하다. 본문에서도 전서의 줄거리와 다루는 주제가 유사하다. 박해적 상황에 대한 설명, 재림에 관한 내용, 그리고 게으르지 말고 열심히 일하라는 권면에 있어서 궤를 같이 하면서 후서에서 더 강화되고 있는 느낌이 있다. 전서와 후서에서 사용된 어휘나 문체도 크게 다르지 않다. 그래서 후서 역시 바울 사도가 직접 쓴 편지라고 주장한다.

그러나 몇 가지 이유에서 바울 자신이 쓴 편지라고 보기 어렵다는 주장을 하기도 한다. 전서에서는 임박한 종말론을 말하고 있는데 비해, 후서에서는 그 전에 역사적인 경과가 전제되어 있다(살후2:1-11 참조). 적그리스도의 표상도 1세기 중엽 이후 형성된 네로 환생 신화를 연상시킨다고 볼 수 있다. 사실 전서가 따뜻하고 애정 어린 어조로 쓰인데 비해, 후서는 냉정하고 공식적인 어조를 느낄 수 있다. 전서가 개종한 이방인을 독자로 하고 있다면, 후서는 유대 전통과 구약 용어에 익숙한 독자를 상정할 수 있다. 이미 종말론에 관해 전서에서 충분히 말했는데 어떻게 살후2:5("내가 여러분과 함께 있을 때에, 이런 일을 여러분에게 거듭 말했다는 것을 기억하지 못합니까?")과 같은 말을 할 수 있을까 하는 의문도 생긴다. 같은 사람(바울)이 후서를 썼다면 왜 비슷한 내용을 반복하였을까 하는 질문에 대답하기 어렵다.

a. 구조

데살로니가후서는 하나님의 공의로운 심판(1:5-12)과 불법의 사람(2:1-12)에 관한 두 부분의 내용을 제외하면 전서와 유사하다. 후서는 감사 부분이 길다는 것을 알 수 있다. 본문의 내용은 전반적으로 마음이 약한 신자들에게 주는 교훈적인 부분(2:1-17)과 일하지 않는 신자들에게 주는 윤리적인 권면 부분(3:1-15)으로 나눌 수 있다.

서두 1:1–2
감사 1:3–12
본문 2:1–3:15
　　불법자에 관한 교훈 (2:1–12)
　　소명에 관한 교훈 (2:13–17)
　　기도와 권면 (3:1–5)
　　일하지 않는 자에 관한 권면 (3:6–15)
결미 3:16–18

b. 내용

가) 서두 (1:1-2)

서두 부분은 하나님을 "우리" 아버지로 부른 것만 제외하면 전서와 같다. 인사 부분은 다른 바울서신에서 볼 수 있는 전형적인 표현인 "하나님 아버지와 주 예수 그리스도께서 내려주시는"이라는 문구가 추가되어 있다. 편지의 공동 송신자는 전서와 마찬가지로 바울과 실루아노와 디모데로 되어 있다.

나) 감사 (1:3-12)

후서의 감사 부분은 길다. 이 부분의 전체 내용은 감사(3절)와 기도(11절)라는 단어를 통해 하나로 묶여 있다. 그렇기 때문에 이 부분은 감사(3-4절), 공의로운 심판에 대한 교훈(5-10절), 그리고 기도(11-12절)로 구분될 수 있다. 전서에서는 감사의 이유로서 "믿음의 행위와 사랑의 수고와 소망의 인내"를 들었는데, 후서에서도 "믿음과 사랑, 인내와 믿음"을 언급하고 있다(3-4절). 그러나 전서와 달리 "믿음"을 맨 앞과 맨 뒤에 배치하고 있어서 "믿음"을 강조하고 있다는 인상을 준다.

5절의 의미는 모호하다. "하나님의 공의로운 심판의 표"는 무엇인가? 그것은 4절에서 말한 바(5절 하반절에서 다시 언급됨), "박해와 환난 가운데서도 간직한 인내와 믿음"을 말한다고 보면 좋을 것이다. 믿는 자는 그가 가진 인내와 믿음으로 인하여 하나님의 공의로운 심판을 감당할 수 있다. 하나님은 공의로운 분이시다. 왜냐하면 핍박하는 자들에게는 고난으로 갚아주시고, 핍박을 받는 믿는 자들에게는 안식으로 갚아주시기 때문이다. 이렇게 공의가 온전히 실현되는 것은 주 예수께서 재림하실 때가 될 것이다.

바울은 데살로니가 교회가 하나님의 부르심에 합당하게 살아가며, 데살로니가 교회가 가진 선한 뜻과 믿음의 행위를 완성시켜 달라고 기도한다(11-12절). 그것은 주 예수와 데살로니가 교회가 서로에게서 영광을 받게 될 것을 목표로 하고 있다.

다) 본문 (2:1-3:15)

ㄱ) 불법자에 관한 교훈 (2:1-12)

이 부분은 가장 난해하고 또한 모호한 내용을 포함하고 있다. 우리가 알 수 있는 것은 전서에서 언급된 종말론 이슈(특히 살전4:13-5:11)가 후서에 이르기까지 계속 논란이 되고 있었다는 것이다. 예수의 재림과 죽은 형제들과의 만남이 어떻게 이루어질 것인지에 관해서 데살로니가 교회 내에서 의견이 분분했던 것 같다(2:1-2). 바울은 이러한 상황을 안타깝게 생각하고 답답해했다. 바울은 데살로니가 교회가 "영이나 말이나 거짓 편지"에 속아서 마음이 흔들리며 당황하고 있다고 진단하고 있다. 여기에서 "영"은 예언 활동과 관계되고, "말"은 구두로 전달된 메시지를 가리키며, "거짓 편지"는 사도 바울에게서 받았다고 하는 편지를 일컫는다. 이것은 여러 가지 방식으로 데살로니가 교회를 미혹하게 하는 일이 발생하였음을 보여준다.

종말론에 있어서 가장 중요한 것은 "속지 않는 것"이다(2:3-8). 바울은 속지 않으려면 재림 전에 일어날 상황에 대하여 바르게 알아야 한다고 교훈하고 있다. 일부는 그리스도의 재림이 이미 일어났다고 생각한 것 같다. 바울은 그들의 생각이 틀렸다는 것을 깨닫게 하기 위하여 재림이 일어나기 전에 반드시 선행되어야 할 일이 있음을 강조하였다. 그것은 재림 전에 "불법자" 곧 "멸망의 자식"이 나타날 것이라는 사실이다. "불법자"는 불법의 "사람"을 뜻한다. 바울은 불법자의 특징에 관하여 언급하면서, 그는 믿음을 배신할 것이고, 모든 신들을 업신여기며, 하나님보다 더 우월한 존재라고 주장할 것이다. 이러한 의미에서 불법자를 적그리스도라고 명명하지는 않았지만 그러한 존재로 볼 수 있다.

바울은 이미 불법자의 출현에 관해서 여러 번 경고했다고 상기시킨다. 불법자가 나타날 환경이 조성되어 지금 불법의 비밀이 작동되고 있지만, 불법자의 출현을 억제하고 있기 때문에 지체되고 있다고 말한다. 불법자가 "지금은" 억제되고 있다고 말한 것으로 보아 불법자의 출현 시기가 먼 미래를 가리키는 것 같지는 않다. 여기에서 "억제하는 것"(το κατεχον; 중성) 또는 "억제하는 자"(ὁ κατεχων; 남성)의 정체에 대해서는 로마 황제, 성령, 선교활동, 하나님, 사탄까지도 거론되었다. 바울이 누구(무엇)를 염두에 두고 말하고 있는지 확실하게 말할 수 없지만, 중요한 점은 재림 전에 불법자가 나타날 것이라는 사실이다. 그 때가 되면 그리스도께서 재림하게 될 것이고, 그의 입김과 재림의 광채로 불법자를 가볍게 제압할 것이기 때문에 조금도 두려워할 필요가 없다.

불법자는 사탄의 사주를 받아 등장할 것이다(2:9-12). 불법자는 기적을 행하고(계13:13 참조), 멸망 받을 자들을 속이는 일을 할 것이라고 말한다(계19:20 참조). 멸망 받을 자들은 진리를 사랑하지 않기 때문에 하나님께서도 미혹하는 힘(=불법자의 활동)을 허용하여 거짓을 믿게끔 되어 있다. 결국 그들은 하나님의 심판을 피할 수 없는 운명에 처해질 것이다. 모든 것은 불법자의 활동조차도 하나님의 섭리 안에서 이루어지고 있음을 깨닫게 함으로써 데살로니가 교회를 안심시키고 있다.

ㄴ) 소명에 관한 교훈 (2:13-17)

불법자의 활동이 멸망을 받을 자들에게 영향을 미치게 되지만, 데살로니가 교회 신자들은 괜찮을 것이다. 바울은 이러한 점을 감사하고 있다. 믿는 자들은 마음이 흔들릴 필요가 없고, 바울이 말이나 편지로 전해준 복음 전통을 굳게 지키면 된다. 이것이 바울이 데살로니가 교회에 준 격려와 교훈이다. 본문의 전반부는 기도로 마무리되고 있다(2:16-17). 데살로니가 교회가 고난 중에서도 믿음을 잘 지키고 있어서 감사한 일이지만, 상황이 상황인지라 바울은 노파심에서 영원한 위로와 선한 소망을 주시는 하나님과 그리스도께 그들의 앞날을 부탁하고 있다. 이것이야말로 바울이 불법자의 속임수에서부터 데살로니가 교회를 지켜낼 수 있는 가장 안전한 방도였다.

ㄷ) 기도와 권면 (3:1-5)

바울은 교훈적인 부분을 마치고 윤리적인 권면에 관한 새로운 내용을 다룬다("마지막으로"라는 문구 참조). 바울은 데살로니가 교회에 대한 권면을 하기 전에 먼저 자신을 적대하는 악한 사람들에게서 벗어날 수 있도록 기도해 달라고 부탁한다. 바울은 3:3-5에서 데살로니가 교회를 향해 권면한다. 바울은 자신의 경험에 기초하여 예수 그리스도께서 신실하다는 것을 알기 때문에, 주님이 데살로니가 교회를 악한 자에게서 굳건하게 지켜주실 것이라고 확신시키고 있다.

ㄹ) 일하지 않는 자에 관한 권면 (3:6-15)

이 부분은 일하지 않는 신자들에게 주는 권면을 주된 내용으로 하고 있다. 이러한 주제는 전서에서 간단히 취급되었지만 (5:14) 후서에서 길게 언급된 것으로 보아 교회의 주요 이슈가 된 것이 틀림없다. 바울은 일하지 않는 일부 신자들의 문제를 심각하게 인식하고 예수 그리스도의 이름으로 명령하고 있다(3:6). "무절제하게"(ατακτος) 산다는 것은 일하지 않는 생활을 의미한다. 무절제한 삶은 전서(4:9-12)에서 언급한 바대로 바울의 전해준 전통이 아니다. 그들을 "멀리하라"는 것은 교회에서 내치라는 뜻이 아니라, 그들의 행실을 본받지 말며 그들의 삶의 태도에 물들지 않도록 하라는 것이다.

3:7-9에서 바울은 무절제하며 일하지 않는 사람들에게 교훈을

주기 위해 자신의 삶을 본보기로 제시한다. 바울은 데살로니가 교회에서 복음을 전파할 때 공짜로 음식을 구하지 않았고, 폐를 끼치지 않기 위해 고생스럽게 "밤낮으로" 일했다고 증언하고 있다. 바울은 사도로서 편의(보상)를 요구할 권리가 있었지만 스스로 본을 보이려고 고생을 자초했던 것이다.

"일하기 싫어하는 사람은 먹지도 말라."(3:10)는 바울의 명령은 그리스도인의 삶의 기본 원칙으로서 제시되었다. 일하지 않는 사람들은 자신들이 종말론적 확신에 따라 행동한다고 떳떳하게 말했을지 모르지만, 결과적으로 다른 가족이나 친척에게 더 많은 일을 하도록 만들었다. 그들은 자신들의 입장을 합리화하기 위해 변명을 늘어놓게 되고, 일하지 않아서 남는 시간에 다른 사람들에게 간섭하고 참견하는 일이 잦아졌을 것이다. 그들은 가정과 교회의 평안을 깨뜨리게 되었을 것이다. 그래서 바울은 그들에게 자신의 호구지책은 스스로 해결해야 한다고 그리스도의 이름으로 명령한다. 시끄러운 변명보다는 "조용하게" 일하는 것이 종말론적 삶의 태도임을 일깨워 주고 있다.

바울은 앞에서 게으름을 피우는 일부 신자들에 대한 경고를 하고 난 뒤, 3:13-15에서 데살로니가 교회 전체를 향해 권면한다. 자신들의 의무를 다하지 않는 일부 사람들 때문에 교회가 어려움에 빠졌지만, 성실하게 일하며 신앙 생활하는 신자들에게 낙심하지 말라고 격려하고 있다. 바울은 자신의 말에 복종하지 않는 사람들을 사귀지 말라고 지시하고 있다. 잘못을 하고도 부끄러움을 모르는 사람들에게 어느 정도 거리를 두는 것이 필요하다고 판단하였기 때문이다. 그러나 원수를 대하듯 하지는 말라고 한다. 형제자매를 대하듯이 가족처럼 애정을 가지고 충고해 주라고 권고한다. 바울의 근본 목표는 데살로니가 교회의 모든 구성원들이 자기 일을 하며 다른 사람에게 경제적인 부담을 주지 않는 신앙생활을 하는 것이었다.

라) 결미 (3:16-18)

바울은 평화를 기원하는 기도로 편지를 마치고자 한다. 평화는 히브리적 인사인 "샬롬"을 반영하고 있다. 주의 평화는 어떤 교회에나 어떤 상황에서나 다 해당되는 것이다. 특별히 데살로니가 교회는 성실하게 일하는 신자들과 게으름을 피우는 신자들 사이에 불만과 갈등이 있었기 때문에 주의 평화가 더욱 필요했다.

3:17에서 바울은 일인칭으로 갑자기 등장한다. 그것은 친필로 쓰기 위해서였다. 이를 통해 그가 지금까지 서기로 하여금 대필을 하게 했다는 것을 알 수 있다. 이미 바울의 이름으로 거짓 편지가 데살로니가 교회에 돌아다니고 있었기 때문에(살후2:2) 바울의 친서임을 증명하려는 시도는 이해될 수 있는 상황이다. 바울이 친필로 쓴 것을 다른 서신(고전16:23; 갈6:11; 몬19)의 경우에 비해 유별나게 강조한 것이 이채롭다.

3:18의 마지막 인사는 살전5:28과 유사하다. 한 가지 틀린 것은 "모두"(3:16도 마찬가지)가 삽입된 것이다. "모두"가 삽입된 이유를 굳이 찾자면, 데살로니가 교회의 두 집단(일하는 사람들과 일하지 않는 사람들) 모두가 포함된 구성원 전체를 대상으로 하고자 원했기 때문일 것이다.

3:16과 이곳에 나오는 "평화"와 "은혜"는 1:2의 "은혜"와 "평화"와 대응한다. 이러한 "평화-은혜-은혜-평화"(ABBA)의 형식을 통해 데살로니가후서 전체가 포괄적 구조(inclusio)를 형성하고 있다. 이것은 데살로니가 교회가 어떠한 문제를 가지고 있다 하더라도, 결국 하나님의 은혜 가운데서 평화를 누리게 될 것임을 문학적인 구조를 통해 보여주려는 것이다.

(10) 빌레몬서

빌레몬서는 바울이 쓴 가장 개인적인 편지이다. 빌레몬의 종이었던 오네시모를 위해 바울이 빌레몬에게 형제로 대해 주라고 개인적으로 부탁하는 편지이다. 빌레몬서는 골로새서와 밀접한 관련이 있다. 왜냐하면 빌레몬서에 등장하는 7명의 이름(에바브라, 아킵보, 오네시모, 마가, 아리스다고, 데마, 누가)이 골로새서에서도 발견되기 때문이다. 에바브라가 골로새 교회를 설립하였고, 오네시모가 골로새 사람인 것이 분명하기 때문에(골4:9,12), 빌레몬서는 골로새 교회로 보낸 편지로 볼 수 있다.

어떤 이(J. Knox)는 골4:17에 아킵보가 언급되어 있는 것에서부터 추론하여, 오네시모의 주인이 빌레몬이 아니라 아킵보이며, 빌레몬서의 실질적인 수신인이라고 말하기도 한다. 빌레몬서는 사실상 골4:16에 나오는 "라오디게아로 보내는 편지"이며, 빌레몬은 라오디게아 교회의 유력한 지도자였다고 본다. 그래서 바울은 빌레몬에게 편지를 써서 골로새로 보내게 하고, 오네시모의 주인인 아킵보에게 영향력을 행사해 줄 것을 부탁했다는 것이다(골로새는 히에라볼리와 더불어 라오디게아와 삼각형을 형성하면서 가까운 지역에 인접해 있었다). 이것이 골4:17에 나오는 "아킵보의 직무(διακονια)"를 가리키는 것이라고 해석한다. 이 모든 논의는 골로새서의 바울저작설을 받아들일 때 더욱 정당성을 갖는 가설이 된다. 그러나 골로새서의 바울저작설이 의심되는 가운데서 이러한 가설은 한계가 있는 제안일 뿐이다.

a. 구조

서두 1-3절
감사 4-7절
본문 8-22절
오네시모를 위한 호소 (8-21절)
바울의 방문 계획 (22절)
결미 23-25절

b. 내용

골로새서와 같이 바울과 디모데가 공동 송신자로 되어 있다. 빌레몬과 그의 아내인 압비아, 그리고 "함께 전우가 된" 아킵보와 그의(빌레몬 또는 아킵보의) 집에서 가정교회로 모인 성도들이 수신자들이다. 인사는 전형적인 바울의 형식("은혜와 평화")을 보여준다. '감사 부분'에서 바울은 빌레몬의 신앙과 사랑에 대해 감사하며 칭찬한다. 특히 "믿음의 사귐"(κοινωνια)이 강조되고 있다. 이는 바울이 곧 본문에서 오네시모에 관한 부탁을 하기 위한 토대를 만들어 준다(rapport 형성).

바울은 영적 지도자로서 빌레몬에게 명령할 수도 있지만, 사랑으로 간청한다(παρακαλεω). 오네시모가 어떠한 이유로 빌레몬과 불화가 생겨 도망을 갔는지 잘 알 수는 없다. 18-19절에서 "빚진 것이 있으면" 대신 갚겠다고 한 것을 보면, 금전적인 문제가 게재되어 있었던 것이 아닐까 짐작할 수 있을 뿐이다. 오네시모는 빌레몬에게서 도망을 갔고, 가까운 곳에 갇혀 있던(아마도 에베소 감옥?) 바울과 만나게 된 것으로 보인다. 오네시모는 바울을 통해 믿음의 사람이 되었다. 이전에는 "쓸모없는" 사람이었지만,

이제는 빌레몬과 바울에게 "쓸모 있는"(ευχρηστος) 사람이 되었다(11절). 이는 오네시모(Ονησιμος)라는 이름과 같은 뜻을 가진 "유익한" 또는 "호의를 베풀다"(ονιναμαι; 20절)라는 단어와의 언어유희(word-play; pun)를 보여주는 것이다.

바울은 오네시모를 빌레몬에게 돌려보내고 있다. 빌레몬서가 당도하기 전에 이미 오네시모는 골로새에 도착해 있었던 것 같다. 바울은 오네시모를 곁에 두고 싶어 했지만, 빌레몬이 선한 일을 마지못해 하기를 원하지 않았다. 바울은 오히려 이 일이 전화위복이 되어 오네시모가 빌레몬과 계속 관계를 맺게 하려는 하나님의 뜻이 있는 것 같다고 말한다. 그러나 빌레몬이 바울을 동지로 받아들인다면, 이제는 오네시모를 종이 아니라 형제로 받아달라고 부탁한다.

바울은 골로새 교회를 방문할 기회를 갖게 되기를 희망하고 있다. 바울은 골로새 교회의 설립자이며 함께 갇혀 있는 에바브라와 함께 안부를 전한다. 그리고 골로새 교회가 잘 알고 있는 마가, 아리스다고, 데마, 누가와 함께 안부를 전하며, 편지를 끝내고 있다.

바울은 빌레몬서에서 고대 교회의 관습인 노예 제도를 그대로 인정하는 전제를 가지고 편지를 쓰고 있기 때문에, 당시의 악습인 노예 제도에 대해서 미온적이고 수구적인 태도를 견지하였다는 비난을 받기도 한다. 그러나 이러한 비난은 현대적 관점과 기준에 의한 것으로 바울에게 그대로 적용하는 것은 부당하다. 바울이 실제적으로 노예 제도를 철폐하기 위한 조치를 취하지는 않았지만, 기독교 신앙과 사랑 안에서 모든 사람을 형제로 받아들여야 한다는 입장을 보여주었기 때문에, 오히려 궁극적으로 노예 제도 철폐를 위한 토대를 마련해 주었다고 말해야 옳을 것이다.

2. 목회서신

목회서신(딤전, 딤후, 딛)은 거짓 교훈에 대항하기 위하여 건전한 교리, 경건한 삶, 견고한 교회직제를 강조할 필요성이 있어서 기록되었다. 목회서신은 언어와 문체와 신학사상에 있어서 바울친서(롬, 고전, 고후, 갈, 빌, 살전, 몬)와 차이가 있고, 거짓 교사들의 이단적 교리에 대한 뚜렷한 비난과 발전된 교회 직제의 모습이 나타나고 있어서 후기바울서신으로 인정되고 있다. 바울서신 중 개인을 수신자로 하고 있는 편지들은 4개(디모데전서, 디모데후서, 디도서, 빌레몬서)가 있다. 이 중에서 빌레몬서를 제외한 세 서신은 교회생활과 관련된 내용을 다루고 있어서 2세기 말부터(Tertullian) 별도의 범주로 인식되었다. 18세기 초(1726)에 P. Anton이라는 독일 신학자가 처음으로 Pastoral이라는 이름을 붙였고, Michaelis(1777)가 Pastoral-briefe를 소개한 개론서를 쓴 이후 "목회서신"(Pastoral Epistles)이라는 명칭이 보편적으로 사용되기 시작하였다. 왜냐하면 목회서신은 교회의 목회직을 맡은 지도자들의 행위에 대한 지시와 권면을 포함하고 있으며, 개인을 수신자로 하고 있지만 교회의 올바른 조직과 행정, 거짓 교리와 참된 교리의 구별이라는 보편적인 내용을 포함하고 있기 때문이다. 이 중에서 디모데후서는 다른 두 편지에 비해 좀 더 개인적인 내용을 유언처럼 기록하고 있는 특징을 보여준다.

목회서신은 바울 사도가 직접 쓴 것인가에 관한 진정성의 문제가 있다. 목회서신의 저자론은 네 가지 견해를 중심으로 설명할 수 있다. 첫째, 바울친서라는 주장이 있다. 목회서신에는 바울서신과 다른 어휘와 내용이 등장하고 있는데, 이는 상황이 바뀌었기 때문에 어휘에 변화가 생겼다고 설명한다. 그렇다면, 목회서신은 이방 철학의 가치를 알게 된 바울이 재림의 임박성을 포기한 상황에서 쓴 최후의 편지로 볼 수 있다. 그렇다고 하더라도, 그렇게 많이 바뀔 수가 있었겠느냐는 문제점이 제기된다. 둘째, 서기가설이 있다. 바울은 서기를 통해 편지를 쓴 적이 있다(롬16:22; 갈6:11; 살후3:17). 디모데후서의 경우, 바울이 로마 감옥에 있는 것으로 볼 수 있기 때문에(1:17), 두기고나 누가를 통해 썼을 가능성이 있다. 그러나 얼마나 서기에게 의존했느냐가 문제로 등장한다(의존도가 크다면, 그만큼 바울적이 아니라는 결론이 나온다). 셋째, 단편가설이 있다. 바울학파에 속한 제자가 바울의 단편들을 가지고 당시 상황에 맞게 편집했다고 보는 견해이다. 그러나 어떻게 그러한 단편들이 존재했으며 전해지게 되었는지 설명하기 쉽지 않다. 넷째, 가명작품이라는 견해가 있다. 바울 사후에 바울학파에 속한 사람이 바울의 권위를 빌어 교회의 문제를 해결해 보려 했다는 견해이다. 이때 가명(pseudonymity)은 위조(forgery)나 표절(plagiarism)과는 구별되어야 한다. 당시 스승이나 유명한 사람의 권위에 의존하여 글을 쓰는 것은 통용되던 관례였기 때문이다.

목회서신이 바울후기서신인 증거로서 다섯 가지를 들 수 있다. 첫째, 목회서신에 나타난 사도와 동역자들의 외적 자료가 바울서신이나 사도행전의 내용과 일치하지 않는다. 디모데전서는 바울이 디모데와 함께 에베소에서 사역하였고 디모데를 에베소에 남겨둔 채 마케도니아로 갔다고 했는데(1:3), 사도행전에 보면 3차 선교여행 때 바울은 디모데를 데리고 마케도니아로 함께 떠난다(행20:4). 바울은 2차 선교여행 때 디모데를 베뢰아에 남겨둔 적이 있을 뿐이다(행17:14). 디도서는 바울 사도가 크레타에 있었으며, 디도를 거기에 남겨두었다고 말하고 있는데(1:5), 사도행전과 바울서신을 보면 바울이 크레타에서 선교활동을 한 적이 없다. 다만 표류할 때 크레타 해안이 등장하지만, 당시 교회를 설립할 시간은 없었다(행27장 참조). 디모데후서는 바울이 로마 감옥에 있을 때(1:8,17) 마가를 데리고 디모데에게 속히 오라고 말하고 있다(4:11). 그러나 사도행전 20장을 보면, 바울이 드로아, 고린도, 밀레도를 방문하지만(딤후4:13,20에 언급된 도시들) 디모데가 동행하고 있어서 그러한 부탁은 어울리지 않는다. 이와 같은 주장은 바울이 로마 감옥에 두 번 투옥되었다는 가정 하에서만 설명될 수 있다(second Roman imprisonment hypothesis).

둘째, 목회서신의 언어와 문체가 바울서신과 다르다. 목회서신에는 848개의 어휘가 사용되었는데, 이중에서 적어도 306개의 어휘는 바울서신에 없는 것이다. 바울 특유의 용어가 빠져 있다(예: 하나님의 의, 율법의 행위, 육, 몸, 자유하게 하다). 세련된 Hellenistic Greek에 가깝다. 문장 중에 나타나는 단어의 길이도 훨씬 긴 단어들이 많이 등장한다(서기가설?).

셋째, 거짓 교사들에 대한 논박이 바울서신과 다르다. 목회서신에 공통적으로 등장하는 거짓 교사들은 유대적 율법주의(딤전1:4-7; 4:7; 딤후4:4)와 영지주의적 사변(딤전4:1-5; 딤후2:18)이 특이하게 결합한 형태로 보인다. 바울서신이나 골로새서에서는 잘 짜여진 신학적 논박을 볼 수 있으나, 목회서신에서는 거짓 교리와 참 교리를 날카롭게 구별하면서 거짓 교사들의 방종한 생활 태도를 비난하고, 그것을 바울 사도의 예언이 성취된 것으로 보고 있다. 이처럼 거짓 교리는 이단으로 규정되며, 조직 교회에 의해 옹호되는 발전된 정통 교리와 대조시키고 있다.

넷째, 바울서신의 교리에 대한 이해가 다르다. 목회서신에서도 일련의 바울적인 교리가 나타난다. 즉, 죄인에 대한 하나님의 자비, 바울 자신이 죄인의 괴수(딤전1:12이하), 행위에 의거하지 않는 칭의(딛3:5), 그리스도 안에 나타난 하나님의 구원의 은혜에 대한 감사(딤후1:10-11; 딛2:11이하; 3:4이하)를 들 수 있다.

그러나 바울학파가 더 발전시킨 듯이 보이는 것들도 있다. 즉, 참된 종교의 내용(딤전3:15-16; ευσεβεια)은 이제 시작된 공교회의 신조이며, 전통에서 취한 기독론적 표현(딤전2:5-6)이 나오고, 믿음은 여러 덕목 중의 하나로 표현되며(딤전4:12), 선한 행위를 새 생활의 증거로 표시하고(딤전2:10; 5:10; 6:18; 딤후2:21; 3:17; 딛2:14), 교회는 진리의 기둥과 터로서(딤전3:15; 딤후2:19) 바른 가르침에 대한 책임이 있다고 말한다. 높은 평가를 받은 전통을 잘 지킬 것을 부탁하며(딤전6:20; 딤후1:12,14; 2:2), 종말론적 기대는 퇴색하고 바른 교리를 가진 교회는 세상에 적응하기 시작한 것을 보여준다. 이상적 감독직에 대한 묘사는 헬라적 대중 철학에서 수집되고 사용된 덕목을 광범위하게 사용하고 있다(딤전3:1-7).

다섯째, 목회서신의 교회 직제는 바울서신의 그것을 능가한다. 일련의 다양한 직제가 발전된 모습으로 나타난다. 장로들(딤전5:17; 딛1:5)은 장로회(딤전4:14)를 구성한다. 교회의 지도력은 감독(επισκοπος; 딤전3:1; 딛1:7)에게 맡겨지고 있다. 집사(διακονος)는 교회 봉사를(딤전3:8-13), 과부는 구제를 담당한다(딤전5:1-16). 직임을 받는 자들은 안수하여 세운다(딤전4:14; 딤후1:6). 은사(charisma)와 직제(office)는 밀접하게 연결되어 있어서 공적인 사역을 통해서 영적 은사를 활용한다(딤후1:6). 전도자(딤후4:5)와 교사(딤전4:11이하; 딛2:1,15)는 말씀의 사역자로 소개된다. 직제의 서열화(hierarchy)가 등장하기 시작하는데, 디모데와 디도는 사도를 대표하여 교회에서 지도력을 발휘하여 다른 직무를 맡은 자들을 감독하고 있다.

이처럼 목회서신은 바울 이후의 글인 것이 분명해 보인다. 목회서신은 바울의 신학에 철저하게 근거한 바울학파가 변화된 상황에 적용하기 위하여 쓴 글로 보아야 할 것이다. 목회서신은 기독교 공동체가 높은 수준의 품격을 갖추도록 하기 위하여 기록하였다. 세상을 그리스도에게 이끌기 위해서는 훌륭한 시민과 이웃이 되어야 하고, 이방 세계가 높게 평가하는 덕목에다가 기독교적인 덕목(믿음, 소망, 사랑의 은혜)을 더하여 세상 사람들이 그리스도에게 매력을 느끼도록 하기 위하여 기록한 것이다. 목회서신은 바울학파가 발전하였던 에베소에서 1세기 말에서 2세기 초에 기록된 것으로 판단된다.

(1) 디모데전서

a. 구조

디모데전서는 바울친서와 다른 구조를 보인다. 감사 부분이 없고(갈라디아서, 디도서 참조), 본문에는 주제나 개념의 짜임새 있는 발전이 나타나지 않으며(참 교훈과 올바른 신앙생활과 교회 직제에 관한 내용이 서로 번갈아 가면서 섞여서 나온다), 끝맺음도 매우 간략한 축도밖에 나오지 않는다.

서두 1:1–2
본문 1:3–6:19
  참 교훈과 거짓 교훈 (1:3–20; 3:14–4:10; 6:3–5)
  올바른 신앙생활 (2:1–15; 4:11–5:2; 5:21–6:2; 6:6–19)
  교회 직제 (3:1–13; 5:3–20)
    감독 (3:1–7)
    집사 (3:8–13)
    과부 (5:3–16)
    장로 (5:17–20)
마무리 권면 6:20–21a
축도 6:21b

b. 내용

서두에는 바울을 사도로 소개하는 내용이 나오는데, 바울적인 용어와 다르다. 감사 부분이 없이 바로 본문으로 들어간다. 바울(편의상 저자를 바울로 한다)은 디모데전서에서 첫 주제로서 거짓 교훈에 대해 경고한다. 바울은 에베소에 머물러 있던 디모데에게 거짓 교사들이 다른 교리(율법을 의로운 자들에게 적용시키려 함)와 신화와 끝없는 족보 이야기(영지주의적 유출설을 가리키는 듯)를 가르치지 못하게 하라고 명령한다. 그것은 믿음 안에 세우기보다는 변론을 일으킬 뿐이기 때문이다. 거짓 교사들은 율법교사를 자처했다(1:7). 그러나 그들은 율법을 적법하게 사용하지 못하고 복음에 맞지 않게 가르쳤다. 율법은 율법을 어긴 자들에게 적용해야 하며, 죄는 명백하게 잘못이라고 가르쳐야 하는데, 거짓 교사들은 정죄를 피하기 위해 쓸데없는 토론을 벌였던 것 같다.

바울은 건전한 교훈을 가르치는 복음의 직분을 맡게 된 것을 감사하고 있다(1:12-17). 그가 이전에 복음을 전하는 사람들을 박해한 것은 모르고 한 일이었기 때문에 하나님께서 자비를 베풀어 주셨다고 감사한다. 그것은 바울에게 끝없이 참아주신 사례를 통해, 믿음으로 나아오는 사람들에게 본보기로 삼으시려는 목적이 있었다고 말한다.

1:18-20에서 바울은 디모데에게 선한 싸움을 싸우며, 믿음과 선한 양심을 가지라고 권면한다. 동시에 신앙생활에 파선한 후메내오와 알렉산더를 정죄하고 있다. 그들은 디모데후서에도 나오는데(2:17; 4:14), 후메내오는 믿는 자의 부활을 부정하였고, 알렉산더는 바울에게 개인적인 해를 많이 입혔다고 지적한다. 후메내오와 알렉산더는 율법주의와 영지주의라는 잘못된 교훈을 전파했던 거짓 교사들이었던 것 같다.

2장은 올바른 신앙생활에 대한 교훈이다. 바울은 공중기도에 대해서 말하고 난 뒤(2:1-3,8), 한 분이신 하나님과 유일한 중보자인 예수 그리스도를 증언하는 선포자와 사도가 되어 바른 교훈을 전하는 사람이 되었음을 확인시키고 있다. 이곳에서는 특별히 여성들의 단정한 옷차림과 검소한 장식에 관해서 교훈하고 있다. 일반 여성 전체를 향해서라기보다는 특별한 부류의 여성들을 대상으로 한 것으로 보인다. 그들은 말을 많이 하고(5:13 참조), 순종적이지 않으며, 남을 가르치려고 하며, 남자들을 지배하려고 한 여자들이었다(2:11-12). 그들은 특히 속임을 당해 죄에 빠진 하와의 후예들이었다. 나중에 나오는 내용에 따르면, 그들은 부유한 여자들로서(5:6) 경제적 이득을 추구했던 것 같다(6:5).

3장은 감독과 집사의 자격에 관하여 언급하고 있다. 자격 요건으로 제시된 덕목들은 신앙적이라기보다(제사장적 능력, 기도의 훈련 등) 도덕적/사회적 평판과 연관된 것들이 대부분이다. 이것은 교회가 지하에서 지상으로 나오게 되자, 사회적으로 인정받는 사람들이 교회의 지도자로서 어울리며 건전한 교회의 이미지를 강화하는데 도움이 될 것이라고 보았기 때문일 것이다. 독신을 요구하거나 사도적 계승(세습)을 주장하지 않는다. 감독과 집사의 역할이나 임직 절차에 대한 특별한 언급은 나오지 않는다.

3:14-4:10은 다시 거짓 교사의 문제를 다룬다. 이와 관련하여 감독과 집사는 진리의 기둥과 터로서의 역할을 감당해야 했다(3:15). 거짓 교사들은 성생활(혼인을 금하는 금욕주의)과 음식 문제에 대해 잘못된 가르침을 강요했다(4:3). 그들은 저속하고 헛된 꾸며낸 이야기들을 만들어냈다. 이들에 대항하기 위해서는 몸을 훈련하듯이 경건을 훈련하는 것이 필요하다고 교훈한다.

4:11-5:2에서는 다시 올바른 신앙생활에 대한 교훈을 준다. 디모데에게 젊은 지도자로서 오히려 말과 행실과 사랑과 믿음과 순결에 있어서 본이 되어야 지도력을 발휘할 수 있다고 말한다. 교인들 가운데 다양한 연령층(나이 많은 남자들, 젊은 남자들, 나이 많은 여자들, 젊은 여자들)에게 적절한 교훈을 한다.

5:3-20은 교회 직제에 관하여 두 번째 가르침을 보여준다. 우

선 과부회에 관하여 3-16절에서 언급한다. 과부회에 가입하려면 헌신적이고 나이가 60세가 되어야 하며 한 번만 결혼한 사람이어야 했다. 젊은 과부는 시험에 들 수 있고, 부유한 과부는 문제를 일으키기 쉽기 때문에 신중하게 받아들여야 했다. 과부는 자기 가족에게 우선 모범적인 선행을 하는 사람이어야 했다. 그러나 젊은 과부의 재혼을 원칙적으로 막지는 않았다(5:14).

5:17-20은 장로의 직제에 관해서 언급한다. 장로에는 치리하는 장로와 말씀을 가르치는 장로가 있었다. 잘 다스리는 장로를 두 배로 존경해야 한다고 말한 것은 그만큼 돈에 깨끗한 치리 장로가 흔하지 않았기 때문이었을 것이다. 이 장로들에게는 삯을 지급했던 것 같다(5:18). 장로에 대한 고발은 두 세 증인 없이는 진행하지 말라는 신중한 절차를 제시한다.

5:21-6:2과 6:6-19은 올바른 신앙생활에 대한 다양한 교훈을 싣고 있다. 공평한 일처리(5:21), 신중한 처신(5:22), 건강관리에 관한 지혜(5:23), 믿음의 주인에 대한 종의 태도(6:1-2), 자족한 삶(6:6-10), 디모데 개인에게 주는 지도자적 처신에 대한 권면(6:11-16), 부자들에게 주는 권면(6:17-19)이 그것이다.

6:3-5은 거짓 교사들에 대한 세 번째 교훈이다. 거짓 교사는 다른 교리에 집착하여 교만한 태도로 논쟁과 말다툼을 일삼는 사람이다. 그들은 교회에 시기와 분쟁과 비방과 악한 의심이 생기게 만든다. 그들은 종교 행위(경건)를 돈을 버는 수단으로 생각하는 사람들이기 때문에 끊임없이 알력만 생산한다.

6:20-21a은 바울이 디모데에게 마지막으로 거짓 교사에 대한 교훈을 한다. 그만큼 거짓 교사의 문제는 교회의 큰 골칫거리였음을 보여준다. 속된 잡담과 거짓된 지식의 반대 이론을 내세우는 사람들을 물리치라고 권면한다. 심각한 많은 내용에 비해서 바울은 매우 짧은 축도로 편지를 마치고 있다.

(2) 디모데후서

디모데후서는 매우 개인적인 서신이고, 내용적으로 보면 유언적 성격이 짙다. 디모데후서는 디모데전서와 디도서에 비해 바울친서의 구조에 더 가깝다. 감사 부분이 있고, 안부와 끝인사 부분도 바울친서와 유사하다.

a. 구조

서두 1:1–2
감사 1:3–7
본문 1:8–4:18
- 복음을 위한 고난 (1:8–18)
- 복음의 증인 (2:1–13)
- 거짓 교사에 대한 경계 (2:14–26)
- 종말론적 현상 (3:1–9)
- 유언 (3:10–4:8)
- 사적인 부탁과 안부 (4:9–21)

결미 4:22

b. 내용

바울은 바울친서의 예에 따라 첫인사와 감사를 표한다. 바울이 기도하면서 디모데를 기억하는 것은 그의 눈물과 거짓이 없는 믿음이다. 그 믿음은 외할머니 로이스와 어머니 유니게 속에 있던 것이었다(모계 신앙 전승). 바울은 디모데가 다시 믿음에 불을 붙여 복음의 증인이 되기를 바라고 있다.

바울은 디모데에게 복음의 증인으로 세우기 전에 자신이 복음을 전하면서 겪은 고난에 대해서 말한다(1:8-18). 바울은 감옥에 갇혀 고난을 받고 있지만 복음으로 인하여 그것을 부끄러워하지 않는다. 그 복음은 하나님의 계획과 은혜로 그리스도 예수 안에서 이루어진 것이기 때문이다. 바울은 이 복음의 선포자, 사도, 교사가 되었다고 자랑한다. 바울은 복음의 증인으로서 부적합한 인물과 적합한 인물의 예를 든다. 전자는 아시아에서 바울을 배반한 부겔로와 허모게네이며, 후자는 에베소에서 바울을 도와주었으며 로마 감옥에까지 찾아와 격려해 준 오네시보로이다.

바울이 디모데후서를 쓴 목적 중의 하나는 디모데를 복음의 충성스러운 증인으로 세우기 위함이었다. 디모데의 이러한 활동을 통하여 신앙이 후대로 전승될 것이다(2:2; 증인의 4세대: '바울->디모데->충성된 증인들->다른 신자들'). 복음의 증인은 군인과 운동선수처럼 고난을 견더내야 하며, 농부처럼 삯을 받을 수 있다고 말한다. 복음의 증인이 받는 고난은 예수 그리스도가 죽음을 이겨내고, 바울이 죄수처럼 매인 예를 따르는 것이다. 고난을 참고 견디면 신실하신 주님이 영광스러운 구원을 얻게 하실 것임을 잊지 말라고 당부한다.

2:14-26에는 거짓 교사에 대해 경계하는 내용이 나온다. 거짓 교사들은 말다툼을 일삼고, 속된 잡담을 즐기며, 부활을 부인하고, 어리석고 무식한 논쟁을 벌였다. 그러나 이들의 활동은 아무런 유익이 없고, 사람들을 파멸로 이끌었으며, 경건에서 멀어지게 하고, 사람들의 믿음을 뒤엎었으며, 악마에게 사로잡히는 결과를 가져왔다. 후메내오(딤전1:20)와 빌레도가 포함된 이들은 부활을 부인하였는데, 이것으로 보아 영지주의적 열광주의자였던 것 같다. 바울은 이러한 사람들에게조차 온화하게 바로잡아주는 행동을 통하여 회개할 기회를 가질 수 있도록 하라고 교훈한다. 거짓 교사들과 대조되는 삶을 강조하기 위해 그릇 비유(20-21

절)를 들고 있다.

3:1-9은 앞 단락에 언급된 거짓 교사들에 대한 연속적인 언급으로서 종말론적 현상과 결부되어 묘사된다. 여기에는 19개에 달하는 악의 목록(2-5절)이 나온다. 이러한 악을 행하는 자들 중에는 어리석은 여자들도 포함되어 있었다. 이들은 모세를 대적한 바로의 마술사로 알려진 얀네와 얌브레(출7:11,22 참조)와 같이, 하나님의 목적을 방해하지 못하고 파멸에 이르고 말 것이다.

3:10-4:8은 바울의 유언과 같다. 4:6-8은 죽을 때가 가까운 바울의 심정이 기록되어 있다. 바울은 디모데에게 그의 본을 따라 고난과 박해를 견디어내길 부탁하며, 속이는 자들에게 속지 말고 성경(구약성서)을 통해 배운 진리 안에 머물라고 당부한다. 왜냐하면 하나님의 영감으로 기록된 성경은 교훈과 책망과 바르게 함과 의로 교육하기에 유익한 것으로 판명되었기 때문이다. 바울은 현실을 종말론적 상황으로 파악하고 있으며, 주의 재림과 심판을 의식하고 있다(4:1). 종말의 때에 사람들은 건전한 교훈보다는 귀를 즐겁게 하는 꾸민 이야기에 귀를 기울일 것이라고 경계를 늦추지 않는다. 바울은 이제 세상을 떠날 때가 된 것을 인식하면서, 의로운 재판장이 주실 의의 면류관을 소망하고 있다.

4:9-21에는 다양한 내용이 섞여 있다. 사적인 부탁에 많은 부분을 할애한다(9,11,13,21절). 디모데에게 겨울이 되기 전에 속히 오기를 바라는 내용이다. 바울을 떠난 여러 사람들의 사정이 기록되어 있기도 하다(10,11,12,20절). 다 떠나고 누가만 남아 있다는 말에서 바울의 외로운 심정을 읽을 수 있다(10,11,16절). 바울이 알렉산더에게 개인적으로 당한 고난(14절)과 최근의 시험(16-18절)도 엿볼 수 있다. "사자의 입"에서 건져냄을 받았다는 것은 실제적 사건이라기보다 은유적 표현으로 볼 수 있다. 마지막으로 문안 인사(19,21절)가 들어 있다. 이 단락에는 많은 사람

들의 이름이 기록되어 있는데, 바울의 선교활동 중 함께 했던 사람들이 다양했음을 보여준다. 4:22은 약간 변형된("그대의 영과 함께") 바울식 인사를 보여준다.

(3) 디도서

a. 구조

서두 1:1-4
본문 1:5-3:14
　　교회 직제 (1:5-9)
　　거짓 교훈 (1:10-16)
　　올바른 신앙생활 (2:1-3:11)
　　마지막 부탁 (3:12-14)
결미 3:15

b. 내용

디도서는 편지의 형식과 내용면에서 디모데전서와 매우 유사하다. 편지의 서두와 결미의 형식이 바울친서의 전통적인 방식과 다른 면을 보여준다. 내용도 디모데전서와 마찬가지로 교회 직제, 거짓 교훈, 올바른 신앙생활에 관한 것이다. 디도서에는 바울을 저자로 소개하면서 로마서 다음으로 긴 설명을 덧붙이고 있다. 예수 그리스도를 "주"(κυριος)라고 지칭하지 않고 "구주"(σωτηρ)라고 부르고 있는 점도 특이하다. 감사 부분이 없는 점도 디모데전서와 같다.

본문에서 처음으로 다루고 있는 주제는 교회 직제에 관한 것이다(1:5-9). 디도는 크레타에 남아 장로를 세우는 일을 해야 했다. 장로를 세우는 일에 장로와 감독을 함께 언급하고 있는 것으로 보아, 장로와 감독은 비슷한 역할을 한 것으로 보인다(디모데전서에서는 구별되는 듯하다). 장로와 감독의 자격은 디모데전서에서와 마찬가지로 도덕적/사회적 평판을 중요한 기준으로 삼고 있다. 흠결이 없어야 이단에 대처할 수 있는 힘이 생긴다고 본 것 같다.

1:10-16은 거짓 교사들에 관한 교훈을 담고 있다. 그들은 복종하지 않고, 헛된 말을 하며, 속이는 사람들이었다. 특히 할례주의자들이 많다고 한 것은 유대주의적(율법주의) 특징을 보여준다. 이들은 목적은 경제적인 이득을 취하는 데 있었고, 그 결과 가정이 파괴되었다. 바울은 크레타 출신의 그리스 철학자 에피메니데스의 시를 인용하여, 그들이 거짓말쟁이와 악한 짐승과 게으름뱅이의 피를 이어받고 있다고 책망한다. 이들은 유대인의 허망한 이야기와 이단적 주장에 빠진 사람들이었다. 이들은 금욕주의적 주장(딤전2:15; 4:3; 5:14 참조)을 하였고, 윤리적으로는 언행이 불일치한 삶을 보여주었다. 이를 통해 이들이 유대주의와 영지주의에 경도된 자들이었음을 알 수 있다.

바울은 하나님의 말씀이 이단에게 비방을 받지 않게 하기 위하여 교회의 다양한 집단들에게 적절하게 교훈하고 있다(2:1-10). 이것은 전통적인 가훈표 형식은 아니지만(딤전5:1-2; 6:1-2 참조), 그 기능은 비슷하다고 볼 수 있다. 바울은 나이 많은 남자들, 나이 많은 여자들, 젊은 여자들, 젊은 남자들, 교회 지도자들, 종들에게 차례대로 올바른 처신에 대해 권면한다. 그래서 모든 사람들이 신중하고 의롭고 경건하게 삶으로써(2:12) 업신여김을 당하지 않도록 해야 한다고 가르친다.

3:1-11은 신앙생활과 그리스도인의 처신에 관한 다양한 권면을 보여준다. 통치자에게 복종하고, 비방하거나 싸우지 말고, 관용하고 온유하게 대하여야 한다. 죄악된 과거를 버리고(3절), 거듭나게 씻어주심(물세례)과 성령으로 새롭게 됨(성령세례)을 받아야 한다. "어리석은 논쟁과 족보 이야기와 분쟁과 율법에 관한

싸움을 피하라"(9절)고 한 것을 보면, 거짓 교사들이 율법주의와 영지주의적 성향을 가지고 있었음을 알 수 있다. 이들을 한두 번 권면한 뒤에는 물리치라는 충고도 곁들인다.

본문은 바울이 디도에게 마지막 부탁을 하며 마치고 있다. 아데마와 두기고를 디도에게 보내면서, 세나와 아볼로를 바울에게 보내달라고 부탁한다. 아데마와 율법교사였던 세나에 관한 언급은 이곳에만 나온다. 두기고는 바울후기서신(엡6:21; 골4:7; 딤후4:12)에 나온다. 아볼로는 고린도에서 바울과 함께 일하였던 언변이 뛰어난 유대인이었다. 3:15에서 문안과 인사를 하는 전형적 형식과 함께 편지를 마치고 있다.

3. 공동서신

원래 바울서신은 pseudo-Pauline인 히브리서를 포함하고 있었다. 이는 바울서신이 수신자를 편지의 명칭으로 사용한 것과 맥을 같이 한다. 초기 사본 중의 하나인 p^{46}에는 히브리서가 로마서 다음에 배열되어 있고, 서방교회 번역인 불가타(Vulgate)도 바울서신으로 명명하였다. 그러나 익명의 저자를 바울로 보는 것에 관해서 오리겐과 클레멘트(Clement of Alexandria)는 의문을 제기하기도 했다. 그럼에도 불구하고 고대교회에서는 아우구스티누스와 제롬이 5세기에 히브리서의 저자를 바울로 천명한 이래 논란이 잠잠하게 되었다. 히브리서의 바울저작설이 논란이 된 것은 합리적 의심을 기조로 한 종교개혁 때에 이르러서였다.

공동서신(catholic epistles)은 히브리서가 바울서신에 포함되었던 고대교회에서 확정된 명칭이었다. 공동서신은 바울서신과 달리 저자를 편지의 명칭으로 받아들였다. 현재 히브리서를 공동서신에 포함시키면 시대착오적인 명칭이 되겠지만, 실질적으로는 공동서신에 포함시키는 것이 맞다. 고대교회에서는 바울서신에 히브리서를 포함시켰는데, 그렇게 되면 바울서신은 14(7×2)개가 되며, 요한계시록의 7편지 및 공동서신 7개와 더불어 성서의 완전성을 상징하는 것으로 인식되었다. 공동서신이라는 명칭은 동방교회에서 170년경 고린도교회의 감독이었던 Dionysius of Alexandria가 요한일서를 catholic letter라고 부른 이래 사용되기 시작하였다. Origen은 요일, 벧전, 유, 바나바서를 catholic이라고 하였다. 'catholic'은 보편적이라는 의미로서, 바울서신처럼 '이방인'만 위하지 않고 '만인'을 위한 것이라는 의미로 사용되었다.

서방교회에서는 catholic이라는 명칭보다 canonic이라는 명칭을 선호하였다. 즉, 서방교회는 '신앙의 척도'(rule of faith)를 포함하고 있다는 의미로 사용하였다. 그러나 Apollonius of Rome(197)이 몬타니스트 이단 공격 때 요한일서를 흉내내어 catholic letter를 쓴 것이 계기가 되어 상호교환적으로 사용되기 시작하였다. 이 두 단어는 "정경에 포함된, 보편적으로 수납된, 정통적인" 서신이라는 것을 의미하였다. 최초로 '일곱 개의 공동서신'이라고 부른 사람은 유세비우스(260-340)였다.

공동서신(catholic epistles)이라는 명칭 이외에, 정경서신(canonic epistles), 사도서신(apostolic epistles), 일반서신(general epistles), 교회서신(church epistles)이라는 명칭도 사용된다. 공동서신은 이름이 의미하듯이 보편적 수신인을 반드시 전제하고 있지는 않다. 그러나 바울서신에 비해서 하나의 교회 공동체로 보내고 있지 않은 것이 대부분이다. 야고보서는 "흩어져 사는 열두 지파"에게, 베드로전서는 "본도, 갈라디아, 갑바도기아, 아시아와 비두니아에 흩어진 나그네, 곧 택하심을 입은 자들"에게, 베드로후서는 "동일하게 보배로운 믿음을 우리와 같이 받은 자들"에게, 요한이서는 "택하심을 입은 부녀와 그의 자녀"에게, 유다서는 "부르심을 입은 자, 곧 하나님 아버지 안에서 사랑을 얻고, 예수 그리스도를 위하여 지키심을 입은 자들"에게 편지를 보내고 있다. 요한일서는 수신자가 지정되어 있지 않고, 요한삼서는 "사랑하는 가이오, 곧 나의 참으로 사랑하는 자"에게로 보내고 있다.

(1) 히브리서

a. 문학 양식

히브리서는 전통적으로 편지 양식으로 분류되었고, 고대 교회에서 처음에는 바울서신에 속했다가 나중에는 종교개혁 이후 점차로 바울서신에 포함시키지 않게 되었다. 히브리서는 편지처럼 마치고 있긴 하지만, 편지처럼 시작하지 않으며, 신학적인 논문처럼 대제사장으로서의 예수 그리스도라는 하나의 주제에 대하여 길게 논술해 나간다. 히브리서는 내용 속에 편지라고 지칭한 적이 없으며, 저자나 수신자에 대한 직접적인 언급도 없기 때문에, 전형적인 편지로 보기는 어렵다.

히브리서 저자는 자신의 글을 "권면의 말"(ἡ λογος της παρακλησεως)이라고 규정한다. 이러한 표현은 행13:15에 한 번 더 등장하는데, 비시디아 안디옥에서 율법서와 예언서를 읽은 후 바울과 바나바에게 설교/강연을 부탁할 때 사용되고 있다. 히브리서는 청중과 거리감을 줄이기 위해 대화체를 사용한다. 또한 히브리서는 교리적인 주해와 윤리적인 훈계를 반복적으로 사용하고 있다. 히브리서는 다양한 수사적인 장치를 빈번하게 바꾸어 사용하고 있으며("우리", "당신들", "나"), 수사적인 질문으로 시작하곤 하며(1:5,13; 3:16-18), 10:19-13:19의 실제적인 교훈으로 결론을 맺고 있다. 시편95:7-11을 인용하고 있는 3:7-19에서 보듯이, 히브리서는 하나님이 말씀하시는 것에 관심을 가지고 있으며, 현재 시제가 즐겨 사용되고 있다. 이러한 특징들은 히브리서가 설교 양식에 부합하는 것임을 보여준다. 히브리서는 고난을 받는 가운데서도 그리스도께 헌신하는 대가를 치르기 위해 분투하고 있는 성도들에게 설교하고 있다. 그들은 가정교회에서 모이기를 힘쓰고 있었으며(10:24-25), 배교의 위험에 처해 있었다(10:29). 히브리서 저자는 이들에게 목회자의 심정으로 "몸소 시험을 받아서 고난을 당하셨으므로, 시험을 받는 사람들을 도우실 수 있는" 자격을 가진 대제사장 예수 그리스도의 속죄와 "완전한 구원"(7:25)을 약속하며 설교하고 있다.

b. 구조

히브리서는 교리적인 주해와 윤리적인 훈계를 반복하는 구조를 보여준다. 이것은 설교적 문체를 구성하는 것이다. 대체적인 윤곽은 아래와 같다.

1:5-14 교리적 주해(주제: 천사보다 우월하신 예수)
2:1-4 윤리적 훈계(주제: 태만)
2:5-3:6 교리적 주해(주제: 모세보다 우월하신 예수)
3:7-4:13 윤리적 훈계(주제: 불신앙)
4:14-5:10 교리적 주해(주제: 대제사장으로서의 신분의 탁월성)
5:11-6:20 윤리적 훈계(주제: 배교)
7:1-10:18 교리적 주해(주제: 대제사장으로서의 사역의 탁월성)
10:19-13:19 윤리적 훈계(주제: 고난과 인내에 대한 권면)

히브리서를 전체적으로 보면, 교리적인 부분과 윤리적인 부분으로 나눌 수 있다. 교리적으로는 대제사장으로서의 예수의 신분과 사역의 탁월성(히브리서의 기독론)을 강조하며(4:14-10:18), 이에 바탕을 두고 실제적인 권면을 하고 있다(10:19-13:19). 다분히 신학적인 논문을 보는 것처럼, 한 가지 주제를 중심으로 논의를 진행하다가, 윤리적인 실제적 권면을 하면서 마무리한다.

그러나 이러한 배경에는 예수를 대제사장으로서 제시함으로써 성도들의 신앙을 바르게 이끌려는 목회적 관심이 깔려 있음을 잊어서는 안 된다. 논리적으로 전개된 내용에 따라 구조를 살펴보면 다음과 같다.

서언 1:1-4
본문 1:5-13:19
- 예수의 우월성 (1:5-4:13)
  - 천사보다 우월함 (1:5-2:18)
  - 모세보다 우월함 (3:1-19)
  - 여호수아보다 우월함 (4:1-13)
- 대제사장으로서의 탁월성 (4:14-10:18)
  - 신분의 탁월성 (4:14-7:28)
  - 사역의 탁월성 (8:1-10:18)
- 윤리적인 권면 (10:19-13:19)
  - 신실함과 인내 (10:19-39)
  - 믿음의 위인들 (11:1-40)
  - 신앙의 훈련 (12:1-13)
  - 배교에 대한 경고 (12:14-29)
  - 일반적인 권면 (13:1-19)

결미 13:20-25

c. 구약성서 인용

히브리서에는 구약성서를 인용한 부분이 많다. 이는 저자나 독자들이 유대적 배경을 가지고 있음을 보여준다. 주로 칠십인역(LXX)에서 인용하고 있으며, 기독론적으로 재해석하고 있다. 히브리서가 여섯 개의 핵심 본문에서 구약성서를 인용하는 방식을 설명하면 다음과 같다. 첫째 본문은 히1:5-2:18인데, 이곳에는 구약성서 시2:7; 삼하7:14; 신32:43; 104:4; 45:6-7; 102:25-27; 110:1; 8:4-6; 사8:17-18가 인용되고 있다. 이를 통해 아들 예수 그리스도가 천사와 모세를 포함한 모든 중보자들보다 우월하다는 것을 논증한다. 그런데, 신32:43을 인용하면서 맛소라 본문의 "아들들" 대신에 칠십인역의 "천사들"로 인용함으로써, 천사들이 아들 예수에게 경배하는 내용으로 바뀌고 있다. 시8:4-6을 인용할 때는 맛소라 본문의 "하나님" 대신에 칠십인역의 "천사"로 인용함으로써, 하나님과 인간 사이에 천사를 중보자로 보는 후기유대교의 관점을 반영하고 있다.

둘째 본문은 히3:7-11(3:15; 4:3,7)인데, 이곳에는 구약성서 시95:7-11이 인용되고 있다. 이를 통해 모세와 여호수아는 이스라엘을 광야에서 인도했지만 "나의 안식"을 주지 못했음을 논증한다.

셋째 본문은 히5:5-6; 7:17,21인데, 이곳에는 구약성서 시편2편과 110편이 인용되고 있다. 이를 통해 아들로서 예수는 우월한 대제사장직을 수행하며, 더 나은 희생 제사를 드리며, 더 나은 언약을 보증하셨음을 논증한다.

넷째 본문은 히8:8-12; 10:16-17인데, 이곳에는 구약성서 렘31:31-34가 인용되고 있다. 이를 통해 하나님은 예수의 삶과 죽음과 부활을 통하여 약속된 새 언약을 세우셨음을 논증한다. 히10:16에는 칠십인역의 "이스라엘 집"을 "그들"로 바꿈으로써, 새 언약이 이방인이 포함된 언약임을 강조하려고 하였다.

다섯째 본문은 히10:37-38인데, 이곳에는 구약성서 합2:3-4가 인용되고 있다. 이를 통해 비록 지금 보지 못할지라도 예수를 굳게 붙드는 사람들은 하나님의 약속을 받을 것임을 논증한다. 여기에서 하박국서의 마소라 본문은 "의인은 그의 믿음으로 살리라"고 되어 있고, 칠십인역은 "의인은 나의 믿음으로 살리라"로 되어 있는데, 히브리서에는 "나의 의인은 믿음으로 살리라"로 되어 있다. 이를 통해 독자들의 믿음이 중요하다는 것을 강조한다.

여섯째 본문은 히12:5-6인데, 이곳에는 구약성서 잠3:11-12이 인용되고 있다. 이를 통해 징계는 하나님께서 자기 백성을 버리셨다는 증거가 아님을 논증한다.

d. 내용

가) 서언 (1:1-4)

히브리서는 일반 편지와 같이 시작하지 않고(송수신자가 없고, 인사가 없고, 기도와 축복의 말이 없다), 공식적인 서언으로 시작하고 있다. 이것은 누가복음의 서언(1:1-4), 요한복음의 서언(1:1-18), 요한일서의 서언(1:1-4)을 연상시킨다. 히브리서의 서언이 가지는 웅장한 장식 문장(예: 1절의 두운법)은 청중의 주목을 끌기에 부족함이 없으며, 설교의 서두로 손색이 없다.

히브리서 저자는 구약 시대에 예언자들을 통하여 말씀하셨던 하나님께서 종말의 때에 이르러 아들을 통하여 말씀하셨다고 운을 뗀다. 이어서 2b-3절에서 이 아들에 관하여 7가지 정체성을 가진 분으로 설명한다. 즉, 그는 만물의 창조자, 상속자, 하나님의 영광의 광채, 하나님의 본체의 모습, 만물의 보존자, 대속자, 하나님의 오른쪽에 앉으신 분임을 밝히고 나서, 천사들보다 빼어난 이름을 가진 분으로 높이고 있다.

나) 예수의 우월성 (1:5-4:13)

ㄱ) 천사보다 우월함 (1:5-2:18)

히브리서 저자는 하나님의 아들이신 예수 그리스도가 천사들보다 우월하다는 것을 주로 시편을 인용하면서 드러내고 있다. 예수를 천사와 비교하고 있는 것은 히브리서의 독자들이 천사들에 대한 관심이 남달랐기 때문인 것 같다. 아들이 천사보다 우월한 것은 세 가지 면에서 그러하다. 첫째, 천사들이 전해준 율법(2:2)보다 주님이 전해준 '말씀=복음'(2:3)이 우월하기 때문이다. 둘째, 천사들은 현세를 통치하지만, 아들은 장차 올 세상을 통치하실 것이기 때문이다(2:5). 셋째, 천사들은 섬기는 역할을 하는 것뿐이지만(1:14), 아들은 죽음의 고난을 당하셔서 구원의 창시자가 되셨기 때문이다(2:9-10). 아들이 인간이 되어 십자가에 죽으셨기 때문에 잠시 동안 천사들보다 못하게 된 것은 사실이지만(2:7), 영광과 존귀의 면류관을 쓰시고 만물을 그의 발아래에 복종시키셨음을 기억해야 한다. 아들은 진정한 구원자가 되기 위해서 살과 피를 가진 인간이 되셨고(인간과 형제자매가 되었고), 대제사장으로서 죽음의 고난을 당하셨다(2:17-18).

ㄴ) 모세보다 우월함 (3:1-19)

저자는 예수를 신앙의 사도요 대제사장이라고 고백한다(3:1). 예수가 사도인 것은 하나님의 뜻을 완전하게 전달하였기 때문이다. 이러한 점에서 모세와 비교된다. 모세와 예수는 다같이 하나님의 집안사람들에게 성실하였지만, 모세의 섬김은 완전하지 못하였기 때문에 이스라엘 백성이 광야에서 하나님을 믿지 않고 반역하는 결과를 낳았다. 그러나 그리스도를 믿는 확신을 굳게 잡으면 영원한 구원에 이를 것이다. 이것은 대제사장으로서의 역할인데, 4:14-10:18에서 본격적으로 다루어질 주제이다.

ㄷ) 여호수아보다 우월함 (4:1-13)

이스라엘 백성은 여호수아의 인도로 광야에서 가나안으로 들어갔다. 구원은 궁극적으로 영원한 안식을 의미하는데, 여호수아는 진정한 안식으로 인도하지 못하였다. 그러나 복음을 듣고 믿음과 결합시키면 안식에 이르게 될 것이라고 약속한다(4:2-3). 이 안식에 들어가기 위해서는 불순종의 본을 따르지 말고 믿음의 싸움을 싸워야만 한다(4:11). 우리는 살아 있고 힘이 있는 하나님의 말씀 앞에 벌거숭이처럼 드러나 있기 때문에, 우리의 죄와 연약함으로는 참된 안식에 들어갈 수 없다는 것이 문제이다.

다) 대제사장으로서의 탁월성 (4:14-10:18)

ㄱ) 신분의 탁월성 (4:14-7:28)

이 부분은 그리스도를 대제사장으로 묘사하는 기독론을 보여준다. 히브리서 저자는 2:17에서 처음으로 언급한 "대제사장"의 주제를 4:14에서 본격적으로 취급하기 시작한다. 먼저, 연약한 우리에게 대제사장이신 하나님의 아들 예수가 계신다고 고백한다. 그는 죄는 없지만 모든 점에서 우리와 같이 시험을 받으셨기 때문에 우리의 연약함을 동정하는 분이시다. 그러므로 우리는 담대하게 은혜의 보좌 앞에 나아갈 수가 있다.

이스라엘 종교에서 대제사장은 사람들 중에서 선택된 존재다.

그렇기 때문에 연약한 자신을 위해서도 속죄의 제사를 드려야 한다. 대제사장은 영예로운 직책이지만, 아론의 경우에서 보는 것처럼 하나님의 부르심(선택)을 받아야 한다. 그리스도도 하나님께로부터 "멜기세덱의 계통을 따라 영원한 제사장"으로 임명받은 것이다. 그리스도는 하나님의 아들이었지만 고난을 받음으로써 순종하였기 때문에 대제사장이 될 수 있었다.

5:11-6:20은 배교에 관한 경고적 훈계를 담고 있다. 수신자들은 초보적 원리도 깨우치지 못하고 있으며, 단단한 음식을 먹지 못하고 있다고 질책을 받고 있다. 초보적 교리에서 벗어나서 성숙한 경지로 나아가야 한다고 권면한다. 구원을 받고 다시 타락하면 두 번째 회개가 불가능하다고 경고한다(6:4-6). 이러한 상황에 처하였다면 "믿음과 인내"로 약속을 상속받도록 노력해야 한다. 하나님께서는 아브라함에게 약속하실 때처럼, 하나님의 약속이 변하지 않는다는 것을 보증하기 위해서 맹세까지 하셨다고 말한다.

히브리서 저자는 예수가 멜기세덱의 계통을 따라 대제사장이 되었다고 계속하여 말하여 왔다(5:6,11; 6:20). 멜기세덱은 시110:4에 나오는데, 이보다 앞서 창14:18-20에서 언급되는 인물이다. 이제 7장에 이르러서야 그가 어떠한 존재인지 상세하게 밝히려고 한다. 창세기에 따르면, 멜기세덱("정의의 왕"이라는 뜻)은 살렘 왕이요 하나님의 제사장이었다. 그곳에는 아브라함이 전리품을 그에게 십일조로 바친 이야기 나온다. 그러므로 그는 아브라함보다 더 우위에 서 있다. 히브리서 저자는 창세기에 없는 내용도 제시한다. 그는 아버지, 어머니, 족보, 출생, 죽음이 없고, 하나님의 아들과 같아서 영원한 제사장으로 계신 신비한 인물이라고 소개된다.

예수의 대제사장직은 레위 제사장직과 구별된다. 원래 제사장은 레위 족속 중에서 세습되었는데, 율법대로라면 멜기세덱은 대제사장이 될 수 없는 인물이었지만, 하나님께서는 멜기세덱을 영원한 제사장으로 세우셨다. 아론의 계통이 완전하게 제사장직을 수행할 수 없었기 때문에 멜기세덱의 계통을 따른 다른 제사장이 생겨날 필요가 생겼던 것이다(7:11). 그래서 예수는 유다 지파에 속했지만, 멜기세덱의 계통을 따라 대제사장이 된 것이다. 레위 계통의 제사장들은 죽으면 그 직무를 계속할 수 없었기 때문에 수가 많아질 수밖에 없었지만, 예수는 영원한 분이시므로 제사장직을 영원히 언제나 행하실 수 있다. 레위 제사장들은 자기 죄를 위하여 희생 제물을 드려야 하지만, 예수는 자신을 바쳐 단 한 번에 이루셨다(7:27).

ㄴ) 사역의 탁월성 (8:1-10:18)

이 단락에서 히브리서 저자는 대제사장으로서의 예수의 사역이 갖는 탁월성에 대해 말한다. 예수의 대제사장직은 하늘 성소와 참 장막에서 섬기는 것이기 때문에(8:1:9:10), 그리고 더 나은 희생 제사를 드리기 것이기 때문에(9:11-10:18) 탁월하다고 논증한다. 예수는 레위 계통의 제사장들과 달리 하늘 성소와 참 장막에서 섬기는 분이다. 땅에 있는 성전은 하늘에 있는 것의 모형과 그림자에 지나지 않는다. 예수는 더 훌륭한 직무를 맡은 분이며, 더 좋은 약속에 따른 더 좋은 언약의 중재자이다. 첫 번째 언약은 결함이 있어서 두 번째 언약이 필요해진 것이다. 두 번째 언약은 돌 판이 아니라 마음 판에 새긴 언약이다. 첫 번째 언약에 따른 장막은 성소와 지성소가 있어서, 성소에는 제사장들이 늘 들어가서 제사를 드리지만 지성소에는 대제사장이 일 년에 한 번 들어갈 수 있을 뿐이다. 이 장막은 현 시대를 상징하며,

온전한 것이 올 때를 가리키는 것이다.

예수 그리스도는 손으로 만들지 않은 완전한 장막을 통과하여 지성소에 들어가 자기의 피로써 단 한 번에 영원한 제사를 드렸다. 이것은 그리스도가 새 언약의 중재자가 됨을 보증하는 것이다. 피를 흘려 죽지 않았다면 제사의 효력이 발생하지 않았을 것이다. 이 땅의 대제사장은 짐승의 피를 가지고 매년 지성소에 들어가야 하지만, 그리스도는 단 한 번 죽음의 고난을 당함으로써 속죄를 완성하였다. 율법에 따른 반복되는 제사로는 사람들을 완전하게 할 수 없었다. 그리스도는 자기 몸을 단번에 드려 믿는 자들을 거룩하게 하였다. 그리스도는 이러한 희생으로 말미암아 하나님 오른쪽에 앉아 있다. 이것은 레위 계통 제사장들이 반복되는 제사로 인해 앉아 있을 수 없는 것과 대조된다. 그리스도는 단 한 번에 영원한 속죄 제사의 효력을 발생시켰다.

라) 윤리적인 권면 (10:19-13:19)

ㄱ) 신실함과 인내 (10:19-39)

이제 성도들은 예수의 피를 힘입어 담대하게 지성소에 들어가게 되었다고 선언한다. 원래 레위 계통의 대제사장이라도 일 년에 한 번 자신을 깨끗이 한 후에 백성을 대표해서 지성소에 들어갈 수 있었지만, 그의 육체로 휘장을 뚫고 새로운 살 길을 열어주신 대제사장 예수 그리스도로 말미암아 그의 뒤를 따라 지성소에 들어가게 되었다고 말하는 것이다. 그러므로 확고한 믿음을 가지고 하나님께 나아가자고 권면한다. 약속하신 하나님은 신실하신 분이니, 흔들리지 말고 소망을 굳게 하며 종말의 날이 다가올수록 더욱 모이기에 힘쓰자고 격려한다.

히브리서 저자는 6:1-8에 이어 10:26-31에서 배교의 위험성에 대해 경고한다. 진리에 대한 지식을 얻은 뒤에 죄를 지으면 더 이상 속죄의 제사가 없다고 말한다. 모세의 율법을 어겨도 사형에 처하는데, 언약의 피와 은혜의 성령을 모욕한 사람은 더 무서운 벌을 받게 된다. 살아계신 하나님의 징벌하는 손에 떨어지는 것은 무서운 일이기 때문이다.

10:32-39은 이러한 상황에서 인내가 필요함을 일깨워준다. 수신자들은 고난의 싸움을 견디어냈고, 모욕과 환난을 당했으며, 감옥에 갇히기도 하고, 소유를 빼앗기기도 하였지만 영구한 재산을 생각하며 기쁘게 당하였다. 하나님의 상을 받으려면 인내가 필요하다. 의인은 믿음으로 살아야 한다. 뒤로 물러서면(배교) 하나님께서 기뻐하지 않을 것이다.

ㄴ) 믿음의 위인들 (11:1-40)

11장은 믿음장이다. 믿음은 바라는 것들의 확신이며, 보이지 않는 것들의 증거이다. 즉, 미래와 과거를 현재화하는 것이다. 구약성서에 나오는 조상들을 열거하면서 그들이 "믿음으로"(πιστει) 행하였다고 말한다. 믿음과 행위가 결합하고 있다. 아벨은 믿음으로 제물을 드렸고, 노아는 믿음으로 방주를 만들었고, 아브라함은 믿음으로 알지 못하는 땅으로 갔을 뿐만 아니라 후에 이삭을 바쳤으며, 모세의 부모는 믿음으로 아들을 숨겼고, 모세는 믿음으로 바로의 공주의 아들이라고 불리는 것을 거절하고 출애굽을 인도했으며, 이스라엘 백성은 믿음으로 홍해를 건넜고, 여리고 성을 돈 것도 믿음으로 한 것이었으며, 라합도 믿음으로 정탐꾼들을 숨겨주었다. 이들은 많은 고난과 시련을 당하면서도 믿음을 저버리지 않았다. 그러나 그들은 모두 하나님을 믿고 그렇게 행동했지만, 약속된 것을 받지는 못하였다(11:39). 믿음의 완성은 하나님의 계획에 따라 예수 그리스도 때까지 유보되었다.

ㄷ) 신앙의 훈련 (12:1-13)

예수는 믿음의 창시자일 뿐만 아니라 믿음의 완성자이다. 예수는 앞에 있는 기쁨을 내다보고서 부끄러운 십자가를 참으심으로써 믿음의 창시자가 되었다. 그 결과 하나님 보좌 오른쪽에 앉게 되심으로써 믿음의 완성자가 되었다. 여기에서 믿음은 인내의 다른 이름이다. 수신자들은 아직 피를 흘리기까지 대항하고 있지는 않다. 하나님은 자녀를 사랑하지만 징계한다. 여기에서 징계는 고난을 의미한다. 성도들은 고난을 받지만 잘 인내하면 유익을 얻게 될 것이다.

ㄹ) 배교에 대한 경고 (12:14-29)

앞 단락이 격려하는 내용이라면, 이곳에서는 신앙을 저버릴 위험성에 대해 경고한다. 쓴 뿌리가 나서 많은 사람이 더러워지지 않도록 해야 하며, 음행을 피해야 한다. 여기에서 에서를 예로 들고 있는데, 그는 눈앞의 음식 한 그릇 때문에 장자권을 판 것을 후회하였지만 회개할 기회를 얻지 못하였다. 이처럼 하늘로부터의 경고를 소홀히 여기지 말라고 말한다. 하늘의 경고를 무시하면 땅뿐만 아니라 하늘도 흔들리게 될 것이다. 하나님은 태워 없애는 불이라고 선언한다. 그러나 성도들은 무서운 율법 심판이 있는 시내 산이 아니라, 새 언약의 중재자이신 예수와 그의 뿌린 피로 구속받은 시온 산(하늘의 예루살렘)에 이르게 되었다. 성도들은 흔들리지 않는 나라를 유업으로 받았다.

ㅁ) 일반적인 권면 (13:1-19)

13:1-6에서는 형제애, 환대, 억압받는 자를 돌보는 것, 순결, 자족과 같은 덕목을 실천하라고 권면한다. 7절과 17절에서는 지도자들의 믿음을 본받고, 그들의 말을 듣고 복종하라고 권면한다. 18절에서는 저자를 위해 기도해 달라고 한다. 유대교의 음식 규정에 얽매이지 말고, 유대교의 제사 의식에도 매이지 말라고 권면한다. 오히려 예수 그리스도께서 성문 밖에서 고난을 받으셨듯이 세상에 나가 치욕을 기쁘게 당하자고 격려한다.

마) 결미 (13:20-25)

마지막으로, 저자는 예수를 죽은 자 가운데서 살리신 평화의 하나님이 성도들에게 하나님의 뜻을 행할 수 있도록 기도하며, 그것을 가능하게 하는 예수 그리스도께 영광을 돌린다. 또한 저자는 "권면의 말"인 이 설교를 잘 받아들이기를 바라고 있다. 디모데가 풀려나온 것과 이탈리아에서 온 성도들이 문안 인사를 하는 내용이 나오는 것을 보면, 히브리서가 로마에서 기록된 것이라고 추측하게 만든다. 히브리서는 하나님의 은혜를 빌면서 편지 양식으로 마치고 있다.

(2) 야고보서

a. 문학적 특징

야고보서는 지혜문학에 속한다. 이 지혜는 사변적 지혜(speculative wisdom)가 아니라 실제적 지혜(practical wisdom)이다. 사변적 지혜가 궁극적인 것에 관심과 인간과 세계의 기원과 운명에 관한 철학적 질문을 대상으로 한다면, 실제적 지혜는 우리의 실제 생활에 도움이 되는 현실적인 교훈을 취급한다. 내용적으로 보면, 야고보서에는 금언적 지혜와 윤리적 훈계(parenesis)가 헐겁게 연결되어 있다.

야고보서는 편지처럼 시작하지만, 편지처럼 마치지 않는다. 야고보서는 특정 교회의 삶의 정황보다는 초기기독교 일반의 보편적인 문제를 다룬다는 점에서 사신(letter)보다는 공한(epistle)의 성격이 짙다. 수신자의 정황과 문제를 다루고 있는 것이 아니라, 교회에 필요한 격언을 모아놓은 것이다(collection of maxims). 야고보서의 수신인은 "흩어져 사는 열두 지파"로 되어 있다. 이는 문자적으로 디아스포라 유대인을 가리키는 것이 아니라, 새 이스라엘로서 세상 여러 곳에 흩어져 살고 있는 그리스도인들을 가리킨다. A. Meyer는 "열두 지파"에 착안하여 야곱의 가족과 아들들을 야고보서와 의미적으로 연관시켜 보려고 하였다. 즉, 이삭은 "기쁨"(χαρα; 1:2), 리브가(레베카)는 "인내"(ὑπομονη; 1:4), 르우벤은 "첫 열매"(απαρχη; 1:18), 시므온은 "들음"(ακουειν; 1:19), 레위는 "경건"(Θρησκεια; 1:27)을 의미하기 때문이다. 이렇게 야고보가 알레고리적 연결을 시도한 이유가 무엇인지 모르지만, 야고보서의 배후에 유대적인 전통이 놓여 있는 것은 분명한 것 같다(예: 율법의 존중; 하나님 중심의 윤리; 2:2

의 “회당” 등).

야고보서가 유대 전통으로부터 많은 자료를 취한 것은 사실이지만, 여러 전통으로부터 광범위한 자료들을 사용하고 있는 점을 간과해서는 안 된다. 즉, 야고보서는 구약의 유대적 지혜 전통(잠언) 이외에도 잠언 전통(시락서, 솔로몬의 지혜), 헬라 철학으로부터의 단편들(필로), 초기 기독교 전통(예: ‘두 가지 길’에 관하여 언급하고 있는 Didache)과도 관계되어 있다. 과거의 전통과 많이 관계되기 때문에, 예수의 이름이 두 번밖에 나오지 않는다(1:1; 2:1). 2:14-26의 행위와 믿음의 관계에 대한 논쟁은 유대적인 전제만으로 설명이 되지 않는다. 오히려 바울 신학을 필연적으로 전제하고 있다. 그리고 공관복음서 전통 가운데서 전수된 예수의 말씀(Q 자료)과 관계되어 있는 부분이 많이 있다. 야고보서와 가장 유사한 평행구절은 잠언(2:6-7->약1:5; 11:28->약1:10-11; 10:19->약3:2; 16:27->약3:6; 29:22->약4:1; 14:17->약1:19-20; 14:31->약1:27; 18:5->약2:1)을 비롯하여, 바울서신의 윤리 부분(parenesis; 살전4:1-12; 롬12-13장; 골3-4장)과 베드로전서(1:6이하의 시험->약1:2이하; 4:8의 “사랑은 허다한 죄를 덮는다”->약5:20; 5:5-9의 겸손->약4:6-10) 및 산상수훈에서도 많이 발견된다(맹세->약5:12; 기도를 들으심->1:5; 말씀을 행하라->1:22; 형제 비판 금지->4:11-12).

야고보서와 밀접하게 연관되는 parenesis의 특징은 다음과 같다(Dibelius). 이러한 특징들이 말해주는 것은 특정한 상황에서 특별한 주제를 논리적으로 이어가지 않고, 단편적이고 교훈적인 목적으로 다양한 전통을 결합하고 있다는 것이다.

① 절충주의(eclecticism): 유대, 헬라, 초기 기독교 말씀 전통이 특별히 기독교화되지 않고 합해지는 현상이 나타난다.

② 전후 문맥의 결여: 다양한 문학적 단위가 단어로 결합되는

현상(word-association)이 나타나는 정도로 헐겁게 연결되어 있다. word-association(언어 연상)의 예를 들어본다면, χαιρειν/χαρα(greeting/joy; 1:1,2); λειπομενοι/λειπεται(lacking/lack; 1:4,5); διακρινομενος(doubting; 1:6); πειρασμον/πειραζομενος(trial/tempted; 1:12,13); Θρησκεια(religion; 1:26,27); κρινεσΘαι/κρισις(judge/judgment; 2:12,13); πικρον(bitter; 3:11,14); ειρηνικη/ειρηνη(peaceful/peace)와 καρπων/καρπος(fruit; 3:17,18); κριΘητε/κριτης/κρισιν(judge/judgment; 5:9,12).

③ 같은 개념(motifs)의 반복: 내용보다 이미 형성된 parenesis 전통인 양식(form)에 따라 정리되어 있다. 예를 들어, 1:12과 3:13이하(겸손함에 대한 권고); 1:26과 3:3이하(혀에 대한 경고); 1:2-4,12와 5:7이하(고난 가운데서의 인내); 1:22이하와 2:14이하(행함의 강조); 1:9이하와 2:1이하와 5:1이하(부에 대한 경고); 1:5-8과 5:16이하(믿음의 기도).

④ 특정 상황의 결여: parenesis는 보편적으로 적용이 가능한 내용을 다룬다. 예를 들어, 5:1이하의 부자와 4:13이하의 상인이 2:1이하의 수신자와 다르며, 5:7이하의 사람들이 3:1이하와 4:1이하의 사람들과 다르다(일관성이 결여되어 있다).

b. 진정성의 문제

야고보서는 "하나님과 주 예수 그리스도의 종 야고보"가 쓴 것으로 되어 있다(1:1). 이 야고보는 누구인가? 첫째, 소개가 필요하지 않은 유명한 인물로 볼 수 있다. 유다서의 저자가 "야고보의 형제"를 자칭했다는 것은 야고보서를 통해 야고보가 명성을 얻었다는 것을 암시하고 있다. 둘째, 다른 유명한 사람의 권위를 빌은 가명으로 볼 수 있다.

먼저 첫 번째 경우인 실명으로 볼 경우에는 다섯 가지 가능성이 있다. ① 작은 야고보(막15:40); ② 유다의 아버지 야고보(눅6:16); ③ 알패오의 아들 사도 야고보(막3:18); ④ 세베대의 아들 사도 야고보(막3:18); ⑤ 주의 동생 야고보(막6:3; 갈1:19). 이 중에서 ①②③은 신약성서에서 별로 언급이 없는 유명하지 않은 인물들로서 가능성이 희박하다. ④의 경우, 행12:2에 따르면 44년경 일찍 순교하였기 때문에 바울의 편지를 알지 못했다. ⑤의 경우가 가장 가능성이 높다. 그는 나중에 주의 제자가 된 인물로서 예루살렘 교회의 지도자(갈2:9의 세 기둥 중 우두머리)로서 율법 준수를 엄격하게 옹호하는 유대주의자였다. 이러한 엄격한 유대주의 기독교는 2-3세기에 에비온파(Ebionites)로 발전하였다.

그러나 주의 동생 야고보설에 대한 비판과 옹호가 맞서고 있다. 첫째, 예수의 말씀이 많이 반영된 것은 parenesis 전통의 공통분모로서 이해해야 한다. vs 예수의 말씀이 많이 반영되어 있는 것은 직접적인 교제에 의한 것이다. 둘째, 예수에 관한 개인적인 기록이 적다. vs 야고보서는 인격적 관계에 대한 글이 아니다. 셋째, 주의 동생 야고보가 바울서신을 읽었을 가능성이 희박하다. 왜냐하면 1세기 말에 바울서신이 수집되었는데, 주의 동생 야고보는 62년경 순교한 것으로 보기 때문이다. vs 바울서신은 50년대에 기록되었기 때문에 수집되기 전에 이미 알고 있었다. 넷째, 헬라어를 모국어로 다루고 있다. 칠십인역 성서의 사용, 헬라 수사학의 활용, catchword(표어)의 활용 등을 예로 들 수 있다. vs 서기 가설로 설명이 가능하다. 다섯째, 율법에 관한 입장이 ritualism이 아니라 오히려 "자유를 주는 율법"(1:25; 2:12)을 말하고 있다. vs 전체적으로는 율법 행함을 강조한다(2:9-11; 4:11).

이러한 논의를 비판적으로 고려할 때, 야고보서의 저자는 바울의 정반대자가 아니며(2:10), 엄격한 율법주의자가 아니며(1:25; 2:12), 기독교 ritualist가 아니며(1:27), 아람어를 모국어로 사용하는 사람이 아니다. 따라서, 야고보서의 저자는 ②의 경우로 보는 것이 합리적이다. 가명을 사용하는 것은 현대적인 의미의 위조나 표절과 다르다. 야고보서는 기본적으로 parenesis이기 때문에, 저자의 독창성은 문제가 안 되며(creator보다 witness), 전통에 근거하고 있는 것으로 이해해야 한다.

c. 신학

야고보서는 parenesis이기 때문에 특정한 신학을 말하는 것은 어렵다. 다만, 중생(1:18), 죄(1:14이하), 지혜(3:13-17), 완전함(1:4; 3:2), 기독론(2:1)에 관한 몇 가지 특징을 말할 수 있을 뿐이다. 또한 야고보서는 parenesis로서 윤리신학(평신도 복음, 사회적 복음)의 특징을 보여준다. ① piety of the poor: 세상에 관여하지 않으려는 경건; ② active, practical piety: 신학적 슬로건에 대한 무관심; ③ conventicle ethic: 교훈 및 예언 패턴의 사용(구약의 예언자와 같이 가난한 자, 과부, 고아에 관심이 높다); ④ passive piety: 재림에 대한 희망을 말함.

오랫동안 야고보서와 바울신학과의 관계에 대해서 논란이 있어 왔다. 그러나 야고보서는 근본적으로 바울신학과의 논쟁을 목적으로 기록된 것이 아니다. 약2:14-26은 본질적으로 parenesis의 실제적 관심에서 비롯된 것이고, 바울의 신학이나 개념을 반박하거나 대체하기 위한 것이 아니었다. 다만 특정한 신학적 도식(믿음으로 의롭게 된다는 주장)의 잘못된 적용을 시정하려고 하였을 뿐이다. 야고보서는 바울의 믿음이나 율법에 대한 철저하고 결정적인 논의를 하지 않고 있다. 따라서 야고보서는 바울신학에 대한 정확한 지식을 전제하지 않는다. 오해되고 있는 바울의 슬로건에 대한 한계를 정하고, 믿음과 행위의 협동을 통하여 그리스도인의 생활이 온전하게 되는 목표를 제시해 주려고 하였다. 다른 말로 하면, 야고보서는 바울신학에 대한 논쟁이 아니라, 바울의 슬로건에 대한 논쟁이었다.

d. 구조

야고보서는 편지처럼 시작하긴 하지만, 전체적으로 편지의 특성이 나타나지 않는다. 야고보서는 도덕적 교훈이나 미덕을 장려하는 지혜문학이기 때문에, 감정, 언어, 행동을 통제하는 것에 초점을 맞추고 있다. 야고보서는 일반적인 미덕에 신앙적인 색채를 입히며, 개인적 미덕보다는 공동체적 미덕에 관심을 기울인다. 다시 말해서, '지혜로운 사람'은 말에 대한 자아 통제(1:19; 3:1-12)나 욕망에 대한 자아 통제(4:1)를 할 수 있어야 한다. '지혜로운 사람'은 하나님께 지혜를 구해야 하며(1:5), 가난한 자들을 압제하지 말아야 한다(5:4). 이러한 덕목을 기준으로 야고보서의 구조를 아래와 같이 제시해 본다.

서두 1:1

본문 1:2–5:20

- 시험과 인내 (1:2–18)
- 말씀을 행함 (1:19–27)
- 빈부차별 (2:1–13)
- 행하는 믿음 (2:14–26)
- 말의 통제 (3:1–12)
- 온유한 행실 (3:13–18)

욕망의 통제 (4:1–12)
물질의 통제 (4:13–5:6)
인내와 기도 (5:7–20)

e. 내용

"흩어져서 사는 나그네들"에게 편지한 베드로전서와 유사하게 야고보서는 "흩어져 사는 열두 지파"에게 편지를 보낸다. "열두 지파"에게 편지하는 곳은 이곳밖에 없다. "열두 지파"는 문자적으로 디아스포라 유대인을 말한다기보다 하나님의 백성이 된 이방인을 포함한 모든 그리스도인을 의미한다고 보아야 한다. 그렇지만 이방인을 대상으로 활동한 바울 사도가 이방인들이 중심이 된 교회에 편지를 쓴 것과 달리, 야고보는 유대인 그리스도인들이 주축이 된 독자들을 대상으로 편지를 보낸 것은 틀림없다.

가) 시험과 인내 (1:2-18)

'지혜로운 사람'은 시험에 빠질 때에 넘어지지 않는 사람이어야 한다. 보통 사람들은 시험에 걱정과 근심으로 반응하겠지만, '지혜로운 사람'은 기쁨으로 받아들일 수 있어야 한다. 왜냐하면 믿음의 시련이 인내를 낳고, 완전하고 성숙한 사람으로 변화시켜 줄 것이기 때문이다. 곤경에 처할 때는 하나님께 지혜를 구해야 한다. '두 가지 길'이 있는데, 한 사람은 의심하는 사람이고, 다른 한 사람은 믿고 구하는 사람이다. "두 마음"(의심)을 품은 사람은 하나님의 지혜를 얻을 수 없다.

9-11절은 구별되는 주제를 다룬다. 부자와 비천한 자가 어떻게 처신해야 하는지에 관해서 말하고 있기 때문이다. 영원한 부는

없기 때문에 겸손해야 함을 교훈한다. 그러나 부자가 곧 사라질 자기의 부를 의지하는 것은 '지혜로운 사람'이 아님을 암시하고 있다는 점에서 전후 문맥과 통한다.

12-18절은 2-8절의 주제를 이어받아 시험과 인내에 관해서 교훈한다. 시험을 견디어 낸 사람은 "복이 있다"고 선언한다. 그는 생명의 면류관을 받을 것이다. '지혜로운 사람'은 하나님께서 시험을 주신다고 의심하지 않고, 자기 욕심 때문에 시험을 받는다고 생각하면서 자기 책임으로 돌리는 사람이다. 욕심이 잉태하면 죄를 낳고, 죄가 자라면 죽음을 낳는다는 것을 아는 사람이다. 하나님은 온갖 좋은 것을 주시고자 하는 분이시며, 그 결과 중생이라는 선물을 받는다.

나) 말씀을 행함 (1:19-27)

'지혜로운 사람'은 하나님의 말씀을 행하는 사람이다. 그는 "듣기는 빨리 하고, 말하기는 더디 하고, 노하기도 더디 하는" 사람이다. 노하는 사람은 하나님의 의를 이루지 못하기 때문이다. 온유하게 말씀을 받아 행하는 사람은 영혼을 구원하게 될 것이다. 듣고 행하지 않는 사람은 자신을 속이는 사람이다. 율법을 행할 때 율법은 자유를 구속하는 것이 아니라, 오히려 자유를 주기 때문에 우리를 완전하게 한다. 참된 경건(Θρησκεια; 종교, 예배)은 통제하지 못하는 말에 있는 것이 아니라, 고난을 겪는 고아와 과부를 돌보아주며, 자신을 세속에 물들지 않게 하는 것이다.

다) 빈부차별 (2:1-13)

'지혜로운 사람'은 빈부를 차별하는 사람이 아니다. 이에 대하여 회당에 화려한 옷을 입은 사람이 금반지를 끼고 들어온 사람과 남루한 옷을 입은 가난한 사람을 비유하여 설명한다. 보통 사람들은 차별적 태도와 언행을 보이겠지만, 그런 사람은 '지혜로운 사람'이 되지 못한다. 이는 하나님께서 가난한 사람을 택하여 믿음에 부요한 사람이 되게 하셨고, 하나님 나라의 상속자가 되게 하셨음을 잊은 것이다. 오히려 성도를 압제하고, 법정에 세우고, 하나님의 이름을 모독하는 사람은 부자들이다. "네 이웃을 네 몸같이 사랑하라"는 계명을 지키고자 하는 사람이라면 당연히 사람을 차별하면 안 된다. 율법을 가볍게 여기고 하나라도 범한다면 율법 전체를 어기는 것이 된다. 가난한 사람을 차별하고 자비를 베풀지 않는 사람은 "자유를 주는 율법"에 따라 심판을 받을 것이다.

라) 행하는 믿음 (2:14-26)

'지혜로운 사람'은 행하는 믿음을 가진 사람이다. 믿음은 말만 하는 것이 아니다. 헐벗고 굶주린 사람이 있으면, 그가 스스로 해결할 능력이 없기 때문에 (참고: 2:16에 ΘερμαινεσΘε와 χορτ αζεσΘε라는 현재 중간태 명령법 사용), 그에게 입을 것과 먹을 것을 주는 것이 참된 믿음이다. 믿음에 행함이 따르지 않는다면, 그것은 죽은 믿음이다. 믿음과 행함은 양자택일의 성격을 가진 것이 아니다. 참 믿음에는 행함이 따르고, 행함으로 믿음이 완전하게 된다. 야고보는 바울과 마찬가지로 아브라함에 대한 창세기 미드라쉬를 통해 이를 입증하려고 하였다. 즉, 아브라함은 이삭을 바치는 행위를 통해 의롭게 되었으며, 동시에 하나님을 믿어서 의롭다고 인정되었다는 것이다. 라합의 경우에서 보듯이, 의롭게 되는 것은 믿음만으로 되는 것이 아니라 행함으로 의롭게 된다. 야고보의 이러한 주장은 이신칭의를 말한 바울신학에 정식으로 반대하기 위한 것이 아니라, 이신칭의의 교리를 오해하여 행함이 없어도 된다고 생각한 사람들의 생각과 행동을 실제적으로 교정하기 위한 것이었다.

마) 말의 통제 (3:1-12)

'지혜로운 사람'은 말의 실수를 줄이고 말을 통제할 수 있는 사람이다. 마치 입에 재갈을 물린 말(horse)처럼, 작은 키로 조종하는 배처럼, 혀도 통제해야 파멸을 면할 수 있다. 혀는 작지만 불의와 죄악을 생산해 낼 수 있다. 세상의 모든 생물은 길들일 수 있지만, 혀를 온전하게 길들일 사람은 아무도 없다. 그런데 이 혀로 하나님을 찬양하기도 하고, 사람들을 저주하기도 한다. 샘이 단물과 쓴물을 내지 못하듯이, 무화과나무나 포도나무가 다른 열매를 맺지 않듯이, 우리의 혀로도 이중적인 열매를 맺지 않아야 '지혜로운 사람'이다.

바) 온유한 행실 (3:13-18)

'지혜로운 사람'은 온유함으로 행하는 사람이다. 시기심과 경쟁심은 땅과 육신과 악마에 속한 지혜로서 혼란과 악한 행위만을 야기한다. 이러한 지혜는 당시 철학자들의 지혜로서 스토익학파, 견유학파 등이 경쟁적으로 변증법과 논쟁법을 통해서 가르치려고 했던 것이다. 그러나 이러한 지혜는 진리를 거슬러 속이는 것에 불과했다. 그러나 온유함은 위(하나님)에서 오는 지혜로서 많은 덕목(순결함, 평화스러움, 친절함, 온순함, 자비로움)을 갖추고 있어서 평화와 의의 열매를 풍성하게 맺는다. 이러한 지혜는 편견과 위선이 없는 순전한 지혜이다.

사) 욕망의 통제 (4:1-12)

'지혜로운 사람'은 육신의 욕망을 통제하는 사람이다. 욕심 때문에 싸움과 분쟁이 일어난다. 쾌락을 누리고자 구하는 것은 동기가 잘못된 것이다. 간음하는 사람은 세상과 친구가 되며, 하나님과는 원수가 되는 것이다. 사람은 하나님과 악마를 같이 섬길 수 없다. "두 마음"을 품은 사람은 마음을 순결하게 하여 하나님께 가까이 나아와야 한다. 하나님은 자신을 낮추는 사람을 높여주신다. 11-12절은 별도의 주제를 취급하고 있다. 형제를 비판하는 사람은 이웃을 심판하는 것과 같은데, 그것은 율법을 심판하는 것과 같다. 그렇지만 자신을 낮추는 주제(4:10)로서 앞의 문맥과 연결되고 있다.

아) 물질의 통제 (4:13-5:6)

'지혜로운 사람'은 물질의 노예가 아니라 물질의 통제자가 되어야 한다. 야고보는 계속하여 부와 세속적 이득을 추구하는 사람들을 정죄하고 있다(1:10이하; 2:1-7; 4:13-17; 5:1-6). 4:13-17은 장사를 통해 부를 얻으려고 하는 사람들에 대한 경고다. 그들은 돈을 벌기 위한 목적으로 살아가고자 하지만, 진정 중요한 생명과 하나님은 안중에 없다. 잠깐 나타났다가 사라지는 안개와 같은 존재임을 깨닫고, 보다 중요한 생명을 주신 하나님을 중심으로 삶을 계획하는 것이 '지혜로운 사람'의 할 일이다. 하나님 없는 계획과 자랑은 결국 악이기 때문이다.

5:1-6은 이미 부자가 된 사람들에게 주는 경고다. 그들은 재물

을 쌓는 일에만 관심을 쏟았으며, 사치와 쾌락을 추구하는 삶을 살았다. 그들은 가난한 품꾼들의 삯을 가로챘고, "의인"(=예수, 대표단수의 의미도 있음)을 정죄하고 죽였다(2:6 참조). 야고보는 이런 사람들에게 닥칠 심판에 대해서 경고한다. 그들은 "살육의 날"에 비참한 일들을 겪을 것이며, 재물은 썩고 좋은 옷들은 좀먹을 것이다. 그들이 가진 금과 은은 이미 녹이 슬었고, 종말에 그들을 고발할 증거가 되고, 그들의 몸도 불타버릴 것이다.

자) 인내와 기도 (5:7-20)

'지혜로운 사람'은 고난을 참으며 기도로 응답받는 생활을 하는 사람이다. 그리스도인에게 고난은 주의 재림 때까지 계속된다. 농부가 이른 비와 늦은 비를 기다려야 소출을 얻는 것처럼, 그리스도인은 마땅히 주의 재림을 기다려야 한다. 형제의 잘못이 있더라도 원망하지 말고 주의 심판을 기다리는 것이 현명하다. 고난을 통한 인내의 본을 보인 예언자들을 본받아야 한다. 참고 견디는 사람은 "복되다"(단12:12 참조). 욥의 인내를 본받아야 한다. 12절의 "맹세하지 말라"(마5:33-37 참조)는 주제는 독립적인 듯 보이지만, 맹세는 고난과 사회적 압제 가운데서 인내하지 못하는 태도를 반영하는 것이라는 점에서 문맥적으로 연결된다. 서두에 쓰인 "무엇보다도"는 인내하지 못하는 예로서 맹세를 들고 있음을 보여준다.

'지혜로운 사람'은 기도하는 사람이다(특히 13-18절). 고난을 당할 때 기도하고, 병든 사람이 있을 때 기도로 간구하는 사람이다. 병든 이를 위해 교회의 지도자인 장로들을 불러 함께 모여 (공동체 강조) 기도하고, 죄를 고백하며 기도하면, 병을 치유하고 죄를 용서받게 될 것이다. 엘리야처럼 기도하는 사람은 기적을 체험하게 될 것이다. 진리를 떠나 그릇된 길로 가는 사람(배교자)을 기도함으로써 돌아서게 하는 사람은 그의 영혼을 구원하게 될 것이다. 야고보는 유다서와 달리(유22-23절) 이단에게조차 너그러운 마음을 보여준다. 이는 될 수 있는 대로 잃은 영혼이 구원받기를 바라는 예수의 본을 따르는 것이기도 하다(눅15:1-32 참조).

(3) 베드로전서

a. 구조

베드로전서는 베드로가 실루아노를 대필자로 활용하여 디아스포라로 흩어져 신앙생활을 하던 유대인 그리스도인들에게(2:12; 4:3 참조) 로마에서 쓴 편지이다(5:12-13). 베드로전서를 쓴 목적은 권면하고(παρακαλων) 증언하기(επιμαρτυρων) 위한 것이었다(5:12). 베드로전서는 몇 군데 교리적인 설명(1:3-12; 2:4-10; 2:21-25; 3:18-22)을 제외하고는 대부분 권면으로 되어 있다. 권면이 강조되고 있는 것은 '행실'(αναστροφη), '복종하다'(ὑποτασσειν), '고난을 받다'(πασχειν), '고난'(παθημα) 같은 단어가 신약성서에서 나타나는 비중이 높은 것을 보아서도 알 수 있다. 베드로전서는 고난을 겪는 교회를 향해서 어떠한 행실을 보여주어야 하는지에 관해서 권면하고 있다.

대개의 윤리적인 권면(παραινεσις)이 그러하듯이, 베드로전서에는 개별적인 다양한 주제가 복합적으로 표현되고 있어서 통일적인 구조를 찾기가 어렵다. 그 중에서 교리적인 내용이나 가훈표(2:13-3:12)는 독립적인 단위로 취급될 만하다. 특별히, 본문에는 "사랑하는 자들아"(αγαπητοι)가 두 번(2:11; 4:12)에 나타나고 있어서, 이를 중심으로 하여 본문을 세 부분(1:3-2:10; 2:11-4:11; 4:12-5:11)으로 나눌 수 있는 근거를 제공하고 있다.

서두 1:1-2
본문 1:3-5:11
　　1부(1:3-2:10) 선택받은 하나님의 백성
　　　　1:3-12 (산 소망을 주신 하나님)

1:13–2:10 (거룩한 백성)

2부(2:11–4:11) 가훈표와 선한 행실

2:11–17 (일반적인 권면)

2:18–20 (하인을 위한 권면)

2:21–25 (그리스도의 고난 모범)

3:1–7 (아내와 남편을 위한 권면)

3:8–12 (일반적인 권면)

3:13–22 (선한 행실)

4:1–11 (선한 관리인)

3부(4:12–5:11) 고난과 영광

4:12–19 (고난과 영광의 상관성)

5:1–11 (목회적인 권면)

결미 5:12–14

b. 내용

베드로는 여러 지역(본도, 갈라디아, 갑바도기아, 아시아, 비두니아; 현재의 터키 전역)에 흩어져 사는 "나그네들"인 택하심을 입은 이들에게 편지를 쓰고 있다. 여기에서 "나그네"(παροικος)는 인종적, 정치적, 경제적 의미에서가 아니라, 사회적 의미로 받아들여야 한다. 즉, 이들은 그리스도를 주로 믿는 것 때문에 태도와 행동이 변화된 사람들로서 스스로 사회의 가장자리에 놓이게 된 사람들이다. 이들은 사회적으로 배척을 당하였으며, 그리스도에 대한 신앙 때문에 비방과 적개심과 경멸과 중상모략을 당한 희생자들이었다. 수신자들은 이방 사람들 속에서 살아간 디아스포라 유대인 그리스도인들이었던 것으로 보인다(2:12; 4:3).

서두에 이어 1부(1:3-2:10)는 선택받은 하나님의 백성의 정체성에 관한 내용이다. 먼저 1:3-12에서는 "산 소망"(ελπις ζωσα)

을 주신 하나님에 대해서 말한다. 수신자들은 잠시 동안 여러 가지 시련을 당하고 있다(1:6). 그러나 단련된 믿음으로 인해 칭찬과 구원을 받게 될 것인데, 이것이 바로 산 소망의 의미이다. 1:10-12는 이 구원의 약속이 구약의 예언자들이 미리 예언한 것임을 설명한다. 그리스도에게 닥칠 고난과 그 후의 영광을 증언한 것과 같이, 고난을 받고 있는 수신자들도 영광스런 소망을 가지고 있음을 확인해 준다(베드로가 '소망'을 말했다면, 바울은 '믿음'을 말했으며, 요한은 '사랑'을 말했다고 비교해 볼 수 있겠다).

1:13-2:10은 거룩한 백성으로서 거룩한 삶을 살아가라고 권면하는 내용이다. 하나님은 행위대로 심판하시는 분이기에 두려운 마음으로 살라고 말한다(1:17). 이 단락에서 "행실"(αναστροφη) 이라는 단어가 명사와 동사로 세 번(1:15,17,18) 나온다. 이 단어는 다음 단락에서 세 번(2:12; 3:2,16) 더 나온다. 이는 예전의 생활방식을 버리고 정결한 삶을 살라는 것을 강조하는 것이다. 특히 2:4-8은 수신자들에게 "산 돌"(λιθος ζων)이신 그리스도를 본받아 "산 돌들"(λιθοι ζωντες)이 되어 신령한 집을 지으라고 권면한다. 이 돌은 건축자들의 버린 돌이었으나, 하나님께서 모퉁이의 머릿돌이 되게 하셨는데, 순종하지 않는 자들은 이 돌이 걸림돌이 되어 넘어질 것이라고 경고한다. 베드로는 신령한 집을 짓는 산 돌들이 된 수신자들에게 이전에는 하나님의 자비를 입지 못한 백성이었지만, 이제 택한 족속, 왕 같은 제사장, 거룩한 민족, 하나님의 소유된 백성이 되었다고 선언하고 있다.

2부(2:11-4:11)는 "사랑하는 자들아"라고 부르면서 시작한다. 여기에는 다양한 집단에 대한 가훈표가 나오며, 선한 행실을 권면하는 내용이 들어 있다. 2:11-12은 전체의 서론 역할을 한다. 수신자들은 "나그네"(παροικοι)와 "거류민"(παρεπιδημοι)으로 지칭된다. 이들은 이방 사람들 가운데서 살아가는 자들로서, 바른 행실로 이방인들을 하나님께 이끄는 사명을 가지고 있다.

2:13-4:11은 크게 두 부분으로 나눌 수 있다. 2:13-3:12은 여러 집단에 대한 가훈표이고, 3:13-4:11은 전체에 대해 선한 관리인이 되어 선한 행실을 보이라고 권면하는 내용이다. 이 단락에는 "복종하다"(ὑποτασσειν)이라는 단어가 많이 나오는 곳이기도 하다(2:13,18; 3:1,5,22; 5:5 참조). 먼저2:13-3:12은 abcb′a′의 역평행법적 구조(chiastic structure)를 보여주는 가운데, 그리스도께서 고난의 모범을 보이신 것을 강조한다.

a. 2:13–17	일반적인 권면
b. 2:18–20	하인들을 위한 권면
c. 2:21–25	그리스도의 고난 모범
b′. 3:1–7	아내와 남편을 위한 권면
a′. 3:8–12	일반적인 권면

2:13-17의 일반적인 권면은 국가의 제도와 통치권에 대해 복종하라는 내용이다. 2:18-20에는 하인들에게 고난을 기쁘게 받아들이며 주인에게 복종하라고 권면한다. 3:1-7에 아내들은 남편에게 복종하되, 순결한 행실로 불신자인 남편을 구원하라고 권면하며, 남편들은 연약한 아내를 이해하고 존중할 것을 권면하는 내용이 나온다. 3:8-12은 악행을 피하고 의를 행하는 사람들이 되라는 일반적인 권면을 담고 있다. 이 모든 권면의 배후에는 그리스도께서 우리를 위하여 스스로 고난을 당하시는 모범적인 행동이 있다(2:21-25). 우리가 고난의 상황에서 올바른 행동을 보이도록 부름을 받았다는 것은 바로 이러한 사실에 근거한다.

3:13-4:11은 선한 행실과 선한 관리인이 될 것을 권면하는 내용을 담고 있다. 먼저 3:13-22은 "열심으로 선한 일을 하며, 의를 위하여 고난을 받으라"(13-14절)고 권면한다. "선한 양심과

선한 행실"(16절)을 보여준다면 부끄러움을 당하지 않을 것이라고 말한다. 3:18-22은 독립된 내용을 보여주는데, 그리스도께서 한 번 죽으셔서 모든 사람들을 하나님 앞으로 인도하시려고 하셨다. 특이한 것은 "영으로 옥에 있는 영들에게도 가셔서 선포하셨다"(19절)는 내용이다. 여기에서 "선포하다"(κηρυσσω)라는 동사는 일반적으로 복음을 전한다는 의미이지만, 이곳에서는 '심판을 선언하다'는 의미로 사용되었다고 보아야 할 것이다.

4:1-11은 선한 관리인의 삶을 살라고 권면한다. 육신으로 고난을 받은 사람은 죄와 인연을 끊고 하나님의 뜻대로 살아야 마땅하다. 지난날에는 이방인들처럼 부도덕한 삶과 우상을 숭배하는 삶을 살았었지만 이제는 다 지난 일이 되었다. 이방인들은 수신자들이 그들처럼 행동하지 않는 것에 대해 오히려 비방하지만, 종말의 때를 맞아 말과 행실에 있어서 선한 관리인이 되어야 한다고 강조한다.

3부(4:12-5:11)에는 "사랑하는 자들아"를 필두로 하여 고난에는 영광이 뒤따른다는 것을 말하고 나서, 목회적인 권면을 덧붙인다. 먼저, 불같은 시련이 있더라도 놀라지 말고, 그리스도의 고난에 동참하는 것으로 받아들이고 오히려 기뻐하라고 권면한다. 자신의 잘못으로 고난을 받으면 부끄러운 일이겠지만, 그리스도인으로서의 고난은 하나님께 영광이 된다. 하나님이 믿는 자들에 대한 심판을 먼저 하시는 것은 복음에 순종하지 않는 자들에게 엄한 심판을 하시기 위한 것이다.

5:1-11에는 장로들과 젊은이들에게 권면하고 난 뒤에, 성도들 모두에게 권면하는 내용이 나온다. 장로들에게는 양떼의 모범이 되어야 한다고 권면하며, 젊은이들에게는 겸손과 복종의 미덕을 강조한다. 성도들 모두에게는 사탄에 맞서 싸우라고 권면하면서, 잠시 동안의 고난은 영원한 영광으로 보상될 것이라고 위로한다.

결미 부분(5:12-14)에서 베드로는 실루아노를 대필자로 삼아 "권면과 증언"이 편지의 목적이라고 밝히고 있다. 베드로는 헬라어를 잘 하는 실루아노를 통해서 수준 높은 헬라어 문장을 구사할 수 있었을 것이다. 베드로는 바벨론(=로마)에 있는 교회와 마가 요한과 함께 안부를 묻고 있다. 이로써 우리는 베드로가 로마에서 편지를 보내고 있음을 알 수 있다. 로마를 바벨론으로 지칭하는 방식은 1세기 후반 30년 동안에만 있었던 일이었기 때문에, 베드로전서가 후대에 쓰였을 가능성을 높여준다. 베드로는 64-65년경 로마에서 순교한 것으로 알려져 있기 때문에, 베드로 사후에 그의 교훈에 근거해 실루아노가 썼거나, 이미 구술된 내용을 다듬었을 가능성이 있다. 이것은 그 당시의 관행으로 볼 때, 베드로의 저작성을 부인하는 것은 아니다.

(4) 베드로후서

a. 장르와 진정성

베드로후서는 겉으로 보기에 일반적인 편지 양식을 따르고 있다. 첫인사(1:1-2)와 송영(3:18b)이 있으며, 편지의 주제(1:3-11)와 저술 의도(1:12-15)를 밝히고 있기 때문이다. 무엇보다도 자신의 글을 '편지'로 규정하고 있다(3:1). 그러나 베드로후서는 또한 '유언'(testament)의 형식을 보여준다. 1:12-15에서 저자는 죽음을 앞두고 후세대에게 미래에 대한 계시와 교훈을 주려는 의도를 보여주기 때문이다(창48-49장; 신31-34장; 요13-17장; 행20:17-38 참조).

베드로후서는 사도 베드로 시대 이후에 기록된 것으로 볼 수 있는 증거가 많이 있다. 1:14에서 베드로의 죽음에 대한 암시가 나오는 것은 적어도 1세기 말에 기록된 요21:18-19의 내용을 알고 있었음을 말해주고, 3:2에서 "거룩한 예언자들과 사도들"을 언급한 것은 저자가 사도가 아니라는 것을 전제하고 있으며, 3:4에서 주의 재림을 전한 "조상들"은 이미 죽었음을 말해주며, 3:16에서 바울의 편지가 수집(아마 80년대)된 것과 이단(아마 2세기 중엽의 마르시온파)을 언급한 것은 모두 베드로후서가 후대의 저작임을 시사한다. 또한 문학적으로 유다서에 많이 의존하고 있는 것도(거짓 교사들의 문제를 다루는 2장에서) 후대 저작의 중요한 근거가 된다. 이러한 주장을 근거로 하여, 베드로후서는 신약성서에서 가장 후대에 기록된 글로 인정되고 있다.

베드로후서의 저자는 왜 베드로의 이름으로 편지를 썼을까? 가명(pseudonym)으로 쓰던 고대의 관습을 인정하는 전제 아래서, 그는 베드로의 이름과 권위로써 거짓 교사들의 주장과 삶을 경계하고 전통적인 재림 신앙을 다시 확립시킬 필요성을 느꼈을 것이다. 마침 그 시대에 거짓 교사들의 문제를 취급한 유다서를 인용하여, 그들에게 어떤 심판이 미칠 것을 말함으로써 교회에 경계가 되도록 하였다.

b. 구조

베드로후서는 일반 편지와 유언의 장르가 혼합된 형식을 보여준다. 거짓 교사들의 주장과 부도덕한 생활에 관한 내용은 유다서에서 많은 부분을 가져오기도 했다. 베드로후서가 이러한 삶의 정황을 배경으로 하여 기록된 것을 감안하면서 그 구조를 파악해야 한다. 송영으로 편지를 끝내는 방식이 일반적인 헬라 편지의 양식에서 크게 벗어나는 것은 아니다.

서두 1:1–2
본문 1:3–3:18a
- 베드로의 가르침 (1:3–11)
- 유언/저술 목적 (1:12–15)
- 예언의 올바른 해석 (1:16–21)
- 거짓 교사의 주장과 삶 (2:1–2:22)
- 재림의 약속과 합당한 삶 (3:1–18a)

결미 3:18b (송영)

c. 내용

서두에 이어 저자는 본문을 베드로 사도의 가르침을 요약함으로써 시작하고 있다. 하나님께서 그의 성품에 참여하는 사람이 되게 하려고 우리를 부르셨으니, 그에 합당한 삶의 열매를 맺어야 한다고 상기시킨다. 하나님의 부르심과 선택을 굳게 잡아야 예수 그리스도의 영원한 나라에 들어갈 자격을 갖추게 된다는 것이다.

1:12-15에서는 유언의 형식을 빌어 저술 목적을 밝힌다. 수신자들이 "받은 진리"에 대한 기억을 일깨우려고 하는 것이 저자의 목적이다. 베드로는 이제 곧 죽을 때가 멀지 않았음을 알고 있기에(요21:18-19 참조), 그가 세상을 떠난 뒤에도 그의 가르침을 기억하고 실천하기를 바라고 있다.

저자는 2장에서 본격적으로 거짓 교사들(=거짓 예언자들)의 주장을 논박하기 전에, 1:16-21에서 예언의 잘못된 해석에 대하여 경고한다. 거짓 교사들은 베드로가 가르친 변화산 사건과 재림에 대한 교리를 "교묘하게 꾸민 신화"라고 주장하였는데, 이에 대해 베드로는 변화산에서 변모하신 예수를 직접 목격하였고, 하나님의 음성을 직접 들었다고 반박한다. 또한 재림에 관한 예언은 성령에 이끌려서 말한 하나님의 말씀이기 때문에 제멋대로 해석하면 안 된다고 경고하고 있다.

2장은 거짓 교사들의 잘못된 주장과 삶의 방식을 논박하는 내용이다. 그들은 주님을 부인하고(1절), 방탕한 삶을 살았다(2절). 그들은 탐욕에 빠져 교우들의 물질을 빼앗아갔다(3절). 그들은 더러운 정욕에 빠져서 육체를 따라 살았고, 권위를 멸시하여 천사들을 모욕하였다(10절). 그들은 대낮에 흥청대면서 먹고 마시는 것을 낙으로 삼고, 속이는 것을 다반사로 여겼다(13절). 그들은 간음의 죄를 그치지 않고, 들뜬 영혼들을 유혹하였다(14절). 그들은 허무맹랑한 큰소리를 치며, 회개한 사람들조차 유혹하였다(18절). 그들은 스스로 자유를 버리고 타락한 종이 되었다(19절). 베드로는 이들을 지옥에 갇힌 천사, 노아의 홍수 때에 경건하지 않은 자들, 소돔과 고모라의 방탕한 무법자들, 천사들을 비방하는 거만한 자들, 불의의 삯을 사랑한 발람과 비교하면서, 그들이 심판을 면할 수 없는 운명에 처하였음을 선언한다.

3장은 거짓 교사들이 재림에 관해 조롱한 내용을 논박하는 내용이다. 거짓 교사들은 재림의 약속이 이루어지지 않고 만물이 그대로 있다고 하면서 조롱하였다. 베드로는 거룩한 예언자들과 사도들의 말씀을 기억하라고 하면서, 노아 때에 물로 심판한 것이 확실한 것과 같이, 장차 불경건한 자들을 불로 심판할 것이라고 천명한다. 주님께는 하루가 천년 같고, 천년이 하루 같다고 하면서, 약속이 더디게 이루어지는 것은 모두가 멸망 받지 않고 구원받기를 바라시는 하나님의 인내에 기인한 것이라고 설명한다. 바울도 이러한 점에 있어서는 같은 견해를 갖고 있었다고 일깨운다. 이는 당시에 바울은 임박한 종말론만을 가르쳤다고 오해하였기 때문에 생긴 성경 해석의 문제를 언급한 것이다.

(5) 요한1서

a. 구조

요한일서는 두 가지 뚜렷한 명제를 중심으로 구성되고 있다. 요한일서에는 "소식은 이것이니"(ἔστιν αὕτη ἡ ἀγγελια)라는 표현이 두 번(1:5; 3:11) 나온다. 여기에서 "소식"(ἀγγελια)은 신약성서 다른 곳에서 사용되고 있는 "복음"(εὐαγγέλιον)과 같은 의미로 사용되는 요한의 용어이다. 그런데 1:5과 3:11에는 이 "소식"의 내용으로 각각 "하나님은 빛이시다"와 "서로 사랑하라"가 제시되어 있다. 이를 기준으로 한다면, 요한일서의 구조를 다음과 같이 나눌 수 있다.

서언(exordium)	1:1–4
명제1(narratio)	1:5 (하나님은 빛이시다)
확증1(confirmatio)	1:6–3:10
명제2(narratio)	3:11 (서로 사랑하라)
확증2(confirmatio)	3:12–5:12
결언(conclusio)	5:13–21

요한일서의 구조는 요한복음의 패턴에 맞추어 이해할 수 있다. 요한일서의 서언(1:1-4)은 요한복음의 서언(1:1-18)과 상응한다. 요한일서의 전반부(1:5-3:10)는 요한복음의 전반부(1:19-12:50)인 "표징의 책"(the Book of Signs)과 상응한다. 요한일서의 후반부(3:11-5:12)는 요한복음의 후반부(13:1-20:29)인 "영광의 책"(the Book of Glory)과 상응한다. 요한일서의 결언(5:13-21)은 요한복음의 결언(20:30-31)과 상응하며, 다같이 기록 목적에 관해 언급하고 있다(요21장은 epilogue). 표로 정리하면 다음과 같다.

	요한일서	요한복음	비고
서언	1:1-4	1:1-18	주제의 제시
전반부	1:5-3:10	1:19-12:50	표징의 책/교리(빛)
후반부	3:11-5:12	13:1-20:29	영광의 책/윤리(사랑)
결언	5:13-21	20:30-31(21장은 부록)	기록 목적

그러나 요한일서와 요한복음의 상호간에 차이점도 많이 발견되고 있다. 어휘의 사용이나 사상에 있어서 차이점을 정리해 본다. 첫째, 요한복음은 "로고스"를 절대적인 개념으로 사용하고 있는데 비해(1:1,14), 요한일서는 "생명의 말씀"(1:1), "하나님의 말씀"(2:14)과 같이 수식어를 동반하고 있다. 둘째, 요한복음은 "파라클레토스"가 진리의 영인 성령(14-16장)이지만, 요한일서는 예수 그리스도를 가리킨다. 셋째, 요한일서에 네 번(1:3-7) 나타나는 "코이노니아"가 요한복음에는 전혀 나타나지 않는다. 넷째, 요한복음에 나타나는 "δοξα, δοξαζω와 기독론적 표현인 καταβαι νω, αναβαινω"가 요한일서에는 나타나지 않는다. 다섯째, 요한일서에 나타나는 "χρισμα, σπερμα"가 요한복음에는 나타나지 않는다. 여섯째, 요한일서는 "적그리스도"(2:18,22; 4:3)를 언급하지만, 요한복음에는 나오지 않는다. 일곱째, 요한복음은 실현된 종말론을 강조하지만, 요한일서는 초대 기독교가 사용한 일반적인 표현인 재림("파루시아"; 2:28; 3:2)과 심판(4:17)에 대한 기대를 서술하고 있다. 여덟째, 요한복음은 빛과 어둠에 의해 현재가 결정되는 것으로 보지만, 요한일서는 빛과 어둠은 일시적인 것으로 본다(2:8). 아홉째, 요한복음에는 빛이 기독론적 증거이지만(8:12), 요한일서에는 빛이 하나님에 대한 설명이다(1:5). 열째,

요한복음은 구약에 대한 인용과 유대교 절기에 대하여 많이 기록하고 있지만, 요한일서에는 구약 인용이 전혀 없다. 이러한 차이는 요한일서가 요한복음을 토대로 하고 있기는 하지만, 요한공동체의 변화된 상황으로 인하여 신학을 새롭게 형성하고 있기 때문이라고 보아야 할 것이다.

b. 삶의 자리

요한서신, 특히 요한일서는 요한복음에 기초하여 교회를 형성한 요한공동체가 일정 기간 동안 변화된 모습을 반영해 준다. 이러한 의미에서 요한서신은 요한의 목회서신이라고 볼 수 있다. 요한일서는 편지의 양식(첫인사 및 끝인사, 송수신자 명시)이 결여되어 있기 때문에 편지 형식을 빌린 신학적 에세이로 보기도 한다. 수신자의 정황도 분명하게 나타나 있지 않은 것처럼 보이기도 한다. 그러나 한편으로 요한일서에는 편지 양식이 결여되어 있기는 하지만, 수신자의 정황까지 찾을 수 없는 것은 아니라는 주장도 있다. 요한공동체의 삶의 자리(Sitz-im-Leben)는 2:19에 명백히 나타나 있다: "그들이 우리에게서 나갔지만, 그들은 우리에게 속한 자들이 아니었습니다. 그들이 우리에게 속한 자들이었더라면, 그들은 우리와 함께 그대로 남아 있었을 것입니다. 그러나 결국에는 그들은 모두 우리에게 속한 자들이 아니라는 사실이 드러나게 되었습니다." 이러한 삶의 자리는 요한공동체가 저자 그룹과 이탈자(secessionists) 그룹으로 분열되어 있음을 보여준다. 그들은 원래 "우리"에 속한 하나의 공동체였지만, 지금은 나누어지고 말았다.

"우리"에게서 나간 "그들"은 신앙과 윤리면에서 서로 비슷하면서도 다른 점을 보여주었다. 신앙면에서 그들은 영지주의적인 가현적 기독론(docetic Christology)을 주장하였고, 윤리면에서 그들은 잘못된 기독론에 근거해 육체를 중요하게 취급하지 않는 자유주의적인 윤리를 보여주었다. 그래서 그들은 율법폐지론자처럼 행동하면서 계명을 지키지 않았는데(2:3-4; 5:2-3), 특히 형제 사랑의 계명을 저버렸다(2:9-11; 3:10,14-15; 4:8,20; 5:2). 결국 그들은 믿음과 행위가 일치하지 않는 모습을 드러냈다.

가현적 기독론은 그리스도가 육체로 임하셨다는 것(4:2-3)과 물과 피(5:6)를 통하여 임하셨다는 사실을 부정한다. 2세기 초엽, 소아시아에 케린투스(Cerinthus)는 이와 유사한 이단적 기독론을 변호하였다. 그는 "예수가 동정녀에 의해 태어나지 않았고, 마리아와 요셉의 아들로 다른 사람들과 똑같이 태어났으나 더 의롭고 지혜로웠을 뿐이다. 세례를 받은 후 전능한 힘으로부터 나온 그리스도(메시아의 영)가 비둘기 형체로 임하여, 알지 못하는 아버지를 선포하고 기적을 행하였으나, 마지막 순간에는 그리스도가 예수를 떠났으며, 십자가에 죽으시고 부활을 경험한 분은 예수였으며, 그리스도는 영적 존재로서 고난을 받지 않았다."(이레니우스, adv. Haer.)라고 하였다.

요한일서의 저자는 잘못된 기독론에 맞서 세 가지 주장을 펼쳤다. 1) 그리스도는 육체가 되신 하나님의 아들이다(4:2-3). 2) 그리스도는 죄를 위해 대속적 죽음을 죽으셨다(1:7; 2:2; 4:10). 3) 그는 세상의 구주이다(4:14). 이렇게 세상에 속한 적그리스도들(2:18이하; 4:1이하)과의 논쟁에서 진리와 영과 미혹의 영(4:6)을 구별함으로써 교회를 지키려고 하였다.

c. 내용

가) 서언(1:1-4)

요한일서의 서언(1:1-4)은 요한복음의 서언(1:1-18)과 유사성을 보여준다. 또한 형식적으로 누가복음의 서언(1:1-4)이나 히브리서의 서언(1:1-4)처럼 정교한 솜씨를 보여준다. 요한일서와 요한복음의 서언에는 모두 "로고스"(말씀), "생명", "태초", "우리가 보았다"(증언), "빛"(요한일서는 1:5에 나옴)이라는 개념과 시적 구조가 유사하게 등장한다. 다만, 요한일서 서언에서 "우리"는 포괄적인 의미(non-distinctive)와 함께 이탈자 그룹과 구별되는 의미(distinctive)로도 사용되고 있다고 볼 수 있다(2:19 참조).

"생명의 말씀"(ὁ λογος της ζωης)은 요한복음의 "로고스"가 그러하듯이 예수의 칭호로 사용되고 있는 측면도 있다. 문제는 1:1에 중성 관계대명사(ὅ)가 사용되고 있다는 것이다. 따라서 중성 관계대명사는 "로고스"(남성 명사)나 "생명"(여성 명사)를 직접 가리키지 않고 예수의 전 인격과 말씀과 행위(사역)를 아우르는 것으로 보아야 할지도 모른다. 그렇다고 하더라도 요한일서는 요한복음에서처럼 단순하게 "로고스"를 인격화시키지 않고 "생명의 말씀"이라는 정체성을 가지고 예수 그리스도를 소개하려 한 것만은 분명하다.

"생명의 말씀"에 관하여 소개하면서, 그것(그분)이 태초부터 있었고, 우리가 듣고, 보고, 지켜보기까지 하고, 손으로 만져 본 것이라고 하였다(1:1). 여기에는 "태초"(αρχη)와 "지켜보다"(θεαομαι)라는 요한복음의 용어가 사용되고 있다. 그런데 여기에는 특별히 "듣고, 보고, 만져보다"라는 감각적인 동사가 사용되고 있어서, "태초"조차도 선재적인 의미보다 예수의 지상 사역과 관련된 의미(수태, 세례, 복음 전파)로 사용된 것으로 보게 된다. 이러한 점에서 요한일서는 예수를 초월적 존재보다는 육체적으로 임하신 존재로서 나타내려 한 것으로 보인다.

나) 명제1 (1:5)

요한일서는 "복음"(ευαγγελιον)이라는 단어 대신에 "소식"(αγγελια)라는 단어를 선호하여, 1:5의 첫 부분은 "이것이 소식이다"(και εστιν αὑτη ἡ αγγελια)라는 문장으로 시작한다. 이처럼 요한일서에서는 "소식"이 "복음"이라는 의미로 사용된다. 그 소식의 내용은 "하나님은 빛이시다"(ὁ Θεος φως εστιν)라는 것이다. 하나님에 관해 명제적으로 선언하는 것은 요한복음과 요한일서에 걸쳐 세 번 나오는데, 다른 두 곳은 다음과 같다: "하나님은 영이시다"(요4:24). "하나님은 사랑이시다"(요일4:8).

"하나님이 빛이시다"라는 것은 교리적인 성격을 보여준다(3:11이 윤리적인 성격인 것과 비교하여). 이것은 요한복음의 구조를 전반부(1-12장)와 후반부(13-21장)로 나눌 때, 전반부가 예수의 신적 정체성을 드러내 보여주는 것과 일맥상통한다. 다른 점이 있다면, 요한복음에는 예수가 빛(1:4,9; 8:12)이신데 비해, 요한일서에는 하나님을 빛이라고 말한다(요한일서가 더 theocentric하다). 하나님을 빛이라고 선언하고 있는 것은 그것을 요한공동체가 직면하고 있는 분열(어둠)의 문제를 해결하는 것을 핵심적인 교리로 보고 있음을 알 수 있다.

다) 확증1 (1:6-3:10)

이 부분은 다섯 단락으로 나눌 수 있다: 세 가지 자랑을 중심으로 한 두 그룹의 비교(1:6-2:2), 세 가지 주장을 중심으로 한 두 그룹의 비교(2:3-11), 저자 그룹에 주는 권면(2:12-17), 이탈자 그룹에 주는 경고(2:18-27), 종말의 때에 처한 하나님의 자녀들과 악마의 자녀들의 대조(2:28-3:10).

ㄱ) 세 가지 자랑을 중심으로 한 두 그룹의 비교 (1:6-2:2)

이탈자 그룹은 세 가지 대담한 자랑을 하였지만, 그에 따른 행위는 달랐다. 이 부분에서 저자 그룹과 이탈자 그룹은 이러한 자랑을 중심으로 짝을 이루면서 대조적으로 묘사된다(1:6과 1:7; 1:8과 1:9; 1:10과 2:1-2). 먼저 이탈자 그룹은 하나님과 사귐(κοινωνια)이 있다고 자랑하면서, 어둠 속에서 살아가고(περιπατειν) 있음을 보여준다(1:6). 여기에서 "말하면서"(εαν ειπωμεν)는 공적으로 선언하며 대놓고 자랑하는 것을 의미한다. 그러나 이들은 언행이 일치하지 않는 모습을 보여줌으로써 거짓말을 하고 있다. 이에 비해 저자 그룹은 빛 가운데 행함으로써 죄에서 깨끗하게 되어 하나님과의 사귐을 계속해 나간다(1:7).

두 번째 자랑은 "죄가 없다"(현재 시제)는 것이다. 이탈자 그룹은 죄가 없다고 자랑함으로써 자기를 속이고 있다(1:8). 저자 그룹은 오히려 죄를 자백함으로써 죄와 불의를 용서받고 있다(1:9). "죄가 없다"라는 담대한 주장은 죄를 지을 수 없는 존재라는 점을 강조하는 것이다(원죄가 해결되었다?). 이것은 영지주의적 사고를 보여준다. 영지주의에서는 진정한 자아가 죄를 짓는 육체에서 해방되었기 때문에 근본적으로 죄를 지을 수 없는 존재로 바뀌었다고 본다. 이러한 영적 깨달음(γνωσις)은 진리가 아니기 때문에 스스로를 속이는 것일 뿐이다. 이에 비해 저자 그룹은 죄를 지적하는 하나님께(과 함께) 죄를 지었다고 고백함으로써(ὁμολογειν; confess) 정직한 태도를 보여준다.

세 번째 자랑은 "죄를 짓지 않았다"(현재완료 시제)는 것이다. 이것도 영지주의적으로 설명하지 않으면 이해하기 어려운 주장이다. 영지주의에서는 깨달음을 얻은 자는 육체의 감옥에서 벗어났으므로 육체가 지은 죄가 영혼(구원)에 아무런 영향을 끼칠 수 없다고 생각하였다. 그랬기 때문에 죄를 짓고도 양심의 가책을 받지 않았다. 그러나 "죄를 짓지 않았다/죄를 지은 적이 없다"(자범죄)라고 자랑함으로써 그들은 하나님을 거짓말쟁이로 만들고 말았다(1:10). 이에 비해 저자 그룹은 혹시 죄를 짓더라도 보혜사/변호자(παρακλητος)가 되는 예수 그리스도께서 화목제물이 되어 속죄하여 준다고 하였다(2:1-2).

ㄴ) 세 가지 주장을 중심으로 한 두 그룹의 비교 (2:3-11)

이 단락에는 "호 레곤"(ὁ λεγων)이라는 문구가 세 번(2:4,6,9) 나온다. 이것은 특별한 주장과 연결되는 문구이다. 먼저 저자는 2:3에서 명제적으로 하나님을 아는(γινωσκειν) 것은 계명을 지키는 '행위'로 판별할 수 있다고 공표하고 나서, 세 가지 구체적인 주장(ὁ λεγων)을 사례로 들어 설명하고 있다. 저자 그룹과 이탈자 그룹은 모두 하나님을 알고 있다고 주장한 것처럼 보인다. 그러나 이들의 주장이 참된 것인지 그릇된 것인지를 판별하는 기준이 필요하였다. 저자는 세 가지 주장에 대하여 타당성이 있는지를 살펴보고 있다(2:4-5; 2:6-8; 2:9-11).

첫째, "하나님을 알고 있다"고 주장하면서 하나님의 계명을 지키지 않으면, 그것은 거짓이요 진리가 아니라고 한다. 그러나 계명을 지키면 사랑이 완성된다고 말한다(2:4-5). 진리는 말(주장)로 입증되는 것이 아니라, 계명을 실천하는 것으로 입증된다. 그것은 곧 사랑을 실천하는 것과 같다. 진리는 머리의 문제가 아니라 가슴의 문제임을 보여준다. 머리와 지성으로 깨닫는 것보다 가슴과 감성으로 행동하느냐에 달려 있다.

둘째, "하나님 안에 있다"고 주장하는 사람은 그리스도를 본받는 삶을 살아야 한다고 말한다(2:6-8). 그것은 그리스도처럼 사랑을 실천하는 삶이다. 사랑의 계명은 옛 계명이면서 새 계명인데, 그것은 구약적인 계명이면서 동시에 주님이 마지막으로 주신 계명이다(요13:34-35). 하나님을 안다고 하는 것은 하나님 안에 있는 것과 같다. 그것은 신비적 합일을 의미한다.

셋째, "빛 가운데 있다"고 주장하면서 형제를 미워하는 사람은 아직도 어둠 속에 있는 자라고 말한다. 형제를 사랑하는 자는 빛 가운데 있기 때문에 걸림돌/장애물(σκανδαλον)이 없지만, 형제를 미워하는 자는 어둠 가운데 있기 때문에 방향을 알지 못하고 헤매게 된다는 것이다(2:9-11). 세 가지 주장에 대한 판별 기준은 모두 구체적으로 형제를 사랑하라는 계명을 실천하느냐로 귀결된다.

ㄷ) 저자 그룹에 주는 권면 (2:12-17)

저자는 이곳에서 신자들을 세 가지 이름(자녀/어린이, 아버지, 젊은이)으로 부르고 있다(2:12-14). 이것은 영지주의자들이 자신들을 "영적 아버지"(πατερες; πνευματικοι)라고 생각하면서 저자 그룹을 "젊은이들"(νεανισκοι; ψυχικοι)이라고 비하하는 것을 염두에 두면서, 저자는 신앙인 모두가 "자녀/어린이"(τεκνα/παιδια)에 불과하다고 말하고 싶은 의도를 반영하고자 한 것 같다. 공동체 안에 영적 성숙도에 있어서 혹시 차이가 있다 하더라도, 그것으로 신앙에 차별을 두는 것은 교만한 태도에 불과하다는 것을 말하고 싶었을 것이다. 왜냐하면 다양한 신앙을 가진 사람들은 모두 죄를 용서받았고, 태초부터 계신 하나님을 알고 있고, 악한 자를 이겼기 때문이다.

그렇기 때문에 신자들은 세상이나 세상에 있는 것을 사랑하지 말아야 한다고 권면한다(2:15-17). 세상 사랑과 하나님 사랑은 결코 병립할 수 없다. 세상에 있는 모든 것은 육체의 욕망(επιΘυμια)과 눈의 욕망과 세상 살림(βιος)에 대한 자랑과 관계된 것이다. 육체의 욕망은 쾌락, 천박함(superficiality)의 추구, 성적 욕구를 가리키고, 눈의 욕망은 거만함, 탐욕, 감각적 욕구를 가리키며, 세상 살림(livelihood)에 대한 자랑은 소유, 사회적 지위, 안전에 대한 과신을 가리킨다. 저자는 이에 대해 이 세상도 세상의 욕망도 사라질 것이지만, 하나님의 뜻을 행하는 사람만이 영원히 남게 될 것이라고 권면한다. 다시 한 번 (사랑의) '행위'를 강조한다.

ㄹ) 이탈자 그룹에 주는 경고 (2:18-27)

저자는 비로소 이탈자들에 대하여 직접적으로 언급하기 시작하고 있다. 예수가 그리스도임을 부인하는 자가 적그리스도(들)인데, 그들이 나타난 것은 종말의 시간(εσχατη ὡρα)이 왔다는 것을 가리키고 있다. 이탈자들은 요한공동체를 떠났다(εξηλΘαν). 그들이 "우리"에 속한 사람들이었다면 떠나가지 않았을 것이다(2:19). 그들은 예수가 그리스도임을 부인하고, 아버지와 아들을 부인하는 적그리스도이다(2:22). 이들은 자신들만 그렇게 생각할 뿐만이 아니라 저자 그룹에 속한 신실한 자들을 미혹하려고 하였다(2:26). 그들은 교묘한 말로 가르쳐서 속이려고 하였다. 그러나 신실한 성도들은 기름부음(χρισμα)이 내재해 있기 때문에 진리가 무엇인지를 이미 알고 있다. 따라서 미혹하는 자들의 가르침을 받을 필요가 없다. 저자는 이러한 말을 통해 저자 그룹에는 격려를, 이탈자 그룹에는 경고를 (간접적으로) 하고 있다.

요한일서에 세 번(2:20,27상,27하) 등장하는 기름부음(χρισμα)

은 비유적(figurative)인 의미를 가지고 있다. 새신자가 요한공동체에 입회할 때 기름을 붓는 행위를 하였는지는 확실하게 알 수는 없지만, 요한일서에서는 이러한 행위가 성령의 역사를 비유적으로 가리키는 의미라고 볼 수 있다. 기름부음이 성령의 인침과 내주를 암시하고 있다고 볼 때, 저자 그룹은 이탈자 그룹과 다른 영을 가지고 있다는 것이다. 이는 요한복음에서 진리의 영인 보혜사 성령이 오면 모든 것을 생각나게 하고 가르치게 될 것이라는 예언을 상기시킨다(요14:26).

적그리스도(anti-Christ)는 복수적 개념으로 등장한다(2:18). 여기에서 anti는 in place of, false, in opposition to라는 의미를 가지고 있는 말이다. 그렇다면 적그리스도는 그리스도 참칭자(viceroy), 거짓 예언자(false prophet), 그리스도의 대적자(opponent to Christ)라고 볼 수 있다. 요한일서에서는 거짓 예언자로서의 특징이 강조되고 있다. 이것은 그들이 잘못된 교리를 가르치며 미혹하는 역할을 하고 있기 때문이다.

ㅁ) 종말의 때에 처한 하나님의 자녀들과 악마의 자녀들의 대조 (2:28-3:10).

이 단락에서는 하나님의 자녀와 악마의 자녀들을 대조하고 있다. 여기에서 저자는 신비종교나 영지주의(중생/παλινγενεσια)에서 사용하는 "낳는다"(γενναω)는 개념을 활용하고 있다(요한복음의 "위로부터 낳음"과 비교). 대조는 행위와 상태의 두 가지 면에서 관찰할 수 있다. 행위 면에서, 하나님의 자녀는 1) 의를 행한다(2:29; 3:7); 2) 자신을 깨끗하게(ἁγνος; 제의적이고 도덕적인 정결을 강조) 한다(3:3); 3) 죄를 짓지 않는다(3:6,9); 4) 형제를 사랑한다(3:10). 이와 대조적으로 마귀의 자녀는 1)

죄를 짓는다(3:4); 2) 의를 행하지 않는다(3:10); 3) 형제를 사랑하지 않는다(3:10). 상태 면에서, 하나님의 자녀는 1) 종말에 부끄러움을 당하지 않는다(2:28); 2) 하나님에게서 난 것을 안다(2:29); 3) 재림 때에 그리스도와 같이 되어 그의 참 모습을 보게 된다(3:2); 4) 하나님의 씨(성령 또는 말씀)가 그 속에 있다(3:9). 이와 대조적으로 마귀의 자녀는 1) 하나님을 알지 못한다(3:1); 2) 그리스도를 보지 못하고 알지 못한다(3:6); 3) 하나님에게서 나지 않았다(3:10). 이렇게 하나님의 자녀와 악마의 자녀의 대조가 분명하게 드러나게 될 때는 그리스도가 나타나게(φανεροω; παρειμι->παρουσια) 되는 재림의 상황에서다. 하나님의 자녀는 담대함(παρρησια)을 가지게 될 것이지만, 악마의 자녀는 부끄러움을 당하게(αισχυνθωσι) 될 것이다(이러한 대조는 빌1:20 참조). "부끄럽게 되다"(αισχυνομαι)를 중간태로 보면 수치를 느끼는 심리적 측면을 강조하고, 수동태로 보면 수치를 당한 자의 법적인 상황을 강조한다.

하나님의 자녀와 마귀의 자녀를 구별하는 기준은 죄를 짓는가, 짓지 않는가의 여부로 설명되고 있다. 하나님의 자녀는 죄를 짓지 않는다(3:6,9)고 했는데, 이는 이전에 진술한 내용과 모순된다(1:8,10). 오히려 죄가 없으며(1:8), 죄를 짓지 않았다(1:10)고 한 것은 이탈자들의 주장이었다. 그렇다면 하나님의 자녀가 죄를 짓지 않고(3:6), 죄를 지을 수 없다(3:9)는 것은 무슨 뜻인가? 1) 여기에서 말하는 죄가 특정한 종류의 죄를 의미하는가? 예를 들어, 짐짓 지은 죄(의도적이고 악의적인 죄)나 사망에 이르는 무거운 죄(배교?)와 같은 죄를 가리키는 것인가? 2) 습관적인 죄를 의미하는가? 이러한 주장은 동사가 현재 시제로 사용되고 있기 때문에 설득력이 있다. 어떤 경우이든, 저가가 본문에서 예를 들어 말하고 있는 것처럼, 의를 행하지 않고 형제를 사랑하지 않는 것을 구체적인 죄로 보고 있다는 점이다.

라) 명제2 (3:11)

저자는 "서로 사랑하라."는 두 번째 명제를 제시한다. 3:11에 나오는 'ἵνα ἀγαπῶμεν ἀλλήλους'는 직접적인 명령(요13:34; 15:12,17의 "서로 사랑하라")을 간접화법("우리가 서로 사랑해야 한다")으로 나타내고 있는 것이다. 예수께서 요한복음의 고별강화와 대제사장의 기도에서 강조했던 것은 제자들이 서로 사랑하고 하나(일치)가 되는 것이었다(요14:20-21; 17:21-23). 마찬가지로, 요한일서에서도 형제들이 사랑하고 하나가 되는 것이 중요하였다. "우리" 중에 있던 "그들"이 떠나감으로써(2:19) 공동체에 분열이 일어났고, 형제들이 서로 사랑하기보다는 미워하는 관계가 되었기 때문이다.

전반부에서 이탈자들은 하나님과 사귐이 있고, 하나님을 안다고 자랑하고 주장했지만, 그들은 형제 사랑의 계명을 실천하지 않는 행위를 보여주었다. 언행이 일치하지 않았다. 말은 말일 뿐이었다. 행위로 입증되지 않는 것은 거짓말에 불과하였다. 믿음(교리)은 행위(윤리)에 영향을 주는 것이기에, 그들의 잘못된 행위는 그들의 믿음이 잘못되었음을 증명하는 셈이었다.

마) 확증2 (3:12-5:12)

이 단락은 네 부분으로 나눌 수 있다: 형제 사랑과 형제 살인(3:12-24); 진리의 영과 미혹의 영(4:1-6); 하나님의 선제적 사랑(4:7-5:4상); 세상을 이긴 믿음과 아들에 관한 증언(5:4하-12). 서로 사랑하라는 명령대로 행동하는 저자 그룹은 형제를 사랑하며 진리의 영을 따를 것이다. 또한 하나님의 선제적인 사랑을 받아들이며 아들에 대한 믿음을 증언할 것이다. 그러나 서로 사랑하라는 명령대로 행동하지 않는 이탈자 그룹은 형제를 미워하며 미혹의 영을 따를 것이다. 또한 하나님의 선제적인 사랑을 받아들이지 않으며 아들에 대한 믿음을 보여주지 못할 것이다.

ㄱ) 형제 사랑과 형제 살인 (3:12-24)

이 부분은 가인을 부정적인 모델로 소개함으로써 시작한다(3:12). 가인은 성경에서 최초의 살인자로 등장한 인물이다. 동생 아벨을 돌로 쳐죽였다. 아담이 낳은 첫 아들이 살인자가 된 것이다. 이 사건은 자체적으로도 많은 의문과 사색의 대상이 되어 왔다. 랍비 문서에는 가인이 이브와 사탄 사이에서 태어난 것으로 기록된 곳도 있다. 2세기에 등장한 영지주의 이단 중에 '가인당'(the Cainites)으로 불린 집단도 있었다. 그래서 요한일서에서 이탈자들을 가인과 대비시킨 것은 이러한 배경과 무관하지 않다고 보기도 한다. 가인은 "악한 자(사탄/마귀)에게 속한 자"였기 때문에 동생을 그렇게 죽인 것이다. 가인이 한 일은 악하였고, 아벨이 한 일은 의로웠다. 아벨은 "죽었지만, 이 믿음으로 말미암아 아직도 말하고 있다"(히11:4). 이곳에서 '의'에 관한 언급은 마지막으로 나오며, 이후에는 구체적인 의의 행위인 '사랑'에 관해서 설명한다.

3:13-15은 미움/증오와 사랑을 대조시킨다. 세상(이탈자 그룹)이 저자 그룹을 미워한다고 해서 놀라지 말라고 말한다. 미워하는 사람은 죽음에 머물러 있지만, 사랑하는 사람은 생명으로 옮겨졌다. 형제를 미워하는 사람(μισαδελφια)은 형제를 살인하는

사람(ανθρωποκτονος)이기 때문이다. 여기에서 형제 사랑φιλαδε λφια)은 형제 증오(μισαδελφια)와 대조되고 있다.

3:16은 그리스도를 긍정적인 모델로 소개하며 결론을 맺는다. 이는 3:12에서 가인을 부정적인 모델로 소개한 것과 대조된다. 그리스도는 "우리"를 위하여 자기 목숨을 버리셨다(요15:13 참조). 이로써 "우리"는 그리스도의 사랑을 알게 되었다. 그리스도를 본받아 우리도 마땅히 형제를 위하여 목숨을 버리는 사랑을 실천해야 한다.

3:17은 구체적인 형제 사랑의 예를 들어 설명한다. 어떤 사람이 세상 "재물"(βιος)을 가지고 있으면서 형제의 궁핍함을 보고도 도와주지 않는다면, 그것은 하나님의 사랑이 그 사람 안에 머물고 있지 않다는 것을 증명하는 것이다. 여기에서 세상 재물은 세상 살림(2:16 참조)을 영위하는 수단(livelihood)을 가리킨다. 생물학적 생명(βιος)을 살리는 일은 영원한 생명(ζωη)과 관계된다.

저자는 3:18에서 "말이나 혀로 사랑하지 말고, 행동과 진실함으로 사랑하자"고 결론을 내린다. 여기에서 "말(λογος)과 혀(γλωσσα)"는 "행동(εργον)과 진실함(αληθεια)"과 대조된다. 이 두 쌍을 동의적으로 해석하면, 말, 곧 혀(유창한 말)로서가 아니라 행동, 곧 진실함(참된 행동)으로 사랑해야 한다는 뜻이 된다(not, but). 보충적으로 해석하면, 입 발린 말만이 아니라 진정성 있는 행위로 사랑해야 한다는 뜻이 된다(not only, but also). 어떤 경우이든, 말이 아니라 행동으로 사랑을 표현해야 한다는 것을 강조한다(그리스도가 자기 목숨을 내놓았듯이). 행위로 진리를 보여주는 것이다. 저자에게 있어서, 의와 사랑과 진리는 동일한 범주에 속한다.

이러한 행동은 "진리"(αληθεια)에 속한 것을 나타내는 것이다(3:19; 이는 3:18의 "진실함"과 연결됨). 3:19-22은 사랑을 온

전하게 실천하지 못해서 마음에 가책을 받는 경우의 문제를 다룬다. 저자 그룹이나 이탈자 그룹은 모두 완전주의를 지향하였다. 이탈자 그룹의 경우, 그것은 "죄가 없으며 죄를 지은 적도 없다"(1:8,10)는 주장으로 나타났다. 그러나 저자 그룹은 죄를 지었음을 인정하고 죄를 자백함으로써 오히려 죄를 깨끗하게 용서 받는다는 입장을 보여주었다(1:7,9; 2:1). 이 부분에서 저자는 형제를 온전히 사랑하지 못하여 마음에 가책을 받는(죄책감을 느끼는) 경우조차도 우리의 마음보다 크시고 모든 것을 아시는 하나님께서 우리의 연약함을 용서해 주신다는 확신을 보여준다. 3:23-24에서 저자는 서로 사랑하라는 계명을 지키는 사람은 그리스도 안에 있는 사람이라고 결론을 맺는다. 이로써 두 그룹의 형제 사랑과 형제 살인의 결과는 극명하게 갈린다.

ㄴ) 진리의 영과 미혹의 영 (4:1-6)

여기에서 저자는 앞 단락 마지막(3:24)에서 나온 "영"의 주제를 이어받아, 모든 영을 다 믿지 말고 시험하여 보라고 권고한다. "영"은 "예언", 즉 말과 관련되어 있다. 묵시문학에 보면, 거짓 예언자들이 나타나는 것은 종말의 때에 악한 영에 의해 조종을 받기 때문이다(2:18; 계13:11-18; 16:13 참조). 저자가 영을 다 믿지 말라고 한 것은 이미 거짓 예언자들의 말을 듣고 미혹되어 요한공동체를 떠나 이탈자 그룹에 들어간 사람들이 있었기 때문이다. "시험하다"(δοκιμαζειν)라는 동사는 요한문서에서 이곳에 유일하게 등장하고 있는데, 식별하고 판단해 보라는 의미를 가지고 있다. 판단 기준은 "예수 그리스도께서 육신을 입고 오셨음을 시인하는"(4:3) 것에 달려 있다. 이를 부인하는 사람들은 적그리스도이며 거짓 예언자이다.

저자는 이와 관련하여 두 그룹을 분명하게 구별하고자 한다. 이탈자 그룹은 예수 그리스도를 시인하지 않았다. 그들은 적그리스도(세상에 있는 자)에게서 났으며, 세상에서 난 사람들이다. 그들은 세상에 속한 말을 하고, 세상도 그들의 말을 듣는다. 미혹의 영에 사로잡혔기 때문이다. 이에 비해, 저자 그룹은 예수가 육체로 오신 것을 시인하였다. 그들은 하나님에게서 난 사람들이며, 거짓 예언자들을 이긴(그들의 말을 거부한) 사람들이다. 그들은 하나님을 알기 때문에 저자의 말을 들었다. 진리의 영에 속한 사람들이기 때문이다.

ㄷ) 하나님의 선제적 사랑 (4:7-5:4상)

이 부분은 앞의 내용(4:1-6)과 연관성을 가지고 있다. "하나님을 아는 영"에 관한 언급(4:13)과 예수를 시인하는 문제(4:15)가 등장하고 있기 때문이다. 이러한 점을 감안한다면, 4:1-6이 예수가 육체로 오신 것을 시인하는 것이 진리의 영과 미혹의 영을 식별하는 기준이 된 것처럼, 4:7-5:4상은 형제를 사랑하는 것이 진리의 영과 미혹의 영에 속했는지를 식별하는 또 다른 판단 기준이 됨을 말하고 있다. 4:7-5:4상은 네 부분(4:7-10; 4:11-16상; 4:16하-19; 4:20-5:4상)으로 다시 세분된다.

4:7-10은 사랑의 기원에 대해 말한다. 사랑은 하나님에게서 나오며, 하나님이 먼저 우리를 사랑하셨다(4:7,10). 무엇보다 하나님은 사랑이시기 때문이다(4:8). 그러므로 사랑하는 사람은 하나님에게서 났으며, 하나님을 안다. 그러나 사랑하지 않는 사람은 하나님에게서 나지 않았으며, 하나님을 알지 못한다. 하나님의 사랑은 구체적이며 행동적이다. 하나님은 자기 외아들을 우리 죄를 위하여 화목제물로 내어주셨기 때문이다.

4:11-16상은 믿는 자들 안에서 사랑이 완성되는 것에 대해 말한다. 하나님께서 선제적으로 사랑하셨다면, 우리가 서로 사랑하는 것은 마땅하다. 하나님을 본 사람은 없지만, 서로 사랑하면 사랑이신 하나님이 우리 안에서 온전하게 거하신다. 하나님을 "보았다"(Θεαομαι)는 것은 요일1:1에서 "우리가 생명의 말씀을 지켜보았다"는 표현을 연상시킨다. 저자 그룹과 이탈자 그룹은 모두 하나님을 보았다고 주장했지만, 그것을 증명할 수 있는 길은 서로 사랑하라는 계명을 지키는 것이라고 보고 있다. "하나님을 본다"는 것은 사랑을 통해 "하나님 안에 있다"(4:13,15)는 것과 연결된다.

4:16하-19은 앞 단락(4:11-16상)과 유사한 내용을 반복한다. 사랑하면 하나님 안에 있고, 그것을 통해 사랑이 우리 안에서 완성되었다는 점을 강조한다. "하나님은 사랑이시다"(4:16)라는 선언은 4:8에 이어 두 번째 등장한다. 이 단락이 이전 단락과 다른 점은 완전한 사랑과 두려움을 대조시킨 데 있다. 완전한 사랑이 있으면 심판 날에 담대해질 수 있지만, 두려움이 있으면 심판 날에 징벌을 당하게 될 것이다. 두려워하는 사람은 아직 사랑을 완성하지 못한 사람이다. 하나님의 사랑에 대한 믿음은 심판의 두려움에서 벗어나게 해 준다. 참고로, 영지주의에서는 충만한 신에게서 떨어져 나온 신성(Godhead) 중 하나인 지혜(Sophia)가 충만함을 회복하려는 과정에서 두려움/슬픔/당황스러움이 생겨났다고 본다. 두려움(φοβος)은 완성의 개념과 상치된다.

4:20-5:4상은 하나님 사랑과 형제 사랑의 계명을 연결시킨다. 하나님을 사랑하면 형제를 사랑하게 된다. 형제를 사랑하지 않는다면 하나님을 사랑하지 않는 것이다. 5:1에서 저자는 특히 예수 그리스도를 믿는 것과 형제를 사랑하는 것을 연결시킨다(3:23 참조; 하나님의 계명은 예수 그리스도를 믿고 서로 사랑하는 것

이라고 함). 예수를 그리스도로 믿는 사람은 하나님에게서 난 사람이기 때문에, 하나님을 사랑하는 사람은 그가 낳은(같은 믿음을 가진) 형제를 사랑한다. 하나님을 사랑한다는 것은 그의 계명을 지키는 것이다.

ㄹ) 세상을 이기는 믿음과 아들에 관한 증언 (5:4하-12)

이 단락은 믿음과 증언을 연결시킨다. 증언의 주체는 셋("우리", 성령, 하나님)으로 표현된다. "우리"는 물과 피로 오신 예수가 하나님의 아들이심을 믿는 믿음을 증언한다. 이러한 증언은 진리의 영인 성령이 증언하기 때문에 참되다. 하나님도 아들에 관하여 증언하였다. 하나님의 아들을 믿는 사람은 하나님의 증언을 자기 속에 가지고 있으나, 믿지 않는 사람은 하나님의 증언을 받아들이지 않았기 때문에 하나님을 거짓말쟁이로 만들었다. 믿음은 또한 승리와 연결된다. 예수가 세상을 이겼기 때문에(요16:33), 저자 그룹 역시 거짓 예언자들을 이겼고(4:4) 세상을 이겼다(5:4-5).

예수는 물로만 임한 것이 아니라 물과 피로 임하셨다는 것이 강조된다(5:6). 이는 십자가에서 물과 피를 쏟으신 예수의 죽음을 연상시킨다(요19:34). 예수가 육체로 오신 것과 십자가에서 대속적인 죽음을 죽으셨다는 것을 강조한다고 하겠다. 물과 피는 상징적인 의미를 가진 단어이기 때문에, 다양한 해석을 낳아 성례전적으로(세례와 성만찬)나 성육신적으로 해석되기도 하였다.

영(το πνευμα; '성령'으로 번역되기도 함)은 진리인데, 그 영이 예수 그리스도를 증언한다고 한다. 그런데 여기에 덧붙여 5:7-8의 내용은 해석하기 어려운 난제를 제공한다. 영과 물과 피, 이 셋이 함께 예수를 그리스도라고 증언한다고 하는데, "물과 피"가 예수 그리스도를 가리키는 것이라면(5:6), "영과 물과 피"가 자신을 증언한다는 것은 모순되기 때문이다. 그러나 요한복음의 두 증인(신17:6; 19:15 참조) 문맥에 보면, 예수도 자신에 대하여 증언할 뿐만 아니라 아버지 하나님도 예수에 대하여 증언하고 있음을 강조한다(요8:18).

5:7-8의 문제를 해결하기 위해 다양한 해석이 있었다. 이것을 삼위일체론적으로 해석하기도 하였는데, 그렇다면 영은 아버지 하나님을, 피는 아들을, 물은 성령을 가리킨다. 이러한 해석은 3세기 이후 라틴어 사본에 삽입된 'Johannine Comma'와 기조를 같이한다. 삽입된 부분에 "하늘에서 증언하는 분이 셋(아버지, 말씀, 성령)이 있고, 땅에서 증언하는 분이 셋(영, 물, 피)이 있다"고 함으로써 삼위일체론적 해석을 용이하게 하였다. 다른 해석도 있다. 성례전적으로 해석한 것에 따르면, 물(행8:36-39, 벧전3:20-21)은 세례를, 피(요6:53-56)는 성만찬을, 영(요일2:20,27)은 기름부음을 가리킨다. 사람의 증언(모세의 율법은 두 세 증인의 증언은 참되다고 한다)도 받아들인다면, 위와 같이 자기 아들에 관하여 증언한 하나님의 증언을 받아들이는 것은 당연하다.

이 단락은 예수가 육체를 입고 오셨으며 십자가에서 대속적인 죽음을 죽으신 하나님의 아들이심을 증언하는 내용을 다루고 있다. 증언하는 주체는 크게 둘이다. 하나는 'Johannine Comma'의 예에서 보는 것처럼 삼위일체 하나님의 증언(아버지, 아들, 성령)이고, 다른 하나는 성례전(세례와 성만찬)을 통하여 이루어진 요한공동체(5:10)의 증언이다. 삼위일체론적 해석과 성례전적 해석은 서로 배치되지 않는다. 왜냐하면 예수가 하나님의 아들이심을 믿으며, 예수와 함께 죽고 살아남에 동참하는 것이 세례의 의미이며, 예수의 죽음을 기념하며 그와 하나가 되는 것이 성만찬의 의미이기 때문이다.

바) 결어 (5:13-21)

이 부분은 기록 목적 제시(13-15절), 죽음에 이르는 죄(16-17절), 세 번의 "우리는 압니다"(18-20절), 마지막 명령(21절)로 나눌 수 있다. 저자는 먼저 요한일서를 기록한 목적이 하나님의 아들을 믿는 사람은 영생을 가지고 있음을 알게 하기 위함이라고 밝힌다. 그렇기 때문에 하나님 앞에서 담대할 수 있으며, 무엇이든지 기도하면 받을 수 있다고 한다. 담대한 기도와 응답은 믿음을 가진 자가 하나님과 친밀한 관계(사귐)를 가지고 있다는 것을 증명해 주는 것이다.

저자는 죽음에 이르는 죄와 죽음에 이르지 않는 죄가 있다고 구별한다. 죽음에 이르지 않는 죄는 용서를 구할 수 있지만, 죽음에 이르는 죄는 간구해도 용서를 받을 수 없다. 그렇다면 죽음에 이르는 죄(deadly sin or sin unto death?)는 무엇인가? 5:18,21의 내용으로 보아, 배교의 죄를 말하는 것으로 보인다. 이탈자들과 같이 예수가 그리스도이심을 부인하는 사람은 영원한 생명을 얻을 수 없다.

5:18-20에는 "우리는 압니다"(οιδαμεν ὁτι)라는 문구로 시작되는 절이 세 번 등장한다: 1) 우리는 "하나님에게서 태어난 사람은 누구든지 죄를 짓지 않는다는 것"을 압니다; 2) 우리는 "우리가 하나님에게서 났다는 것"을 압니다; 3) 우리는 "하나님의 아들이 오셔서 그 참되신 분을 알 수 있도록 우리에게 이해력을 주신 것"을 압니다. 이렇게 세 번 반복함으로써 우리가 이탈자들보다 참된 지식(γνωσις)을 가지고 있음을 강조한다.

요한일서는 "우상(ειδωλον)을 멀리 하라"는 명령으로 끝맺고 있다. “우상”은 이방신(행19:23-41), 우상에게 바쳐진 음식(고전 8:4,7), 영지주의 이데올로기나 영지주의 철학, 다양한 죄, 하나님의 자리를 차지하는 모든 것을 가리킬 수 있다. 이곳에서는 이탈자들의 주장과 잘못된 행위(2:19)를 가리킨다.

(6) 요한2서

a. 구조와 내용

요한이서는 "장로가 믿음의 자녀와 그 자녀들에게" 인사("은혜와 자비와 평화")와 마지막 문안을 하고 있는 편지 양식을 보여준다. 요한이서는 형제 사랑에 대한 권면(4-6절)과 예수께서 육체로 오신 것을 부인하는 영지주의적 성향을 지닌 거짓 예언자들을 경계하기 위해 쓴 편지다(7-11절). 이는 요한일서의 주제와 같음을 보여준다. 작별 인사를 할 때는 종이와 먹으로 쓰는데 만족하지 않고 대면하여 보기를 원한다고 말한다(12절).

서두 1–3절
본문 4–11절
　　형제 사랑에 대한 권면 (4–6절)
　　거짓 예언자에 대한 경고 (7–11절)
결미 12–13절

(7) 요한3서

a. 구조

요한삼서는 "장로가 가이오에게" 편지를 시작하고 있으며, 평화를 기원하고 문안하는 것으로 편지를 마치고 있다. 요한이서가 교회 회중을 수신자로 하고 있다면, 요한삼서는 개인을 수신자로 하고 있다. 작별 인사를 할 때, 먹과 붓으로 쓰지 않고 직접 보게 되기를 바란다는 표현은 요한이서와 대동소이하다. 요한삼서는 순회전도자들을 영접하는 문제를 가지고 환대(hospitality)한 데메드리오와 박대한 디오드레베의 태도에 관해 기록하고 있다(5-12절)

서두 1–4절
본문 5–12절
- 가이오에 대한 칭찬 (5–8절)
- 디오드레베에 대한 책망 (9–11절)
- 데메드리오에 대한 칭찬 (12절)

결미 13–15절

b. 내용

장로는 가이오에게 편지하면서 "그대의 영혼이 평안함(ευοδοομαι)과 같이, 그대에게 모든 일이 잘 되고(ευοδοομαι), 그대가 건강하기를(ὑγιαινω) 빕니다."(2절)라고 인사하고 있다. 이러한 인사는 영적으로나 육체적으로나 강건하기를 바란다는 소원을 보여준다. 거기에다가 ευοδοομαι라는 동사는 여행할 때 아무 탈도 없이 건강하게 지내기를 바란다는 의미를 담고 있다(영어의 Happy trail! 프랑스어의 Bon Voyage!와 같은 인사말). 따라서 소위 삼박자 구원을 말한다기보다 굳이 따지자면 이박자 구원을 말하고 있다.

초대 교회에서 순회전도자들은 여러 지역을 여행하면서 전도 활동을 하였다. 이때에 가이오가 그렇게 한 것처럼, 여러 교회의 환대와 후원이 꼭 필요하였다(5-8절). 그러나 때로 순회전도자들이 전하는 복음이 문제가 되는 수도 있었다(예를 들어, 영지주의적 가르침). 지교회(local church)의 지도자들은 순회전도자들을 어떻게 영접해야 할 것인지에 대해 신중할 필요도 있었다. 데메드리오는 장로가 보낸 순회전도자들의 메시지를 잘 받아들이고 환대하였지만, 디오드레베는 지교회를 지키기 위해(?) 환대를 베풀지 않았다. 이러한 배경 하에서 요한삼서가 기록되었다면, 요한삼서도 요한일서나 요한이서처럼 거짓 예언자의 주제를 포함하고 있었다고 볼 수 있다.

(8) 유다서

a. 구조

유다서는 "부르심을 받은 사람들, 곧 하나님 아버지께서 사랑하시고, 예수 그리스도께서 지켜주시는 이들"을 수신자로 하고 있어서, 특정 독자가 아닌 전체 그리스도인들을 향한 '공동서신/일반서신'이다. 그럼에도 불구하고, 특수한 정황도 발견된다. "몇몇 사람이 몰래 숨어들어 하나님의 은혜를 방종거리로 만들고, 예수 그리스도를 부인하였고"(4절), "꿈을 꾸면서 육체를 더럽히며, 권위를 업신여기며, 영광스러운 존재들을 모독하였으며"(8절), "분열을 일으키며, 본능대로 사는 자들"(19절)이라고 언급하고 있기 때문이다. 따라서 특정한 상황에 처한 교회 공동체를 배경으로 하고 있다고 볼 수 있다.

유다서는 일반적인 편지 형식을 따르고 있다. 서두와 결미가 첫인사와 끝인사를 보여주며, 본문도 교리적인 부분(3-16절)과 윤리적인 부분(17-23절)으로 구분된다. 그러나 첫인사가 바울의 "은혜와 평화"와 다르게 전통적인 유대 인사인 "자비(긍휼)와 평화"에 "사랑"이 덧붙여진 형태를 보여준다. 끝인사도 '영광송'으로 대치하고 있다. 전체적인 줄거리는 다음과 같다:

- 서두 1-2절
- 본문 3-23절
    - 저작의 동기 (3-4절)
    - 거짓 예언자들에 대한 심판(5-16절)
    - 훈계와 권면 (17-23절)
- 결미 24-25절 (송영)

b. 내용

가) 서두 (1-2절)

저자는 자신을 "예수 그리스도의 종이요, 야고보의 형제인 유다"라고 소개한다. 이것은 야고보가 자신의 편지에서 "예수 그리스도의 종"이라고 자신을 소개한 것을 토대로 하고 있다. 유다와 야고보가 형제지간이 될 수 있는 경우는 주의 형제 야고보와 유다의 경우뿐이다(막6:3 참조). 그러나 사도 후기 시대에 기록된 것으로 보이기 때문에, 유다서는 야고보의 권위에 의지하여 기록하려고 했음을 알 수 있다.

수신자는 일반적인 명칭으로 되어 있다. 그러나 유다서가 특정한 공동체적 상황(몰래 숨어들어온 적대자들의 행태)을 배경으로 하고 있다고 볼 때, 수신자들이 적대자들과 달리 "하나님의 부르심을 받고, 사랑받고, 예수 그리스도가 지켜주는 사람들"이라고 설명하는데 초점을 맞추고 있다고 하겠다.

"자비(긍휼)와 평화와 사랑"으로 인사한 것은 유대적인 전통적 인사에 기독교적 용어인 "사랑"이 더해진 것으로 보인다. 이러한 인사는 목회서신(딤전1:2; 딤후1:2)과 요한이서(3절)에 나타난다. 시리아 바룩서와 폴리캅의 편지에서도 이러한 인사가 발견되고 있어서 유대 기독교적 공동체에서 일반적으로 사용된 정형문구로 볼 수 있다.

나) 본문 (3-23절)

ㄱ) 저작의 동기 (3-4절)

본문은 고대의 편지에서 종종 등장하는 저작의 동기와 의도를 진술하는 것으로 시작한다. 저자는 “우리가 함께 가진 구원”과 “단번에 받은 믿음”을 방어하기 위해서 편지를 쓸 필요성을 느끼게 되었다. 그것은 “몇몇 사람이 몰래 숨어들었기 때문이다.” 그들은 불경건한 사람들로서 “하나님의 은혜를 방종거리로 만들고, 예수 그리스도를 부인하는 자들”이었다. “방종거리”는 부도덕한 성적 방탕을 의미한다. 예수 그리스도를 부인하는 것을 교리적으로 이해하여 영지주의자들의 주장과 연관시키는 것보다, 윤리적으로 이해하여 불경건한 자들의 방종한 생활로 인해 실제적으로 그리스도를 부인하는 삶을 살고 있음을 가리킨다. 방종한 생활의 구체적인 모습은 5절 이하에서 설명된다.

ㄴ) 적대자들에 대한 심판(5-16절)

유다서의 적대자들에 대한 심판 내용은 네 개의 단락으로 구분된다: 구약성서로부터의 사례 비교(5-7절), 천사장 미가엘과 악마의 논쟁(9-10절), 화의 선언을 통한 정죄(11-13절), 에녹의 예언 인용(14-16절).

첫 단락(5-7절)은 구약성서로부터 세 가지 사례를 들어 비교함으로써 적대자들의 실체를 드러낸다. 먼저, 하나님께서 이스라엘 백성을 이집트에서 구출하고 난 뒤에도 믿지 않는 자들을 멸하셨다고 말한다(5절). 이는 민14:1-35에서 볼 수 있듯이, 구원의 약속을 받은 자들도 믿음을 이탈했을 때는 심판을 피할 수 없다는 것을 보여준다. 두 번째로, 자기 거처를 떠난 천사들의 심판과 비교한다(6절). 이는 창6:1-4이나 에녹1서 6장에 기인하는 내용이다. 사람의 딸들과 결합하기 위해 자기 거처를 떠난 천사들에게 심판이 내려진 것처럼, “전해 받은 믿음”을 이탈한 사람들 역시 하나님의 심판을 피할 수 없다. 세 번째로, 소돔과 고

모라 사람들과 비교한다. 이는 창19:1-29에 나온 대로, 이들은 음란함에 빠져 "딴 육체"를 좇았다. "딴 육체"는 인간이 아닌 천사들과의 성적 결합을 가리킨다. 유다서의 적대자들은 "꿈을 꾸는" 사람들과 같았다. 이는 거짓 예언자와 관련된 표현이다(렘23:25; 신13:1-6). 이들은 율법폐지론(자유주의)에 입각해 육체를 더럽히는 삶을 살았고(=천사들), 권위를 업신여기며(=이스라엘 백성), 영광스러운 존재들을 모독하였다(=소돔과 고모라 사람들).

둘째 단락(9-10절)은 천사장 미가엘과 악마가 모세의 시체를 두고 논쟁한 이야기를 기반으로 하고 있다. 이는 『모세의 승천』이라는 책에서 인용하고 있는 것으로 전해져 온다. 미가엘은 천사장이었지만 악마와 논쟁을 벌일 때 차마 모욕적인 발언을 삼가면서 하나님께 맡겼는데도 불구하고, "영광스러운 존재들"인 천사들을 서슴지 않고 모독한 적대자들은 큰 죄를 짓는 것이라고 경고하고 있다. 이들은 영적인 세계나 존재들에 대하여 무지하였기에 이를 비방하였고, 본능대로 행동함으로써 방탕한 삶을 추구하였다.

셋째 단락(11-13절)에는 화가 선언된 세 종류의 사람들이 나온다. 바로 가인과 발람과 고라이다. 화의 선언은 전형적인 심판의 양식에 속한다(암6:1-7; 합2:6-20; 마23:13-32; 눅11:42-52 참조). "가인의 길"을 걸은 사람들은 십계명의 살인죄를 범했을 뿐만 아니라, 전통적 규범과 교훈과 어긋나는 행동을 서슴지 않고 보여준 적대자들을 가리킨다. "발람의 길"을 걸은 사람들은 탐욕에 눈이 멀어("삯을 바라서") 뇌물을 받고 이스라엘을 저주하였고(신23:4-5; 느13:2), 이스라엘 자손을 꾀어 범죄하게 한(민31:16) 발람의 후예들을 가리킨다. "고라의 반역"을 따른 사람들은 다단과 아히람과 더불어 당을 지어 모세와 아론을 거슬러 반역을 도모한 고라와 같이(민16:1-35; 26:9-10), 교회의 분열을 일으킨 자들을 가리킨다(19절). 이들은 애찬(=agape meal)을 함께 먹을 때에 우상제물이라도 상관없이 거리낌 없이 먹었고, 교회보다는 자신의 이익을 추구하였다. 그들은 비를 내리지 않는 구름이나 열매를 내지 못한 나무처럼 말만 무성할 뿐 아무런 유익을 주지 못하였다. 이들은 거친 파도가 오물과 흙을 토해 내듯이 수치를 드러낼 것이고, 길 잃고 떠도는 별들(=천사)처럼 어둠에 갇혀 하나님의 심판을 받게 될 것이다.

넷째 단락(14-16절)은 에녹1서 1:9을 인용하여 적대자들을 정죄한다. 에녹의 예언대로 수만의 천사들이 와서 불경건한 사람들의 "행실"과 "거친 말"을 단죄하게 될 것이다. 불만에 차서 불평을 늘어놓는 것과 허풍을 떠는 것은 "거친 말"과 연관되고 있으며, 욕심대로 사는 것과 이익을 챙기는 것은 "불경건한 행실"과 연관된다(16절).

ㄷ) 훈계와 권면 (17-23절)

이 부분은 명령형을 통해서 윤리적인 훈계와 권면을 보여준다. 먼저, 종말에 "조롱하는 자들"(벧후3:3 참조)이 나타날 것이라는 사도들의 예고를 통해 성도들을 안심시킨다. 조롱하는 자들은 분열을 일으키며 본능대로 살아가는 자들(ψυχικοι)이라고 정체를 폭로한다. 이들은 성령을 따르지 않는 사람들이다. 이들을 반면교사로 삼아, 수신자들은 진정한 πνευματικοι이기 때문에 거룩한 믿음을 토대로 성령으로 기도하고, 하나님의 사랑 안에 머무르면서 자기를 지키며, 예수 그리스도의 자비를 기다리는 삶을 살라고 권면한다. 성도들은 그들과 반대편에 서 있는 "의심하는 자들"을 동정하고, 구원의 희망이 남아 있는 사람들은 "불에서 끌어내며", 구원의 가능성이 미약한 자들은 더럽혀진 옷까지도(당시 잘못된 생각은 그가 입은 옷에 영향을 미친다고 보았다) 미워할 만큼 접촉을 조심해야 한다고 경고한다.

다) 결미 (24-25절)

결미 부분은 영광송(doxology)으로 대치된다. 영광송에는 하나님과 예수 그리스도가 등장한다. 하나님은 성도들을 넘어지지 않게 지켜 주시고, 흠이 없이 서게 할 능력을 가지신 분이시기에 "영광과 위엄과 주권과 권세"를 받으시기에 합당하다. 이는 오직 예수 그리스도를 통하여 가능하게 되었으며, 시간을 초월하여 "영원 전-현재-영원 후"까지 효력이 있다.

Ⅳ. 묵시서

1. 요한계시록

(1) 장르

장르는 존재론적으로 보기도 하고, 역사적으로 이해하기도 한다. 존재론적으로 장르를 보면, 장르가 원래 정해진 것이고 역사적으로 불변하는 형태를 지닌다는 것을 의미한다. 역사적으로 장르를 보면, 장르란 역사적으로 "생성-발전-쇠퇴"의 과정을 가진다고 보는 것을 의미한다. 어떤 하나의 장르는 고정된 형태로서 불변하는 것이 아니라, 인접 장르(related genre)와의 영향을 주고받으며 생성되고 발전한다는 것이다. 역사적인 장르의 관점으로 이해하면, 요한계시록과 같은 묵시문학은 예언, 유언문학, 신탁 등을 인접 장르로 보게 된다.

요한계시록은 편지처럼 시작하고(1:4-6) 편지처럼 마치고 있기 때문에(22:21) 큰 틀에서 서신 장르로 볼 수도 있다. 거기에다가 소아시아 일곱 교회로 보내는 편지가 내장되어 있기 때문에(2-3장) 이러한 주장에는 힘이 실린다. 그러나 요한계시록의 내용 중 대부분이 편지의 특성에 부합하지 않는다는 것 때문에 설득력이 떨어진다. 특히 요한계시록은 수신자의 정황(occasion)을 다루고 있기보다는 환상보도(4-22장)를 주된 내용으로 하고 있다. 요한계시록을 드라마 장르로 보려는 시도도 있다. 특히 요한계시록에 나오는 세 재앙 시리즈(인의 재앙, 나팔의 재앙, 대접의 재앙)가 만화경처럼(kaleidoscopically) 펼쳐지고 있기 때문이다. 그러나 이러한 주장 역시 글 전체를 포괄하는 장르의 특성에 적합한 설명이 아니다.

요한계시록의 장르에 대한 논의에서 가장 두드러진 주장은 예언문학 또는 묵시문학으로 보는 것이다. 요한계시록의 저자는 실제로 이 두 가지 가능성에 대해 언급하였다. 요한은 그의 글을 규정하면서 예언(1:3; 22:7,10,18,19)이라고도 하고, 묵시/계시(1:1)라고도 한다. 예언이라고 하면, 요한계시록을 종말론적으로 실현될 시나리오로 보는 것이다. 요한계시록은 회개에 대한 권면과 심판과 구원에 대한 선언을 특징적으로 보여주기 때문에 예언의 성격에 부합한다. 그러나 환상과 상징이 많이 등장하고 있어서 예언으로 보는 데 난점을 제공한다. 요한계시록을 '묵시/계시'(αποκαλυψις)라고 하면, 문자적인 실현보다는 종말에 대한 묵시적이고 상징적인 의미에 초점을 두고 보는 것이다. 묵시적인 글은 문학적 특성으로서 가명의 사용, 환상보도, 사후예언, 상징적인 숫자들, 해석하는 천사의 등장을 들 수 있고, 이념적 특성으로서 임박한 종말론, 염세주의, 이원론, 결정론, 초월적 구원의 강조를 들 수 있다. 요한이 자신의 글을 '예언'이라고 규정한 것은 내용의 신뢰성에 대해 의심을 받을 가능성이 있는 '묵시' 장르를 보완하기 위한 것이다. 요한계시록은 묵시문학과 예언문학의 특성을 함께 가진 혼합 장르적 성격을 보여주기 때문에, 요한계시록을 '묵시적 예언문학' 또는 '예언적 묵시문학'으로 보기도 한다.

그러나, 기본적으로 요한계시록은 종말론적 구원과 초월적인 세계를 제시함으로써 신앙적 위기에 빠진 성도들을 위로하고 권면하기 위한 목적으로 기록된 묵시문학이다. 요한계시록을 묵시문학 장르에 속한 것으로 보는 학자들은 묵시문학 장르를 다음

과 같이 정의한다: "묵시문학은 서사 이야기의 틀을 가진 계시 문학이다. 계시는 천상적 존재에 의해 인간 수신자에게 중개된다. 그것은 종말론적 구원을 제시한다는 점에서 시간적인 초월적 실재를, 그리고 또 하나의 다른 세계이자 초자연적인 세계를 포함한다는 점에서 공간적인 초월적 실재를 드러낸다. 그것은 신적인 권위를 통해서 격려와 위로를 주려는 목적으로 위기에 처한 집단에게 쓴 것이다." 한 마디로 말해서, 묵시문학은 인간이 처한 위기의 상황에서 시간과 공간을 초월(종말론적 구원과 초자연적인 새로운 세계를 제시함으로써)하려는 목적으로 기록된 것이다.

(2) 구조

요한계시록의 구조를 파악하는 데는 장르의 성격을 규정하는 것과 무관하지 않다. 요한계시록을 예언문학으로 보면, 요한계시록의 내용은 연대기적 순서로 배열된 것으로 바라보게 된다. 그러나 요한계시록을 묵시문학으로 보면, 요한계시록의 내용은 요점을 반복하고 있는 것으로 바라보게 만든다. 요한계시록을 혼합장르적으로 보면, 연대기적 배열과 요점 반복을 혼합한 것으로 바라보게 된다. 이러한 구조 이해 가운데 반복이론(recapitulation theory)이 주목을 받는다. 반복이론은 주후 3세기 빅토리누스(Victorinus of Pettau)가 처음 제기하였다. 그는 기본적으로 일곱 대접의 재앙 시리즈가 일곱 나팔의 재앙 시리즈를 반복하고 있는 것으로 보았다. 이러한 반복은 요한계시록의 여러 곳(예: 17:1-19:10의 '바빌론 환상'과 21:9-22:9의 '새 예루살렘 환상' 사이에 존재하는 구조적이고 주제적인 상관성 참조)에서 발견된다.

요한계시록은 일곱이라는 숫자에 의한 구조적 패턴을 보여준다(일곱 편지, 일곱 인, 일곱 나팔, 일곱 대접). 이러한 패턴에 포함되지 않은 주요 내용은 12:1-15:4(첫 번째 일곱 미계수 환상), 17:1-19:10(바빌론 환상), 19:11-21:8(두 번째 일곱 미계수 환상), 21:9-22:9(새 예루살렘 환상)인데, 전체적으로 이러한 패턴은 바빌론/로마제국에 대한 심판과 성도의 구원/승리라는 주제를 반복적으로 취급하고 있는 것을 보여준다.

이러한 반복이론이 가진 문제는 요한계시록에 사건을 연대기적으로 진술하는 표현(예: 4:1; 7:1,9; 15:5; 18:1; 19:1에 나오는 "이 일 후에"라는 표현)과 "내가 보니"(ειδον)라는 표현이 40여 회 계속 등장한다는 것이다. 전통적으로 요한계시록은 종말에 일어날 사건들에 대한 연대기적 진술을 보여주는 것으로 생각해 왔다(1:1의 "반드시 속히 일어날 일들"과 1:19의 "네가 본 것과 지금 있는 일과 장차 될 일을 기록하라" 참조). 연대기적으로 해석하면 예언적 특성을 돋보이게 한다. '인-나팔-대접'으로 이어지는 재앙 시리즈는 재앙이 점진적으로 종국을 향해 치닫고 있다고 보게 만든다.

그러나 연대기적인 이해나 반복적 이해 중 한 가지만을 고집하는 것은 문제가 있다. 요한계시록은 혼합 장르적 특성을 보여주기 때문이다. 또한 요한계시록은 일인칭적 관점에서 만화경식 환상보도를 보여주며, 사건들을 묘사할 때도 역동적인 사건의 전개보다는 정적인 진술이나 묘사가 많이 나오는 서사이야기의 특성을 드러내고 있다. 요한계시록은 장르적 특성과 자료적 특성을 고려하여 연대기적 구조와 반복적 구조를 함께 고려하여 파악할 필요가 있다. 요한계시록의 구조를 파악하기 위해 주의해야 할 것들은 다음과 같다.

가) 일곱 시리즈: 요한계시록에는 일곱이라는 숫자(일곱 영,

일곱 촛대, 일곱 별, 일곱 등불, 일곱 뿔, 일곱 눈, 일곱 천사, 일곱 우레, 일곱 머리)가 두드러진다. 시리즈로 나오는 것으로는 네 개(일곱 교회, 일곱 인, 일곱 나팔, 일곱 대접)가 있다. 이밖에도 일곱 미계수 환상이 두 개(12:1-15:4; 19:11-21:8) 더 나오는 것으로 볼 수 있다.

나) 바빌론 부록과 새 예루살렘 부록: 기블린(C. H. Giblin)은 일찍이 17:1-19:10과 21:9-22:9이 구조적으로 유사성이 있음에 주목하였다. 각각 바빌론과 새 예루살렘에 관한 환상을 대조적으로 보여주는데, 구조적으로 "일곱 대접을 가진 일곱 천사 중 하나가....이리로 오라....내가 네게 보이리라"(17:1; 21:9), "성령으로 나를 데리고 광야/크고 높은 산으로 갔다"(17:3; 21:10), "이것은 참된 말씀이다"(19:9; 22:6), "내가 ....앞에 엎드려"(19:10; 22:8), "그리하지 말라. 나는 너희들과 함께 된 종이다.... 하나님께 경배하라"(19:10; 22:9)는 내용을 공유하고 있다. 바빌론 환상과 새 예루살렘 환상을 '부록'이라고도 부르는 이유는 각각 "다 되었다"(16:17; 21:6)고 말한 이후에 바빌론의 멸망과 새 예루살렘의 도래에 관해 자세한 환상을 덧붙이고 있기 때문이다.

다) 삽경/막간극(interlude)과 연결장치(interlocking/intercalation): 요한계시록은 일곱 인의 환상 시리즈와 일곱 나팔의 재앙 시리즈를 진술하면서, 여섯째 인과 여섯째 나팔 다음에 삽경을 끼어 넣고 있다. 이것은 재앙 중에도 성도들의 구원과 보호라는 주제를 강조하고자 한 것이다. 첫 번째 삽경은 여섯째 인 다음에 나오는 7장의 내용이다. 두 번째 삽경은 여섯째 나팔 다음에 나오는 내용인데, 적게는 10:1-11:14(작은 두루마리 환상)을, 크게는 10:1-15:4(작은 두루마리 환상과 첫 번째 미계수 환상)이 해당

된다.

또한 요한계시록에는 연결장치라는 독특한 형식이 등장한다. 첫 번째 연결장치는 일곱 인의 환상과 일곱 나팔의 재앙을 연결하는 부분인 8:3-5에 나온다. 일곱째 인을 떼고 난 후에 바로 일곱 나팔의 재앙이 등장하는 것이 아니다. 8:1에 일곱째 인을 떼는 장면이 나오고, 8:2에 일곱 나팔에 대한 소개가 나온다. 정작 일곱 나팔 중 첫 번째 나팔 재앙은 실제로 8:6에 가서야 등장한다. 그 사이에 있는 8:3-5은 일곱째 인의 내용으로 파악된다. 이와 같은 연결장치를 통해 일곱 인과 일곱 나팔은 서로 연결되고 있다. 이와 마찬가지로, 두 번째 연결장치는 일곱 나팔과 일곱 대접을 연결하는 부분인 15:2-4에 나온다. 이러한 구조적 특징은 일곱 번째 인 안에 일곱 나팔이 들어 있으며, 일곱 번째 나팔 안에 일곱 대접이 들어 있음을 나타내려 한 것으로 보인다. 다시 말해서, 일곱 인과 일곱 나팔과 일곱 대접은 서로 다른 재앙들을 연대기적으로 서술하고 있는 것이라기보다 다같이 한 가지 종말 재앙을 반복적으로 다른 관점에서 묘사하고 있다는 것이다.

결론적으로, 요한계시록은 연대기적 구조의 틀(1:19 참조)과 반복적인 구조의 틀(일곱 교회 메시지의 반복, 일곱 재앙 시리즈의 반복, 바빌론과 새 예루살렘 부록의 반복, 두 개의 두루마리 환상의 반복, 1:12-20과 19:11-16의 기독론적 즉위식 반복)을 통해 로마제국에 대한 심판과 성도들의 구원이라는 주제를 반복하고 있다고 볼 수 있다. 이러한 이해를 바탕으로 한 요한계시록의 구조는 다음과 같다.

서언 1:1–8

일곱 교회로 보내는 편지 1:9–3:22

하늘 보좌와 어린양의 환상 4:1–5:14

일곱 인의 환상 6:1–8:5 (삽경: 7장; 연결장치: 8:3–5)
일곱 나팔의 재앙 8:2–11:19 (삽경: 10:1–11:14)
첫 번째 미계수 환상 12:1–15:4 (연결장치: 15:2–4)
일곱 대접의 재앙 15:1–16:21
　　바빌론 부록 17:1–19:10
두 번째 미계수 환상 19:11–21:8
　　새 예루살렘 부록 21:9–22:9
결언 22:10–21

(3) 내러티브

가) 서언 (1:1-8)

요한은 서언에서 요한계시록의 장르의 성격을 망라해서 보여준다. 요한계시록에 처음 등장하는 단어는 '아포칼룹시스'(αποκαλυψις)인데(1:1), 이는 묵시 또는 계시로 번역될 수 있는 말이다. 이 묵시/계시는 '하나님->예수 그리스도->천사->요한->교회'라는 전달 체계를 통해 비밀스럽게 전해진 것이다. 이 계시는 "신속하게 반드시 일어나야 할 일들"에 관한 것이었다. 이것은 하나님께서 그의 종들에게 보이시려고(δειξαι) 준 것이며, 그리스도께서 요한에게 알려준(εσημανεν) 것이다. 여기에 사용된 δειξαι(비밀의 성격을 전제함)와 εσημανεν(해석의 필요를 전제함)라는 단어들은 αποκαλυψις의 성격을 규정해 주고 있다.

요한은 정작 자신의 글을 처음(1:3)과 마지막에서(22:7,10,18,19) 예언으로 규정한다. 처음과 나중에 이를 언급하고 있는 것은 자신의 글이 신뢰할 수 없는 묵시/계시가 아니라는 것을 강조하기 위한 목적을 보여준다. 요한계시록은 심판과 구원의 메시지를 담고 있는 예언의 말씀이기도 하다.

또한 요한은 계시와 예언의 성격을 갖고 있는 요한계시록을 일곱 교회에 보내는 편지 형식에 담고 있다(1:4). 요한계시록은 또한 편지처럼 끝나고 있으며(22:21), 요한계시록 안에 소아시아의 일곱 교회로 보내는 편지가 내장되어 있어서(2-3장) 편지의 성격이 드러난다. 그러나 수신자의 정황이 뚜렷하지 않고 환상보도가 주를 이루고 있어서 요한계시록 전체를 편지 장르로 보는 것은 무리가 따른다. 다만 소아시아에서 활동하며 편지를 많이 남긴 바울의 사도적 권위가 살아 있는 지역을 수신자로 하고 있어서, 묵시적인 글에 대한 신뢰를 확보하는 데는 도움이 되고 있다.

서언에는 요한계시록에 일곱 번(1:3; 14:13; 16:15; 19:9; 20:6; 22:7,14) 나오는 복의 선언 중에서 첫 번째 복의 선언이 기록되어 있다. 예언의 말씀을 읽는 자(단수)와 듣는 사람들(복수)과 지키는 사람들(복수)이 복이 있다고 말한다. 특히 "지키는 자가 복이 있다"는 말은 말미(22:7)에도 기록되고 있다(inclusio). 복을 받게 되는 것은 "때가 가깝기 때문이다." 이 '때'(καιρος)는 종말의 때요, 하나님께서 심판과 구원을 완성하실 때를 의미한다.

바울이 발신자와 수신자를 길게 말하는 반면에, 요한은 인사부분을 길게 설명한다. 그 특징은 다음과 같다: (1) 신적 근원을 둘이 아닌 셋으로 제시하고 있다(하나님, 일곱 영, 예수 그리스도). (2) 일곱 영의 존재가 등장한다. (3) 예수 그리스도라는 호칭을 온전한 형태로 사용한다(바울의 특징적인 '주' 호칭은 빠짐). (4) 하나님에 대한 호칭이 독특하다("현재에도 계시고, 과거에도 계시며, 장차 오실 이"와 "알파와 오메가"). (5) 예수 그리스도에 대한 소개도 독특하다("신실한 증인, 죽은 사람들의 첫 열매, 땅 위의 왕들의 지배자").

하나님에 관한 칭호 중 1:8에서 사용된 용례에 관해서 좀 더 살펴보자. 먼저 "현재에도 계시고, 과거에도 계시며, 장차 오실 이"는 요한계시록에서 다양한 형태로 다섯 번(1:4,8; 4:8; 11:17; 16:5) 나온다. 일곱 머리와 열 뿔을 가진 짐승(바다에서 올라온 짐승을 가리키는 듯)을 "전에는 있었다가 지금은 없으나, 장차 다시 나타날 자"(17:8,11)라고 했기 때문에, 이 짐승은 하나님을 흉내내고 있다고 볼 수 있다. "알파와 오메가"라는 칭호는 이와 비슷한 다른 명칭으로도 등장한다. 1:8에서 하나님은 "알파와 오메가"로 불린다. 21:6에서 하나님은 "알파와 오메가요, 시작과 끝"(το αλφα και το Ω, ἡ αρχη και το τελος으로 불린다. 그런데 예수 그리스도도 또한 하나님처럼 같은 이름으로 불리고 있다. 1:17에서 그리스도는 "처음과 나중"(ὁ πρωτος και ὁ εσχατος)으로 불린다. 22:13에서 그리스도는 "알파와 오메가요, 처음과 나중이요, 시작과 끝"으로 불린다. 이는 요한계시록이 서두(1:8,17)와 말미(21:6; 22:13)에 하나님과 예수 그리스도의 호칭을 동일하게 병렬 배치함으로써, 하나님과 예수 그리스도를 놀라울 정도로 동일시하고 있음을 보여준다.

나) 일곱 교회로 보낸 편지 (1:9-3:22)

ㄱ) 요한의 소명과 인자 환상 (1:9-20)

① 요한의 소명 (1:9-11)

요한은 수신자들과 동등한 위치(형제요, 환난을 통한 인내에 동참한 자)에 있는 자로 자신을 소개한다. 특히 인내를 강조한다. 인내(ὑπομονη)는 요한계시록에 일곱 번(1:9; 2:2,3,19; 3:10; 13:10; 14:12) 나오는데, 환난 중에 요구되는 믿음의 형태다. 묵시의 시대에는 인내가 요구된다. 인내는 환난과 고난을 견디어 내는 것을 의미한다.

요한은 밧모섬에 유배(권리와 재산을 몰수당하지 않으면서 강제적으로 추방된 relegatio의 경우)되어 있었다. 요한은 주의 날(일요일)에 "성령에 사로잡혔다"(εν πνευματι). 'εν πνευματι'는 요한계시록에 네 번 나오는데, 예수와 하나님을 만나는 장면(1:10; 4:2)에서, 그리고 바빌론과 새 예루살렘 환상을 제시하는 곳(17:3; 21:10)에서 등장한다. 요한은 예언자가 소명을 받듯이, "네가 보는 것을 기록하여 일곱 교회로 보내라"라는 소명을 받는다. 예언자들이 하나님으로부터 들은 것을 "가서 말하라"는 소명을 받는다면, 묵시가들(seers)은 하나님께서 보여준 것을 "써서 보내라"는 소명을 받는 차이를 보여준다.

② 인자 환상 (1:12-20)

요한은 '음성'(בת קול과 비교)을 보려고 몸을 돌이켜 일곱 금촛대 가운데 서 계신 인자 같은 분(단7:13 참조)을 보게 된다. 인자의 복장과 외양과 음성은 다니엘서와 연관성이 깊다. "발에 끌리는 옷을 입고 가슴에 금띠를 띤" 인자의 모습은 천사의 모습(단10:5)이나 제사장의 복장과 유사하다. "머리와 머리털이 양털과 눈같이 희다"는 것은 지혜가 높고 존경의 대상이 된다는 것을 가리킨다(단7:9의 "옛적부터 계신 이"와 유사). 눈이 "불꽃" 같다는 것은 천사가 "횃불 같은 눈"(단10:6)을 가진 것과 유사하다. 그러한 눈은 신비롭고 경이로우며 모든 것을 꿰뚫어보는 지혜를 가리킨다. 발이 "풀무불에 달구어 낸 놋쇠"와 같다는 것은 튼튼하고 위엄 있는 모습을 보여준다(단10:6). 제사장이 신을 신지 않고 직무를 수행하였고, 모세가 하나님을 만날 때 신을 벗었듯이(출3:5), 맨발은 거룩한 직무와 관련된다.

인자의 음성은 "많은 물소리"(폭포수 소리)와 같았다. 이것은 단7:10의 "무리의 소리"와 연결된다. 에스겔43:2는 하나님의 음성이 "많은 물소리"와 같았다고 하였다. 요한계시록에서 "많은 물소리" 같은 음성은 하나님의 음성(14:2)이나 천사들의 음성(19:6)을 나타내는데, 인자의 음성 역시 하늘의 권세를 가지고 있음을 암시한다.

인자는 오른손(정당한 권위 상징)에 일곱 별(일곱 천사; 1:20 참조)을 쥐고 있다. 입에서는 양날 칼이 나온다. 칼은 네 곳(1:16; 2:16; 19:15,21)에 나오는데, 적들은 물리치는 공격 무기로서 하나님의 말씀을 은유적으로 가리킨다(엡6:17; 히4:12 참조). 얼굴은 해가 강렬하게 비치는 것과 같다고 했는데, 이는 인자가 신적 존재임을 가리킨다(단10:6).

요한은 인자 환상을 보고 엎어져서 죽은 사람과 같이 되었다. 초자연적 존재 앞에서 두려움과 경외심이 일어난 것이다. 인자는 요한에게 세 가지로 자신을 계시한다. "나는 처음이요 마지막이다"라고 한 것은 인자가 하나님과 같은 정체성을 가진 분임을 나타낸다(1:8; 21:6; 22:13 참조). "나는 전에 죽었다가 살아있는 자다"라고 한 것은 인자가 십자가에서 죽으셨다가 부활하신 것을 일컫는다. "나는 사망과 음부의 열쇠를 가졌다"라고 한 것은 고난과 박해의 현실에서 최종적인 권세를 가진 것을 강조한다.

인자 환상을 본 후 요한은 11절에서 들은 내용을 19절에서 다시 한 번 위임 받고 있다: "네가 본 것과 지금의 일들과 이 다음에 일어날 일들을 기록하여라." 문제는 "네가 본 것"(ἃ εἶδες)에 대한 해석이다. 19절을 삼등분하면 "네가 본 것"은 1:12-16의 인자 환상을 가리키게 된다. 그러나 "네가 본 것, 즉 지금 있는 일들과 이 다음에 일어날 일들"이라고 이등분을 하게 되면, "네가 본 것"은 일곱 교회의 현실(2-3장)과 장차 보게 될 환상(4-22장)을 가리키게 된다. 따라서 20절에서 일곱 별의 비밀(일곱 천사가 가진 비밀)은 4-22장이며, 일곱 금 촛대(일곱 교회)의 비밀은 2-3장을 가리킨다.

일곱 천사(일곱 별)는 일곱 교회로 보낸 편지의 수신자로 등장하며, 일곱 나팔의 재앙과 일곱 대접의 재앙을 내리는 역할을 감당한다. 하나님의 보좌 앞에는 일곱 횃불(일곱 영)이 자리한다. 이로 보건대, 2-3장의 일곱 천사와 4-22장의 일곱 천사는 동일한 존재들이라고 볼 수 있다. 이처럼 일곱 천사는 요한계시록의 중요한 두 부분을 연결해 주며, 둘을 하나로 묶어준다.

ㄴ) 일곱 교회로 보낸 편지 (2:1-3:22)

일곱 편지는 8가지 구조적 통일성을 보인다: 수신자를 지칭하는 문구, "쓰라"는 명령, "이렇게 말한다"(ταδε λεγει) 문구, 발신자에 대한 기독론적인 소개(2:1,8,12,18; 3:1,7,14), 교회의 현실에 대한 지적(2:2-4,9,13-15,19-21; 3:1,8,15), 권면 또는 경고(2:5-6,10,16,22-25; 3:2-4,9-11,16-20), 당부(2:7,11,17,29; 3:6,13,22), 약속(2:7,10-11,17,26-28; 3:5,12,21). 일곱 개의 편지는 'ταδε λεγει'를 포함한 공식적인 문구 때문에 황제의 칙령을 본뜨고 있다는 주장이 제기된다. 이것은 황제의 권위를 넘어서는 하나님/예수 그리스도의 권위를 드러내려는 의도를 보여준다. 일곱 편지는 그릇된 행위에 대해서는 심판을, 올바른 행위에 대해서는 구원/보상을 약속하고 있기 때문에 예언 신탁과 유사한 성격을 드러낸다. 일곱이라는 숫자는 완전함을 상징하며, 행정중심지인 에베소를 중심으로 가까운 위치에 있는 일곱 교회에 신속하게 메시지를 전달하려 했음을 보여준다.

① 에베소 교회로 보낸 편지 (2:1-7)

에베소 교회를 비롯한 편지의 수신자는 놀랍게도 교회의 (인간) 지도자가 아니라 천사이다. 이 일곱 천사들은 각 교회의 수호천사로서 교회를 대표한다. 요한은 하늘에 하나님과 함께 있기 때문에 편지를 직접 전달할 수 없어서 수호천사가 이를 대신하고 있다고도 볼 수 있다. 에베소에는 로마 총독의 관저가 있었고, 황제숭배를 위한 신전들이 있었다. 에베소 교회는 "내가 알고 있다"(οιδα절)을 통해 세 가지 칭찬(수고와 인내, 악한 자들을 분별함, 그리스도를 위해 고난을 견디어 냄)을 받고 있다. 그러나 "처음 사랑을 버렸다"는 책망을 받기도 한다. 어디에서 잘못된 것인지 "생각하고, 회개하라(μνημονευε, μετανοησον)"는 것은 예언적 요소를 반영한다. 니골라당은 버가모 교회(2:14-15)에서도 발견되는데, 그들은 발람의 교훈을 지키면서 "우상의 제물을 먹게 하였으며, 행음하게 했다"(2:14). 일곱 편지는 각각 성령이 교회에 주는 말씀으로 되어 있기 때문에, 예수 그리스도와 성령은 동일시되고 있다.

② 서머나 교회로 보낸 편지 (2:8-11)

서머나는 에베소 북쪽 40마일에 위치한 항구 도시였다. 그곳에는 소아시아에서 최초로 로마 황제숭배를 위한 신전이 세워졌다. 또한 의술의 신인 아스클레피우스 신전을 비롯한 많은 신전이 있었다. 서머나 교회의 최대 문제는 "자칭 유대인들"의 비방과 박해였다. "자칭 유대인"이라는 표현은 유대교의 참 뜻을 올바로 실천하지 않는 유대인들을 비꼬아 말한 것으로 보인다. 그들의 회당은 "사탄의 회당"이라는 별명을 얻게 되었다. 그들은 말로만 비방한 것이 아니라 몇 사람을 옥에 가두었다. 죽음의 위협에 굴복하지 않은 서머나 교회의 순교 신앙은 생명의 면류관으로 보상을 받게 될 것이다. 서머나는 주전 600년에 파괴되었다가 주전 290년에 재건되었기 때문에, "죽었다가 다시 살아난" 예수의 칭호와 잘 부합된다. 서머나 교회는 "환난과 궁핍"을 당했으며, 궁핍은 서머나 교회에만 해당된다. 궁핍은 경제적인 빈궁함을 나타내며 환난으로 인한 결과였다. 그러나 서머나 교회는 역설적으로 "부요한 교회"로 인정받고 있다.

③ 버가모 교회로 보낸 편지 (2:12-17)

버가모에서 양피지(parchment)라는 단어가 파생된 것에서 보듯이, 버가모는 도서 출판으로 유명했고 큰 도서관이 있었다. 행정의 중심지로서 황제의 지방수세관들이 거주하던 곳이었다. 버가모 교회는 두 가지 위협에 직면하고 있었는데, 외부적으로는 로마 행정권에 의한 것이었고, 내부적으로는 니골라당에 의한 것이었다. 버가모에는 제우스의 제단과 아우구스투스 신전이 있어서 황제숭배의 중심지("사탄의 권좌")가 되었다. 사탄은 영적 실체였을 뿐 아니라 정치적 실체였다. 안디바를 죽임으로써 그 위세를 드러냈다. 그러나 아직 본격적인 박해가 일어난 것은 아니었다. 이와 더불어 니골라당은 이방 문화와 신앙을 용납함으로써 교인들을 미혹하였다. 발람이 이스라엘 백성을 미디안 여인들의 제사에 초청하여 우상을 제물을 먹게 하고 행음하게 한 것처럼(민25:1-3 참조), 우상의 제물을 먹는 것을 대수롭게 여기지 않고 부도덕한 길로 들어선 것으로 보인다. 두 가지 위협을 이긴 사람에게는 만나와 흰 돌을 주겠다고 약속한다. 여기에서 흰 돌은 종말론적 연회에 참석할 수 있는 입장권으로 해석하기도 하고, 죄를 용서 받은 것을 상징한다고 해석하기도 한다(고대의 배심원 판결 제도에서 흰 돌은 무죄 투표에 해당되었기 때문이다).

④ 두아디아 교회로 보낸 편지 (2:18-29)

두아디라 교회는 네 가지 덕목(사랑, 믿음, 섬김, 인내)에서 칭찬을 받고 있다(비교: 에베소 교회와 서머나 교회는 두 가지 덕목). 그러나 거짓 예언자 이세벨을 용납한 것 때문에 책망을 받았다. 버가모 교회에서 니골라(남자)가 미혹한 것처럼, 두아디라 교회에서는 이세벨(여자)이 성도들을 "간음하게 하고 우상의 제물을 먹게 하는" 역할을 하고 있다. 여기에서 사용된 "간음"(음행)은 배교를 의미한다. 이세벨은 공개적으로 책망을 받았지만 회개하지 않았다.

⑤ 사데 교회로 보낸 편지 (3:1-6)

사데 교회는 칭찬 대신에 책망을 먼저 받는다. 신앙의 순도가 떨어지고, 거짓되며, 믿음과 일치하지 못하는 행위를 가지고 있었기 때문이다. 여기에(3:3) "생각하고, 회개하라"는 회개를 촉구하는 전형적인 문구가 나온다(2:5 참고). 책망만 있지는 않다. 책망 후에 칭찬을 받고 있다. "자기 옷을 더럽히지 않은" 사람 몇이 있었다. '옷'은 사람의 영적 상태뿐만 아니라 도덕적인 상태도 나타낸다. 슥3:3-4에서 여호수아의 더러운 옷은 죄악을 상징하며, 깨끗한 옷은 죄를 용서받은 상태를 의미하고 있다. "흰 옷"은 영적 순결함과 도덕적인 정결을 가리킨다(마22:11-12 참조). 사데 교회는 "행위"로 심판을 받게 될 것이다. "생명책에서 지워질 수 있는 이름"을 언급한 것은 행위를 강조하려는 의도를 보여준다(20:12의 '행위의 책' 참고).

⑥ 빌라델비아 교회로 보낸 편지 (3:7-13)

빌라델비아 교회는 서머나 교회와 더불어 칭찬만 받고 있다. 빌라델비아 교회는 규모가 작았지만(3:8의 "적은 힘" 참고), 자칭 유대인들의 박해를 견디어냈다. 자칭 유대인이라는 표현은 서머나 교회에도 등장하는데(2:9), 유대교의 진정한 뜻을 실천하지 않는 유대인을 가리킨다. 그들은 거짓의 아비인 사탄에게서 난 자들로서(요8:44) 하나님의 사랑과 구원에 대해 의심하며 믿는 자들을 미혹하였다. 그들을 이긴 사람에게는 "성전의 기둥"이 되게 하며, 그 기둥에 세 개의 "이름"(하나님의 이름, 새 예루살렘의 이름, 그리스도의 새 이름)을 새겨주겠다고 약속한다.

⑦ 라오디게아 교회로 보낸 편지 (3:14-22)

라오디게아 교회는 차지도 뜨겁지도 않은 신앙적 태도로 인해 책망만을 받았다. 이러한 표현은 라오디게아가 5마일 떨어진 데니즐리에서 광천수를 끌어오는 과정에서 식어버린 물을 사용한 데서 기인한 것이다. 광천수가 석회질을 포함하고 있어서 마시기에 힘들어 뱉어버릴 수밖에 없었던 것과도 관련된다. 라오디게아는 은행본부가 있었고, 양모 산업이 번창한 부유한 도시였다. 그들은 스스로 부족함이 없다고 생각했으나 다섯 가지 부족함이 있었다(비참함, 가련함, 가난, 눈이 멀음, 벌거벗음). 부족함을 채우기 위해서는 세 가지(금, 흰 옷, 안약)를 사야 했다. 라오디게아 은행에서 금을 살 수 있었던 것과 달리 예수 그리스도에게서 "불로 제련한 금"을 사야 했고, 라오디게아의 양모로 만든 옷을 살 수 있었던 것과 달리 예수 그리스도로부터 순결한 예복을 사야 했고, 라오디게아에서 생산한 안약을 살 수 있었던 것과 달리 예수 그리스도가 제조한 안약으로 영안을 밝게 해야 했다. 이러한 라오디게아 교회를 향해 예수는 문 밖에서 두드리고 있다. 이기는 자에게는 예수와 함께 보좌(2인용 보좌?)에 앉을 것이라고 약속한다.

다) 하늘 보좌와 어린양의 환상 (4:1-5:14)

ㄱ) 요한의 하늘 여행 (4:1-2a)

이후 요한은 하늘에 열린 문을 보게 된다. "열린 문"은 하나님과 인간이 영적으로 교통하는 통로를 말한다(창28:17의 벧엘 참조). 그리고 인자의 음성(1:10 참고)을 듣는다. 요한은 "이리로 올라오라"는 음성을 듣고 성령에 사로잡혀(εν πνευματι; 황홀경에 빠져서) 하늘로 올라간다. 천상여행은 묵시문학에서 나타나는 중요한 형식적 특징인데, 암울한 상황에서 장차 어떤 일이 발생할지 알 수 없는 인간으로서는 하늘에 올라가야만 앞으로 일어날 비밀에 관해 알 수 있었기 때문이다. 요한은 "마땅히 일어날 일들을 보여주겠다"는 말을 듣는다. "보여준다"(δεικνυμι)는 단어는 "계시하다"(αποκαλυπτω)라는 뜻을 가지고 있다. 모두 여덟 번(1:1; 4:1; 17:1; 21:9,10; 22:1,6,8) 나오는데, 이곳을 제외하면 모두 '해석 천사'와 연관되어 등장한다.

ㄴ) 하늘의 보좌 환상 (4:2b-11)

① 보좌에 앉으신 하나님 (4:2b-3)

요한은 하늘에 보좌가 하나 놓여 있고, 그 보좌에 한 분이 앉아 있는 것을 보게 된다. "보좌 위에 앉으신 분"은 하나님을 가리킨다. 인자도 앉아 있는 자로 묘사되기는 하지만(14:14,15,16; 19:11,19,21), "구름 위에 앉은 자"와 "흰 말 위에 앉은 자"로만 나온다. 하나님의 모습은 자세하게 묘사되지 않는다. 하나님의 모습과 하나님의 보좌의 모습을 구별하는 것은 무의미하다. 하나님의 보좌를 묘사함으로써 하나님의 신비를 드러낸다(Merkavah mysticism, Hekalot mysticism; 네 생물과 바퀴로 상징되는 하나님의 보좌에 대해서는 에스겔서 1장을 참고하라). 하나님의 보좌는 벽옥과 홍옥처럼 빛나는 모습과 비취옥의 무지개로 둘러싸고 있는 모습으로 제시된다(겔1:4-28 참조). 요한계시록에서 하나님의 보좌는 일곱 장면(4:2-6:17; 7:9-17; 8:2-4; 11:15-19; 14:1-5; 15:2-8; 19:1-8)에서 등장하며(이중 8장은 '제단'으로 묘사됨), 모두 40회 정도 언급된다.

② 보좌 주위의 모습 (4:4-8a)

하나님의 보좌 주위에는 이십사 장로의 보좌가 둘러서 있다. 하나님은 '보좌에 앉으신 이'(ὁ καθημενος)로 표현된다. 하나님 앞에서는 누구도 앉을 수 없다. 다만 어린양이 하나님의 보좌에 함께 앉을 수 있다(3:21; 22:1,3). 이기는 성도에게는 어린양의 보좌에 함께 앉을 수 있게 해 준다는 약속이 주어진다(3:21). 그런데 이십사 장로는 '보좌에 앉은 자들'로 나타나고 있다(마19:28 참조). 이들은 누구인가? 그들은 이스라엘 12지파와 교회의 12사도를 합친 모든 그리스도인들을 대표한다. 그들은 흰 옷을 입고 금 면류관을 쓰고서, 하나님을 경배하고(4:10; 5:14; 11:16; 19:4), 하나님께 금 면류관을 바치고(4:10), 거문고를 가지고 찬송을 부르며(5:8-10), 성도들의 기도를 담은 금 대접을 하나님께 바치며(5:8), 비밀을 해석하고(7:13-14), 심판하는 권세를 가지고 있다(20:4). 특히 그들의 역할은 하나님의 보좌에서 하나님을 예배하는 상황(4-5장)에서 두드러진다.

하나님의 보좌의 장엄함은 5-6절에서 자세하게 묘사된다. 일곱 횃불, 즉 일곱 영(천사)이 나온다. 이들은 하나님의 심판 재앙을 수행할 자들이다(8:2; 15:1 참조). 하나님의 보좌로부터 나오는 "번개와 음성과 천둥"은 하나님의 임재와 심판의 이미지가 결합되어 있다. 보좌 앞에는 "유리 바다"가 있다. 이는 겔1:22에서 영향을 받은 것으로서, 성전에 놋으로 만든 큰 물두멍(왕상7:23-26)을 연상시킨다. 묵시적 상상력을 통해 하나님의 장엄한 보좌를 묘사한다. 하나님의 보좌 가운데와 둘레에는 네 생물이 있다. 이들은 여섯 날개를 가지고 있어서 찬양하는 임무를 맡은 '스랍'(seraphim)을 가리킨다. 이는 네 날개를 가지고 대적과 싸우는 하늘 군대의 역할을 하는 천사인 '그룹'(cherubim; 겔10:20)과 구별된다. 이들은 앞뒤에 눈이 가득한데, 이는 전지적인 능력을 보여준다. 네 생물은 각각 사자, 송아지, 사람, 독수리 형상을 하고 있다(겔1:5이하 참조). 이는 고대 세계에서 동물이나 사람의 형상을 조합하여 초월적이고 영험한 존재를 나타내려 한 것과 연관된다.

종합하여 보면, 하나님의 보좌는 보좌에 앉으신 하나님을 중심으로 무지개가 있고, 보좌 앞에는 유리 바다가 있고, 보좌 가운데와 둘레에는 네 생물이 있고, 그 주위에는 이십사 장로들이 동심원적으로 자리를 잡고 있으며, 그 바깥으로는 많은 천사들이 둘러싸고 있는 것으로 묘사된다. 이러한 하나님의 보좌에 대한 묘사는 하나님의 초월적인 영광을 선포하고, 하나님의 주권과 임재를 드러내며, 하나님의 심판을 암시하고 있다.

③ 하늘의 예배(4:8b-11)

요한은 하늘에서의 예배로서 네 생물에 의한 세 번의 '거룩송'과 이십사 장로에 의한 세 번의 '합당송'을 소개하고 있다. 네 생물은 여섯 날개를 가진 '스랍'처럼(사6:2-3) 하나님을 찬양한다. 네 생물의 찬양에 이어 이십사 장로들이 교창(antiphon)의 형식으로 하나님을 찬양한다. 네 생물은 하나님께 "영광과 존귀와 감사"를 드리는데 비해, 이십사 장로들은 "영광과 존귀와 권능"을 받으시기에 합당하신 하나님을 찬양한다. 이 두 목록에는 "영광과 존귀"라는 공통적 요소와 "감사"와 "권능"이라는 독립적 요소를 보여준다. 네 생물은 종말의 때에 '구원'하시는 하나님께 감사를 드린다면, 이십사 장로는 세상을 '심판'하시는 하나님의 권능을 높이고 있다.

ㄷ) 어린양의 환상(5:1-14)

① 인봉한 두루마리(5:1)

이제 "보좌에 앉으신 이"(4장)로부터 그가 오른손에 가지고 있는 "두루마리"(5장)로 초점이 옮겨지고 있다. 이 두루마리는 일곱 인으로 봉인되어 있어서, 봉인을 떼기에 천상회의를 통해 적합한 자를 찾게 된다. 요한이 본 두루마리는 보통 책이 아니다. 하나님의 손에 들려 있는 것으로서, 안팎에 기록되어 있으며(겔2:8-10 참조), 일곱 인으로 봉인이 된 것이다. 봉인이 되어 있다는 것은 아직 비밀에 싸여 있는 것으로서 장차 일어날 일들이라는 점을 강조한다. 이것은 가감할 수 없는 하나님의 심판과 재앙의 책이라는 점을 말해준다. 봉인된 두루마리는 일곱 인의 환상만을 가리키는 것이 아니라 일곱 나팔과 일곱 대접의 재앙까지 전체를 가리킨다(일곱 인, 일곱 나팔, 일곱 대접은 연결장치를 통해 하나로 묶여 있다).

② 봉인을 떼기에 합당한 자(5:2-5)

요한은 두루마리 환상에 이어 "힘센 천사"를 보게 된다. 힘센 천사는 누가 봉인된 두루마리를 펼 수 있을 것인지에 관해 질문한다. 힘센 천사는 요한계시록에 세 번(5:2; 10:1; 18:21) 나오는데, 동일한 천사인지는 분명하지 않다(10:1은 "또 다른 힘센 천사"로, 18:21은 "한 힘센 천사"로 불린다). 힘센 천사가 두 번은 두루마리와 관계되고 있으며, 마지막은 바빌론의 멸망을 선언하는 장면에서 등장한다. 이것은 힘센 천사가 바빌론의 멸망을 가져오는 심판의 재앙을 주관하는 역할을 하고 있음을 보여준다.

힘센 천사는 "큰 음성"으로 외친다. 이것은 중요한 임무를 수행하는 것을 나타내는 표지이다. 힘센 천사는 보좌에 앉으신 하나님, 지켜보는 어린양, 보좌에 둘러선 네 생물 및 이십사 장로들, 증인으로 서 있는 천사들과 모든 피조물이 모인 천상회의에서 안건을 제시한다. 이십사 장로 중 하나가 "유다 지파의 사자, 곧 다윗의 뿌리"가 봉인을 떼기에 적합하다고 대답한다. 사자는 전사로서의 메시아를, 다윗은 강력한 왕을 나타내기 때문에, 봉인을 뗄 자는 힘 있는 메시아이신 예수 그리스도를 가리키고 있다.

③ 심판의 권세를 위임 받은 어린양(5:6-7)

장로의 소개와 달리 요한이 본 것은 "죽임을 당한 것 같은 어린양"이었다. 그것은 강력한 메시아의 모습과는 거리가 멀었다.

그렇지만 어린양은 "일곱 뿔과 일곱 눈(일곱 영)"을 가진 것으로 묘사되고 있어서 다윗 같은 메시아 상을 보여준다. 이를 통해 희생당한 자의 이미지와 통치자의 이미지를 동시에 나타낸다. 구약성서나 유대교에서 메시아를 "어린양"으로 표상한 적이 없기 때문에 독특한 표현이다. 어린양은 5:6에서 비로소 그 모습을 드러내고 있다. 그는 하나님 앞에 "서 있다"고 했는데, 이는 하나님과 구별된 겸손함과 죽음으로부터 부활한 승리의 의미(5절의 "승리하였으니" 참조)를 강조하는 의미가 있다. "죽임을 당한" 어린양의 이미지는 요한계시록에서 매우 중요하다. 이러한 표현은 5:12과 13:8에서도 나타나는데, 이는 사탄과 맞설 수 있는 권세의 유일한 근거가 된다. 어린양은 하나님으로부터 능동적으로 두루마리를 취한다. 이는 하나님이 심판의 권세를 어린양에게 위임하는 것을 나타낸다.

④ 하늘의 찬양(5:8-14)

4:8-11이 하나님께 드린 찬양이라면, 5:9-14은 어린양에게 드린 찬양이다. 네 생물과 이십사 장로는 거문고와 향(성도들의 기도) 대접을 가지고 '새 노래'(14:3 참고)를 불렀다. "대접"(φιαλη)는 요한계시록에만 나오는 단어인데, 이곳을 제외하면 일곱 대접의 재앙을 묘사할 때 나온다. 두 경우 모두 금 대접이라고 소개한다. 이는 성도들의 신원의 기도에 대한 응답으로서 심판의 재앙이 내려지는 관련성을 보여준다(5:8). 다섯째 인을 뗄 때 제단 아래에서 성도들이 신원의 기도를 드리는 것도 같은 맥락에서 이해된다(6:10).

어린양에게 드리는 찬양은 세 번 언급된다. 네 생물과 이십사 장로의 새 노래(9-10절), 천사들의 찬양(12절), 피조물의 찬양

(13절)이다. 네 생물과 이십사 장로의 새 노래는 어린양이 두루마리의 인봉을 떼기에 합당하다는 고백적 찬양과 그 이유(죽임을 당한 피로 '각 족속과 방언과 백성과 나라' 가운데서 사람들을 샀으며, 산 사람들을 '나라와 제사장'으로 삼아 통치할 것이기 때문에)를 설명한다. 천사들의 찬양은 앞의 찬양에 대한 교창으로서 어린양이 받기에 합당한 7가지 특권(능력, 부, 지혜, 힘, 존귀, 영광, 찬송)을 언급한다. 이는 어린양이 하나님이 받으시는 특권을 함께 누릴 자격이 있음을 말하고 있는 것이다. 피조물의 찬양은 천사들의 찬양에 대한 교창으로서 어린양께 4가지 특권(찬송, 존귀, 영광, 권능)을 돌린다. 4가지로 국한한 것은 피조물이 존재하는 영역(하늘, 땅, 땅 아래, 바다)과 일치시키려는 것이다.

라) 일곱 인의 환상 (6:1-8:5)

이 부분의 제목을 '일곱 인의 재앙'이 아니라 '일곱 인의 환상'이라고 한 것은 이곳에는 실질적으로 '재앙'이 발생하지 않고 있기 때문이다. 이곳에 계속해서 나오는 "내가 보았다"(ειδον)라는 문구가 이 부분의 성격을 규정해 준다. 이와 비교해 볼 때, 이 특정문구는 실제적인 재앙이 펼쳐지는 나팔 재앙과 대접 재앙 시리즈에는 나타나지 않는다.

일곱 인의 환상은 마가복음의 소묵시록(13장)과 연관성이 깊다. 마가복음은 종말 징조로서 전쟁, 국제 분쟁, 지진, 기근, 박해, 일월성신의 변화를 열거하고 있으며, 거짓 그리스도의 출현을 제시하고 있다. 이러한 종말의 시나리오는 계 6:2-8:5에 나오는 순서와 비슷하다: 전쟁(흰 말), 국제 분쟁(붉은 말), 기근(검은 말), 온역(청황색 말), 박해, 지진 및 하늘 징조, 침묵에 이은 신원의 기도. 이것으로 볼 때, 일곱 인의 환상은 적어도 복음서의 종말강화의 영향을 직간접적으로 받았을 것이라고 추정하게 된다.

ㄱ) 말 탄 자의 환상(6:1-8)

4-5장의 보좌 환상에 이어 6장부터는 일곱 인을 떼는 새로운 환상이 소개된다. 일곱 인의 환상은 처음 네 가지 환상이 말 탄 자에 관한 통일된 형식이 나타나고 있어서 '4+3'의 구조를 보여주며, 여섯째 인 다음에 삽경(7장)이 들어 있어서 '4+2+1'의 구조를 보이기도 한다. 일곱 인의 환상은 재앙이 실제로 발생하는 것을 보도하는 것이 아니라 장차 발생할 재앙을 예시하는 성격을 갖고 있다.

일곱 인을 떼는 주체는 어린양이다. 이것은 일곱 나팔과 일곱 대접의 재앙이 '일곱 천사'에 의해 이루어지는 것과 대조된다. 그러나 일곱 인을 떼는 장면도 일곱 천사와 무관하지 않다. 왜냐하면 재앙이 시발하는 중심인 하나님의 보좌 앞에 '일곱 횃불=일곱 영'(4:5)이 있으며, 일곱 인을 떼게 될 어린양이 '일곱 눈=일곱 영'(5:6)을 가지고 있기 때문이다. 일곱 영은 성령을 의미할 수도 있지만(1:4), 일곱 천사로 보아도 무방하다.

어린양이 봉인을 뗄 때에 네 생물이 각각 "오너라"라고 명하며, 그 다음에 말 탄 자가 등장한다. 말 탄 자 네 명과 네 생물이 서로 숫자적으로 상응함으로써 '4+3'의 구조를 자연스럽게 완성한다. 네 명의 말 탄 자에 관한 환상은 슥1:8-11; 6:1-8에서 영향을 받은 듯하다. 스가랴서에서는 말 탄 자가 긍정적인 역할을 하고 있는데 비해, 여기에서는 재앙과 관련된 부정적인 역할을 하고 있다.

① 흰 말을 탄자의 환상(6:1-2)

흰 말을 탄 자는 면류관을 쓰고 있었으며, 활을 가지고 더 많은 승리를 위해 계속 나아갔다. 여기에서 "흰 말을 탄 자"는 19:11에 나오는 자와 같은 표현을 사용하고 있어서 그 정체에 관해 혼란을 준다. 19:11은 분명히 그리스도를 가리키지만, 여기에서는 군사적인 정복자를 가리킨다고 보아야 한다. 어린양이 인을 뗄 때에 흰 말을 탄 자가 등장하는데, 그가 그리스도라고 하는 것은 맞지 않는다. 또한 다른 세 명의 말 탄 자가 부정적인 역할을 하고 있기 때문에, 단지 '흰 색깔'이 가지는 긍정적인 이미지만을 받아들이면 잘못된 해석을 하게 된다.

② 붉은 말을 탄 자의 환상(6:3-4)

첫 번째 말을 탄 자가 전체적인 전쟁의 이미지를 가지고 있다면, 나머지 말 탄 자는 구체적으로 전쟁으로 인한 재앙들을 보여준다. 붉은 말을 탄 자는 생사여탈권을 가진 큰 칼을 가지고 서로 죽임으로써 평화가 사라지게 할 것이다. 두 번에 걸쳐 수동태가 사용됨으로써(권세와 칼을 받음) 실제적으로 부여된 권한을 사용한 것이 아님을 시사한다.

③ 검은 말을 탄 자의 환상(6:5-6)

검은 색은 종종 어둠이나 죽음을 의미하는데, 여기에서는 죽음의 결과를 가져올 '기근'을 가리킨다. 저울이 나오는데, 이는 물자가 부족하기 때문에 엄격한 측정이 필요한 상황을 말해준다. 밀 한 되와 보리 석 되 값이 같았으며(밀이 3배 비쌈), 밀 한 되를 한 데나리온에 사야 했다는 것은 평소보다 8배는 비싸게 산 것에 해당된다. 감람유와 포도주(필수품이 아님)를 해하지 말라고 한 것은 기근의 때에 오히려 부자들은 그것들을 풍족하게 얻을 수 있음을 냉소적으로 말한 것처럼 보인다.

④ 청황색 말을 탄 자의 환상(6:7-8)

청황색(χλωρος)은 병자나 창백한 시체들의 색깔인 녹회색(greenish gray)을 가리킨다. 청황색 말을 탄 자는 '사망'이란 이름을 가졌고, 그 뒤에는 '음부'가 뒤따랐다. 여기에는 칼, 기근, 죽음, 들짐승의 네 가지 재난 목록이 나온다(겔14:21 참조). 여기에서 '죽음'은 역병/전염병으로 인한 재앙을 의미한다. 여기에서도 수동태(권세를 받음)가 사용되고 있기 때문에 재앙이 실제적으로 발생한 것을 나타낸다기보다 재앙이 발생하기 전의 상황을 암시하고 있을 뿐이다.

ㄴ) 다섯째 인의 환상 (6:9-11)

다섯째 인의 환상은 형식적으로나(말 탄 자의 환상이 없고, 네 생물의 '오라'는 초청도 없다), 내용적으로(재앙과 직접 관련이 없다) 앞의 네 인과 구별된다. 세 재앙 시리즈(인, 나팔, 대접)는 재앙과 심판만을 말하고 있다고 생각하기 쉽지만, 성도들의 구원과 보호라는 주제가 포함되어 있다는 것을 알아야 한다. 다섯째 인은 순교한 영혼들(사람들)이 하나님의 제단 아래서 악에 대한 심판과 억울한 죽음(피)에 대한 신원(vindication)을 요청하는 기도를 언급한다. 순교자들이 받은 흰 옷은 때가 되면 하나님의 응보가 공의롭게 이루어질 것임을 보여준다. 다만 순교자의 수가 차기까지 기다려야 한다고 말한다. 이러한 사상은 구약성서에서 나온 것이 아니라 중간시기 문헌(에녹1서 47:3; 에스라4서 4:36; 바룩묵시록 23:5)과 바울서신(롬11:25)에서 발견된다. 이는 순교자의 숫자가 정해져 있다는 것보다는 신원이 이루어질 때까지 기다려야 하는 시간이 있다는 것을 말해주려는 것이다.

ㄷ) 여섯째 인의 환상(6:12-17)

여섯째 인은 '지진'을 통한 재앙을 환상을 통해 보여준다. 지진은 화산활동을 동반할 수 있는데, 12-14절은 화산활동과 연관되는 표현으로 보인다. 고대인들은 지진과 화산활동을 신의 진노나 큰 재앙의 전조로 생각하였다. 엄청난 재앙 앞에 일곱 부류로 표현된 모든 사람들(왕, 고관, 장군, 부자, 세도가, 노예, 자유인)이 절규하면서 재앙을 피하고자 한다. 그들의 절규는 "누가 이것(진노/재앙)을 버티어낼 수 있겠느냐?"(17절)라는 외침으로 끝난다. 이러한 상황에서 성도들은 어떻게 될 것인가에 대한 의문이 제기될 수 있다. 7장은 바로 이러한 수사의문문에 대한 대답으로서 주어진다.

ㄹ) 삽경: 보호받는 성도들 (7:1-17)

여섯째 인의 환상이 끝나고 나서 일곱째 인의 환상이 이어질 것으로 당연히 기대되는 장면에서 7장의 내용이 삽입되고 있다. 이러한 끼어들기는 전체적인 이야기의 흐름을 중단시키는 가운데, 어떤 새롭고 중요한 내용을 삽입할 필요가 있을 때 일어난다. 이러한 장면을 막간극(interlude) 또는 삽경이라고 부른다.

7장의 삽경은 "누가 이것을 버티어낼 수 있겠느냐?"(6:17)라는 수사의문문에 대한 대답으로 주어지며, 내용은 두 부분으로 나뉜다. 전반부(7:1-8)는 십사만 사천의 보호에 관한 내용이고, 후반부(7:9-17)는 큰 무리의 정체성과 운명에 관한 내용이다. 문제는 이 둘이 동일한 집단을 가리키는가 하는 것이다. 두 집단은 일견 차이점을 보인다. 십사만 사천이 제한된 숫자인데 비해, 큰 무리는 아무도 셀 수 없다. 십사만 사천은 열두 지파에서 뽑혔지만, 큰 무리는 "각 나라와 족속과 백성과 방언"에서 뽑힌 사람들이다. 십사만 사천은 땅에 있지만, 큰 무리는 하늘에 있다. 십사만 사천은 보호의 인을 필요로 하는데 비해, 큰 무리는 대환난에서 승리한 자들이다. 그러나 이러한 차이점들은 둘이 동일한 집단을 가리킨다고 하는 관점에서 설명이 가능하다. 첫째, 제한된 숫자와 셀 수 없는 수가 다르기는 하지만, 십사만 사천이라는 숫자는 들은 것인데 비해 큰 무리는 본 것이라서 그렇다. 둘째, 열두 지파에서 선택한 십사만 사천이 꼭 역사적인 이스라엘 민족을 의미하는 것이 아닐 수 있다. 셋째, 하늘에서 땅에 있는 십사만 사천의 환상을 보며 숫자를 들은 것이라서 문제가 되지 않는다. 넷째, 십사만 사천에게 "이마에 인치기 전까지" 해하지 말라고 한 것이 영원히 순교를 당하지 않을 것이라고 약속한 것은 아니다. 이렇게 볼 때, 두 집단을 다르게 볼 이유가 없다. 하나님이 그를 믿는 모든 사람을 구원하시려는 마당에 이스라엘과 이방인을 구별하실 필요가 없다. 여기에서의 주된 관심은 재앙 가운데서 성도들이 어떻게 보호되고 구원을 받을 것인가에 있다.

첫 장면은 네 천사가 땅의 네 모퉁이에 서서 땅의 네 바람을 불지 못하게 막고 있는 환상이다. 이것은 땅의 모든 곳(네 모퉁이)에서 "땅과 바다와 모든 나무"에 나쁜 일을 일으킬 수 있는 힘(또는 '악한 영'; πνευμα는 바람과 영의 이중의미를 가짐)을 가지고 있는 네 천사의 역할에 대한 언급이다('바람의 천사'). 동편에서 올라온 다른 천사가 네 천사에게 네 천사에게 바람을 불지 못하게 명령하고 있는데, 이는 하나님의 종들(십사만 사천)의 이마에 보호의 인을 찍기 위한 목적이었다.

십사만 사천은 열두 지파에서 각각 12,000명씩 뽑힌 자들인데, 역사적인 이스라엘보다는 교회(참 이스라엘)를 의미한다. 단 지파가 제외된 것은 적그리스도의 출현과 관련되었다고 보았기 때문이다. 십사만 사천은 "하나님의 종들"로 불리고 있는데, 이는 십사만 사천이 나오는 다른 본문인 14:1-5에서 "땅에서 속량함을 받았고, 여자와 더불어 더럽히지 않은 순결한 자들"로 표현되며, 19:2에서도 순교자를 의미하는 문맥에서 사용되고 있어서 순교자로 간주될 수 있다. 그들은 이마에 인(성령 또는 세례)을 받음으로써, 순교를 당하더라도 보호하심을 받고 있음을 나타낸다. 큰 무리가 흰 옷을 입고 있다는 것은 그들이 순교자임을 나타내며, 종려나무 가지를 들고 있다는 것은 순교적 신앙의 승리를 가리킨다(7:9). 이처럼 십사만 사천과 큰 무리는 순교적 신앙을 지킨 성도들 모두를 지칭한다. 그들은 "큰 환난"(단12:1 참조)을 통과한 자들로서 하나님의 안전한 보호를 받게 될 것이다. 그들이 거할 장소는 7:15에서 말한 것처럼 "하나님의 보좌 앞", "하나님의 성전", 그리고 "하나님의 장막"이기 때문이다. 마치 목자가 양을 안전하게 인도하는 것과 같이, 어린양이 성도들을 안전하게 보호할 것이다(7:17).

ㅁ) 일곱째 인의 환상 (8:1,3-5)

일곱째 인의 환상은 여섯째 인의 환상이 끝나고 삽경이 펼쳐진 후에 언급된다. 그리고 일곱째 인의 환상은 일곱 나팔의 재앙과 연결장치(interlocking)이라는 독특한 형식으로 결합되는 구조를 보여준다. 이 중에서 8:3-5이 무엇을 가리키는지가 중요하다. 8:1-6의 구조를 살펴보기로 한다.

(a) 8:1 일곱째 인의 소개
(b) 8:2 일곱 나팔을 가진 일곱 천사의 첫 번째 소개
(a′) 8:3-5 제단 장면
(b′) 8:6 일곱 나팔을 가진 일곱 천사의 두 번째 소개

위의 구조에서 보듯이 일곱째 인을 소개하고 난 후(a), 일곱째 인의 내용이 소개되지 않고 갑자기 일곱 나팔을 가진 일곱 천사를 첫 번째로 소개하는 내용이 나온다(b). 그 후에 제단 장면(a')이 묘사되고 나서, 일곱 나팔을 가진 일곱 천사를 두 번째로 소개하고 있다(b'). 일곱 나팔 재앙을 맡은 일곱 천사에 대해 두 번에 걸쳐 소개한 이유는 무엇인가? 그것은 제단 장면(8:3-5)과 일곱 나팔의 내용을 어긋맞게 배열하기 위함으로 보인다. 그렇다면 제단 장면은 무엇을 가리키는가? 이 내용이 8:7이하에 나오는 일곱 나팔의 재앙과 관계가 없는 것은 분명하다. 그렇다면 제단 장면은 일곱째 인의 내용으로 볼 수 있다. 이로써 연결구조를 통해 일곱 인과 일곱 나팔이 서로 밀접하게 연결되어 있음을 드러내고 있는 것을 알 수 있다. 보다 정확하게 말하면, 일곱째 인 안에 일곱 나팔의 재앙이 포함되어 있음을 나타내려 한 것이다.

일곱째 인을 뗐을 때 반 시간(30분) 동안 있었던 침묵은 무엇인가? 그것을 일곱째 인의 내용이라고 보기는 어렵다. 침묵은 곧 엄청난 일이 일어날 것을 예시하며 긴장감을 높여주는 역할을 한다. 따라서 침묵은 하나님의 제단에서 드려질 제의(ritual)에 주목하게 만들고 있다. 8:3-5은 일곱째 인의 내용으로서, 모든 만물이 침묵하는 가운데 하나님께서 성도들의 기도의 음성을 듣

고 계시는 상황을 묘사한다. 성도들의 기도는 신원을 요구하는 기도였을 것이다(6:10 참조). 향로에 제단 불(심판 상징)을 땅에 던질 때, "천둥과 요란한 소리와 번개와 지진"(사건의 마무리를 나타내는 표지)이 일어남으로써 기도가 응답되었음을 나타내고 있다.

마) 일곱 나팔의 재앙 (8:2-11:19)

ㄱ) 일곱 나팔을 가진 일곱 천사의 소개 (8:2,6)

일곱 인이 모두 떼어짐으로써 재앙에 대한 계시는 다 드러났다. 이제 일곱 나팔의 재앙을 통해 심판이 실제적으로 이루어지기 시작한다. 일곱 나팔의 재앙은 일곱 인의 환상과 마찬가지로 '4+3' 또는 '4+2+1'의 구조를 가지고 있다. 처음 네 나팔 재앙은 분량이 비슷하고 내용 전개 방식도 유사하여 한 그룹으로 묶인다. 나중 세 나팔 재앙은 독수리가 선언하는 '세 화'(three woes)로 규정되고 있어서 앞의 네 나팔과 구별된다. 여섯째 나팔 재앙 다음에는 삽경(10:1-11:14)이 나오고, 그 후에 일곱째 나팔 재앙이 묘사된다.

일곱 나팔의 재앙은 출애굽 재앙(출7-12장)과 닮은 점이 많다. 첫째 나팔 재앙(우박과 불의 재앙)은 출애굽 일곱째 재앙과 유사하다. 둘째와 셋째 나팔 재앙(피의 재앙)은 출애굽 첫째 재앙과 비슷하다. 넷째 나팔 재앙(흑암의 재앙)은 출애굽 아홉째 재앙과 비슷하다. 다섯째와 여섯째 나팔 재앙(황충과 기병대의 재앙)은 출애굽 여덟째 재앙과 유사하다. 그리고 일곱 째 나팔은 직접적으로 재앙과 관련이 없다(그렇지만 일곱째 나팔 안에 일곱 대접의 재앙이 포함되어 있기 때문에 간접적으로 관련된다).

ㄴ) 첫 네 나팔의 재앙 (8:7-12)

첫 네 나팔의 재앙은 일곱 천사가 나팔을 불면, 재앙이 나타나고, 그 결과가 서술되는 동일한 구조를 보여준다. 그리고 첫 네 나팔의 재앙은 화산 활동으로 인한 현상과 밀접한 연관성을 보여준다. 첫 번째 나팔을 불자, 우박과 불이 땅에 떨어졌는데 피가 섞여 있었다. 이것은 핏빛을 띤 우박과 불을 의미하는데, 아마도 화산활동의 현상을 배경으로 하고 있는 것으로 보인다. 땅과 수목의 3분의 1이 탄 것은 이것이 최종적인 종말 재앙이 아닌 것을 시사한다(16:9 참조). 두 번째 나팔을 불자, 불타는 큰 산과 같은 것이 바다에 던져지고 바다의 3분의 1이 피가 되었다. 이것 역시 화산활동의 현상을 연상시킨다. 여기에서 피는 죽음을 상징하며, 화산 폭발로 주변 바다의 생태계가 파괴되고 생활 터전이 망가진다. 세 번째 나팔을 불자, 횃불 같이 타는 큰 별이 하늘에서 강의 3분의 1과 여러 물샘에 떨어진다. 횃불 같이 타는 큰 별은 죽음과 재난의 징조로 해석된 일종의 혜성이라고 볼 수 있다. 그것은 강과 물샘을 쓰게 만들어 "쓴 쑥"이라는 별명으로 불리게 된다. 아마 화산재로 인해 물이 쓰게 된 것일지도 모른다. 네 번째 나팔을 불자, 해와 달과 별들의 3분의 1이 어두워졌다. 밤과 낮이 어두워진 것은 화산재로 인한 결과일 수 있다.

첫 네 나팔 재앙은 부분적인(3분의 1) 재앙으로 묘사된다. '일곱 인-일곱 나팔-일곱 대접'은 전체적으로 하나의 종말 재앙으로서 '시작-발전-완결'의 관점에서 묘사되고 있다. 이것은 순차적인 재앙의 순서를 보여주기는 하지만, 하나의 재앙을 다양하게 반복적으로 보여준다는 점에서 묵시적 성격을 분명하게 드러낸다.

ㄷ) 나머지 두 나팔의 재앙(8:13-9:21)

① 독수리의 세 화 선언 (8:13)

세 독수리의 화 선언으로 묘사되는 마지막 세 나팔 중에서 다섯째 나팔 재앙과 여섯째 나팔 재앙은 서로 유사한 내용을 담고 있다. 다섯째와 여섯째 나팔 재앙은 각각 황충과 기병대에 대한 유사한 묘사를 보여주는데, 이는 출애굽 여덟째 재앙인 메뚜기 재앙과 관계되고 있기 때문이다.

독수리의 경고에 의해 구별되는 마지막 세 나팔은 재앙이 사람들에게 직접 임한다는 점에서 앞의 네 나팔보다 더욱 혹독하다. 독수리는 하나님이나 천사가 할 말을 대신하고 있다. 이는 독수리가 신적 존재가 변모하여 나타난 것으로 볼 수 있다(4:7에 나오는 날아가는 독수리 같이 생긴 네 번째 생물?).

② 다섯째 나팔의 재앙 (9:1-11)

나팔을 불자 요한은 하늘에서 떨어진 별 하나를 보았다. 이 별(천사)은 무저갱의 열쇠를 가지고 있었다. 이 별은 황충들의 왕인 '아바돈/아볼루온'(9:11)과 동일시될 수 있다. 무저갱은 죽은 자들의 거처인 '하데스/스올'과 같고, 귀신들이 갇혀 있는 곳이며, 사탄과 아바돈/아볼루온의 거처이다. 무저갱의 구멍에서 연기가 올라오고, 그 연기 가운데서 황충들이 올라온다. 이 황충들은 귀신(의 군대)로서 떼를 형성하고 있으며, 전갈의 권세를 가지고 있다. 황충은 '팥중이(hopper)-메뚜기(jumper)-느치(biter)-황충(locust)'의 네 단계로 성장한다(요엘1:4 참조). 메뚜기 떼는 불신자만을 목표로 하고 있으며, 그 재앙은 다섯 달(메뚜기의 생존 기간 또는 악이 지배하는 제한된 환난의 기간을 의미) 동안 지속된다. 메뚜기에 대한 묘사를 보면, 그것은 전쟁을 위해 예비된 건장하고 튼튼한 말과 같다(렘51:27 참조). 또한 사람의 모습과 비교하여 과장되게 묘사하고 있다. 황충(메뚜기 떼)은 왕(무저갱의 천사)을 두고 있는 사탄의 군대다.

③ 여섯째 나팔의 재앙 (9:13-21)

다섯째 나팔 재앙이 끝난 것을 알리는 편집장치(9:12)에 이어서(11:14 참조), 여섯째 나팔 재앙이 묘사된다. 나팔을 불자, 하나님의 보좌 앞 제단에서 음성이 들렸다. 그 음성이 나팔을 가진 천사에게 “큰 강 유프라테스에 매여 있는 네 천사를 풀어놓아 주어라”는 명령을 내린다. “네 천사”는 누구인가? 이들은 땅의 네 모퉁이의 바람을 붙잡고 있던 네 천사를 가리킬 수도 있고(7:1), 네 국가(단10:13,20-21)로 볼 수도 있다. 단7:2-8은 ‘바람=짐승=국가’를 동일시하고 있으며, 슥6:5-8은 ‘말=바람=영’을 동일시하고 있다. 이를 종합하면, ‘바람=천사=짐승=국가’로 동일시된다. 이들은 2억의 기병대와 동일한 임무를 받아 3분의 1의 사람들을 죽이게 된다(9:15,18). 2억의 기병대는 사탄의 군대다. 기병대의 모습과 재앙이 행해지는 방식(입과 꼬리의 힘)이 다섯째 나팔 재앙의 황충과 유사하다. 기병대의 재앙에서 죽지 않은 사람들은 그들의 악행(살인, 복술, 음행, 도둑질)을 회개하지 않았다(9:20,21). 묵시의 시대에는 회개가 불가능하다(16:9,11 참조). 나팔 재앙은 회개를 촉구하기 위한 목적보다 믿지 않는 자들이 종말 재앙의 정당한 심판을 당할 수밖에 없다는 것을 보여준다.

ㄹ) 삽경: 작은 두루마리 환상과 두 증인 (10:1-11:14)

여섯째 나팔(=둘째 화)이 끝나고 나서 일곱째 나팔(=셋째 화)이 나오지 않고 긴 삽경이 기록되고 있다. 이 삽경은 작은 두루마리 환상(10:1-11)과 두 증인(11:1-13)에 대한 내용을 말한다. 이 두 장면은 11장이 새로운 환상으로 제시되지 않고, 10장의 "힘센 다른 천사"가 계속 말하고 있으며, "예언/예언하다/종 예언자"(각각 10:11과 11:3; 10:7과 11:6,10; 10:7과 11:18 비교)라는 표현을 공유하고 있기 때문에 하나의 문학적인 단위로 볼 수 있다. 나팔 재앙이 실현되고 있는 이 시점에서 삽경이 등장한 것은 성도의 보호와 구원이라는 주제를 다루기 위한 것이다.

① 힘센 다른 천사의 소개와 일곱 우레(10:1-4)

요한은 "힘센 다른 천사"(5:2의 "힘센 천사"와 구별됨)를 본다. 이 천사의 모습은 인자 환상(1:12-16)에 버금갈 만큼 장엄하게 묘사되고 있다. 요한계시록에서 "힘센 천사"는 세 번(5:2; 10:1; 18:21) 나온다. 두 번은 비밀을 담은 두루마리와 관계되며, 마지막은 바빌론 심판과 관계된다. 두 개의 두루마리가 요한계시록에 나오는 모든 재앙을 담고 있으며, 그 재앙은 바빌론 심판과 연결되기 때문에, 힘센 천사의 역할은 바빌론의 심판을 담당하는 것으로 볼 수 있다. 힘센 천사들은 종말 재앙의 개시(5:2)와 재앙이 완결될 시기를 알려주는 사명(10:7)과 재앙의 완결(18:21)에 관한 열쇠를 가지고 예정된 재앙을 내리게 된다. 이로써 힘센 천사들은 4-22장의 환상 보도 전체를 이끌어가는 사명을 맡고 있음을 알 수 있다.

힘센 천사는 이례적으로 상세하게 묘사되어 있다. 그는 구름에 싸여서 하늘에서 내려왔는데, 머리 위에는 무지개가 있고, 얼굴을 해와 같고, 발은 불기둥 같으며, 손에는 작은 두루마리를 가지고 있고, 오른발은 바다를 디디고, 왼발은 땅을 디디고 서서, 사자의 소리와 같은 큰 소리로 부르짖었다. 이는 구약성서에서 하나님의 모습을 묘사한 것과 유사하다(출13,19장; 겔1장 참조). 보컴은 요한계시록에서 중심적인 역할을 하는 '계시의 천사'로 보기도 한다(1:11; 22:16 참조).

요한은 힘센 천사가 큰 소리로 외칠 때에 일곱 우레가 말하는 음성을 들었다. "일곱 우레"는 그것이 유일하게 등장하는 시 29:3-9에서 가져온 표현으로 보인다. 일곱 우레는 의인화되어 나타나기 때문에 일곱 천사로 볼 수 있다. 그런데 일곱 우레의 소리를 기록하지 말라고 명령한 "하늘의 음성"(10:4) 때문에 하나님의 음성과 동일시하기 힘들다. 천사가 말한 것을 기록하지 말라고 한 곳은 이곳이 유일한 경우로서, 계시의 비밀스런 성격과 궁금증을 불러일으키는 효과가 있다.

힘센 다른 천사가 손에 들고 있던 "펴 있는 작은 두루마리"(10:2)는 무엇을 가리키는가? 봉인되지 않은 것은 이 책이 더 이상 미래에 관한 비밀스러운 계시가 아니라 이미 알려진 사명(기독교 공동체의 예언 활동)을 가리킨다고 본다. 이 작은 두루마리는 10:1-11:14의 내용을 가리키며, 순교적 상황 가운데서의 예언 사역(복음 전도보다는 심판과 재앙의 선포에 무게를 두는)을 포함한다.

② 작은 두루마리와 예언 위임 (10:5-11)

힘센 천사는 하나님을 두고 "때가 얼마 남지 않았다"고 맹세한다. 이는 종말 사건이 곧 닥칠 것을 확실히 한 것이다. 하나님의 비밀은 일곱째 나팔을 불 때 이루어질 것이다. 하늘의 음성(하나님; בת קול)이 요한에게 힘센 천사로부터 작은 두루마리를 받아서 먹으라고 명령한다. 그것은 입에는 꿀같이 단 하나님의 말씀이지만(겔3:3; 시119:103), 심판과 재앙의 말인 동시에(겔2:10 참조) "다시 예언하게"(10:11) 될 때는 고난과 순교를 각오해야 하기 때문에 배에는 쓰다. 요한은 "많은 백성과 나라와 방언과 임금들"에게 (심판과 재앙에 관하여) 다시 예언할 사명을 받는다. 일곱 번(5:9; 7:9; 10:11; 11:9; 13:7; 14:6; 17:15) 나오는 목록에서 "임금"이 나오는 곳은 이곳이 유일한데, 이것은 이후 왕들에게 임할 심판을 전해야 함을 암시한다(16:12,14; 17:1-2,9-18; 18:3,9; 19:18-19 참조).

③ 성전 측량 (11:1-2)

11장은 새로운 내용이지만 10장의 연속으로 볼 수 있다. 힘센 천사가 계속하여 말하고 있는 것 같으며, 새로운 환상을 나타내는 특정 문구인 "ειδον"이 등장하지 않기 때문이다. 11장은 성전 측량(11:1-2)과 두 증인(11:3-13)의 두 가지 내용으로 되어 있는데, 두 부분은 화자가 같고, 42개월=1,260일이 같으며, 예루살렘 성전이 다같이 암시되어 있기 때문에 하나의 문학적 단위로 볼 수 있다. 성전을 측량하는 목적은 보호나 파괴를 목적으로 하는데, 여기에서는 보호에 해당된다. 성전 바깥뜰은 측량하지 말라고 했는데, 이는 교회가 악의 세력으로부터 보호받지 못하는 영역이 있음을 말해준다. 이방인들에 의해 성전 바깥뜰이 짓밟힌 42개월은 마카비 전쟁 기간(주전 167-164년), 제1차 유대인 전쟁 기간(주후 66-70년), 예수의 지상 사역의 기간과 거의 일치한다. '42개월=1,260일=한 때와 두 때와 반 때'는 묵시적 기간으로 중요한 의미가 있는데, 여기에서는 박해 가운데서도 성도들이 보호되고 구원받을 것임을 나타낸다.

④ 두 증인의 사역 (11:3-6)

예언자로 불린 두 증인은 1,260일 동안 예언 활동을 하고 있다(11:3,10). 예언하는 행위는 여기 삽경에서 가장 중요한 주제이다. 이 예언 활동은 고난과 순교를 피할 수 없게 만들 것인데, 이는 예언의 구체적인 내용이 재앙과 심판을 전하는 것이기 때문이다(11:10). 두 증인은 누구를 가리키는가? 11:6절은 모세와 엘리야(신18:18; 말4:5)를, 감람나무와 촛대 비유는 여호수아와 스룹바벨(슥3-4장)을 후보로 보게 만든다. 그러나 두 증인은 기독교 순교자여야 하기 때문에 바울과 베드로가 유력한 후보가 될 수 있다. 한편, 두 증인을 개인으로 보지 않고 기독교 공동체로 보아야 한다는 견해도 설득력이 있다. 두 증인이 두 촛대(4절; 교회를 의미)와 동일시되고, 믿지 않는 모든 세계가 두 증인의 죽음과 부활을 목격하며(9-13절), 모세와 엘리야의 능력이 두 증인 모두에게 동일하게 주어지고 있다는 점에서 개인보다는 공동체로 볼 여지가 생긴다. 두 증인의 사역에도 불구하고 성과는 크게 나타나지 않았다(13절).

⑤ 두 증인의 죽음(11:7-10)

두 증인은 짧은 기간(1,260일) 동안만 예언 활동을 허락받았으며, 그 후 무저갱으로부터 올라온 짐승과 전쟁을 일으킨다. 이 짐승은 다섯째 나팔 재앙 때 소개된 바 있는데(9:11), 여기에서 두 증인(기독교 공동체)은 짐승과의 전쟁에서 패해 죽게 된다.

두 증인의 시체는 "큰 성"의 길에 버려지는데, 이는 예수의 죽음과 장례를 연상시킨다. "큰 성"은 지상의 예루살렘을 가리키고 있다. 이곳을 제외한 일곱 곳(16:19; 17:18; 18:10,16,18,19,21)에서 "큰 성"은 바빌론을 가리킨다. 예루살렘과 바빌론(=로마)의 이미지를 결합시키려는 의도로 보인다. 두 증인의 시체는 "사흘 반"(삼년 반=1,260일과 조화를 이룸) 동안 버려져 세계의 모든 사람들("백성과 종족과 언어와 민족")이 목격하게 된다.

⑥ 두 증인의 승리(11:11-13)

두 증인이 죽는 것으로 끝났다면 하나님의 정의는 실현되지 못했을 것이다. "사흘 반 후에" 하나님의 생기가 그들 속에 들어가자 두 증인이 살아났다. 이것을 목격한(Θεωρουν) 사람들은 두려움에 휩싸인다. 이 동사는 요한복음에서 중요하게 사용된 단어로서(24회 사용), '주목하여 본다'는 뜻을 가지고 있다. 요한계시록에서 여기에서만(11,12절) 사용된다. 원수들이 목격한 것을 강조한 것은 두 증인의 운명이 역전된 것을 통해 성도가 보호되는 점을 대조적으로 보여주려는 것이다. 두 증인이 살아나자 큰 지진이 일어나 7천명이 죽게 된다. 이것은 바알에게 예배하지 않은 '남은 자' 7천명을 상기하게 만든다(왕상19:18). 살아남은 자들은 두려움에 싸여서(εμφοβοι εγενετο) 하나님께 영광을 돌렸다고 하였는데, 이것이 회개한 것을 의미하지는 않는다. 여기에서 두려움(εμφοβος)이라는 단어는 긍정적인 의미로 사용되지 않으며(눅24:5,37; 행10:4; 24:25 참고), 영광을 돌린 것도 심판을 모면하기 위한 일시적 반응을 나타낼 뿐이다.

10:1에서 시작된 삽경은 11:13에서 끝났다. 11:14은 9:12과 상응하면서 이제 삽경이 끝나고 원래의 이야기 흐름으로 돌아간다

는 것을 표시하는 편집 장치이다. 이제 11:15부터 셋째 화(=일곱째 나팔 재앙)가 시작될 것이다.

ㅁ) 일곱째 나팔과 열린 성전의 환상 (11:15-19)

① 일곱째 나팔과 하늘의 찬양 (11:15-18)

일곱째 나팔은 특별한 재앙을 포함하고 있지 않다. 11:19의 "번개와 굉음과 우레와 지진과 큰 우박"은 재앙이 발생한 것을 말하는 것이 아니라, 나팔 재앙 전체가 마무리되고 있음을 나타내는 것이다. 일곱 나팔 장면에는 대신에 두 번의 찬양이 기록되어 있을 뿐이다. 이것은 다섯째 인이 재앙을 포함하고 있지 않은 것과 같다. 그러나 하늘의 열린 성전이 일곱째 나팔 장면(11:19)과 일곱 대접 재앙 소개 장면(15:5)에서 나타나고 있으며, 두 번째 연결장치(15:2-4)를 통해 일곱째 인 안에 일곱 대접의 재앙이 들어 있는 것으로 볼 수 있기 때문에, 일곱째 나팔도 간접적으로 재앙과 연결되고 있기는 하다.

하늘의 큰 음성과 이십사 장로들이 찬양을 부른다. 하늘의 큰 음성은 세상 나라가 주님(하나님)과 그리스도의 나라가 되었다고 선언한다. 이제 하나님의 직접적인 통치가 이루어질 것이다. 이십사 장로들이 이에 대해 감사의 응답을 하나님께 올린다. 감사의 내용은 두 가지인데, 먼저 하나님의 통치에 감사하고, 둘째로 보상과 징벌에 내리시는 하나님께 감사한다. 보상을 받을 자들은 두 집단(예언자들과 성도들)이며, 징벌을 받을 자들은 땅을 망하게 하는 자들이다.

② 열린 성전의 환상 (11:19)

찬양이 끝나자 하늘에 있는 하나님의 성전이 열리고, 성전 안에 하나님의 언약궤가 보였다. 그리고 번개와 굉음과 우레와 지진과 큰 우박이 쏟아지면서 일곱 나팔의 재앙은 끝나고 있다. 그런데 여기에서 사용된 "보였다"(ωφΘη)라는 단어는 요한계시록에서 환상을 나타내는 특징 단어인 "ειδον"의 수동태 형태로서 요한계시록에 세 번(11:19; 12:1,3)만 나오고 있다. 또한 하늘의 열린 성전에 관한 언급이 11:19과 15:5에만 나온다. 이를 종합해 보면, 11:19에서 끝난 나팔 재앙이 15장의 일곱 대접 재앙으로 이어지고 있다는 것을 알 수 있다. 이것은 그 중간에 들어 있는 12:1-15:4(또는 15:2-4은 연결구조이기 때문에 12-14장)이 큰 괄호 속에 들어갈 수 있음을 보여준다.

바) 첫 번째 미계수 환상: 용과 두 짐승 및 종말 심판의 환상 (12:1-15:4)

요한계시록의 구조를 이해하려고 할 때 12-14장의 부분은 난관을 제공한다. 일곱째 나팔이 11:19에서 끝났지만, 열린 성전의 환상이 15:5에서 다시 나오기 때문에 12-14장은 괄호 속에 들어갈 수 있다. 15:2-4는 14장과 15장의 연결구조이기 때문에 이 대괄호에 포함시키지 않아도 된다. 그런데 야브로 콜린스는 12-14장에 계수되지는 않았지만 "ειδον"('내가 보았다')이나 "ωφΘη"('∽이 보였다')가 동반되는 환상이 일곱 개 등장한다고 하면서, 이를 요한계시록의 중요한 구조로 이해해야 한다고 말한다. 이러한 미계수환상은 19:11-21:8에도 한 번 더 나오기 때문에 주목을 받는다. 12-14장에 나오는 첫 번째 미계수 환상 일곱 개는 다

음과 같다: 해를 입은 여자(12:1), 큰 용(12:3), 바다에서 올라오는 짐승(13:1), 땅에서 올라오는 짐승(13:11), 어린양과 함께 시온 산에 서 있는 십사만 사천(14:1), 공중을 날아가는 천사(14:6), 흰 구름 위에 앉아 있는 인자 같은 이(14:14).

그러면 왜 요한은 12-14장의 내용을 삽경처럼 이곳에 기록했는가? 그것은 아마도 15장부터 시작되는 마지막 재앙인 일곱 대접 재앙 심판을 받아야 할 대상(바빌론=로마제국)의 정체를 확실하게 보여주어야 할 필요성을 느꼈던 것으로 보인다. 이제까지는 악의 실체에 대하여 구체적으로 제시한 적이 없었다. 요한은 신화적 심상과 전쟁 신화(combat myth)를 활용하여 이를 효과적으로 기술하고 있다.

ㄱ) 하늘의 큰 표징 (12:1-17)

① 해를 옷 입은 여자의 표징 (12:1-2)

12장은 하늘에 나타난 큰 표징을 언급함으로써 시작한다. '표징'으로 번역된 "쎄메이온"(σημειον)은 요한계시록에 일곱 번 나오는데, 단수로 세 번(12:1,3; 15:1), 복수로 네 번(13:13,14; 16:14; 19:20) 나온다. 복수로 나올 때는 악한 세력이 행한 사악한 기적들을 가리킨다. 단수로 나오는 두 번(12:1; 15:1)은 상서로운 징조로, 12:3은 불길한 징조로 사용되고 있다. 단수로 쓰일 때는 기적 행위를 가리키지 않고, 장차 일어날 어떤 일의 전조/징조(놀라운 표지)를 의미한다. 그리스/로마의 점성술에서는 '별자리'를 뜻하기도 하였다.

한 여자의 표징이 보였다(ωφθη). 이 여자는 신화적인 모습으로 등장한다. 해를 둘러 걸치고, 달을 발로 밟고, 열두 별이 박힌 면류관을 쓰고 있다. 그래서 '처녀자리'(Virgo)로 보기도 한다. 이 여자는 아이를 배고 진통으로 인하여 괴로워하고 있는 모습으로 소개된다. 무엇인가 심상치 않은 일이 일어날 것을 예고해주고 있다. 요한계시록에서 여성적 이미지는 중요하다. 성도들을 미혹하는 이세벨(2:20-23)이 이미 언급되기는 했지만, 환상보도에서 본격적으로 여성이 등장하는 것은 이곳이 처음이다. 후에 음녀 바빌론(17-18장)과 어린양의 신부인 새 예루살렘(21:2-27)이 대조적으로 등장하면서 클라이맥스를 이룬다.

② 큰 용의 표징 (12:3-6)

하늘에 또 하나의 표징이 1절과 같은 패턴으로 소개된다. 이는 여자의 대적이라는 점을 나타낸다. 그것은 왕관을 쓴 일곱 머리와 열 뿔을 가진 용의 표징이었다. 일곱 머리는 용의 악한 권세가 온 세계에 미친다는 것을 나타내며, 열 뿔은 어린양을 흉내내고 있다(5:6). 커다란 용은 붉은 색깔을 띤 모습이었다. 그 용은 꼬리로 하늘의 별 3분의 1을 땅으로 내던져버릴 수 있는 권세를 보인다. 용(δρακων)은 13회 나오는데, 이곳에 처음으로 등장한다. '드라콘'은 칠십인역에서 바다 괴물 '리워야단'과 '뱀'을 번역하는 용어로 사용되었다. 겔29:3에서 애굽의 바로를 '큰 악어'로 부르고 있는데, 칠십인역에서 이를 '큰 용'이라고 번역하고 있다. 용은 용자리(Draco) 또는 뱀자리(Serpens)를 가리킬 수 있다. 특히 뱀자리는 처녀자리에 가까이 있으며 긴 꼬리를 보여주고 있어서 후보로서 손색이 없다. 12:1과 12:3은 처녀자리와 뱀자리(또는 용자리)로 대표되는 별자리들이 서로 전쟁을 벌이는 형상을 나타내고 있다고 설명할 수도 있다. 이것은 이 표징들이 별자리를 가리키는 것보다는 신화적 상상력을 통해 선과 악의 대결을 표현하고 있는 것으로 보면 좋을 것이다.

용은 여자가 낳을 아기를 삼키려고 하였다. 아이는 하나님의 보좌로 이끌려 올려감으로써(수동태) 보호를 받는다. 해산한 여자도 광야로 도망을 가서 1,260일 동안 보호를 받는다. 여기에서 여자와 아이는 마리아와 예수(개인)로 볼 수 있는 특징을 보여준다. 문제는 17절에서 여자의 "남은 자손"(공동체)을 언급하고 있기 때문에, 개인적 성격과 더불어 공동체적 성격을 가진 것으로 볼 수밖에 없다는 것이다.

③ 하늘의 전쟁 (12:7-12)

여자(교회 공동체)가 박해를 받는 동안, 하늘에서는 미가엘과 용 사이에 전쟁이 일어난다. 하늘과 땅은 서로 대응부를 이루고 있다. 미가엘은 여자의 수호천사로서 바빌론의 수호천사인 용과 싸움을 벌인다. 용과 그 부하들은 이 전쟁에서 패하여 땅으로 내쫓긴다. 용은 옛 뱀, 악마, 사탄, 미혹하는 자, 참소하는 자(9-10절)로 불린다. 용을 뱀(οφις)이라고 한 것은 '리워야단'(사27:1)을 연상시킨다. 용을 마귀(διαβολος)라고 한 것은 대적하는 자, 헐뜯는 자라는 뜻이다. 사탄은 헬라어 '디아볼로스'에 해당된다. 미혹하는 자라고 한 것은 이름이라기보다 용의 역할을 함축하고 있다. 요한계시록에서 용은 온 세상 사람들을 '속이는 자/미혹하는 자'로서 나타난다(12:9; 20:3,8,10). 사탄은 헐뜯는 자(κατηγωρ)로서 밤낮으로 성도들을 참소하는 검사와 같은 일을 한다(욥1:6-12 참조). 미가엘은 검사인 용/사탄에 대항하여 하나님의 법정에서 변호사의 역할을 함으로써 성도들을 변호하고 보호한다.

용이 하늘에서 내어쫓기자, 하늘에서 큰 음성이 울려퍼지며 즐거운 찬양을 부른다. 미가엘과 천사들이 하늘에서 용과 그의 부하들과 전쟁을 하는 동안, 성도들은 땅에서 죽기까지 목숨을 아끼지 않으면서 악마를 이겨냈다. 이길 수 있는 유일한 근거는 "어린양의 피와 그들의 증언한 말씀" 때문이었다. 성도들은 자체적인 능력이 없었고, 어린양의 피를 증언하는 방법밖에 없었다.

④ 땅에서의 박해 (12:13-17)

용은 땅으로 내쫓긴 후 여자를 다시 핍박하기 시작한다. 이 세 번째 시도 역시 실패로 끝난다. 이번에는 여자가 독수리의 두 날개로 날아서 광야로 피신했기 때문이다. 이것은 여자가 독수리의 도움으로 도망한 것이라기보다 독수리로 변신하여 스스로 날아간 것으로 볼 수 있다. 광야는 박해 시에 피난처로 간주되었다(왕상17:2-3; 19:3-4 참조). 6절에 이어 다시 나오는 "한 때와 두 때와 반 때"(=1,260일)라는 표현은 하나님이 교회를 보호하기 위해 정하신 짧은 기간을 가리킨다.

하나님이 보호로 실패한 용은 포기하지 않는다. 강물을 토해내어 여자를 익사시키려고 하였는데, 이번에는 땅이 입을 벌려 그 강물을 삼켜버린다. '땅'은 종종 구원자로 의인화되고 있다. 땅이 바로와 그의 군대를 삼켰고(출15:12), 땅이 고라와 다단과 아비람을 삼켰다(민16:32-34). 용은 여자를 파멸시키지 못하자 크게 분노하여 "여자의 남은 자손"과 싸우려고 전력을 정비한다.

ㄴ) 두 짐승의 환상 (13:1-18)

① 바다에서 올라오는 짐승 (13:1-10)

요한은 새로운 환상을 본다. 요한이 본 바다에서 올라오는 짐승은 열 뿔과 일곱 머리를 달고 있어서 용의 모습을 닮았고 (12:3), 일곱 뿔을 가진 어린양을 모방하고 있다(5:6). 각 뿔마다 왕관을 쓰고 있고, 머리마다 하나님을 모독하는 이름이 붙어 있는 참람한 모습을 하고 있다. 이 짐승은 단7:2-3,7에 나오는 열 뿔을 가진 넷째 짐승에서 영향을 받은 것으로 보인다. 바다에서 올라온 짐승은 로마제국을 의미한다(17:3 참조). 왜냐하면 로마제국은 바다에서부터 와서 지중해 동쪽 국가들을 침략했으며, 소아시아 지방을 관장하는 로마의 총독들이 바다를 건너 에베소에 상륙하여 통치했기 때문이다. 또한 바다는 악과 혼돈을 상징하였다.

바다에서 올라온 짐승은 추상화된 로마제국을 의미하면서도 악마적인 개인의 특징을 가지고 있다. 그는 하나님을 모독하는 이름을 가지고 있었고(로마 황제들처럼), 머리에 치명상을 입었다가 나았으며, 입을 벌려 하나님을 비방하였고, 성도들과 싸워 승리하여 마흔두 달 동안 다스렸다. 용에게서 말의 권세와 전쟁의 권세를 받아 사람들에게 두려움의 대상으로 경배를 받았다. 세상 사람들은 "누가 이 짐승과 같으랴?"와 "누가 이 짐승과 맞서서 싸울 수 있으랴?"라고 말하면서 짐승을 하나님처럼 경배하였다. 성도들은 포로로 잡혀가든지 순교를 당하든지 해야 했다. 여기에서 인내가 강조된다. 박해 시대에 인내는 믿음의 다른 표현이다.

그렇다면 치명상을 입었다가 회복된 이 짐승은 누구를 말하는가? 가장 유력한 후보는 주후 68년 칼로(13:14 참고) 자살한 네로 황제다. 그가 죽은 것을 본 사람이 없어서 그가 죽지 않았고 파르디아(Parthia)로 도망갔다가 군대를 이끌고 돌아올 것이라고 믿는 민간전승(네로 환생 전설)이 있었다. 용이 하나님을 모방한다면, 바다에서 올라온 짐승은 어린양 그리스도를 모방한다. 또한 땅에서 올라온 짐승은 더러운 영과 귀신의 영으로서(16:13-14 참조) 성령을 모방한다. 왜냐하면 그는 거짓의 영으로 말하는 거짓 예언자이기 때문이다(13:11-12).

② 땅에서 올라오는 짐승(13:11-18)

요한은 또 하나의 환상을 본다. 그것은 땅에서 올라오는 짐승이었다. 양 같이 두 뿔이 있고, 용처럼 말하였다. 그의 정체는 로마의 황제숭배 종교를 선전하고 종교의식을 집행하는 제사장이다. 뒷부분에서는 거짓 예언자로 밝혀진다(16:13; 19:20; 20:10). 그가 거짓 예언자인 것은 참신이신 하나님 대신에 용을 대리하는 첫 번째 짐승을 경배하도록 강압하며 속이기 때문이다. 거짓 예언자와 황제 숭배 종교의 제사장이라는 정체성을 가진 둘째 짐승은 여기에서만 짐승으로 불리고 있다.

땅에서 올라온 짐승은 첫째 짐승의 모든 권세를 위임 받고 있다. 용과 두 짐승은 혼연일체로 행동한다. 둘째 짐승이 첫째 짐승 '앞에서'(대신하여) 권세를 행한다고 하는 것은 그의 제사장 역할을 나타낸다. 둘째 짐승은 하늘에서 불이 내려오게 하는 "큰" 표징(기적)을 행한다. 두 증인은 핍박하는 자들을 입에서 나오는 불로 삼켜버렸고(11:5), 하나님도 최후에 사탄을 불로 심판하실 것이다(20:9). 둘째 짐승은 하나님과 그의 예언자들(두 증인, 엘리야)을 흉내내고 있다. 신약성서는 거짓 예언자가 기적을 행하는 능력이 있다고 증언한다(마7:15; 24:5,11,24; 살후2:9; 벧후2:1-3). 둘째 짐승은 첫째 짐승의 우상을 만드는 기적을 행하기까지 한다. 그 우상에게 말을 하게 하는 기적을 행하여 경배하게 하였다. 이것은 하나님이 아담에게 생기를 주어 산 존재가 되게 하신 것을 흉내낸 것이다.

둘째 짐승이 한 일 중에 하나는 모든 사람들이 오른손이나 이마에 표를 받게 하였다. 짐승의 이름이나 그 이름을 나타내는 숫자를 낙인처럼 찍었다. "작은 자나 큰 자"(사회적 측면), "부자나 가난한 자"(경제적 측면), "자유인이나 종"(정치적 측면), 모두에게 해당되었다. 이 표를 가지지 못하면 경제 활동을 하지 못하였기 때문에, 이 표는 황제의 이름이 새겨진 주화나 황제의 인장을 의미한다고 말할 수도 있다. 이 표는 짐승의 수이면서 사람의 수라고 하면서 666이라고 말해준다. 이는 암호화된 숫자의 비밀을 푸는 '게마트리아'(Gematria) 방식으로 666을 해석해야 함을 보여준다. 그런데 짐승을 뜻하는 히브리어 'תריון'의 숫자의 총합이 666이며, '황제 네로'(נרון קסר)의 숫자의 총합도 666이다. 라틴어 사본에서는 네로 이름의 숫자값이 50인 마지막 알파벳(ן)을 사용하지 않기 때문에 616으로 나타나는 것도 이를 뒷받침한다. 또한 네로는 고대 세계에서 '짐승'(θηριον)으로 불리기도 했으며, θηριον은 '짐승' 이외에 '뱀'을 의미하기도 했다. 이러한 정보를 종합하면, 666은 네로 황제를 의미한다. 그러나 네로 개인보다는 네로로 대표되는 로마 황제들, 즉 로마제국을 의미하며, 하나님을 대적하는 악의 세력을 가리킨다고 보아야 한다.

ㄷ) 종말의 구원과 심판의 환상 (14:1-20)

12-13장이 용과 두 짐승이 성도들을 박해/억압하는 내용을 다룬다면, 14장은 이러한 상황에서 하나님께서 성도들을 어떻게 보호/구원하는지를 보여준다. 요한계시록은 이처럼 '박해/억압'과 '보호/구원'의 주제를 반복하여 보여줌으로써 성도들을 위로하고 희망을 주고 있다. 하나님이 성도들을 보호하는 주제는 불신자들에 대한 심판을 동반한다. 하나님의 구원은 동전의 양면과 같아

서 신자들에게는 구원이 약속되지만, 불신자들에게는 심판이 예고된다. 이러한 관점에서 14장의 구조를 살펴보면 구원과 심판을 번갈아가며 보여줌을 알 수 있다(이런 가운데서 복의 선언이 강조되는 구조를 보여준다):

(a) 십사만 사천의 구원(1-5절)
(b) 세 천사의 심판 선언(6-12절)
(c) 복의 선언(13절)
(a') 곡식 추수: 성도의 구원(14-16절)
(b') 포도 추수: 불신자의 심판(17-20절)

① 십사만 사천의 구원(14:1-5)

하나님의 선택을 받은 십사만 사천은 7장에 이어 이곳에 다시 등장한다. 십사만 사천은 어린양과 함께 시온 산에 서 있다. 시온 산에 서 있는 어린양은 모래 위에 서 있는 용(12:17)과 대조된다. 시온 산은 하늘의 성전이 있는 곳으로 새 예루살렘이 내려오는 곳이기도 하다(21:2 참조). 14:1-5는 7:1-17과 문학적으로 구조적인 유사성을 보여준다. 십사만 사천에 대한 환상이 나오고, 하늘 보좌에서 하나님을 찬양하는 큰 무리가 있으며, 해석적 설명(7:13-17; 14:4-5)이 덧붙여지고 있기 때문이다. 또한 두 부분에는 하나님의 인에 대한 언급이 있다(7:2-8; 14:1). 7장에서 이마에 찍힌 인이 14장에서는 어린양과 하나님의 이름이라고 밝히고 있다. 어린양과 하나님의 이름을 이마에 받은 성도들은 구원에 감사하는 새 노래를 부르게 된다. 새 노래의 가사가 나오고 있지 않지만, 모세의 노래, 곧 어린양의 노래인 15:2-4을 가리킨다고 본다. 이들은 신앙의 정절을 지킨 성도들로서 7장의 십사만 사천과 동일한 특징을 공유한다(7:13-17과 14:4-5 비교).

② 세 천사의 심판 선언(14:6-12)

첫째 천사는 공중을 날아가면서 심판을 선언한다. 공중을 날아가는 천사는 이곳에 유일하게 나온다. 날아가는 천사의 말은 "땅에 거하는 자들"에게 모두 해당된다는 것을 나타낸다. 첫째 천사는 "영원한 복음"(ευαγγελιον αιωνιον)을 전하였다(ευαγγελισαι). 영원한 복음이란 표현은 요한계시록에서만 나오고, ευαγγελιον이 관사 없이 사용되며, 능동태로 사용된 ευαγγελισαι도 요한계시록에만 나오고 있다(10:7에도 나옴). 이것은 ευαγγελιον이 구원에 관한 기쁜 소식을 의미하는 것이 아니라 심판의 메시지라는 것을 의미한다. 천사가 전한 내용(7절)이 심판을 말하고 있는 점도 고려해야 한다. 이는 당시 황제 숭배 제의를 '복음'으로 속이고 있었는데, 그것에 대한 '영원한' 심판을 선언하고 있는 역설적인 측면을 보여준다.

둘째 천사가 연이어 바빌론의 멸망을 선언한다. 두 번 멸망을 선언한 것은 멸망이 확실성을 강조하며, 아직 멸망하지 않은 로마제국에 대해 단순과거 동사(επεσεν)가 사용된 것은 '예언적 완료' 용법에 해당된다. 이곳에 처음 등장한 바빌론은 요한계시록에 여섯 번(14:8; 16:19; 17:6; 18:2,10,21) 나오는데, 모두 로마제국을 은유한다(벧전5:13 참조). 주전 587년 예루살렘 성전을 파괴한 바빌론을 주후 70년 예루살렘 성전을 파괴한 로마제국에 비기는 것은 자연스럽다. 바빌론 멸망은 요한계시록의 주요 주제이기 때문에 17-18장에서 본격적으로 다루어질 것이다. 바빌론은 "큰 성"이라고 규정된다. 예루살렘을 큰 성이라고 부른 11:8을 제외하면 요한계시록에서 큰 성은 모두 바빌론을 가리킨다. 큰 성은 원수의 성읍을 경멸적으로 일컫는 것이다(요나서에서 니느웨를 큰 성으로 지칭함). 바빌론의 멸망 원인은 모든 민족에게

'음행'(우상숭배와 그로 인한 부도덕한 행위들)하게 하였기 때문이다. 바빌론의 소행에 관해 말하는 14:8과 18:3은 모든 단어(진노의 포도주, 음행, 만국)와 어순에까지 거의 일치하고 있는 점도 주목된다.

셋째 천사는 둘째 천사의 뒤를 이어 심판의 메시지를 전한다. 짐승과 짐승 우상에게 절하고 짐승의 표를 받은 사람들은 하나님의 진노를 당할 것이고 불과 유황에 의해 밤낮으로 고통을 받을 것이라고 하였다. 이러한 심판의 메시지는 우상에게 경배하지 않고 짐승의 표를 받지 않은 성도들이 고통을 받을 것이라고 한 13:15-17과 대조를 이룬다. 그래서 믿음을 지킨 성도의 인내를 강조한다(12절).

③ 복의 선언(14:13)

앞에서 세 천사가 전해준 심판의 선언은 고통스러운 것이었다. 여기에서 성도들에게 복을 선언함으로써 박해와 환난의 상황에 처한 성도들을 안심시키는 기능을 하고 있다. 요한계시록에서 복의 선언은 일곱 번(1:3; 14:13; 16:15; 19:9; 20:6; 22:7,14) 나오는데, 이곳에서 두 번째 등장한다. 복의 내용은 순교자들에게 안식의 복을 허락하신다는 것이다. 짐승과 우상을 경배하지 않은 성도들은 순교를 각오해야 하는 상황에 처해 있었기 때문이다(13:15).

④ 곡식 추수: 성도의 구원(14:14-16)

곡식 추수의 은유는 심판을 의미하기도 하지만(사17:5; 렘51:33; 마13:24-30), 의인들에게 상급을 주는 긍정적 은유로 사용되기도 한다(눅10:2; 마9:37-38). 곡식 추수 환상과 포도 추수 환상을 모두 심판을 가리키는 것으로 보기도 하지만, 심판과 구원의 반복되는 주제를 나타내는 구조에 근거하여 곡식 추수 환상은 성도의 구원을 의미하는 것으로 보려고 한다. 여기에는 “인자 같은 이”가 흰 구름 위에 앉아 있는 환상이 나온다. 구름은 여러 번 등장하지만, “흰” 구름이 나오는 곳은 이곳뿐이어서 긍정적인 분위기를 보여준다. 인자 같은 이는 금 면류관을 쓰고 있어서 그리스도로 볼 수 있다.

⑤ 포도 추수: 불신자의 심판(14:17-20)

이에 비해 포도 추수는 심판의 이미지로 가득 차 있다. ‘불’을 다스리는 천사(‘불의 천사’)나 하나님의 큰 진노의 포도주 틀은 심판의 이미지를 강화시킨다. 무엇보다 포도주를 수확하고 난 뒤(곡식 추수의 경우와 달리), 포도주 틀을 밟는 이차적인 행위와 그 결과에 대한 묘사(20절)가 심판의 이미지를 결정하고 있다. 두 환상 모두 예리한 낫을 대어 추수하는 것은 동일하지만 그 목적과 결과는 사뭇 다르게 묘사된다. 포도주 틀을 성 ‘밖’에서 밟았다는 것은 예수가 예루살렘 성 밖에서 피를 흘렸음을 상기시키고 있다. 포도주 틀에서 흘러내린 피는 1,600 스타디온의 길이로 퍼졌다. 이는 약 300km에 해당되는데, 팔레스틴의 종단 길이와 견줄 수 있다. 1,600은 4×4×100인데, 이는 땅의 숫자인 4와 완전수 10의 제곱으로서 하나님의 심판이 온 땅에 미칠 것을 암시한다.

ㄹ) 연결장치: 승리자의 노래 (15:2-4)

15:1-8의 구조는 8:1-6의 구조와 매우 흡사하다. 15:1-8은 (a) 구원과 심판의 대조(12-14장/14:1-20); (b) 일곱 대접을 받은 일곱 천사의 첫 번째 소개(15:1); (a') 승리자의 노래(15:2-4); (b') 일곱 대접을 받은 일곱 천사의 두 번째 소개(15:5-8)의 구조(aba'b')를 보인다. 8:1-6이 일곱 인과 일곱 나팔을 연결하는 장치라면, 15:1-8은 12-14장(가깝게는 14:1-20)과 일곱 대접을 연결하는 장치이다. 보다 정확하게 말하면, 일곱째 나팔이 마무리되는 11:19에 나온 열린 성전이 일곱 대접이 나오는 문맥인 15:5에서 다시 나오기 때문에, 15:1-8은 일곱 나팔과 일곱 대접을 연결하는 장치로 볼 수 있다. 다시 말해서, '일곱 인-일곱 나팔-일곱 대접'은 구조적으로 하나로 묶여 있다고 하겠다.

요한은 불이 섞인 유리바다와 짐승을 이긴 자들을 본다. 이들은 거문고를 들고 모세의 노래, 곧 어린양의 노래를 부른다. 14:2-3에서 땅에서 구원 받은 십사만 사천이 거문고를 타면서 새 노래를 부른 것과 맥을 같이 한다(거기에서는 가사가 소개되지 않는다). 새 노래의 내용이 15:3-4이라고 볼 수 있다. 어린양의 노래(모세의 노래)는 하나님의 놀랍고 정의로운 구원 행위를 내용으로 하고 있다. 유리바다는 하나님의 보좌 앞에 있었기 때문에(4:6) 승리자들은 하나님의 보좌 앞에서 노래를 부른다. 이스라엘 백성이 홍해를 건너 구원받은 것을 찬양한 것처럼(출 15:1-18), 승리자들은 유리바다(유대문헌에 홍해로 해석한 곳도 있음)에서 하나님의 구원하심을 찬양하고 있다. 승리자의 노래는 직접적으로는 14장(또는 12-14장)의 결론이 되며, 멀게는 15장부터 시작되는 일곱 대접의 재앙의 서론 역할을 한다.

사) 일곱 대접의 재앙 (15:1-16:21)

ㄱ) 일곱 대접의 재앙을 가진 천사의 소개 (15:1,5-8)

일곱 대접의 재앙은 일곱 나팔의 재앙과 공통점이 많지만 차이점도 있다. 나팔 재앙의 효과가 인간 세계에 국한되는데 비해(8:7-12), 대접 재앙은 보편적이고 최종적인 성격을 가지고 있다(16:3,20). 나팔 재앙이 회개를 촉구하는 경고로서 나타나는데 비해, 대접 재앙은 하나님의 진노를 직접적으로 표출한다. 구조적으로 가장 큰 차이는 여섯째 인과 여섯째 나팔 다음에 긴 삽경(7:1-17과 10:1-11:14)이 등장하는데 비해, 여섯째 대접 다음에는 그러한 삽경이 등장하지 않는다는 점이다.

일곱 대접의 재앙은 일곱 나팔의 재앙과 많은 공통점이 있다. 특히 출애굽 모티프를 공유하는 점에서 그러하다. 일곱 대접의 재앙은 나팔 재앙에 비해 훨씬 간결하고 정형화된 패턴을 보여준다. 대접 재앙과 나팔 재앙은 문자적 측면, 주제적 측면, 순서적 측면에서 평행을 보인다. 첫째 대접과 첫째 나팔은 땅에 재앙이 임하고, 둘째 대접과 둘째 나팔은 바다에 임하고, 셋째 대접과 셋째 나팔은 강과 물 근원에 임하고, 넷째 대접과 넷째 나팔은 하늘에 임하고, 다섯째 대접과 다섯째 나팔은 어두움이 임하고, 여섯째 대접과 여섯째 나팔은 큰 강 유프라테스가 공통적이다. 그러나 일곱째 대접과 일곱째 나팔 재앙에는 음성과 번개와 굉음과 우레와 지진과 우박이 공통적으로 수반되지만, 지진으로 바빌론이 무너지는 일곱 대접의 재앙과 달리 일곱째 나팔의 경우에는 직접적으로 재앙이 나타나지 않는다(그러나 일곱째 나팔 안에 일곱 대접의 재앙이 포함되어 있다고 볼 수 있다).

① 첫 번째 소개(15:1)

이제 재앙 시리즈의 마지막인 일곱 대접의 재앙이 펼쳐진다. 일곱 대접의 재앙을 가진 일곱 천사는 "크고도 놀라운 또 다른 표징"으로 소개된다. "하늘에 나타난 표징"이라는 표현은 12:1,3에만 나오기 때문에, 15:1은 12장과 자연스럽게 연결된다. 또한 일곱째 나팔 재앙의 마지막 구절인 11:19에 나오는 '열린 성전'이 15:5에 다시 나오기 때문에, 12-14장의 괄호적 성격은 더욱 분명해진다. "크고 이상한"이라는 표현은 15:1,3에만 나온다(12:1에는 '큰' 표징이라고 나옴). 이것은 일곱 대접의 재앙이 이전 재앙과 구별된다는 것을 암시한다. 일곱 대접의 재앙은 마지막 재앙(21:9)이며, 하나님의 진노가 완성되는/이루어지는 재앙임을 나타낸다.

② 두 번째 소개(15:5-8)

어린양의 노래에 이어 하늘의 증거의 장막 성전이 열리고, 그 성전으로부터 일곱 천사가 일곱 재난을 가지고 나온다. 증거의 장막(tent of witness)은 하나님의 임재를 나타낸다. 일곱 천사의 모습은 성전에서 섬기는 제사장의 옷차림을 하고 있다. 하나님의 성전으로부터 나오는 일곱 천사는 하나님께로부터 심판을 수행하는 역할을 맡은 거룩한 하늘 성전의 제사장들이다. 하나님을 대신하여 네 생물 중 하나가 진노의 대접을 전달한다. 이 장면에서 '대접'(φιαλη)이 처음으로 등장한다. 이 대접은 통상적으로 제사장들이 성전에서 포도주를 담아 전제(libation; drink- offering)를 드리는데 사용된 그릇이었다. 이제 하늘 성전의 제사장들로서 일곱 천사는 하나님의 진노를 땅에 쏟는 임무를 수행하게 된다.

ㄴ) 일곱 대접의 재앙(16:1-21)

일곱 대접의 재앙은 마지막 재앙이다(15:1; 21:9). 일곱 대접의 재앙은 다른 재앙 시리즈에 비해 신속하게 진행된다. 대접 재앙은 크게 두 부분으로 나뉘는데, 첫째-넷째 대접 재앙은 자연적인 재앙인데 비해, 다섯째-일곱째 대접 재앙은 하나님을 대적하는 세력들에 대한 재앙이다. 일곱 대접은 재앙(plague)의 성격을 명시적으로 표현한다. 이에 비해 일곱 인과 일곱 나팔은 그렇게 명백하지 않다. 일곱 인은 재앙의 이미지만 무성할 뿐 직접적으로 재앙이라고 규정하지 않는다. 나팔 재앙도 다섯째-일곱째 나팔 재앙을 세 화(three woes)로 명명하고 있고, 여섯째 나팔의 경우에서만 "불과 연기와 유황"을 세 재앙이라고 표현하고 있는 정도에서 재앙의 면모를 보여준다. 이것은 일곱 인의 환상을 통해 종말 재앙들을 예시하고, 나팔을 불어 재앙이 일어날 것을 알리고(경고하고) 난 뒤에, 일곱 대접에 이르러 본격적으로 재앙이 발생하는 것을 보여주려고 한 것이 아닐까? 다시 말해서, 이것은 서로 다른 재앙을 연속적으로 제시하려는 것보다 한 가지 종말 재앙에 대한 단계적 묘사(주제의 반복)로 볼 수 있는 것이다.

요한은 하늘 성전에서 나오는 큰 음성을 듣는다. 이것은 하나님께서 직접 명령을 내렸다는 것을 말한다. 그만큼 대접 재앙이 중대하고 최종적인 성격임을 나타낸다. 일곱 천사는 "가서 하나님의 진노가 담긴 대접을 땅에 쏟아라"라는 명령을 듣는다. "가서, 쏟아라"라는 동사는 행동을 촉구하는 긴급성을 보여준다.

① 첫째 대접의 재앙(16:2)

첫째 대접을 땅에 쏟으니, 짐승의 표를 받은 자들과 그 짐승

우상에게 경배하는 자들에게 독한 종기(ἕλκος)가 생겼다. 짐승과 그 우상에게 경배하는 것에 관한 주제는 13:15에서 처음 언급된 이래, 14:9; 15:2; 16:2; 19:20; 20:4에서 계속 반복되고 있다. 종기 재앙은 출애굽 여섯 번째 재앙(출9:8-12)과 유사한데, 대접 재앙에서 처음으로 나오는 이유는 분명하지 않다. 종기로 인한 흉터가 오른손이나 이마에 받은 짐승의 표를 암시할 수 있기 때문인지도 모른다.

② 둘째 대접의 재앙(16:3)

둘째 대접을 바다에 쏟으니, 바닷물이 피처럼 변하고 바다의 모든 생물이 죽었다. 출애굽 첫 번째 재앙과 같이(출7:17-21) 피가 등장한다. 피는 생명의 원천이기도 하지만, 물을 오염시켜 물고기에 모두 죽게 되고, 그 결과 환경 파괴와 먹을거리의 고갈을 가져와 결국 인간의 생존권을 위협하게 될 것이다.

③ 셋째 대접의 재앙(16:4-7)

셋째 대접을 강과 샘물에 쏟으니, 물이 피로 변하였다. 이 재앙 역시 출애굽 첫 번째 재앙과 연결된다. 재앙이 미친 결과를 언급하는 대신에, '물의 천사'가 부르는 찬송이 나온다. 짐승과 그 우상에게 경배한 자들(2절 참조)이 성도들과 예언자들의 피를 흘렸기 때문에, 그들에게 피의 보복이 임하는 것은 하나님의 의로운 심판이라고 선언하는 내용이다. 이에 대해 제단이 화답한다. 하나님의 심판이 정의롭다고 천명하는 것은 마지막 재앙에서 중요한 요소로서, 15:2-4의 찬양과 함께 16장을 이끌어간다. 또한 이러한 선언을 주도하는 '물의 천사'는 '바람의 천사'(7:1)나

'불의 천사'(14:18)와 같이 위계가 높은 천사로 여겨진다.

④ 넷째 대접의 재앙(16:8-9)

넷째 대접을 해에 쏟으니, 해가 불로 사람을 태웠다. 일곱 천사에게 대접 재앙을 '땅'에 쏟으라고 했기 때문에, '하늘'에 있는 해에 쏟으라고 한 것은 일견 배치되는 것처럼 보인다. 그러나 해가 불로 땅에 거하는 사람들을 태웠기 때문에, 땅에 임한 재앙으로 볼 수 있다. 사람들이 불로 태워지는 고통을 받은 것은, 성도들이 해나 뜨거운 기운에 상하지 아니할 것을 보장받은 것과 대조된다(7:16). 사람들은 회개하기는커녕 하나님을 비방하였다. 요한계시록에서 하나님을 대적하는 자들은 회개하고 구원을 받을 수 있다고 말하지 않는다. 그들에게 임한 심판은 확정되어 있다.

⑤ 다섯째 대접의 재앙(16:10-11)

다섯째 대접을 짐승의 보좌에 쏟으니, 짐승의 나라가 어두워지고, 사람들은 종기(ἕλκος)의 고통으로 괴로워한다(첫째 대접과 유사함). 짐승의 보좌는 로마 황제가 통치하는 로마제국을 가리킨다(13:1-8 참조). 바빌론=로마제국의 멸망은 일곱 대접 재앙의 주제이면서(17-21절 참고), 동시에 17-18에서 다루어질 주제이다. 그들은 넷째 대접의 경우와 같이 회개하지 않고 하나님을 비방한다.

⑥ 여섯째 대접의 재앙(16:12-16)

여섯째 대접을 큰 강 유프라테스에 쏟으니, 강물이 말라버렸다. 이로 인해 동방의 왕들이 강을 건너 전쟁을 벌일 수 있도록 여건이 조성되었다. 동방의 왕들은 로마를 괴롭힌 파르디아와 관련이 있어 보인다. 파르디아는 주전 247에서 주후 224까지 지속된 나라인데, 주전 53년 로마 군대가 유프라테스를 건너 침공했을 때 로마를 패퇴시킬 만큼 로마제국에 위협적이었다(17:16 참조). 당시에 네로가 이끄는 파르디아 군대가 로마를 침공할 것이라는 풍문이 있었다고 한다. 귀신의 영(복수)이 온 세계의 왕들(=동방의 왕들?)을 미혹하여 전쟁을 일으키도록 충동한다. 귀신의 영은 용과 짐승과 거짓 예언자(악의 삼위일체)의 입에서 나온 더러운 영 셋을 가리킨다. 이들은 하나님을 대적하기 위하여 왕들을 아마겟돈('므깃도의 산/요새'라는 의미)에 모아 최후의 전쟁을 하려고 준비시킨다.

비교적 독립적인 내용을 담고 있는 16:13-16을 삽경으로 보려는 해석이 있지만, 그러한 주장은 설득력이 떨어진다. 서사적 흐름이 중단되지 않고, 13절의 동방의 왕들과 14절의 온 세계의 왕들은 동일한 집단을 가리키고 있는 것으로 보이며, 무엇보다 성도의 보호와 구원이라는 주제를 뚜렷하게 보여주지 못하기 때문이다. 서사적 흐름을 중단시키는 것은 15절의 세 번째 복의 선언이다. 최후의 전쟁이 벌어지는 종말론적 상황에서 깨어서 신앙의 정절을 지키는 자에게 임할 복을 언급한다.

⑦ 일곱째 대접의 재앙(16:17-21)

마지막 대접인 일곱째 대접을 공중에 쏟으니, 큰 성 바빌론이 세 조각이 났다. 다른 민족들의 도시도 무너지고, 모든 섬과 산들이 자취를 감추었다. 그리고 한 달란트(34kg)나 되는 큰 우박이 떨어졌다. 성전의 보좌로부터 "다 되었다"는 음성이 들리고,

재앙의 완결을 나타내는 표지인 번개와 굉음과 천둥과 큰 지진이 일어났다. 바빌론이 세 갈래로 갈라진 것은 완전한 파멸을 의미한다. "다 되었다"(γεγονεν/γεγοναν)는 단어는 요한계시록에 두 번(16:17; 21:6) 나오는데, 이는 각각 대접 재앙으로 하나님의 심판이 완결되고, 만물의 새 창조로 하나님의 구원이 완성되는 것을 가리킨다.

큰 지진과 큰 우박이 강조된 것도 최종적인 재앙의 성격을 드러낸다. 일곱 인과 일곱 나팔의 경우도 재앙이 끝나는 것을 나타낼 때 이와 유사한 현상이 나타났지만, 이야기의 진행에 따라 그 도가 증가함을 알 수 있다. 일곱째 인이 마무리될 때는(8:5) 우레, 굉음, 번개, 지진이 일어났고, 일곱째 나팔이 마무리될 때는(11:19) 번개, 굉음, 우레, 지진, 큰 우박이 일어났으며, 일곱째 대접이 마무리될 때는(16:18,21) 번개, 굉음, 우레, 큰 지진, 큰 우박이 일어났다. 우박이 마지막에 자리한 것은 출애굽 일곱 번째 재앙 때 우박이 불덩이와 함께 전례를 찾을 수 없이 무섭게 내린 것에서 그 이유를 찾기도 한다(출9:24 참조). 큰 우박을 내려 심판하여도 사람들은 회개하지 않았고, 하나님을 모독할 뿐이었다.

아) 바빌론 부록(17:1-19:10)

요한계시록은 바빌론과 새 예루살렘을 대조적으로 보여준다. 바빌론이 멸망 받아야 할 로마제국(=악)이라면, 새 예루살렘은 구원받은 교회(=성도들)를 가리킨다. 이 둘의 대조를 통해 요한계시록의 심판과 구원의 주제를 효과적으로 제시한다. Giblin에 따르면, 요한계시록에서 바빌론과 새 예루살렘을 대조시키고 있는 중심 내용은 17:1-19:10과 21:9-22:9에 각각 나타나고 있는데, 이 두 본문은 서두와 말미 부분에서 거의 동일한 단어와 어구를 사용하고 있는 특징을 보여준다. 즉, 서두에서 일곱 대접을 가진 천사 중 하나가 요한에게 "이리로 오너라....내가 네게 보여주겠다"(17:1; 21:9)라고 말하면서, 성령으로 요한을 '광야/크고 높은 산'으로 데리고 가는 내용을 보인다(17:3; 21:10). 또 말미에서 천사가 요한에게 "(신실하고) 참된 말씀"(19:9; 22:6)이라고 확인해 주며, 천사에게 엎드려 경배하려고 할 때, "나는 너희들과 함께 된 종이니, 하나님께 경배하라"(19:10; 22:8,9)고 말한다. 이러한 구조적 패턴은 바빌론 부록과 새 예루살렘 부록을 독립적인 문학적 단위로 보게 만든다. 바빌론 부록은 세 부분으로 나뉜다: 음녀 바빌론의 정체에 대한 묘사와 해석(17:1-18); 바빌론의 패망(18:1-24); 바빌론 패망 축하 찬양(19:1-10).

ㄱ) 바빌론의 정체에 대한 묘사와 해석(17:1-18)

① 음녀의 정체(17:1-6)

일곱 대접을 가진 천사 중 하나가 요한에게 "이리로 오너라. 큰 바다 물 위에 앉은 큰 음녀가 받을 심판을 보여주겠다"라고 말한다. 일곱 대접을 가진 천사가 음녀를 소개한 것은 일곱 대접 재앙이 바빌론(=음녀)에 대한 것임을 보여준다. 17장에서는 음녀 바빌론을 소개하고, 그녀가 받을 심판의 내용은 18장에 나온다. 여기에서 "크다"(μεγαλη)는 형용사가 강조된다. 음녀가 "많은 물 위에"(επι ὑδατων πολλων) 앉았다고 한 것은 로마제국이 많은 나라와 민족을 점령하고 있었던 로마의 권세를 나타낸다. 2절은 심판의 이유로서 세상의 왕들과 땅에 거하는 사람들이 음녀와 더불어 음행(=우상숭배)한 것을 들고 있다. 로마제국(=바빌론)은 상업적 거래와 종교혼합주의를 통해 황제숭배를 강화하는 수단으로 삼았음을 보여준다.

요한은 성령에 사로잡혀(황홀경 속에서) 광야로 이동하여 붉은 짐승을 타고 앉아 있는 음녀를 본다. 음녀는 바빌론과 동일시된다(5,9절). 음녀 바빌론은 3-6절에서 본격적으로 묘사된다. 이것은 고대 세계에서 어떤 예술작품이나 사람, 조각 등에 대해 상세히 묘사하는 방식인 '에크프라시스'(εκφρασις)를 반영한다. 이는 서사의 진행 중에 등장하는 대상을 자세하게 묘사함으로써 그것에 대한 정보와 흥미를 제공하는 방법이다. 음녀는 많은 물 위에 앉아 있었고(1절), 자줏빛(높은 신분)과 붉은빛(부유함) 옷을 입고, 각종 보석으로 장식하고 있고(4절), 금잔을 들고 있고(4절), 그 이마에 비밀스런 이름이 있고(5절), 성도들과 예수의 증인들의 피에 취해 있으며(6절), 일곱 머리와 열 뿔 가진 짐승을 타고 있는(7절) 모습으로 묘사되고 있다. 이것은 베스파시안 황제의 초상이 새겨진 로마의 동전(sesterius)의 앞뒷면을 묘사하고 있는 것으로 볼 수 있다. 음녀는 동전 중앙에 앉아 있는 로마의 여신(Roma)이고, 많은 물은 강의 신 티베르와 관계되고, 음녀의 옷차림은 라틴어로 '음녀'의 뜻이 있는 암늑대와 관련이 있고, 금잔은 바빌론에 대한 은유(렘51:7 참조)이고, 비밀스런 이름은 로마제국을 뜻하는 Roma가 거꾸로 읽으면 Amor(사랑)이기 때문에 사랑의 여신인 비너스가 음녀의 이미지로 변화된 것이고, 피는 여신이 들고 있는 검과 관련되고, 일곱 머리(=일곱 산)는 여신이 앉아 있는 일곱 산을 가리킨다.

② 천사의 해석(17:7-18)

음녀의 모습을 보고 놀라는 요한에게 천사가 여자의 비밀과 짐승의 비밀을 해석하여 준다(해석의 천사). 전체 구조는 (a) 여자의 비밀(7a), (b) 짐승의 비밀(7b), (b') 짐승의 일곱 머리에 대한 해석(8-11절)과 열 뿔에 대한 해석, (a') 여자에 대한 해석(18)으로 되어 있어서 abb'a'의 구조를 보여준다. 음녀를 보고 놀랐지만, 정체를 금방 알 수 있는 음녀보다는 그녀가 탄 짐승의 비밀에 관해 주로 해석해 주고 있다. 음녀는 바빌론, 즉 로마제국을 가리키는 것이 자명하기 때문이다(17:5,9,18).

먼저 짐승은 "전에 있었다가, 지금은 없으나, 장차 다시 나타날 자"라고 소개된다. 이는 "과거에도 계시고, 현재에도 계시며, 장차 오실 분"이신 하나님의 칭호를 흉내낸 것이다(1:4,8; 11:17; 16:5 참조). 집합적 개념으로 사용된 이 짐승은 해석하기가 쉽지 않다. 이 짐승의 머리 일곱은 일곱 왕과 일곱 산(로마시의 지형)이다. 일곱 왕 가운데, 다섯은 죽었고, 하나는 있고, 하나는 나타나지 않았다. 전에 있다가 지금은 없는 (그러나 다시 나타날) 그 짐승은 여덟째 왕이다. 또한 열 뿔은 열 왕이다. 그들은 아직 나라를 차지하지 못하였지만, 장차 한 동안 왕권을 차지할 것이다.

천사는 정작 해석의 실마리만 제공하고 있다. 이 짐승은 로마 황제들을 집합적으로 대변하지만, 또한 황제들 모두를 대표하는 왕은 네로로 보인다(13:18; 17:16 참조). 아우구스투스 황제를 기점으로 계산하면, '아우구스투스-티베리우스-가이우스-클라우디우스-네로'를 죽은 다섯 왕으로, 베스파시안은 지금 있는 왕으로, 티투스는 아직 나타나지 않은 왕으로, 도미티안은 전에 있었다가 지금은 없는 왕으로 여덟 번째 왕(환생한 네로)으로 보게 된다(황제의 역할을 제대로 하지 못한 혼란기의 세 왕인 '갈바-오토-비텔리우스'는 이 계산에서 제외된다). 또한 티투스는 주후 79-81년 잠시 동안 통치하였기 때문에, "잠깐밖에 머물지 못할 것”(10절)이라는 설명에 부합한다. 위의 설명은 요한계시록이 도미티안 황제의 통치 말기(95년경)에 기록되었다는 것을 지지하여 준다.

열 뿔(단7장 참조)에 대한 해석은 주의를 요한다. 단7:8,20,24에는 “열 뿔 중에 세 뿔을 뽑아버린다”는 내용이 나오기 때문에, 로마 황제 중에 계산되지 않은 ‘갈바-오토-비텔리우스’를 세 뿔로 보려고 하였다. 그러나 로마 황제는 권좌를 얻은 왕들인데 비해, 열 뿔은 아직 나라를 얻지 못하였기 때문에, 열 뿔은 로마 황제에 의해 책봉된 속국의 왕들을 통칭하는 것으로 보아야 한다. 열 뿔은 환생한 네로와 함께 묵시적 드라마를 완성하는 역할을 하게 된다. 그들은 짐승과 연합군을 이루어 먼저 어린양과 성도들을 공격할 것이지만 실패할 것이다. 열 뿔과 짐승(환생한 네로)은 음녀(로마제국)를 미워하여 그녀를 공격해서 수치를 당하게 할 것이다(17:16). 로마 황제 중의 하나(환생한 네로)가 로마제국(=음녀)을 공격하는 것은 아이러니가 아닐 수 없다. 열 뿔을 동방의 왕들과 동일시한다면(16:12 참조), 이는 네로가 파르디아 군대(열 뿔)를 이끌고 로마를 침공해 물리칠 것이라는 네로 환생 설화와 잘 부합하게 된다.

ㄴ)바빌론의 패망(18:1-24)

① 바빌론의 패망 선언(18:1-3)

18장은 세 음성에 의해 내용이 전개된다: 천사의 음성(1-3절), 하늘의 음성(4-20절), 힘센 천사의 음성(21-24절). 이들은 바빌론 패망의 순서를 시나리오로 보여준다기보다 반복적으로 신속히 임할 바빌론 패망의 주제를 강조하고 있다. 먼저 17장에 나온

해석의 천사가 아닌 다른 천사(일곱 대접을 가진 천사 중 하나; 17:1 참조)가 하늘에서 내려와 큰 음성으로 바빌론의 패망을 선언한다(1-3절). 2-3절은 패망의 선언과 그 이유를 제시하고 있는 애가(lament)로서, 장송곡(dirge)과 조롱의 노래(taunt song)의 특성을 보여준다. 패망의 선언은 두 번 반복된 "무너졌다!"로 특징지어진다. 이는 14:8에서 두 번째 천사에 의해 이미 선언된 것이다. 패망한 바빌론은 '더러운'(세 번 반복) 귀신의 거처가 됨으로써, 새 예루살렘에 들어갈 수 없는 속되고 가증한 자들과 동일시된다(21:27; 22:15 참조). 3절은 패망의 이유를 말해주는데, 음행(종교적 우상숭배)과 사치로 인한 치부(경제적 상거래)를 들고 있다. 핍박받고 고통 받던 성도들은 부와 사치를 즐기던 로마제국의 멸망을 희구하였다. 요한계시록에서 물질적인 부는 더 이상 중립적인 의미를 갖지 않는다.

② 심판 선언과 애가(18:4-20)

두 번째로, 하늘의 음성이 들려왔다. 먼저 바빌론의 죄가 하늘에까지 닿았기 때문에, 성도들에게 패망하는 바빌론을 떠나라는 권고를 하고 있다(4-5절). 하늘에까지 닿은 교만(ὕβρις)은 하나님이 싫어하시는 죄로서 심판을 면할 수 없다. 성도들을 안전하게 보호하고 난 후, 하늘의 음성은 바빌론에 대한 응보적 심판이 임할 것을 선언한다(6-8절). 바빌론의 행한 것에 갑절의 보응이 따를 것이다. 바빌론이 누린 영화와 사치는 고통과 슬픔으로 바뀔 것이다. 바빌론이 당할 재앙은 역병(사망), 슬픔(특히 사별을 가리킴), 흉년의 방식으로 임할 것이다(6:8 참조). 그것도 '하루' 사이에 신속하게 일어날 것이다. 심판하시는 분은 '강한'(ισχυρος; 이곳에 유일하게 등장) 하나님이시기 때문이다.

9-19절은 2-3절과 마찬가지로 애가(lament)를 보여준다. 20절의 후렴("즐거워하라")은 애가에 조롱(taunt)의 요소를 덧붙이는 효과가 있다. 애가는 세 주체(왕들, 상인들, 뱃사람들)에 의해 불려진다. 애가는 멀리 서서, "화를 입었다"를 두 번 반복하면서 시작한다. 그들은 "한 순간"(=한 시간)에 망한 "큰 성" 바빌론을 보며 울며 애통해 한다. 먼저 왕들은 크고 강한 도시에 임한 심판을 두려워하면서 슬퍼한다. 10절에서 바빌론을 "강한" 도시라고 한 것은 8절의 "강한" 하나님과 대조된다. 상인들은 29 종류의 상품(주로 사치품) 이름을 열거하면서, 이제는 더 이상 이러한 상품들을 거래할 수 없게 되었기 때문에 울며 슬퍼한다. 몸치장에 사용된 보석류와 값비싼 옷감은 17:4의 음녀 바빌론에 대한 묘사와 관련된다. 상품 중에는 사람의 목숨(영혼)도 들어있어서, 바빌론이 사람들을 얼마나 하찮게 여겼는지를 보여준다. 상인들은 많은 사치품과 재물이 "한 순간"에 잿더미로 변하게 된 것을 슬퍼한다. 뱃사람들(선장, 선객, 선원, 인부)도 큰 도시가 "한 순간"에 잿더미로 변하게 된 것을 보고 놀라고 슬퍼한다. 뱃사람들이 바빌론 멸망을 애도하는 대표자들로 나오는 것은 무역항이었던 두로에 대한 심판과 애도 전승이 반영된 것으로 보인다(겔27:25-36 참조).

③ 패망의 표지(18:21-24)

세 번째로, 힘센 천사가 등장하여 큰 맷돌을 바다에 던진다. 여기에 바빌론에 대한 심판을 수행하는 역할을 맡은 힘센 천사가 마지막으로 등장한다(5:2; 10:1 참조). 바다에 던져진 큰 맷돌은 다시 일어날 수 없는 바빌론의 완전한 파멸을 상징한다. 바빌론이 패망한 결과를 세 가지로 제시한다: 즐거운 소리(음악,

신랑과 신부의 음성)가 사라지고, 가정 경제/산업(보석 세공업)이 사라지며, 빛이 사라질 것이다. 이러한 결과가 초래된 것은 세 가지 죄(상인들의 세속적 탐욕, 복술/마술, 예언자들과 성도들과 억울한 사람들의 죽음) 때문이다.

ㄷ) 바빌론 패망 축하 찬양(19:1-10)

① 축하 찬양(19:1-8)

성도들의 신원의 기도(5:8; 6:10)에 대한 응답이 마침내 이루어졌다(2절의 "피의 원한을 갚으셨다" 참조). 음녀 바빌론에 대한 심판이 이루어졌다. 일곱째 천사가 마지막 대접을 쏟아 부었을 때, "다 되었다"는 음성이 하나님의 보좌로부터 울려나왔다(16:17). 바빌론의 패망 이후에 19:1-8에는 두 번의 찬양이 울려 퍼지고 있다. 첫 번째 찬양(1-4절)은 하늘의 큰 무리가 음녀 바빌론을 심판하신 하나님의 심판이 참되고 의롭다는 것을 찬양하자 이십사 장로와 네 생물이 화답하는 내용이다. 두 번째 찬양(5-8절)은 세 가지 음성의 혼합(큰 무리, 큰 물소리, 우렁찬 천둥소리)으로 하나님의 통치권과 어린양의 혼인잔치를 축하하는 내용이다. 음녀 바빌론과 대조되는 어린양의 신부에 관해서는(7-8절에 우선 묘사됨) 새 예루살렘 부록(21:9-22:9)에서 더 자세하게 다루어질 것이다.

요한계시록에는 일곱 번의 찬양/예배가 기록되어 있다. 이것은 재앙 심판의 과정에서도 성도들이 보호되고 구원받는 것에 대한 찬양과 경배를 보여준다. 서사적 흐름이 중단되지만, 오히려 이를 통해 하나님의 구원과 승리를 확인하여 주는 기능을 한다. 이를 구체적으로 살펴보면 다름과 같다: 첫 번째로, 네 생물과 이십사 장로들이 거룩하신 하나님이 경배를 받으시기에 합당하다고 찬양한다(4:8-11). 두 번째로, 이십사 장로와 천사들과 모든 피조물이 봉인된 두루마리를 풀 자격이 있는 어린양께 찬양을 드린다(5:9-14). 세 번째로, 큰 무리가 구원을 주신 하나님과 어린양께 찬양하자, 천사들이 교창한다(7:10-12). 네 번째로, 일곱째 나팔을 불자 이십사 장로들이 심판할 때가 되었다고 찬양한다(11:17-18). 다섯 번째로, 짐승에게 승리한 자들이 하나님의 의로운 심판을 찬양한다(15:3-4). 여섯 번째로, 물의 천사가 하나님의 의로운 심판을 찬양하자, 제단의 음성이 교창한다(16:5-7). 그리고 마지막으로, 하늘의 큰 무리와 이십사 장로와 네 생물이 바빌론에 내린 의로운 심판과 어린양의 혼인잔치를 축하하는 찬양을 부른다(19:1-8). 마지막 찬양은 "할렐루야" 찬양의 특징을 보여준다.

② 복의 선언과 참된 경배(19:9-10)

여기서는 네 번째 복의 선언이 나온다. 어린양의 혼인잔치에 초대를 받은 사람에게 복을 선언한다. 바빌론의 패망을 기뻐하는 것에서 어린양의 혼인잔치로 주제가 옮겨진다. 종말론적 연회로서 어린양의 혼인잔치가 언급된 곳은 이곳뿐이다(7,9절). 요한은 혼인잔치에 초대하는 메시지를 전해준 천사에게 경배하려고 하였다. 그러나 천사는 요한과 같이 하나님의 종이라고 하면서 경배를 거절한다. 천사도 요한과 같이 예수를 증언할 뿐이라고 하면서, 그것이 참된 예언의 영이라고 말해준다.

바빌론 부록을 마무리하는 19:9b-10의 내용은 예루살렘 부록을 마무리하는 22:6-9의 내용과 유사한 형식을 보여준다(19:9과 22:6; 19:10과 22:8 및 22:9를 비교해 보라). 두 개의 부록은 그렇게 불릴 만한 특징을 보여준다. 바빌론이 완전히 멸망하고 난 뒤에 "다 되었다"라는 선언이 나오고(16:17), 그리고 새 예루살렘이 하늘에서 내려오고 난 뒤에 "다 되었다"라는 선언이 나오는데(21:6), 그 후에 각각 바빌론과 새 예루살렘에 대해서 더 자세한 내용이 첨가되고 있기 때문이다.

자) 두 번째 미계수 환상: 최후의 전쟁과 최후 심판의 환상 (19:11-21:8)

성도들의 신원의 기도에 대한 응답으로 바빌론에 대한 심판이 완결되었지만, 아직 다 끝난 것은 아니다. 바빌론을 조종한 악의 원흉인 사탄을 심판하는 일이 남아 있다. 19:11-21:8에는 사탄과의 최후의 전쟁과 그 이후의 일이 일곱 개의 미계수 환상의 형식으로 기록되어 있다. 두 번째로 기록된 일곱 미계수 환상은 하늘의 열린 문으로 보인 흰 말을 탄 그리스도(19:11), 해에 서 있는 한 천사(19:17), 최후의 전쟁을 위하여 모인 짐승과 세상의 왕들과 그 군대(19:19), 무저갱의 열쇠와 큰 사슬을 손에 든 한 천사(20:1), 심판할 권세를 받고 보좌에 앉은 사람들(20:4), 크고 흰 보좌 위에 앉으신 분(20:11), 새 하늘과 새 땅(21:1)과 하늘에서 내려오는 새 예루살렘 성(21:2)이다.

ㄱ) 최후의 전쟁 (19:11-21)

이 장면에서 가장 두드러진 등장인물은 흰 말을 탄 전사(warrior; 11절)와 짐승(19절)이다. 이 둘은 각자 자신의 군대의 지원을 받으며 최후의 전쟁을 벌인다. 그러나 정작 전투 장면은 나오지 않고 결과만을 언급한다. 그것은 이미 결정이 난 전쟁이기 때문이다.

① 흰 말을 탄 전사의 소개 (19:11-16)

하늘이 열리고 요한은 흰 말을 탄 자를 보게 된다. 하늘이 열리는 것은 새로운 계시나 심판 장면이 나타날 때의 현상이다(겔 1:1; 사64:1-3 참조). 여기서는 심판과 관련된다. 흰 말을 탄 자는 전사의 모습으로 등장한다. 이는 그리스도를 가리키는데, 죽임을 당한 것 같은 어린양(5:6)과는 매우 다른 모습이다. 이곳에 나오는 인물은 첫 번째 인에서 흰 말을 탄 자(6:2)와는 다르다. 여기에서 흰 말을 탄 자를 그리스도라고 보는 것은 그의 이름이 "충신과 진실"이기 때문이다. 이는 그리스도의 이름으로 이미 소개된 바 있으며, 히브리어 '아멘'을 번역한 말이다(1:5; 3:14 참조). 그리스도를 "공의로 심판하시는 분"이라고 소개하는 것은 이곳이 처음이다. 12-16절에 묘사된 그리스도의 모습은 그가 전사임을 잘 드러내 준다. 특히 "왕과 군주"로 나타나고 있기 때문이다(16절).

② 큰 잔치 초대 (19:17-18)

해에 선 한 천사가 하나님의 큰 잔치에 초대한다. 왕들을 비롯한 모든 이들의 살을 먹으라고 권한다. 이것은 어린양의 혼인 잔치(7,9절)와 대조되면서 그것을 예비하는 성격을 갖는다. '살을 먹는 큰 잔치'는 곡과 마곡에 대한 심판 장면에서 용사의 살을 먹고 세상 왕들의 피를 마시라고 한 에스겔서 39:17-18을 연상하게 한다. '큰 잔치'는 하나님이 최후의 전쟁에서 승리하고 난 후 가질 축하연을 가리킨다.

③ 짐승과 그의 군대의 패배 (19:19-21)

흰 말을 탄 자를 대적하는 우두머리는 '그 짐승'(정관사 사용)이다. 그는 음녀 바빌론이 탄 붉은빛 짐승(17:3)으로서, 바다에서 올라온 짐승(13:1)을 가리키고 있다. 짐승은 세상의 왕들과 그들의 군대와 함께 흰 말을 탄 전사와 그의 군대와 싸우기 위해 힘을 합친다. 정작 전투 장면은 나오지 않고, 짐승과 거짓 예언자(13:11의 땅에서 올라온 짐승)가 붙잡혔다고 언급한다(악의 삼위일체 중 둘은 처리된다). 이 둘은 산 채로 유황이 타오르는 불못(ἡ λιμνη του πυρος)에 던져진다. 남은 자들(세상의 왕들과 군대)은 흰 말을 탄 자의 입에서 나오는 칼에 맞아 죽고, 새들의 밥이 된다. '유황이 타는 불못'은 요한계시록에 여섯 번(19:20; 20:10,14[2],15; 21:8) 나오는데, 영원한 징벌의 장소(하데스, 지옥)로 간주된다.

ㄴ) 사탄의 패망 (20:1-10)

① 사탄의 결박 (20:1-3)

악의 삼위일체 중 마지막 남은 사탄을 처리할 일만 남아 있다. 사탄과의 전쟁은 12:7-9에 이미 언급되었다. 그곳에서는 하늘에서의 추방을 다루고 있는데 비해, 이곳에서는 사탄의 결박에서부터 최후까지를 다루고 있다. 사탄은 "하늘에서 내려오는"(10:1과 18:1에 이어 세 번째 등장) 천사에 의해 결박된다. 그는 무저갱을 여는 열쇠와 쇠사슬을 가지고 내려온다. 무저갱의 열쇠를 가진 천사는 9:1에 등장하는데, 그때는 하늘에서 "떨어진" 천사로 소개되기 때문에 20:1의 천사와 동일시할 수 있는지 확신할 수 없다. 그러나 두 천사 모두 전쟁과 관련되어 있는 것은 확실하다.

사탄의 정체는 다양한 별명(용, 마귀, 옛 뱀)을 통해 폭로된다. 그는 12:9에서와 같이 '미혹하는' 역할을 한다(3,8,10절). 사탄의 이름을 열거한 것은 그의 능력과 권세를 확실하게 제압하고 있음을 보여준다. 2-3절에는 사탄을 결박하는 과정에 사용된 다섯 개의 동사가 나온다. 사탄을 "붙잡아, 결박하여, (무저갱에) 던지고, 잠그고, 봉인한다." 이를 통해 사탄이 미혹하는 일을 확실하게 하지 못하도록 한다.

② 천년왕국 (20:4-6)

사탄이 감금된 후 잠깐 놓여나게 될 것이라는 예고가 7절에서도 반복되고 있기 때문에, 4-6절은 서사적 흐름에서 잠시 이탈(digression)하고 있어서 독립된 주제를 다루고 있음을 보여준다. 그것은 사탄이 감금되어 있는 동안 순교자들이 살아나서 그리스도와 함께 천년 동안 통치할 것이라는 주제이다. 요한은 보좌와 그 위에 앉은 자들을 본다. 이들은 누구인가? 요한계시록에서 하나님을 제외하고 보좌에 앉아 있는 자들은 이십사 장로밖에 없기 때문에 이들을 이십사 장로로 볼 수 있다. 그들에게 심판할 권세가 주어졌는데, 이십사 장로에게도 심판할 권세가 주어졌기 때문이다. 그런데 여기에서는 보좌에 앉은 자들을 이십사 장로라고 명시적으로 밝히고 있지 않고 있어서 모호함이 유지된다. 아마 이들을 다음에 나오는 순교자들과 동일시하려는 의도를 보여주는 것 같다. 보좌에 앉은 자들과 순교자들은 동일한 집단으로 본다면, 순교자들은 보좌에 앉는 최고의 영예를 받게 된다. 그들은 우상에게 경배하지 않고 짐승의 표를 받지 않은 신앙 때문에 보좌에 앉을 수 있게 된 것이다(3:21 참조).

순교자들은 그리스도와 함께 천년 동안 통치할 것이다. 여기에서 방점은 그리스도에 있는 것이 아니라 순교자들에게 있다. 억압을 받고 죽임을 당했던 순교자들에게 통치할 권세를 주어 보상하고 있는 점을 강조한다. 순교자들에게는 심판과 통치의 두 가지 권세가 주어졌다. 그들에게는 사탄을 심판하고 세상을 통치할 권세가 있다. 그들은 첫째 부활에 참여한 자들이다. 나머지 죽은 사람들은 천년이 지나서 사탄이 심판을 받고 난 후 부활하게 된다. 둘째 부활에 참여한 자들은 믿지 않는 자들은 물론 믿는 자들도 포함된다고 보아야 한다. 믿는 자들 중에서도 순교자들에게만 첫째 부활에 참여할 특권이 부여되고 있기 때문이다. 그들에게만 둘째 사망(불못 심판)의 해를 당하지 않고, 천년 동안 통치할 복이 허락된다(다섯 번째 복의 선언).

천년의 통치, 즉 천년왕국은 무엇을 의미하는가? 천년을 문자적으로 보아야 하는지, 비유적(figurative)으로 보아야 하는지에 관해서 의견이 갈리고 있다. 요한계시록에서 숫자는 비유적으로 사용되고 있으며, 인접 문맥도 비유적인 성격을 가진 단어들(쇠사슬, 무저갱, 용, 뱀, 잠그다, 봉인하다, 짐승)이 사용되고 있기 때문에, 천년을 비유적으로 보는 것이 적합하다. 숫자의 비유적 의미는 구약성서나 유대문서에서도 찾을 수 있다. 에녹1서의 [주간묵시](the Apocalypse of Weeks)에는 여덟째 주에 영원한 왕국이 세워지고, 아홉째 주에 의로운 심판이 시행되며, 열째 주에 새 하늘나라가 출현하여 영원히 지속된다는 내용이 나온다(에녹1서 93:3-10; 91:11-17). 에스라4서 7:26-30에는 종말에 메시아가 나타나 400년 동안 다스리다가 죽게 된다는 내용이 나온다. 요한계시록의 메시아 왕국도 일시적인 성격을 보여준다.

그렇다면 (순교자들이 함께 다스릴) 메시아 왕국은 언제, 어떻게 존재할 것인가? 바울은 그리스도의 부활 '후'를 강조함으로써 메시아 왕국과 교회 시대를 보다 밀접하게 연관시킨다. 요한계시록은 교회 시대가 끝나고 종말의 마지막 때를 가리키고 있다. 그런데 요한계시록도 순교자들이 살아나 천년 통치에 참여하기 때문에 교회 시대와 완전히 구별되는 것은 아니다.

천년 왕국은 언제 시작되는가? 천년왕국설은 그리스도의 재림을 기점으로 하여 전천년설(premillennialism)과 후천년설(postmillenialism)로 나뉜다. 전천년설은 천년왕국이 시작되기 전에 그리스도의 재림이 있다고 보기 때문에, 요한계시록을 문자적으로 이해하는 것과 맥이 닿아 있다. 종말론적 관점이 강조되지만, 그리스도의 부활이 가지는 결정적인 의미를 약화시킨다. 후천년설은 천년왕국이 끝난 후에 그리스도의 재림이 임한다고 보기 때문에 교회 시대와 동일시되기가 쉽다. 교회 시대와 동일시하면, 교회 시대가 얼마 동안 지속될지 알 수 없기 때문에 천년왕국을 문자적으로 볼 수 없게 된다. 이렇게 후천년설로 이해하면, 그리스도가 영적으로 통치한다는 개념을 받아들이는 셈이 된다. 무천년설(amillennialism)도 있다. 무천년설은 천년을 실제적인 기간으로 받아들이지 않고, 다만 천년이 그리스도의 부활 이후 재림 이전까지의 통치를 상징하는 개념이라고 본다. 후천년설과 다른 점은 천년을 완전히 비유적으로만 받아들인다는 것이다. 그러므로 역사 속에서 실현될 문자적인 메시아 왕국의 개념보다는 영원한 하나님의 왕국 개념만을 받아들인다.

③ 사탄의 최후 (20:7-10)

천년이 끝나자 사탄이 갇혀 있던 감옥에서 풀려난다. 그 후 바로 곡과 마곡을 미혹하여 전쟁을 획책한다. 에스겔 38-39장에서 곡은 왕의 이름이고, 마곡은 지역/나라의 이름인데, 여기에서는 땅의 모든 나라를 의미한다. 이 전쟁은 최후의 전쟁인데, 19:17-21의 내용을 반복하고 있다. 다른 점이 있다면, 20:7-10은 천년왕국 후에 사탄이 주도하는 전쟁이라는 것이다. 사탄과 그의 군대는 '사랑하시는 성읍'(예루살렘)을 공격하려고 시도하였지만, 하늘에서 불이 내려와 그들을 태워버리는 심판의 결과를 가져온다. 에스겔서에서 곡과 마곡도 불과 유황으로 심판을 받았다. 사탄은 그의 하수인들(짐승과 거짓 예언자)이 이미 받은 징벌대로(19:20 참고), "불과 유황이 타는 못"에 던져져 영원토록 고통을 받게 된다.

ㄷ) 최후 심판의 환상 (20:11-15)

① 흰 보좌에 앉으신 이 (20:11)

이제 사탄을 심판하고 난 뒤에 남아 있는 "죽은 사람들"에 대한 심판이 이루어진다. 이 심판은 "크고 흰 보좌에 앉으신 이"인 하나님에 의해 주도된다. 하나님의 보좌가 "크고 희다"고 한 곳은 이곳뿐이다. 하나님이 심판장으로서 보좌에 앉을 때, 땅과 하늘이 사라진다. 하나님이 임재하실 때 자연이 반응을 보이는 예는 구약성서에서 많이 찾을 수 있다(삿5:4-5; 시18:7-15; 68:7-8; 암1:2; 미1:3-4; 합3:4-15).

② 둘째 사망의 심판 (20:12-15)

이제 "죽은 사람들"에 대한 심판이 이루어질 차례다. 하나님의 보좌 앞에 모든("큰 자나 작은 자") 죽은 자들이 서서 심판을 받게 된다. 큰 자나 작은 자, 즉 모든 사람들 속에는 믿는 사람들도 포함되는 것으로 보아야 한다. 그들 앞에는 두 권의 책이 놓여 있었다. 하나는 생명책이고, 다른 하나는 행위의 책인데, 사실 생명책도 믿는 자들의 행위를 기록한 것이기 때문에 행위의 책이 두 권이라고 말해도 된다. 그러나 믿는 사람들의 이름이 기록된 생명책을 믿지 않는 사람들의 이름만 기록된 행위의 책과 구별하고 있다. 단7:10과 12:1-2에도 두 권의 책이 나온다. 유대교에서 전통적으로 하늘에 두 권의 책이 있다고 생각해 온 전승이 여기에 반영되어 있다고 볼 수 있다.

하나님의 심판은 철저하게 행위에 따라 이루어진다. 믿는 사람이나 믿지 않는 사람이나 모두 행위에 따라 심판을 받는다(12-13절). 여기에서 말하는 행위는 '믿음과 행위'의 이분법에 의한 개념이 아니라, 믿음에 따른 행위로서 인내하고(1:9; 2:2,3,19; 3:10; 13:10; 14:12), 짐승에게 경배하지 않고 짐승의 표를 받지 아니한 행위(13:15; 14:11; 16:2; 19:20; 20:4)를 가리킨다. 하나님의 최후의 심판을 통해 생명책에 기록되지 않은 모든 사람들은 "사망과 지옥"과 함께 "불못"에 던져진다. 이로써 심판이 완료되었다.

ㄹ) 새 하늘과 새 땅의 환상 (21:1-8)

① 새로운 환상의 소개 (21:1-2)

심판이 완료되자, 새로운 환상을 보게 된다. 그것은 새 하늘과 새 땅에 관한 환상이며, 하늘로부터 내려오는 새 예루살렘 성에 대한 환상이다. 이 두 환상은 서로 전혀 다른 환상이라기보다 하나님의 새 창조를 가리키는 면에서 하나로 연결된 환상이다. 앞 단락에서 땅과 하늘이 사라졌기 때문에(20:11), 새 하늘과 새 땅이 필요했다. 이것은 새로운 창조(재창조)로 볼 수도 있고, 이전 것이 새로워진 것이라고 볼 수도 있다. 이전 것이 사라졌다고 한 것이지 소멸된 것은 아니기 때문이다. 또한 하나님께서 친히 "내가 만물을 새롭게 하노라"(21:5)라고 말씀하셨기 때문이다. 바다가 없어졌다고 한 것은 바다가 혼돈과 악을 상징하고 있기 때문이다(13:1 참고).

새 예루살렘 성이 하늘에서 내려왔다. 새 예루살렘은 여성적 이미지를 가지고 음녀 바빌론과 대조를 이룬다. 예루살렘은 바빌론과 같이 "큰 성"(11:8)으로 불리며 부정적으로 묘사되고 있다. 그런데 여기에서 예루살렘을 "거룩하고 새로운" 성으로 부른 것은 놀랍다. "새" 예루살렘은 지상의 예루살렘이 아니라 천상의 예루살렘이다. 새 예루살렘은 단장한 "신부" 같았다.

새 예루살렘은 구체적으로 무엇을 가리키는가? 크게 두 가지 의견이 있다. 하나는 '성도들/교회'로 보는 것이고, 다른 하나는 '장소'로 보는 것이다. 21:4-26에서 새 예루살렘 성은 성도들이 거할 장소로 묘사되는 것은 사실이다. 그러나 새 예루살렘은 성도들(교회)로 볼 수도 있다. 새 예루살렘을 가리켜 하나님의 장막이 사람들 가운데 있는 것으로 묘사하며(21:3), 신부로 부르고(21:9; 22:17) 있기 때문이다. 또한 성도들은 신랑이신 예수의 신부로 지칭하는 일반적인 예들도 많다(마9:15; 막2:19,20; 눅5:34,35; 요3:29). 그렇다면 새 예루살렘은 불완전하고 현실에 매인 지상 교회(2-3장)와 다르게 완전하고 이상적인 성도들(교회)을 가리키며, 더럽고 가증한 음녀(17장)와 다르게 거룩하고 단정한 성도들(교회)을 가리킨다(대조의 효과).

② 보좌의 음성과 하나님의 음성 (21:3-8)

3-4절은 보좌의 음성을, 5-8절은 하나님의 음성을 들려준다.

보좌에서 난 음성은 하나님과 하나님의 백성의 하나 됨을 강조하며, 성도들에게서 다섯 가지(눈물, 죽음, 슬픔, 울부짖음, 고통)를 없애줄 것을 약속하여 준다. 3절은 특히 겔37:27과 놀라울 정도로 유사성을 보인다. 에스겔서의 처소(מִשְׁכָּן; 미쉬칸)는 요한계시록의 장막(σκηνη)과 어근이 같다.

5-8절은 1:8을 제외하고 하나님이 직접 말씀하시는 내용을 담고 있다. 요한계시록의 처음과 끝에서 하나님의 말씀이 기록되고 있는 셈이다. 하나님은 만물을 새롭게 한 후에 "다 이루었다/다 되었다"(γεγοναν)라고 선언한다(21:6). 하나님은 "알파와 오메가", "시작과 끝"으로 호칭된다. 이기는 자들은 생명수를 값없이 마시게 되겠지만, 여덟 가지 악을 행하는 자들(두려워하는 자, 불신자, 흉악한 자, 살인자, 음행하는 자, 점술가, 우상숭배자, 거짓말쟁이)은 둘째 사망인 불못으로 던져질 것이라고 말씀하신다. 이 악들은 신앙적인 것과 도덕적인 것으로 나눌 수 있다. 요한계시록에서 신앙과 행위는 별개로 취급되지 않고 밀접하게 연결되고 있다. 심판의 기준이 '행위'인 것도 이 때문이다(20:12-13; 22:11-12).

차) 새 예루살렘 부록 (21:9-22:9)

새 예루살렘 부록은 바빌론 부록(17:1-19:10)과 구조적으로나 내용적으로 대조를 이룬다. 서두와 말미 부분에 공통적인 문구와 내용이 등장한다. 이는 바빌론과 새 예루살렘의 대조를 통해 바빌론의 심판과 새 예루살렘의 구원이라는 주제를 강조하려는 의도를 드러내는 것이다. 여기에서 새 예루살렘은 '성도들/교회'로서의 의미보다는 '장소'로서의 의미가 강조되고 있는 특징을 보여준다.

ㄱ) 새 예루살렘 소개 (21:9-10)

새 예루살렘 환상은 바빌론 환상을 소개했던 일곱 대접을 가졌던 천사 중 하나에 의해서 소개되고 있다. 이는 두 환상을 대조시키려는 의도가 반영된 결과로 보인다. 일곱 천사는 이곳에서도 주도적 역할을 한다. 예루살렘은 요한계시록에서 음녀 바빌론과 함께 "큰 성"(11:8)으로 불리고 있듯이, 긍정적이고 거룩한 이미지를 가지고 있지 않다. 그런데 갑자기 21장부터 새 예루살렘으로 불리면서 새로워진 모습으로 등장한다. 하나님께서 만물을 새롭게 한 것이다(21:5). 새 예루살렘은 서두에 어린양의 신부로 소개된다(9절). 그러나 이후의 내용을 보면, 성의 묘사에서 보듯이 '장소'로서의 이미지가 두드러진다.

천사가 황홀경 속에서(성령으로 휩싸서) 요한을 크고 높은 산으로 데리고 가서 하늘에서 내려오는 새 예루살렘을 보여준다. 이는 겔40:2의 내용을 연상시킨다. 그런데 새 예루살렘을 '성'(πολις)으로 묘사한 것은 의외로 느껴질 수 있다. 고대인들은 도시를 이상적인 세계로 생각한 전통이 있었다. 무엇보다 플라톤 사상의 영향으로 지상의 예루살렘이 천상의 예루살렘을 모방한 그림자로 생각했기 때문에, 이상적인 예루살렘을 새 예루살렘으로 표현한 것이다. 다른 한편으로, 새 예루살렘은 후에 목가적이고 전원적인 모습으로 나타나기도 한다(22:1-5).

ㄴ) 새 예루살렘의 외부 묘사 (21:11-21)

새 예루살렘의 외부 묘사는 전체적인 묘사(11절)와 성곽의 묘사(12-14절)에 이어, 성과 성곽의 측량(15-17절) 및 성곽의 재료(18-21절)를 소개하는 내용으로 되어 있다. 새 예루살렘은 전체적으로 "하나님의 영광"에 싸여 있다. 하나님의 영광은 벽옥(jasper)과 같은 보석이 내는 빛과 같다(4:3 참조). 21:23에서 그 빛은 해와 달의 빛을 능가하는 밝은 빛이라고 말한다.

새 예루살렘 성은 "크고 높은" 성곽, 즉 성벽을 가지고 있다. 성벽에는 열두 문이 사방으로 세 개씩 나 있으며, 열두 천사가 지키고 있다. 많은 문은 성의 크기와 위용을 말해준다. 열두 지파 이름이 문에 새겨진 것은 미래 성전을 묘사하는 겔48:31과 유사한데, 이스라엘의 회복 종말론의 영향을 보여준다. 성벽의 주춧돌에는 열두 사도의 이름도 적혀 있다. 유대교 전통을 부정하지 않으면서 기독교의 새로운 시작을 보여주려고 한다. 성벽의 묘사가 강조된 것은 성의 '안과 밖'은 들어갈 수 있는 자와 들어갈 수 없는 자를 구별해 주기 때문이다(22:15). 열두 천사는 속된 것, 가증한 자, 거짓말하는 자가 성문을 통과할 수 없도록 지키는 역할을 한다(21:27).

성은 정육면체 형태이다. 이는 에스겔서의 미래 성전과 유사하다(겔48:30-35). 쿰란문서에도 종말론적 성전을 정사각형으로 묘사한다(11QT1:190). 솔로몬 성전이 직사각형이었던 것과 비교된다. 솔로몬 성전이 세워진 시온 산은 넓은 평지가 아니라서 정육면체로 짓는 것이 어려웠을 것이다. 새 예루살렘이 정육면체인 것은 넓은 평원에 정사각형 도시 형태를 가진 이집트나 바빌론의 영향을 받은 것으로 보기도 한다. 성의 크기는 12,000 스타디온(1스타디온은 200 야드)인데 2,000km가 넘는다(참고: 이스라엘의 종단 길이는 300km). 성벽의 크기는 144 규빗(1규빗은 45-50cm)으로 65m 정도 된다. 144(12×12)는 상징적인 의미를 담고 있다. 새 예루살렘 성이 이렇게 큰 것은 바빌론 성보다 크다는 것을 과시하면서, 만국에서 구원받은 성도들을 모두 수용할 수 있어야 하기 때문이다.

외부 묘사는 성벽의 재료를 자세하게 소개하는 것이 핵심이다. 성 자체에 대한 묘사는 별로 나타나지 않고 가장 고귀한 수정과 같은 순금으로 되어 있다고만 언급한다. 성벽은 하나님의 보석인(4:3; 21:11) 벽옥으로 되어 있다. 열두 주춧돌은 각종 보석으로 되어 있다. 열두 문은 큰 진주 하나씩으로 만들었고, 성의 도로는 순금으로 만들었다. 새 예루살렘 성을 이렇게 화려한 보석으로 꾸민 것은 에덴동산의 보석(겔28:13 참조)과 연관시키면서 에덴의 회복의 이미지를 강조하려 한 것으로 보인다. 또한 제사장의 예복에 달린 보석과 비슷하기도 한데(출28:17-21), 이를 통해 참된 제사장직을 회복한 성도들의 이미지를 그려내려고 한 것 같다. 여기에서 보석은 물질적인 것으로 보기보다는 하나님이 임재하시는 장소로서 보는 것에 초점을 맞추어야 할 것이다.

ㄷ) 새 예루살렘 성의 내부 묘사 (21:22-27)

성 안에는 성전이 없다. 하나님과 어린양이 성전이기 때문이다. 새 예루살렘 성 전체가 하나님이 계신 곳이기 때문에 성전이 따로 있을 필요가 없다. 새 예루살렘은 하나님의 장막이며 어린양의 신부이다. 성의 두 번째 특징은 어둠이 전혀 없다는 것이다. 해와 달이 필요 없다. 하나님의 영광이 도성을 밝히며, 어린양은 등불이 된다. 이로써 하나님은 해를, 어린양은 달을 대신한다.

24-27절은 성 안으로 들어가는 기준에 대해 말해준다. 이는 사 60:3-5,11을 반영하고 있다. 이사야서에 의하면, 종말의 때에 만국의 왕들이 재물을 가지고 예루살렘으로 모여들 것이라고 보았다. 그런데 요한계시록에서 "민족들과 땅의 왕들"은 음녀 바빌론과 행음한 죄를 지었는데(18:3,23) 어떻게 성에 들어가 활보하고 있는지에 관해서 의문이 생긴다. 땅의 왕들은 또한 "그들의 영

광"을 가지고 들어간다. 이것은 회개를 의미하는 것 같다(사 45:20,22,24; 슥2:11; 8:23; 단7:14). 이것을 종합해 보면, 여기에서 만국의 민족들과 왕들은 종말에 회개하고 돌아온 온 세계의 종말론적 백성을 가리킨다고 보아야 할 것이다. 바벨론에 미혹되지 않은 많은 사람들이 구원을 얻게 될 것이라는 이사야의 종말론적 희망이 반영되고 있는 것이다.

성문을 닫지 않는 것은 밤이 없고 누구나 들어올 수 있게 열려 있기 때문이다. 그러나 성 안에 들어오지 못할 것들도 있다. 제의적으로 부정한 속된 것들, 우상숭배를 뜻하는 가증한 일을 행한 자들, 그리고 거짓을 행하는 자들(사탄의 미혹에 빠진 자들)은 들어갈 수 없다. 이미 우상숭배자와 거짓말쟁이는 다함께 둘째 사망에 던져지게 될 것이라는 판결을 받은 바 있다(21:8). 둘째 사망에 처하게 될 자들은 여러 번 열거된다. 21:8에는 여덟 종류, 21:27에는 세 종류, 22:15에는 여섯 종류의 사람들이 열거된다.

ㄹ) 낙원의 회복 (22:1-5)

여기에서는 이제까지 도시와 성의 이미지로부터 전원의 모습으로 새 예루살렘을 소개한다. 바로 이상향(utopia=ου+τοπος; '이 세상에 존재하지 않는 곳'이라는 뜻)으로서의 에덴동산 이미지를 가지고 등장한다. 또한 새 예루살렘은 완전하고 흠 없는 교회의 모습을 보여준다. 이러한 점에서 불완전한 지상 교회(2-3장)와 대조된다. 일곱 교회에게는 회개(2:5)와 인내(2:25)와 정결한 옷(3:5)을 주문하고 있는데 비해, 새 예루살렘 성 안에는 모든 시험을 극복하고 자격을 갖춘 사람들만 들어와 있다.

① 생명수의 강과 생명나무 (22:1-2)

새 예루살렘에는 하나님과 어린양의 보좌로부터 생명수의 강이 흐르고 있다(겔47:1-12 참조). 처음 창설된 에덴동산에는 네 개의 강(창2:10-14)이 있었는데, 새 예루살렘 성에는 강이 하나뿐이다. 이 강은 생명을 공급하는 강으로서 에덴동산의 강들과는 비교할 수 없다. 새 예루살렘의 두 번째 특징은 강 좌우편에 있는 생명나무다. 에덴동산에는 각종 나무와 열매들이 있었고, 생명나무와 선악을 알게 하는 나무가 있었는데, 새 예루살렘에는 생명나무만이 언급되어 있다. 새 예루살렘에는 치료하는 효과를 가진 나뭇잎이 언급된다(겔47:12 참조). 에덴동산의 묘사에서는 아담과 이브의 범죄 후 치부를 가린 나뭇잎에 대한 내용만 나온다. 새 예루살렘의 생명나무는 매달 열매를 맺기 때문에 일 년에 열두 번 열매를 맺는다(겔47:12 참조). 에스겔서에는 나무가 열두 달 같은 열매를 맺지만, 새 예루살렘에서는 열두 가지 열매를 맺는다. 에스겔서의 환상은 이스라엘의 회복에 국한되지만, 새 예루살렘 환상은 만국을 치료하는 것과 관계된다. 창세기의 에덴동산은 에스겔의 환상을 거쳐 요한계시록에서 온 세계로 확장된다.

② 새 예루살렘에 살 자들의 복 (22:3-5)

새 예루살렘에는 '저주'가 없을 것이다. 오랫동안 예루살렘은 이방인들의 침략으로 '저주의 도시'로 알려져 있었지만, 사탄과 그의 부하들이 제거되었기 때문에 진정한 '평화의 도시'(=예루살렘의 본뜻)가 될 것이다(슥14:11 참조). 그의 '종들'로 불리게 될 새 예루살렘의 거민들은 하나님을 예배하며 하나님의 얼굴을 볼 것이다. 원래 사람이 하나님의 얼굴을 보면 죽게 되지만(출

3:6; 20:19; 33:20-23), 새 예루살렘의 거민들은 천사들처럼(마18:10) 하나님의 얼굴을 보게 될 것이다. 그것은 성도가 종말에 누릴 복이다(시84:7; 마5:8). 새 예루살렘에는 밤이 없고, 등불이나 햇빛도 필요 없을 것이다. 왜냐하면 빛이신 하나님께서 친히 비출 것이기 때문이다(사60:19 참조). 성도들은 땅에 국한되지 않으며 기간에 제한이 없이(비유적 의미의 천년왕국처럼) 영원토록 다스릴 것이다.

ㅁ) 복의 선언과 참된 경배 (22:6-9)

22:6-9은 바빌론 환상의 결어 부분(19:9-10)과 유사성을 보여준다. 두 부분 모두 천사가 '계시/묵시/예언'의 말씀이 신실하고 참됨을 증언하고, 복을 선언하며, 발 앞에 엎드려 경배하려고 할 때 오직 하나님께만 경배하라고 말하기 때문이다. 여섯 번째 등장하는 복의 선언은 그리스도의 임박한 재림의 상황에서 요한계시록에 기록된 예언의 말씀을 지키는 자들에게 주어진다. 이는 1:3과 똑같은 내용으로서, 요한계시록의 서두와 말미에 놓여 inclusio를 형성한다. "내가 '속히/곧' 오겠다"라는 표현은 다섯 번(2:16; 3:11; 22:7,12,20) 나오는데, 재림과 분명하게 결합되어 나타나는 것은 22장에서 뿐이다. 요한계시록을 "예언의 말씀"으로 규정하는 곳은 다섯 번(1:3; 22:7,10,18,19)인데, 요한계시록의 처음과 마지막 부분에서만 나온다. 이는 요한계시록의 묵시적 환상이 신실하다는 것을 강조하고자 하는 의도를 보여준다. '하나님-예수 그리스도-천사-요한-교회'의 계시 전달 구조에서 "나 요한"(1:9; 22:8)의 친필 서명은 계시의 신실성을 높이는 데 기여한다. 요한에게 계시를 전달해준 천사는 요한과 "같은 종"(συνδουλος)으로 규정되며, 따라서 경배의 대상이 아니다. 계시의 전

달 구조에서 하나님과 그리스도는 수여자 역할을 하고, 천사와 요한은 전달자 역할을 하고 있다.

카) 결언 (22:10-21)

요한계시록의 결언을 22:6에서 시작된 것으로 보기도 하지만, 6-9절이 바빌론 부록과 유사성을 지닌 특성 때문에 22:10 이하를 결언으로 보려고 한다. 22:6 이하는 서사적 진술보다 '천사/예수 그리스도/성령/신부'에 의한 담론(discourse)이나 대화로 되어 있어서 신적 기원과 권위를 강조한다. 결언의 내용은 임박한 종말의 예고(10-11절), 그리스도의 약속(12-16절), 성령과 신부의 초청(17절), 경고의 말씀(18-19절), 재림의 약속과 응답(20절), 축도(21절)로 구성되어 있다.

다니엘서에는 예언의 말씀을 간수하고 봉함하라고 한 데 비해(단12:4), 요한계시록에서는 봉인하지 말라고 명한다. 이제 곧 실현될 것이기 때문이다. 11절은 이제 회개할 기회가 없음을 보여준다. 묵시의 시대에는 회개가 일어나지 않는다. 운명은 정해져 있고, 그것을 수용할 일만 남아 있다. 한편으로 불의한 자와 더러운 자는 심판을 당하고, 다른 한편으로 의로운 자와 거룩한 자는 구원을 얻게 된다.

요한계시록은 그리스도의 말씀으로 대단원의 막을 내리고 있다는 점에서 그리스도 중심적이다. 그리스도는 일곱 인으로 봉인된 계시를 풀기에 합당한 분이며, 하나님과 함께 보좌에 앉을 분이며, 찬양을 받으실 분이며, 사탄과의 전쟁에서 승리할 분이며, 천년왕국을 건설할 분이며, 새 예루살렘을 하나님께 바칠 분이다(21:9-10 참조). 그는 하나님과 더불어 새 예루살렘의 성전과 빛이 되고, 생명수와 생명나무로 구속 받은 만국 백성을 살리며,

그들과 함께 세세토록 통치할 것이다. 이러한 그리스도가 친히 최종적인 약속을 하고 있다. 그리스도의 최종적인 약속의 백미는 재림의 약속이다("내가 속히 오겠다"). 그리스도가 오면, "행한 대로" 심판할 것이다. 그것은 행위가 믿음보다 구원의 조건으로 우선한다는 것을 말하는 것이 아니라, 핍박받는 현실에서 믿음은 행위로 나타날 수밖에 없음을 나타내려 한 것이다. 그러한 믿음은 "인내"의 행위를 필요로 한다(13:10; 14:12).

이러한 약속을 한 그리스도는 세 가지 칭호로 그의 정체성을 종합하여 준다. "알파와 오메가"는 원래 하나님의 칭호이지만(1:8; 21:6), 그리스도에게도 동일하게 적용되고 있다. "처음과 마지막"은 그리스도에게만 사용된 칭호다(1:17; 2:8). "시작과 마침"은 하나님의 칭호이기도 하다(21:6). 이러한 칭호는 요한계시록 서두와 말미에 집중적으로 나타나며, 그리스도가 하나님과 동등한 신적 권위를 가지고 있음을 강조한다.

요한계시록에 마지막으로 나오는 일곱 번째 복의 선언은 그의 두루마기(겉옷)를 깨끗하게 빤 자들에게 주어진다. 이것은 도덕적이고 영적인 정결을 의미한다. 구원받은 무리는 큰 환난을 통과하면서 어린양의 피에 옷을 씻어 희게 한 사람들이다(7:14). 이에 비해 멸망을 받을 자들은 성 "바깥"에 남게 된다. 이들은 개들(남색하는 자), 점술가, 음행하는 자, 살인자, 우상숭배자, 거짓을 행하는 자들이다(21:8,27의 목록과 비교해 보라).

예수는 그가 한 증언이 신실하다는 것을 강조하려고 "나 예수"라는 강조 용법을 사용한다(유일하게 사용하고 있다). "너희"와 "교회"는 구별되고 있는데, 여기에서 "너희"는 요한을 포함한 예언자 집단을 가리키는 것 같다. 예수를 "새벽별/샛별"로 부른 것은 새로운 세상이 시작됨을 나타낸다. 이러한 예수에 대해 "성령과 신부"가 공동초청자로 나서서 세 번이나 "오라"고 외친다.

신부는 교회를 인격화하고 있다. 예언의 말씀에 영감을 준 성령과(2:7,11,17,29; 3:6,13,22) 수신자인 교회가 공동으로 초청한 것은 그들의 초청이 신실하다는 것을 보증하는 것이다.

22:18-19에는 두 개의 조건문을 가지고 경고하는 내용이 나온다. 그것은 예언의 말씀에 추가하는 것과 삭제하는 것에 대한 것이다. '맹세/증언'의 형식을 가지고 '경고/저주'하고 있다. 이러한 경고가 말미에 붙은 것은 실제로 요한계시록의 예언/묵시 내용을 변개시킬 위험성을 염려하였거나, 단순히 요한계시록의 내용이 신실하고 완전하다는 것을 강조하기 위한 것으로 보인다.

20절은 예수의 재림에 대한 약속과 이에 대한 요한의 응답을 보여준다. 요한계시록에 기록된 예수의 마지막 말씀은 "내가 진실로 속히 오겠다"라는 약속이다. 재림에 대한 강조(22:7,12,20)는 요한계시록이 '재림의 책'의 성격을 가지고 있음을 말한다. 요한의 응답인 "아멘, 주 예수여 오시옵소서"는 초대 교회의 기도문을 반영한다. 아람어 기도문인 '마라나타'의 헬라어 번역이다(고전16:20 참조).

21절의 축도는 상당히 바울적이다(고전16:23). 이와 같은 편지의 형식은 요한계시록의 묵시/예언이 신뢰받을 만하다는 것을 뒷받침해 준다. 특히, 바울이 활동했던 소아시아에서 편지는 사도적 권위를 가진 것으로 인정되었기 때문이다. 이를 통해 볼 때, 요한계시록은 사도적 권위를 가지고 편지 형식으로 쓴 예언적 묵시임을 알 수 있다.

참고문헌

김광수. 『마가, 마태, 누가의 예수 이야기』. 대전: 침례신학대학교 출판부, 1997.

김동수. 『요한복음』. 서울: 솔로몬, 2006.

김동수. 『요한복음의 교회론』. 서울: 대한기독교서회, 2005.

김득중. 『복음서의 비유들』. 서울: 컨콜디아사, 1988.

김득중. 『복음서 신학』. 서울: 컨콜디아사, 1985.

김연태. 『빌립보서』. 서울: 대한기독교서회, 1994.

김판임. 『고린도후서』. 서울: 대한기독교서회, 1999.

두란노서원. "히브리서 설교 방법." 『그말씀』. (1993. 9), 144-196.

박익수. 『로마서 주석 I & II』. 서울: 대한기독교서회, 2008.

박창환/김경희. 『베드로전후서/유다서』. 서울: 대한기독교서회, 1996.

변종길. 『빌립보서 주석』. 서울: 개혁주의신행협회, 2010.

성종현. 『신약성경연구』. 서울: 장로회신학대학교 출판부, 1994.

소기천. 『예수말씀 복음서 Q 개론』. 서울: 대한기독교서회, 2004.

양용의. 『마가복음 어떻게 읽을 것인가』. 서울: 성서유니온선교회, 2010.

오덕호. 『문학-역사비평이란 무엇인가?』. 서울: 대한기독교서회, 2000.

유상현. 『바울의 제1차 선교여행』. 서울: 대한기독교서회, 2002.

유상현. 『사도행전 연구』. 서울: 대한기독교서회, 1996.
윤철원. 『사도행전의 내러티브 해석』. 인천: 도서출판 바울, 2004.
이상섭. 『자세히 읽기로서의 비평』. 서울: 태광문화사, 1988.
이승호. 『사도행전』. 서울: 한국장로교출판사, 2008.
이달. 『오스카 쿨만』. 대전: 글누리, 2015.
이달. 『사도행전』. 서울: 한국장로교출판사, 2013.
이달. 『요한계시록』. 서울: 한국장로교출판사, 2008.
이달. 『요한계시록의 장르와 해석』. 대전: 글누리, 2008.
이달. 『비유해석과 설교』. 대전: 글누리, 2006.
이종윤. 『갈라디아서』. 서울: 한국장로교출판사, 2012.
이필찬. 『요한계시록 어떻게 읽을 것인가』. 서울: 성서유니온선교회, 2000.
전경연. 『고린도서신의 신학논제』. 서울: 대한기독교출판사, 1988.
전경연. 『로마서 연구』. 서울: 향린사, 1966.
정용한. 『골로새서』. 서울: 대한기독교서회, 2015.
최흥진. 『요한복음』. 서울: 한국장로교출판사, 2006.
Achtemeier, P. J. & J. B. Green & M. M. Thompson. *The New Testament: Its Literature and Theology*. 소기천/윤철원/이달 역. 『새로운 신약성서개론』. 서울: 대한기독교서회, 2004.
Allison, D. C. *The Sermon on the Mount*. New York: The Crossroad Publishing Company, 1999.
Aune, D. E. *Revelation 1-5, 6-16, 17-22*. Word Biblical Commentary 52a, 52b, 52c. Nashville: Thomas Nelson Publishers, 1997-1998.

Aune, D. E. *The New Testament in Its Literary Environment.* Philadelphia: The Westminster Press, 1987.

Baily, K. E. *Paul Through Mediterranean Eyes: Cultural Studies in I Corinthians.* IVP Academic, 2011.

Barrett, C. K. *The First Epistle to the Corinthians.* New York: Harper & Row, 1968.

Bauckham, R. *The Theology of the Book of Revelation.* 이필찬 역. 『요한계시록 신학』. 서울: 한들출판사, 2000.

Beale, G. K. *The Book of Revelation.* Grand Rapids: Eerdmans, 1999.

Beker, J. C. *Paul the Apostle.* 장상 역. 『사도 바울』. 서울: 한국신학연구소, 1991.

Bornkamm, G. *Paulus.* 허혁 역. 『바울: 그의 생애와 사상』. 서울: 이화여자대학교 출판부, 1978.

Brown, R. E. *An Introduction to the New Testament.* New York: Doubleday, 1997.

Brown, R. E. *The Community of the Beloved Disciple.* 최흥진 역. 『요한공동체의 역사와 신학』. 서울: 성광문화사, 1994.

Brown, R. E. *The Epistles of John.* Anchor Bible. Garden City: Doubleday, 1982.

Brown, R. E. *The Gospel according to John.* 2 vols. Anchor Bible. New York: Doubleday, 1966/1970.

Bruce, F. F. *The Epistle to the Hebrews.* Grand Rapids: Eerdmans, 1964.

Bultmann, R. *Die Geschichte der synoptischen Tradition.* 허혁 역. 『공관복음서 전승사』. 서울: 대한기독교서회, 1970.

Bultmann, R. & M. Dibelius. *Die drei Johannesbriefe & Die Pastoralbriefe*. 김득중 역. 『요한서신/목회서신』. 국제성서주석. 서울: 한국신학연구소, 1983.

Chatman, S. *Story and Discourse*. 한용환 역. 『이야기와 담론』. 서울: 푸른사상, 2003.

Collins, A. Y. *Crisis and Catharsis: The Power of the Apocalypse*. Philadelphia: The Westminster Press, 1984.

Conzelmann, H. *1 Corinthians*. Philadelphia: Fortress, 1975.

Culpepper, A. *Anatomy of the Fourth Gospel*. 권종선 역. 『요한복음 해부』. 서울: 요단출판사, 2000.

Davies, W. D. & D. C. Allison. *Matthew*. 3 vols. ICC. Edinburgh: Clark, 1988-1997.

Duke, P. D. *Irony in the Fourth Gospel*. Atlanta: John Knox, 1985.

Dunn, J. D. G. *The Theology of Paul the Apostle*. 박문재 역. 『바울신학』. 고양: 크리스챤다이제스트, 2003.

Dunn, J. D. G. *Unity and Diversity in the New Testament*. 김득중/이광훈 역. 『신약성서의 통일성과 다양성』. 서울: 나단출판사, 1988.

Fiorenza, E. S. *The Book of Revelation: Justice and Judgment*. Philadelphia: Fortress, 1985.

Fowler, R. M. *Let the Reader Understand: Reader-Response Criticism and the Gospel of Mark*. Minneapolis, Fortress, 1991.

Furnish, V. P. *Theology and Ethics in Paul*. 김용옥 역. 『바울의 신학과 윤리』. 서울: 대한기독교출판사, 1982.

Gager, J. G. *Kingdom and Community*. 김쾌상 역. 『초기기독

교 형성과정 연구』. 서울: 대한기독교출판사, 1980.
Gamble, H. Y. *The New Testament Canon: Its Making and Meaning*. Philadelphia: Fortress, 1985.
Gasque, W. W. *A History of the Criticism of the Acts of the Apostles*. 권성수/정광욱 역. 『사도행전 비평사』. 서울: 바실래, 1989.
Gennette, G. *Narrative Discourse*. Tr. by Jane E. Lewin. Ithaca: Cornell University Press, 1980.
Goppelt, L. *Typos: The Typological Interpretation of the Old Testament in the New*. 최종태 역. 『모형론: 신약의 구약해석』. 서울: 새순출판사, 1987.
Hengel, M. 『고대의 역사기술과 사도행전』. 전경연 역. 서울: 대한기독교서회, 1990.
Hock, R. F. *The Social Context of Paul's Ministry: Tentmaking and Apostleship*. 전경연 역. 『바울 선교의 사회적 상황』. 서울: 대한기독교출판사, 1984.
Johnson, L. T. *The Writings of the New Testament: An Introduction*. Revised edition. Minneapolis: Fortress, 1999.
Iser, W. *The Act of Reading*. Baltimore: The Johns Hopkins University Press, 1978.
Käsemann, E. *Commentary on Romans*. Grand Rapids: Eerdmans, 1980.
Kelly, J. N. D. *A Commentary on the Epistles of Peter and jude*. Grand Rapids: Baker Book House, 1969.
Kingbury, J. D. *Matthew as Story*. Philadelphia: Fortress, 1986.
Kümmel, W. G. *Introduction to the New Testament*. Nashville: Abingdon, 1975.

Lang, F. *Die Briefe and die Korinther*. 문병구 역. 『고린도후서 주석』. 서울: 성경아카데미, 2007.

Laws, S. *A Commentary on The Epistle of James*. Cambridge: Harper & Row, 1980.

Malherbe, A. J. *Paul and the Popular Philosophers*. Minneapolis: Fortress, 1989.

Malina, J. M. *On the Genre and Message of Revelation: Star Visions and Sky Journeys*. Peabody: Hendrickson, 1995.

Metzger, B. M. *The Canon of the New Testament: Its Origin, Development, and Significance*. Oxford: Clarendon, 1987.

Metzger, B. M. *The New Testament: Its Background, Growth, and Content*. 나채운 역. 『신약성서개설』. 서울: 대한기독교출판사, 1983.

Nickle, K. F. *The Synoptic Gospels*. 이형의 역. 『공관복음서 이해』. 서울: 대한기독교출판사, 1994.

Patte, D. *Paul's Faith and the Power of the Gospel*. Philadelphia: Fortress, 1983.

Pilch, J. J. & B. J. Malina. *Handbook of Biblical Social Values*. 이달 역. 『성서 언어의 사회적 의미』. 서울: 한국장로교출판사, 1998.

Powell, M. A. *What is Narrative Criticism?* 이종록 역. 『서사비평이란 무엇인가?』. 서울: 한국장로교출판사, 1993.

Ramsay, W. M. *The Letters to the Seven Churches*. Peabody: Hendrickson, 1994.

Reicke, B. *The Epistles of James, Peter, and Jude*. New York: Doubleday, 1964.

Resseguie, J. L. *Narrative Criticism of the New Testament*.

Grand Rapids: Baker Academic, 2005.

Rhoads, D. & D. Michie. *Mark as Story: An Introduction to the Narrative of a Gospel.* Philadelphia: Fortress, 1982.

Roetzel, C. *Paul: The Man and the Myth.* Minneapolis: Fortress, 1997.

Sanders, E. P. & M. Davies. *Studying the Synoptic Gospels.* 이광훈 역. 『공관복음서 연구』. 서울: 대한기독교서회, 1999.

Sanders, E. P. *Paul, the Law, and the Jewish People.* Philadelphia: Fortress, 1983.

Soards, M. L. *The Speeches in Acts.* Louisville: Westminster/John Knox Press, 1994.

Stanton, G. N. *The Gospels and Jesus.* 김동건 역. 『복음서와 예수』. 서울: 대한기독교서회, 1996.

Tannehill, R. C. *The Narrative Unity of Luke-Acts: A Literary Interpretation. Volume One: The Gospel According to Luke.* Philadelphia: Fortress, 1986.

Witherington, B. *The Gospel of Mark: A Socio-Rhetorical Commentary.* Grand Rapids, Eerdmans, 2001.

Witherington, B. *The Acts of the Apostles: A Socio-Rhetorical Commentary.* Grand Rapids: Eerdmans, 1998.

신약성서의 구조와 내러티브

발행일 | 2017년 8월 25일 인쇄
| 2017년 8월 31일 발행

지은이 | 이 달
발행처 | 한남대학교출판부(글누리)
대전광역시 대덕구 한남로 70(오정동)
Tel (042) 629-7536
Fax (042) 629-7264
인쇄처 | 바름
Tel (042) 628-2412

ISBN 978-89-7066-376-0 93230

가격 20,000원